2014年北京市科技平台项目成果

裴登峰 主　编
李洪波 副主编

中国文化与艺术传统的多元反思及传播策略

社会科学文献出版社
SOCIAL SCIENCES ACADEMIC PRESS (CHINA)

目 录

吴澄诗法论之理路及历史观照 …………………………… 李瑞卿 / 001

略论吕祖谦《大事记》的笔法义例 …………………………… 李洪波 / 016

《国语》的地域"文化圈"特征及性质 …………………………… 裴登峰 / 025

《国语》的"文"观念及"文德"理想 …………………………… 裴登峰 / 033

士人"精神胜利法"与《战国策》的娱乐性质

——以拟托苏秦合纵、张仪连横《策》文为中心的观照

…………………………………………………………… 裴登峰 / 041

尽忠守信,抑或愚忠愚孝?

——"赵氏孤儿":一个传统复仇故事的多元阐释 ………… 梁晓云 / 056

幽默与讽刺:徐渭诗文的戏谑风格 …………………………… 马宝民 / 071

北京市东城区石刻书法艺术研究 …………………… 王子衿 常耀华 / 085

茅盾文学奖获奖作品中的北京叙事(二)

——论霍达的《穆斯林的葬礼》 ……………………………… 廖四平 / 129

国际化背景下高校优秀传统文化传播环境研究 ……………… 屈　娜 / 148

论"五位一体"视角下的传统文化对提高软实力的价值 ……… 屈　娜 / 158

语言研究的路向反思:本位观、学术创新与民族品牌意识

…………………………………………………………… 宋　晖 / 169

语言借用与文化传播的走向 …………………………………… 党静鹏 / 188

汉语旅游语言文字解说系统研究综述 ………………………… 韩荔华 / 198

国家形象表达与孔子学院使命定位 …………………………… 郭　玲 / 219

跨文化传播视角下孔子学院传播力提升策略研究 …………… 王春枝 / 226

比较视域下国际汉语教育专业文化嵌入教学研究 …………… 马宝民 / 243

明喻的使用原则与导游话语信息的传播 ················· 王红斌 / 254
从文化和谐论的视角看英语对汉语的渗透及规范化问题 ········ 党静鹏 / 262
少儿汉语教材中趣味性原则的实现途径
　　——以《汉语乐园》为例················· 王　巍 / 271
谈谈国际汉语教师"域外视角"的建构
　　——以白乐桑先生的汉语教育经历为例············ 王　巍 / 280
"修辞立其诚"——当前中国语言生活之圭臬············ 刘光婷 / 289
对外汉语修辞教学内容及策略探究················· 刘光婷 / 298
汉语使令句致使用法研究
　　——兼谈兼语句的致使用法················· 王世利 / 308
导游话语句中语气词"呢"的功能················· 王红斌 / 330
中国内地"韩流"传播现象研究
　　——兼论对中国文化传播的启示··············· 刘俐莉 / 340
日本传统文化艺术形式的保护给中国的启示
　　——以歌舞伎为例···················· 孙　庚 / 360
日本艺术院团的成功典范
　　——解析日本四季剧团的经营之道·············· 孙　庚 / 371

吴澄诗法论之理路及历史观照

李瑞卿

古代诗歌理论家为我们留下了丰富的诗法理论，其中以诗格或诗法命名者就不少，这些著作大量地出现在唐代、宋代、元代，但它们并不属于诗学理论的正宗和主流。蒋寅先生也曾经指出过这一点，他在《至法无法：中国诗学的技巧观》一文中有详细引证①。他认为："中国人对法的观念实际是由法入手，经过对法的超越，最终达到无法即自然的境地，概括地说就是'至法无法'。"也就是说，中国人在诗学理论中最终是要超越具体诗法而达到自然入神的境界。不过，这种超越并非得鱼忘筌式地处理自然与法度之关系，由法度到自然并不局限于"无法即自然"的单一逻辑。张少康先生在其《中国古代文学创作论》中曾深入论述了中国诗论家在处理法度与自然的关系时的个性特征和时代色彩②。沿着张先生的思路，我们发现古人在处理法度与自然的关系时呈现不同的理路，其总体思路是儒家式的，而不是道家式的。作为哲学家的吴澄也是出色的诗论家，在诗学史上承先启后之作用不容忽视。他消解了天理的绝对性，于气中寻求天理存在之理由及人性的根源。基于同样的逻辑，吴澄论诗法及规矩，即是在性情中寻找其根据，从而以自己的方式建构了法度与自然关系。吴澄同样正视了诗法、规矩在诗学传承与实际创作中的客观存在，但他认为只要抒写性情就能不离法度且可自然自由，而这一理路的出现既是吴澄的创造，也是诗法历史进程中不可或缺的一环。

---

① 蒋寅：《至法无法：中国诗学的技巧观》，《文艺研究》2000 年第 6 期。
② 张少康：《中国古代文学创作论》，北京大学出版社，1983。

一

　　诗法称为法，盛行于宋代，在此之前，用"术""格"和"式"等概念来表达诗法概念。这不仅是个称谓问题，"法"在文论中大量出现，代替"术"和"格"等概念，还体现了宋代文论受道学影响的特色。魏晋时代讲求文法或诗法概念时，主要术语是"术"。《文心雕龙》有《总术》篇探讨写作方法层面的问题。《总术》中提倡研讨行文之术，作者说："是以执术驭篇，似善弈之穷数；弃术任心，如博塞之邀遇。""若夫善弈之文，则术有恒数，按部整伍，以待情会，因时顺机，动不失正。数逢其极，机入其巧，则义味腾跃而生，辞气丛杂而至。视之则锦绘，听之则丝簧，味之则甘腴，佩之则芬芳，断章之功，于斯盛矣。"刘勰这里的"术"与"数"联系在一起，他认为"术有恒数"，但又可以"数逢其极"，即"数"既指规律，它又是可以变化不测的[①]。刘勰讲文术，即是在讲为文或作诗之法，但又强调文术的错综变化，以顺应事理和文理之妙。所以，文术某种程度上又能达到"为文之道"的层次，其中潜藏着的"自然之数"的法即是道的逻辑。法与无法是统一的，并不存在超越有法而达无法的思路。

　　唐代的诗法主要指大量关于声律、对偶、章法、练字、句法等方面的具体方法和法则，认为只有通过艰苦的章句经营才能达到诗歌的胜境。诗论家特别留意研究诗歌创作法则，上官仪、元兢、崔融、王昌龄、杜甫、皎然都有论述。唐代后期又出现了一大批关于"诗格"的著作，有王叡《炙毂子诗格》，李洪宣《缘情手鉴诗格》，齐己《风骚旨格》，虚中《流

---

① 《周易·系辞上》曰："《易》有圣人之道四焉：以言者尚其辞，以动者尚其变，以制器者尚其象，以卜筮者尚其占。是以君子将有为也，将有行也，问焉而以言，其受命也如响。无有远近幽深，遂知来物。非天下之至精，其孰能与于此。参伍以变，错综其数。通其变，遂成天下之文；极其数，遂定天下之象。非天下之至变，其孰能与于此。"所谓错综其数，即是指占筮时错综和综合其阴阳之数。孔颖达疏："'错综其数'者，错谓交错，综谓总聚，交错总聚其阴阳之数也。'通其变'者，由交错总聚，通极其阴阳相变也。'遂成天地之文'者，以其相变，故能遂成就天地之文。若青赤相杂，故称文也。'极其数，遂定天下之象'者，谓穷极其阴阳之数，以定天下万物之象。犹若极二百一十六策，以定乾之老阳之象，穷一百四十策，以定坤之老阴之象。"数，原指占卜时阴数与阳数，占卜者借此概念来描述世界中的阴阳变化规律。刘勰所谓"数"则是从此借用而来，其"数逢其极"也指作文之术的极端变化。

类手鉴》、徐衍《风骚要式》、徐寅《雅道机要》、王玄《诗中旨格》、王梦简《诗要格律》，文（彧）《诗格》。上述文论中大多强调通过一定的声韵、格律、对偶、练字、练意等手段，使诗歌作品达到格调别致、艺术完美、富有表现力的境界。整体上来说，唐人不讲"至法无法"这样的理论。在诗歌创作上，唐人只认定了一个苦思和博学。因为苦思，所以他们不讲顿悟式的诗歌"活法"；因为博学，在他们的诗论中也没有对某种经典的效法，任何一家之创作方法都难以成为他们的"法"。杜甫企求下笔如有神助的创作胜境，但是他更加注意的还是具体的诗法。钱志熙先生认为："从文献上看，杜甫现存作品中提到作诗之'法'有两处，一为天宝十三载在长安时作的《寄高三十五书记》……另一为大历二年在夔州时作的《偶题》。"① 其中有"佳句法如何"与"法自儒家有"之句，杜甫的"法"其实就是平凡的句法、诗律、声韵。杜甫论诗，还常常使用"神""有神"等词语，但这里的"神"不能当"无法"来解释。"乃知盖代手，才力老益神"（《寄薛三郎中据》），"文章有神交有道，端复得之名誉早"（《苏端薛复筵简薛华醉歌》），"醉里从为客，诗成觉有神"（《独酌成诗》），"挥翰绮绣扬，篇什若有神"（《八哀诗·赠太子太师汝阳郡王琎》）。"神"就是在熟悉苦索的前提下而达到出神入化的地步，它不是被当作诗歌创作的法宝来认识的。但是，杜甫告诉我们，苦思和具体修辞方法可以使诗歌出神入化。

法度与自然并不存在矛盾，由法度可以通向自然，这一思路恐怕是中国诗学中诗法论的主流。而对上述思路的进一步学理化，在苏轼的诗法论中可以看到。苏轼认为，诗歌法度与审美的神妙并不存在矛盾，得自然之数，深研物理，又能错综变化，便可以由有法而达到无法，即所谓"出新意于法度之中，寄妙理于豪放之外也"②。《书吴道子画后》："诗至于杜子美，文至于韩退之，书至于颜鲁公，画至于吴道子，而古今之变，天下之能事毕矣。道子画人物，如以灯取影，逆来顺往，旁见侧出，横斜平直，各相乘除，得自然之数，不差毫末，出新意于法度之中，寄妙理于豪放之外，所谓游刃余地，运斤成风，盖古今一人而已。"苏轼所说的"以灯取影""旁见侧出"，就是指对物象进行立体的观察和

---

① 钱志熙：《杜甫诗法论探微》，《文学遗产》2001年第4期。
② 郑午昌：《中国画学全史》，上海古籍出版社，2001，第99页。

表现——深得物理，且能精妙入神。苏轼认为，吴道子画人物"以灯取影"，它绝对区别于原原本本的模拟，是"旁见侧出"的，而之所以有此艺术效果，原因就在于"逆来顺往"。这些文字可以看作是对画中人物呈现的姿态的描述，更可以看作是对画家视角变化、勘测光影过程的哲理性概括。吴道子画法中的透视既不是西方绘画中的定点透视，也不是用"散点透视"一词可以笼统概括的。画家先"逆"求寻找到情理本质、物理本质，然后又"顺"势交错变化，任情自由地挥洒笔墨，而那些笔画，如横、斜、平、直，错综变化，不出阴阳之道，总得自然之数，在自然之数中超越到入神的艺术境界。在这一过程中，笔法纵横与画家的勘测物理以及性命是统一在一起的，用笔的自然法度与画家的情性自由是统一在一起的。

黄庭坚诗法论是苏轼诗法论的变体。他承认诗法的必然性，同时认为还必须面对前代的诗歌经典及法则。他在《答洪驹父书》说："凡作一文，皆须有宗有趣，始终关键，有开有合，如四渎虽纳百川，或汇而为广泽，汪洋千里，要自发源注海耳。"要求作文遵循自然化生的一般规律。《论作诗文》云："作文字须摹古人，百工之技，亦无有不法而成者也。"这是要求作文要取法古人。这就是说，法度一方面来自自然理性。《与王观复书三首之一》中所谓"当以理为主，理得而辞顺，文章自然出类拔萃"，这里的"理"，指事理，也指文理；另一方面，法度来于古人经典和法则，主张"熟读司马子长、韩退之文章"，反对"少古人绳墨"，认为"古之能为文章者，真能陶冶万物，虽取古人之陈言入于翰墨，如灵丹一粒，点铁成金也"[1]。黄庭坚与苏轼最大的不同在于：苏轼以自然为法，黄庭坚以法本身为法。对此，张少康先生有精彩论述："讲究严密的法度，是黄庭坚文学创作理论的核心。苏轼是主张'无法之法'、以自然为法的，而黄庭坚则和苏轼正好相反，他是主张要严格地遵循法度的。"[2] 尽管依然存在着由法度可达自然的逻辑，但黄庭坚强调的是疏远了诗人与自然直接审美关系的诗法。比如，他讲句法，就是以具体的句法引领作者进行审美观照，或者是通过学习古人句法，让文学传统和文学精神渗透于诗中，同时也抵达审美的自由。在理论上来说，黄庭坚的诗

---

[1] 黄庭坚：《答洪驹父书》。
[2] 张少康：《中国文学理论批评发展史》（下），北京大学出版社，1995，第47页。

法论是可以成立的。既然自然存在一定的法则，诗歌作为自然的成功模仿品也必然会存在于这一法则之下。诗法或古法如果是合理的有机的法则，它们也必然遵循着自然法则。不过，黄庭坚并没有对诗法进行本体的论证。

吕本中等人所说的"活法"则又是在黄庭坚诗法的基础上提出的，是对黄庭坚诗法的改造。他片面地改造黄庭坚对古人法度的学习方式。吕本中《夏均父集序》云："学诗当识活法，所谓活法者，规矩备具而能出规矩之外，变化不测而亦不背于规矩也。是道也，盖有定法而无定法，无定法而有定法。知是者，则可与言活法矣。"可见所谓"活法"，主要就是悟入了。《与曾吉甫论诗第一帖》云："《楚辞》、杜、黄，固法度所在，然不若遍考精取，悉为吾用，则姿态横出，不窘一律矣。如东坡、太白诗，虽规模广大，学者难依，然读之使人敢道，澡雪滞思，无穷苦艰难之状，亦一助也。要之，此事须令有所悟入，则自然越度诸子。"具体而言，就是要悟入到前人经典诗歌的法度之中，然后超越，而这种悟入不是顿悟，尚需积累渐进，才可入于神妙境界。"活法"之运用必须靠悟入，而悟入之前提是勤学，是在法的规则里升华，以至百尺竿头更进一步，从而达到神而无迹。读者观之，无一不合法度，却又难以描摹。

杨万里师法江西诸子、后山、半山，后又学绝句于唐人，却最终脱略蹊径独自成家。那么，是什么样的思想逻辑使他由法度而自然呢？杨万里所面临的诗学任务就应当是在诗法论方面综合前人，后出转精。苏轼认为诗歌法度与审美的神妙并不存在矛盾，得自然之数，深研物理，又能错综变化，便可以由有法而达到无法，所谓"出新意于法度之中，寄妙理于豪放之外也"①。吕本中则讲求"活法"，规矩具备而出规矩之外。他认为在法度规矩中是有一种自由存在的，这显然是延续了苏轼由法度而自然的思路。所不同者在于，苏轼重视对物理、形态的探赜研几，在得自然之数的基础上精妙如神；吕本中则限于法本身的遵循与新变，其"活法"是与对诗法的参悟联系在一起的。杨万里诗法论体现出时代感极强、内涵非常丰富、个性十分鲜明的诗学特征，他融合了苏轼和吕本中诗法理论，既包括了对法本身的了悟，又有着直触万物的艺术冲动。对法本身的了悟是杨万

---

① 郑午昌：《中国画学全史》，第99页。

里对待成法的态度,直触万物的艺术冲动则是他对待自然的态度。前者延续了吕本中的话题,后者继承着苏轼的精神。杨万里重视自然,也重视诗法、古法,更重要的是他更重视内心。可以说,杨万里的诗法论已经存在如何融合直面自然的自由创作与遵守法度的理论逻辑,易学中的通变观念成为其思想资源,即承认每变每进、由变而通,这一过程中起着重要作用的是"心"。杨万里给了我们这样的思路,从诗法门径入手,结合通变之心,体认自然之心,便从法度走向创作的自由。古法、心灵、自然法度可以融合为一。

从杨万里开始,古法在当下诗歌实践中的运用基本退场了。诗人们依然学古,但只是作为一种入门的途径,而不是利用具体的句法或字法来获取诗意。我们无法判断这是否是一种诗法论上的飞跃,但确实是一种通融的改变。这样的思想影响了后来的吴澄,吴澄对于古法的态度也是消化式的、超越式的,但他同样承认自由审美中法度的实在性——更重要的是,他在理论上解决了这一问题。

二

讨论吴澄之前还有必要知道郝经。郝经诗法论的出现意义在于:为诗法找到了本体——理。其后果是:把前代经验性的诗法论提升到形而上之层面来思考,也为融合自然法度、古法、心灵提供了可见可靠的逻辑。当然,这是笼统之论,其中的细致理路还有待于进一步说明。

前代诗论家如苏轼、黄庭坚、杨万里等人几乎都提到自然法度,但这是体验获得的。他们在诗歌创作中清楚地感受到了诗歌遵循自然中的法则后,即可得到一种自由。那么,为什么会如此呢?郝经把理学家的思路运用到诗法论中,正如自然物都以理根源一样,郝经认为诗法也是如此。首先,文是理的表现,也是自我之表现。他说:"《易》曰:'物相杂故曰文。文不当,故吉凶生焉。'"[1] 文是万物相杂的产物,但这产生有其依据之理,是在道的大化流行中,自然产生的。所以,"万理皆备,推而顺之,文在其中"。在郝经看来,文章是"物感于我,我应之以理而辞之耳"[2],即物

---

[1] 郝经:《文说送孟驾之》,见李修生主编《全元文》卷129,江苏古籍出版社,1999,第298页。
[2] 郝经:《文说送孟驾之》,第298页。

我交感，顺理而成。换言之，在整体上文是理的表现，但也来于自我之表现。其次，他在《答友人论文法书》一文反对以文为技，导出了"理者法之源"的诗法论。他说："古之为文也，理明义熟，辞以达志尔。若源泉奋地而出，悠然而行，奔注曲折，自成态度，汇于江而注之海。不期于工而自工，无意于法而皆自为法。故古之为文，法在文成之后，辞由理出，文自辞生，法以文著，相因而成也。非与求法而作之也。"① 这段文字似源于苏轼之论，强调文理自然、姿态横生，但郝经在此基础上更进一步，提出了理—辞—文—法的逻辑，而反对法在文前、以理从辞、以辞从文、以文从法的弊端。以此为基础，郝经提出了"精穷天下之理而造化在我"的理论："故今之为文者，不必求人之法以为法，明夫理而已矣。精穷天下之理，而造化在我。以是理为是辞，作是文成是法，皆自我作。"② 郝经还明确提出："文固有法，不必志于法，法当立诸己，不当尼诸人。"③ 这就是说，郝经将一切法又统摄于我心。

诗法之源在理，诗法之源也在心。在郝经的哲学中有太极、心极之论，圣人之心可以通于太极之理④，虽然在学理上尚缺少周延的详细论证，但他毕竟还是将这一逻辑也运用于诗学中。于是，心灵、古法、自然法度都融合在理中了。当审美主体到达入神境界时，随处是法，无不是法。这是无法也是有法。不过，郝经以强大的自我忽略了古法这一事实的存在。

吴澄论诗法则强调门户、家法，这是一个新的诗学思路。一方面，他承认古法的存在；另一方面，他也发现古法正以新的方式渗透在现实的师法体系中。吴澄面临古法已经是个人化的古法，这也是前代诗论家如杨万里、郝经以自我之心对待诗法的必然结果。

《唐诗三体家法序》曰："言诗本于唐，非固于唐也。自河梁之后，诗之变至于唐而止也。于一家之中则有诗法，于一诗之中则有句法，于

---

① 郝经：《答友人论文法书》，见李修生主编《全元文》卷123，江苏古籍出版社，1999，第153页。
② 郝经：《答友人论文法书》，第154页。
③ 郝经：《答友人论文法书》，第155页。
④ 李瑞卿：《郝经易学与诗学》，见北师大编《中国传统文化与元代文献国际学术会议论文集》，中华书局，2009。

一句之中则有字法。"① 吴澄在这里将诗法和具体作家及其所建立起的传统联系在一起。一家之中有诗法,即是"家法"的意思。《出门一笑集序》也提到家法:"(廖)云仲亦别驾君从子,自选举法坏而其业废,遂藉父兄之余为诗,且韵且婉,锵然不失其家法。"② 这里的家法,指代代传承的诗法。《陈善夫集序》也提到家法:"陈家诗如伯玉,如履常,如去非,家法自不待它求,文乎文乎,一惟乡相是式。"③ 这里的家法即是指乡贤王安石的法度与风格。吴澄也强调"门户",《吴闲闲宗师诗序》曰:"其诗如风雷振荡,如云霞绚烂,如精金良玉,如长江大河,盖其少也,尝从硕师博综群籍,早已窥阐唐宋二三大诗人之门户。"④ 吴澄认为入大诗人门户是有益诗艺的。《赠周南瑞序》则叙述自己对濂溪先生的路径、门户的慕求,以及周南瑞欲对濂溪门户的继承⑤。《题李缙翁杂稿》则肯定李缙翁能闯七家门户,其文曰:"唐宋六百年间,雄才善学之士山积能者七人而已,不其难乎!近年人人奋笔不让,文若甚易,何哉?然其最不过步骤叶氏,孰有肯闯七家门户者?"⑥ "闯七家门户"不仅指师法七家,也指形成与七家类似的风貌。《跋赵运使录中州诗》则认为从中州诗可以入唐诗门户。"入唐诗门户"就是指形成类似于唐诗的风貌,可承继唐诗血脉⑦。《龚德元诗跋》说:"龚德元诗已窥简斋门户,阔步勇进,由是而升堂焉而入室焉可也。"⑧ 即是说龚德元与简斋风格类似,前者可归宗后者。《谭晋明诗序》则提到"家数",其文曰:"盖非学陶、韦,而可入陶、韦家数者也,故观其诗,可以见其人。"⑨ 得陶、韦"家数",即是已入陶、韦门户。需要注意的是,吴澄认为不学陶、韦,却能入于陶、韦门户。《刘志霖文稿序》中所提到的刘志霖能继承刘太博传统,所谓"嗣其响仪,可分其光",但刘志霖却是"不太博而太博",即不从太博学而能入

---

① 吴澄:《唐诗三体家法序》,《吴文正集》卷十九,四库全书本。以下所见《吴文正集》均为此版本。
② 吴澄:《出门一笑集序》,见《吴文正集》卷十五。
③ 吴澄:《陈善夫集序》,见《吴文正集》卷十六。
④ 吴澄:《吴闲闲宗师诗序》,见《吴文正集》卷二十二。
⑤ 吴澄:《赠周南瑞序》,见《吴文正集》卷二十四。
⑥ 吴澄:《题李缙翁杂稿》,见《吴文正集》卷五十五。
⑦ 吴澄:《跋赵运使录中州诗》,见《吴文正集》卷五十六。
⑧ 吴澄:《龚德元诗跋》,见《吴文正集》卷六十二。
⑨ 吴澄:《谭晋明诗序》,见《吴文正集》卷十七。

于太博门户①。

在吴澄诗学中，所谓家法或门户是指历史形成的相对稳定的诗学规矩或诗歌风貌，可以说是诗歌流派中的法度规矩。吴澄重视诗学传统，他以法度的眼光去观照传统，也以传统的流韵来充实法度。从上文例证可发现，后辈作家可以超越具体的传承链条进入到门户，吴澄同时提出由门户而超越门户。《董震翁诗序》中提到陈简斋能从一定门户悟入，而自成风貌："宋参政简斋陈公，于诗超然悟入。吾尝窥其际，盖古体自东坡氏，近体自后山氏，而神化之妙简斋自简斋也。近世往往尊其诗，得其门者或寡矣。"董震翁属于其后继者，又能从简斋悟入，即所谓"学者各有所从入，其终必有所悟"②。《邬性传诗序》则肯定邬君遵循法度与家传，"字有眼，句有法，光彩精神既不减其家传"，又对邬君寄寓了"他日不涉宋人陛级而诣唐人奥"的希望③。《聂咏夫诗序》中，聂咏夫"诗法固有自，然君所到不限于所见"，而能"博洽其志，坚其思"，使诗艺日益精工，卓然一家，既无场屋之气，也非江湖游士之语④。《曾志顺诗序》中肯定曾志顺从简斋门户入，学求肖。吴澄说："曾志顺年未三十学简斋，直逼简斋可畏也已。"但他又主张不拘泥于专学一家，而应达到超越众家而游于艺："以君之志，以君之资，何人不可学？何事不可成？诗固游艺之一端也。"⑤《诗府骊珠序》则主张讲求源流，认为在考究源流的基础上能出于笔墨蹊径之外。吴澄说："呜呼！言诗颂、雅、风、骚尚矣，汉魏晋五言讫于陶其适也，颜谢而下勿论，浸微浸灭，至唐陈子昂而中兴，李、韦、柳因而因，杜、韩因而革，律虽始而唐，然深远萧散不离于古为得，非但句工、语工、字工而可。呜呼！学诗者靡究源流，而编诗者亦漫迷统纪，胡氏此篇其庶乎缘予所言，考此所编，悠然遐思必有超然妙悟于笔墨蹊径之外者。"⑥此段文字体现了吴澄重视超妙萧散的审美观念。他主张梳理统纪，考究源流，在美学上继承超妙传统，在方法论上有所妙悟。

强调家法、门户包含了对诗法规矩的历史形态和对诗学传统的重视，

---

① 吴澄：《刘志霖文稿序》，见《吴文正集》卷十七。
② 吴澄：《董震翁诗序》，见《吴文正集》卷十五。
③ 吴澄：《邬性传诗序》，见《吴文正集》卷十五。
④ 吴澄：《聂咏夫诗序》，见《吴文正集》卷十五。
⑤ 吴澄：《曾志顺诗序》，见《吴文正集》卷十五。
⑥ 吴澄：《诗府骊珠序》，见《吴文正集》卷十五。

从门户入而超越门户的观念则体现了对诗法规矩和作家心灵的关注。吴澄试图在心灵情性、诗法的普遍性和诗法的历史性中建立圆融的理论体系。同时，严羽"妙悟"论中的思路似乎在吴澄的理论思考中可以找到一些踪影。禅宗妙悟讲求门径、功夫，主张遍参高僧、名偈，严羽"妙悟"说受禅宗影响①，主张"辩家数如辩苍白，方可言诗""看诗须着金刚眼睛"②。他以取法汉魏盛唐诗为上，以熟参为功夫，最终获得妙悟诗境。吴澄也讲求门户和功夫，但其"门户"往往专指一家。入于门户，妙悟超越是吴澄和严羽共同的思路，吴澄的不同之处在于，他认为从任何一家都可以了悟诗法。严羽"妙悟"论建立了层次明晰的师法秩序和价值系统，吴澄则将一切最终归向作家的才情。

吴澄既认为从任何一家都可了悟诗法，又认为不从此门户入也可进入此门户——如前文所提到的"非学陶、韦，而可入陶、韦家数"③，"不太博而太博"④，其根本原因在于，他一方面承认普遍的诗法或诗理存在，另一方面又将它归源于才情心灵。由此可见，吴澄也将其理学思路引入到诗法论中。这里可见到郝经的直接影响。

《皮达观诗序》中认为太极之理，融液于心，发而为文，才能自然而然。吴澄说："清江皮达观素不以外乐易内乐，其识固已超迈，迩来太极先天之理，融液于心，视故吾又有间矣。偶然游戏于诗，盖其声迹之仿佛所到可涯涘哉?"⑤ 先天之理与文章的自然生发是统一于心灵的，而且这太极之心并不是圣贤的专利境界，普通诗人也可以达到，那么诗人心灵就已经可以具备诗法本身了。《丁晖卿诗序》中则将丁晖卿与李太白比类，在丁晖卿的才气心志中寻找诗法与自由审美的境界。其《诗序》说：

> 李太白天才间气，神俊超然八极之表，而从容于法度之中，如夫子之从心所欲而不踰矩，故曰诗之圣。槌黄鹤楼，倒鹦鹉洲，此以梦语观太白者。丁晕晖卿破厓岸绝畦，径而为诗，志则高矣，才气果能

---

① 李瑞卿：《〈沧浪诗话〉新论》，《中国韵文学刊》，2005年第2期。
② 严羽著、郭绍虞校释《沧浪诗话校释》，人民文学出版社，1961，第125页、第123页。
③ 吴澄：《谭晋明诗序》，见《吴文正集》卷十七。
④ 吴澄：《刘志霖文稿序》，见《吴文正集》卷十七。
⑤ 吴澄：《皮达观诗序》，见《吴文正集》卷十六。

追太白矣乎？可也。①

将天才的自由和法度统一起来，其实是朱熹的思想。圣人性情可以统一于天理，诗学中也是如此，朱熹说："李太白诗非无法度，乃从容于法度之中，盖圣于诗者也。"② 吴澄显然继承了朱子的这一诗学思想，不过，朱熹认为人的气禀有定，人与人之间存在贵贱、贫富、圣愚、贤不肖之差别。这一思想不见得正确，但如果在现实中混同圣贤和常人的界限，其实就是丢弃了朱熹的天理标准。吴澄表面上继承了朱熹思想，但却在现实中将丁晖卿混同于李白，已经失去了朱熹文中强调的"法度"，吴澄诗学中法度与才情的结合变得非常随意。

《谭晋明诗序》崇尚性情自然，同时认为家数规矩与自然性情之间是可以相通的。《诗序》说："诗以道情性之真，十五国风有田夫闺妇之辞，而后世文士不能及者，何也？发乎自然而非造作也。"③ "诗以道情性之真"，这是吴澄表达的基本文学观念，与朱熹出现明显的分野。正如前文所提到的朱熹认为诗歌是"性"动的产物，而吴澄论诗首先将"情"置于首位，然后强调"情性之真"——这种品质是"田夫闺妇"所拥有的，由此可以发现，此处所谓"真"，不是天理或性的形而上领域的，而是作家才情或气的形而下领域。吴澄同时也认为谭晋明"天才飘逸"，作诗"本乎情之真"，然后将他归入到《诗经》、陶渊明、韦应物等形成的传统序列中，也归入到陶、韦家数中，即"盖非学陶、韦而可入陶、韦家数者也"④。这就是说，写情性之真即可承继传统，入于法度。吴澄逻辑中，诗人情性可以超越门户家数，但他又保留了对这些诗法观念的尊重。在《周栖筠诗集序》中也表达了类似观点，吴澄说："善诗者，譬如酿花之蜂，必渣滓尽化，芳润融液而后贮于脾者皆成蜜。又如食叶之蚕，必内养既熟，通身明莹而后吐于口者，皆成丝。非可彊而为，非可袭而取。"⑤ 强调清澈晶莹的情性，而周栖筠正是这样的人，"其才高，其思清，不待苦心

---

① 吴澄：《丁晖卿诗序》，见《吴文正集》卷十六。
② 朱熹：《朱子语类》卷一百四十，四库全书本。
③ 吴澄：《谭晋明诗序》，见《吴文正集》卷十八。
④ 吴澄：《谭晋明诗序》，见《吴文正集》卷十八。
⑤ 吴澄：《周栖筠诗集序》，见《吴文正集》卷二十二。

劳力,天然而成"①,而这天才般的超然之悟,却可使诗歌"梯黄、杜,而窥陶、曹",可谓情性天然而不违法度。《息窝志言序》中的李季安"天才绝异于人","学诣玄微,识超凡近"②,可以说是才情超卓,而其作品又能继承众家之长,风格也渊源有自:"诗矫矫如云中龙,翩翩如风中鸿,其古体仙逸奇怪,有翰林玉川之风,其近体工致豪宕,有工部、诚斋之气,其绝句清婉透脱而又有张司业、王丞相之韵度。"③

吴澄也承认普遍性诗法,如果说朱熹将天理当作诗法、规矩的根据,那么,吴澄却在情性中找到了这一根据。吴澄也面对了诗法的历史形态这一事实,如何解决普遍性诗法和历史性、具体性诗法关系问题成为吴澄诗学的重要话题。吴澄家法、门户观念中其实包含了对普遍性诗法和历史性诗法的承认,而对家法、门户的任情超越则是通过心灵来完成的。总体看来,吴澄的诗学体系中渗透着他的哲学思路,无论是世界观还是方法论都体现在其诗学中,他以出色的思考力建构了属于自己的诗学体系。正如在哲学中放弃了对天理的守护一样,诗学中也掀起了以情性为本的思潮,这一思潮对后世影响巨大。

三

吴澄通过理学思路完成了对个人心灵、古法(诗法的历史性)、自然法度的融合。这里的古法是指古人或古代经典中呈现给后人的成法,这里的自然法度是指诗歌达到的理想法度、诗歌应该有的法度。因为在儒家诗学看来,诗歌是中乎规矩的。所以,理想法度也可以说是诗歌的自我规定性。吴澄一定程度上避免了郝经重视个人心灵而忽视古法的欠缺,也一定程度上避免了杨万里诗学思考中重视体验性而缺形而上思考的缺憾,不过,有一个重要的问题却被搁置了,那就是如何直面古法与心灵(情性)的关系问题。当然,心灵可以容纳众法,上述疑问似乎可以不成疑问,但心灵对古法或一切成法的吞噬却会带来诸多的负面效应。按照杨万里的思路,古法之效力的发挥依赖心灵的开悟;按照吴澄的思路,通过任何一家门径都可凭借心灵了悟诗法,而且诗法即在心灵中——如果心灵合乎自然

---

① 吴澄:《周栖筠诗集序》,见《吴文正集》卷二十二。
② 吴澄:《息窝志诗序》,见《吴文正集》卷十八。
③ 吴澄:《息窝志诗序》,见《吴文正集》卷十八。

性情的话。难道黄庭坚、吕本中所揭示的古法的实用性就此永远失效了吗？难道这样的理论真的是一种低级的方法吗？是否古法必须是达岸时舍弃的舟船呢？李梦阳与何景明的讨论涉及如何对待古法与心灵的问题。

李梦阳以复古自命，主张文必秦汉，诗必盛唐。在学古方面尺寸古法，显示了与杨万里、郝经、吴澄不一样的思路。如果说李梦阳讲法，那么，与他论辩的对手何景明则是讲悟。后代的研究者往往认为何景明的思路是有新意且圆通的，但透过诗法史我们完全可以认为李梦阳的诗法论具有一定的创造性。他不仅继承了理学的思路，而且也试图在探讨一个艰难的话题，相反，何景明只从理学家那里继承了心法。

李梦阳所说的"法"应有两个层次，一是古法，一是"物之自则"。对古法的讲求表现为对经典作品的尊崇和对"法"的遵守。他在《驳何氏论文书》中说："古之工，如倕，如班，堂非不殊，户非同也，至其为方也，圆也，弗能舍规矩。何也？规矩者，法也。仆之尺尺而寸寸之者，固法也。假令仆窃古之意，盗古形，剪截古辞以为文，谓之影子诚可。若以我之情，述今之事，尺寸古法，罔袭其辞，犹班圆倕之圆，倕方班之方，而倕之木，非班之木也。"① 即是说，如果只是领会古人之用意，模拟古人之形制，沿袭古人之辞藻，这样的诗文只能是古人的影子而已，只有以我之情，尺寸古法，才是学古的正途，虽然规矩方圆与古人相同，但依然能有自己情性在其中。对于何景明舍筏达岸之说，李梦阳持反对态度："夫筏我二也，犹兔之蹄，鱼之筌，舍之可也。规矩者，方圆之自也。即欲舍之，乌乎舍？子试筑一堂，开一户，揩规矩而能之乎？"② 李梦阳认为，古人的诗文中有恒定之"法"，学古的捷径就是信守"古法"。

此外，李梦阳又将古法普遍化、哲理化，从而沟通了古人之法和今人之法，他说："今人法式古人，非法式古人也，实物之自则也。"③ 所谓"物之自则"就是李梦阳诗法的第二个层次，类似于笔者在上文中所说的自然法度。李梦阳明确地指出古法与"物之自则"的统一性，这是具有理论创造力的，我们依稀可发现其中的理学色彩。但李梦阳所理解的"物之自则"乃是阴阳模式，它是对古法抽象化、哲理化的结果。《再与何氏书》中说："古人之作，其法虽多端，大抵前疏者后必密，半阔者半必细，一

---

① 李梦阳：《空同集》卷六十二，四库全书本。
② 李梦阳：《驳何氏论文书》，见《空同集》卷六十二，四库全书本。
③ 李梦阳：《答周子书》，见《空同集》卷六十二。

实者必一虚，叠景者意必二。此予之所谓法，圆规而方矩者也。"① 前疏后密、虚实相生这是李梦阳对古法的总结，在这个意义上，古法与"物之自则"混同为一了，也就是说，李梦阳看到了古法中合理性、普遍性的部分，并证明了古法的合法性，从而也证明了其复古的合法性。不过，将古法理解为阴阳之法是一个问题，如何尺寸古法又是一个问题，正如我们可以将书法中笔法概括为阴阳变化之法一样，我们尺寸古法还需要从具体的字帖入手而不是直接地去阴阳变化。

于是，如何尺寸古法就变成了如何模拟汉文唐诗的问题。在以经典文本为范本的模拟中，古法与心灵结合在一起。李梦阳认为，文心与诗法的关系，正如写字时，情性与笔法、结构的关系。他说："故予尝曰：作文如作字，欧、虞、颜、柳，字不同而同笔。笔不同，非字矣。不同者何也？肥也，瘦也，长也，短也，疏也，密也。故六者势也，字之体也，非笔之精也。精者何也？应诸心而本诸法者也。不窥其情，不足以为字，而矧文之能为？文犹不能为，而矧能道之为？"② 字体特征、结构的疏密长短，都可以成为书法的法度，但法度本身并不是书法的精粹所在，书法的精粹在于"应诸心而本诸法"。人的才性不同，禀赋各异，以不同的个性、情思、气质来遵循相同的方圆规矩，则形成不同的艺术形态。所以，他不认为何景明所云"辞断而意属，联物而比类"是作文之大法，而认为"辞断而意属者，其体也，文之势也。联而比之者，事也"③，这些体势或物事，不能成为诗法，更不能成为文章的典型格调，诗文的关键和精髓还在于文思、文气。接着李梦阳说："柔澹者思，含蓄者意也，典厚者义也。高古者格，宛亮者调，沉著雄丽、清峻闲雅者，才之类也，而发于辞。辞之畅者，其气也。中和者，气之最也。"④ 诗人个体的心灵、格调、气质、德行是决定诗文特质的重要的内在因素，它与行文规矩相结合而形成不失个性的诗文艺术。

李梦阳复古论的反对者常以书法与诗文不同质来反驳其观点，这不能说是没有道理的。但李梦阳以书喻文的实质却在于给古法与诗心融合提供了一个可见的价值标准，那就是说，无论心灵如何自由也不得逾越经典中

---

① 李梦阳：《空同集》卷六十二，四库全书本。
② 李梦阳：《驳何氏论文书》，见《空同集》卷六十二，四库全书本。
③ 李梦阳：《驳何氏论文书》，见《空同集》卷六十二，四库全书本。
④ 李梦阳：《驳何氏论文书》，见《空同集》卷六十二，四库全书本。

固有的规则。古人的影子停留在心灵之镜中,但这心灵之镜还要烛照自然,所以,李梦阳的古法是简单易行的规范,它使法度变得伸手可触,但也是最容易迷失的昔日的地图,也因为太具体或时过境迁而制约了人的心灵。

(作者单位:北京第二外国语学院国际传播学院,北京第二外国语学院文艺学研究中心)

略论吕祖谦《大事记》的笔法义例

李洪波

宋代学术史上，较早对战国文献进行整理、考订编年的是北宋司马光《资治通鉴》前七卷以及《稽古录》，此后便是吕祖谦所撰的《大事记》。记载始自周敬王三十九年，终于汉孝武皇帝征和三年（吕氏因体衰多病猝然去世未及完稿）。《大事记》参考《史记》《资治通鉴》等史籍，对战国史事作了较为清楚的梳理、考订，在战国文献史料的整理方面有重要的贡献。吕祖谦编撰《大事记》，历史材料大多来源于前代史书，固然不像朱子《资治通鉴纲目》那样明显有微言大义以寓褒贬的意图与想法，但也有其笔法义例与精心设计的体例。全书分为大事记、通释、解题三部分①。"大事记"部分事目简洁，"通释"部分借重经典，"解题"部分细加考辨，都是作者精心结撰而成的。吕祖谦从其观察思考历史的角度进行史料的剪裁组织，编纂成书，体现出卓越的史学见识与史书编撰才能。

一 严守义例，体现史家旨意

史书是史家对历史事实的梳理成果，必然会体现史家对历史的判断。在传统史学中，最早体现史家对历史看法的史书是《春秋》，《春秋》通过其笔法义例对历史事实进行褒贬，成为后代史家的典范。吕氏《大事记》有拟续《春秋》之意，虽然并不认同《春秋》字字有褒贬，但对于春秋大

---

① 黄灵庚、吴战垒主编《吕祖谦全集》第八册《大事记》，浙江古籍出版社，2008。本文所引《大事记》材料皆出自此版本，为行文方便，不一一出注，只在文中说明。

义,还是尊崇的,在《大事记》中也往往通过较明确的笔法义例,表达对历史的认识与判断。

《大事记》中多有对《春秋》笔法的沿袭与模仿。比如《大事记》卷一周敬王四十一年"白公杀公子申、公子结,执楚子"条。《解题》曰:"申,子西也。结,子期也。楚子,惠王章也。吴、楚僭称王,用《春秋》例书其本爵。"《春秋》义例,僭称王者书其本爵,这里吕祖谦明确说"用《春秋》例",可见其接续、模仿《春秋》笔法之意。在《大事记》一书中,此义例得到严格的遵守,以见吕祖谦维护正统的意识。比如"大事记"卷三周显王十四年"秦孝公、魏侯会于杜平"条,依据《史记·魏世家》而修。《解题》曰:"魏书本爵,而秦书僭称者,魏是时未称王,秦之僭称公,自春秋以来,非一日矣。"

遵循沿袭《春秋》义例之外,《大事记》本书亦有严谨的笔法义例,以体现历史事实,并寓褒贬之意。

比如记载刘邦、项籍起兵之事,在各自称王之前,《大事记》皆称"楚刘邦""楚项籍",称王之后则称"汉王""西楚霸王"。吕氏严守"诸侯"之义例,一丝不苟,客观记录历史事实。

另如"大事记"卷六秦始皇帝五年"赵相、魏相会盟于鲁柯"条。《解题》曰:"战国末犹有会盟,故特著之。"世代衰变,传统不存,史家于此多有感慨,吕氏对淳厚犹存的前代制度、习俗往往给予特别的关注,并通过特殊的笔法义例体现其褒贬之意。

二 体例谨严,匠心独运

《大事记》一书虽未能最终完成,但从已完成的部分亦可尽见吕氏之匠心,可以说这是一部体例独特而笔法严谨的精心结撰的作品。"大事记"体现编年体史书叙事简洁、脉络清晰的特点,"通释"反映吕氏融合经史、注重统纪的历史观,"解题"精心考订、拾遗补缺。在"解题"正文以外,又附以自注的形式,对解题内容或作注释,或作评论,或作进一步的引申考证。体系完整,构思缜密,这种编纂形式在古代史部文献编纂中是非常独特的。

1. 纪年体例

从具体的纪年体例来看,《大事记》颇有《春秋》之遗意。以年统四时,以四时统月份。无月可纪时,以事系于年下,条理非常清楚。比如"大事记"卷一周敬王四十年,此年最后列"荧惑守心"条,《解题》解释说:"《史记》失其月,今附年末。余仿此。"

古史年代既远,纪年考订不易,对于史有其事,难以系年者,《大事记》系于国君纪年之最后。如"大事记"卷四周慎靓王二年"魏惠王会诸侯于臼里,将复尊天子,不克"条。《解题》曰:"臼里之盟,不知何年,今附于魏惠王薨之前。"再如卷四周赧王二年"齐田婴卒,子文立,实孟尝君"条,吕氏按语:"《列传》田婴卒于湣王之世,今附见于湣王元年。"

在纪年上,《大事记》总的原则是以王(帝)号纪年,辅以干支。比如周敬王三十九年为本书记载初始,故前标以"庚申"。其余每间隔十年标以干支纪年,不过仅标天干为甲之年。如"甲子周敬王四十三年""甲戌周贞定王二年""甲申周贞定王十二年""甲午周贞定王二十二年",以此类推。

王号纪年下,小字标以诸侯纪年,初始之年与史记十二诸侯年表同,并罗列十二诸侯国君之号,此后每年只列著录大事各国国君之号。如周敬王四十年,下列鲁哀公、齐平公、晋定公、宋景公、卫庄公君号纪年,因本年只纪此五国之事。另外,诸侯初立,会特别加以注明。如周元王二年,下列鲁哀公、齐平公、晋出公君号纪年,但本年只列鲁、齐事目,并未列晋国事目,只因晋出公错初立,故特别标明"晋出公错元年"。

《资治通鉴》中的纪年,无事则不书年,后来司马光自己也有所改变,修《举要历》,无事亦备岁年,朱熹《资治通鉴纲目》亦沿袭之。吕祖谦《大事记》也是如此,无事亦书年。

《大事记》的这些处理,考虑周详,令人一目了然,甚便于初学之士。

纪年问题,看似简单,实则体现史家的观念,尤其在重视正统的宋代,史家对于纪年是特别关注的。吕氏对此极为重视,在他与陈亮的通信中,就有对三国纪年的讨论。我们考察《大事记》的纪年,在一些关键点上与《史记》《资治通鉴》《资治通鉴纲目》等的纪年并不相同,能够看出吕氏在史书纪年这一问题上的独特观点。

下面通过几个例子来稍作分析。

第一个例子是田齐代姜齐的纪年问题。

《史记·六国年表》为表示天下之名分，对于齐康公十九年为田和迁居海上，虽然当年记载"田和立为齐侯，列於周室，纪元年"（据《田敬仲完世家》），但年表只书"田和始列为诸侯"，并未改齐之纪年，并于齐康公二十年书曰"田和卒"，康公二十六年卒，年表始书（田）齐，自齐威王元年始，是为了昭示尊卑逆顺之正理。《大事记》基本认同《史记》的这一做法，但不同之处是，于周安王十六年并书"齐康公十九年""田齐太公和元年"，此后只以田齐纪年，记事亦称田齐，直至齐康公卒后始去田氏，称齐威王元年。《解题》解释说："齐犹未灭，故称田齐以别之。至康公卒，吕氏绝祀，乃去其氏。"

这与《资治通鉴》等其他史书的处理都不同，此处《资治通鉴》径称为齐，并不区别姜齐、田齐。《资治通鉴纲目》于周安王十六年径书"田齐太公和元年"，不以齐康公纪年，此后记事也是直接称为"齐"。①既无从昭示尊卑逆顺之正理，也容易引起混淆，《大事记》的处理是有深意的。

第二个例子是周赧王五十九年卒后纪年问题。

周赧王卒后，至秦王政二十六年并天下，自号始皇帝，是所谓"海内无主三十余年"之时，如何纪年确实是史家难以处理的问题。

周赧王卒，周统绝，《史记·六国年表》没有马上以秦为正统纪年，因为当时秦未并天下，所以《六国年表》阙不书王者九年。到始皇帝元年，乃书其年于上以代周。《资治通鉴》在周赧王卒后以秦昭襄王系年，是为五十二年。胡应麟注曰："西周既亡，天下莫适为主。《通鉴》以秦卒并天下，因以昭襄王系年。"《稽古录》也是如此，赧王卒后继以秦昭王五十二年。朱熹以为司马光之纪年未当，《资治通鉴纲目》的处理方式是以七国如楚、汉并书之，也就是并列七国纪年。王应麟则认为，周赧王卒于乙巳，第二年丙午，秦迁西周公，此时东周君犹存。壬子，秦迁东周君，周遂不祀。作史者应当自丙午至壬子系周统于七国之上，乃得《春秋》存陈之义。②

吕氏《大事记》的处理方式与《资治通鉴》相同，在周赧王卒后以秦昭王号纪年，自五十二年始，吕氏《解题》说："是岁秦既灭周，故以秦

---

① 朱熹：《资治通鉴纲目》卷1，明成化九年刊本。
② 王应麟：《困学纪闻》卷11，上海古籍出版社，2008，第1317～1318页。

年统诸国。"王应麟纠结的问题,吕氏也已经考虑到了:"自赧王降,周统已绝,东周虽未亡,特郲、莒附庸之类耳,所以存之而未论也。"比如卷六秦昭王五十三年"楚、齐、韩、燕、赵皆来宾"条,《解题》曰:"盖周亡而诸侯皆服于秦也。"可见当时的实际情况是诸侯皆臣服于秦,东周君更是附庸而已,所以《大事记》以秦昭王五十二年继周是有其道理的。吕祖谦的处理是从历史事实出发,当时秦国实力既强,也已成为实际上的霸主,且在此三十余年中,列国亦一一被秦所灭,朱熹《资治通鉴纲目》的处理,显得徒有其名,而未顾及事实。

第三个例子是楚汉纪年的问题。

《资治通鉴》作为编年体通史,在纪年体例上,使用一个特定的王朝年号按年纪事。这在统一时代毫无问题,但在分裂或尚未一统时代,往往会造成纪年与纪事脱节,还会陷入复杂的正统问题之中。比如三国时代,《资治通鉴》用曹魏年号纪年,南北朝时期用南朝年号纪年,不仅纪事不便包罗,三国时代以谁为正统更是个纠缠不清的大问题。《大事记》只编到汉武时期,无缘得见吕氏对三国、南北朝时期纪年的态度。但从秦亡后的纪年体例来看,《大事记》即与《资治通鉴》不同,《资治通鉴》的处理比较简单,秦亡后即以高帝纪年,高帝以后,以汉惠帝纪年,汉惠帝以后,以汉高皇后吕氏纪年,等等。

《大事记》与之不同,吕祖谦考虑到当时的实际政治形势,秦亡后并书楚义帝心元年、汉高帝邦元年、西楚霸王籍元年;义帝被废后,《大事记》并书汉高皇帝二年、西楚霸王二年;项羽败后,始单独书汉太祖高皇帝五年。《资治通鉴纲目》与《大事记》略有不同,秦亡后并书楚义帝怀心元年、西楚霸王项籍元年、汉王刘邦元年等二十国;义帝被废后,并书西楚霸王二年、汉王二年;项羽败后,始单独书汉太祖高皇帝五年。吕氏《大事记》的纪年方法既符合历史事实,比较客观,同时不至于像《资治通鉴纲目》那样繁杂,显得比较简明。

从上面的例子可以看出,吕祖谦对历史纪年问题,考虑得比较周详,既符合历史事实,辨明正统,也能够照顾到一些不便处理的特殊情况。《大事记》仅修至汉武帝征和三年,三国、五代等相对复杂的纪年情形尚未涉及,但吕氏应该已有通盘的完整考虑。比如朱熹曾经提到:"《通鉴》例,每一年或数次改年号者,只取后一号。故石晋冬始纂,而以此年系之。曾问吕丈。吕丈曰:'到此亦须悔。然多了不能改得。某只以甲子系年，下面注所改年号。'"① 朱熹所说的是《资治通鉴》卷二八〇，石敬瑭于后唐清泰三年冬篡位，改年号天福，《资治通鉴》只取天福元年系之，不标注后唐清泰三年，朱子以为不妥，故与吕祖谦有此探讨，吕祖谦的意见是以甲子系年，但下面要注明所改的年号，这符合吕氏一贯的思路，强调灵活变通，体现历史真实情况，解决繁杂的历史问题。朱熹对这种做法应该是认同的。查《资治通鉴纲目》本年的纪年，上标丙申纪年，下注唐清泰三年十一月以后晋高祖石敬瑭天福元年，正与《朱子语类》中记载的吕氏处理方式相同。

2. 诸侯兴亡体例

诸侯封建之制，是《大事记》所记这一历史时期的制度重心所在，吕祖谦对西周以来的诸侯封建制度有较多认同，从他对列国衰微大夫擅政后的喟叹，到他引述五峰胡氏对封建制的论述（吕氏引胡宏论封建与郡县之制，应该是比较接受两周之诸侯封建制度的），都可见一斑。因此，吕氏对诸侯列国之兴亡，无论从历史重要性角度，还是从个人观念角度，都给予特别的关注。

从体例上来说，《大事记》"解题"部分于列国灭亡之时，往往引述《汉书·地理志》《史记·货殖列传》等书，述各国初封、姓氏世系、地理疆域、民风士习、发展兴衰。哀其国灭，究其缘由，大国详之，小国略之，亦有总结盛衰兴亡之意在也。如卷二周烈王六年"魏赵韩灭晋，徙靖公于屯留"条。《解题》曰："晋，姬姓。周成王封其弟叔虞于唐。唐在河汾之东，方百里。唐叔子燮徙居晋，改国号晋侯。自唐叔至靖公凡三十七世。按《前汉·地理志》：'河东土地平易，有盐铁之饶，本唐尧所居，《诗》风唐魏之国也。其民有先王遗教，君子深思，小人险陋。'故唐诗《蟋蟀》《山枢》《葛生》之篇曰：'今我不乐，日月其迈'，'宛其死矣，他人是愉'，'百岁之后，归于其居'。皆思奢俭之中，念死生之虑。吴札闻《唐》之歌，曰：'思深哉！其有陶唐氏之遗民乎？'自唐叔十六世至献公，灭魏以封大夫毕万，灭耿以封大夫赵夙，及大夫韩武子食采于韩原，晋于是始大。至于文公，伯诸侯，尊周室，始有河内之士。吴札闻《魏》之歌，曰：'美哉沨沨乎！以德辅此，则明主也。'文公后十六世为韩、魏、赵所灭。"《序传》曰："武王既崩，叔虞邑唐。君子讥名，卒灭武公。

---

① 黎靖德编《朱子语类》卷134，岳麓书社，1996，第2892页。

骊姬之爱，乱者五世；重耳不得意，乃能成霸。六卿专权，晋国以秏。"

吕氏引述《汉书·地理志》的记载，将晋国历史概括为三个阶段："自唐叔十六世至献公，灭魏以封大夫毕万，灭耿以封大夫赵夙，及大夫韩武子食采于韩原，晋于是始大。"而以晋文公称霸诸侯为晋国历史上最强盛的时期，"至于文公，伯诸侯，尊周室，始有河内之士"。文公之后，国势渐衰，"文公后十六世为韩、魏、赵所灭"。最后又引《史记·太史公自序》，以见晋国兴衰。所谓"其民有先王遗教，君子深思，小人险陋"，"皆思奢俭之中，念死生之虑"，等等，则是对其地民风士习之描述。

《大事记》全书先后梳理陈、代、吴、凤繇、蔡、杞、莒、郯、姜齐、郑、晋、邾、越、滕、宋、鲁、韩、赵、魏、楚、燕、田齐、卫等诸侯国兴衰之事实。呈现各国历史沿革，兴亡衰灭，风俗变迁，连缀并观，可视作简明之列国志，从体例来看能够弥补编年体史书纪事简略、断续之不足，亦能够达成其为初学者了解历史而编纂此书之目的。另外，吕祖谦亦曾说过"读史先看统体，合一代纲纪、风俗、消长、治乱观之"①，又说："看《左传》，须看一代之所以升降，一国之所以盛衰，一君之所以治乱，一人之所以变迁。"②《大事记》中梳理诸侯列国兴亡盛衰的编纂体例，也渗透着吕氏强调贯通、注重盛衰之变的史学观念。

3. 史事始末体例

编年体史书的优点是纪年清晰，缺点是史事之始末不易把握，尤其是对于始学者来说，更是如此。吕祖谦清楚地认识到，编年、纪传等各种史书体例各具优长。但追究历史本末源流，是他一贯的主张，"学者观史且要熟看事之本末源流，未要便生议论"（《左氏传续说纲领》）。他在《书袁机仲国录〈通鉴纪事本末〉后》中对袁枢所撰《通鉴纪事本末》有高度评价："《通鉴》之行百年矣，综理经纬，学者鲜或知之。习其读而不识其纲，则所同病也。今袁子掇其体大者，区别终始，使司马公之微旨自是可考，躬其难而遗学者以易，意亦笃矣。"③体现出对纪事本末这一新兴的史书编撰方法的认同。吕氏固然没有纪事本末体的史作，但《大事记》中却有多处体现其注重史事源流本末的观念。在《解题》部分，吕祖谦对时

---

① 黄灵庚、吴战垒主编《吕祖谦全集》之《东莱吕太史别集》卷14《读史纲目》，浙江古籍出版社，2008。
② 黄灵庚、吴战垒主编《吕祖谦全集》之《左氏传说·看左氏规模》。
③ 黄灵庚、吴战垒主编《吕祖谦全集》之《东莱吕太史文集》卷7。

间跨度较大的重要史事多采取详述史事始末的体例，既有意识弥补编年史体之不足，亦便于始学者理清历史脉络。

汉高祖刘邦自沛起兵，至灭项楚，成就大业，历时八年，大小数十战，形势变化，风云际会，为一时雄杰，《大事记》仅列事目，不足以全面系统地展示其雄才大略、丰功伟业，故于《解题》部分详述其事迹始末，勾勒其一生功业。比如卷八楚义帝元年"遂西入咸阳，封府库。还军霸上"条。《解题》从秦二世元年九月，刘邦立为沛公开始，至西入咸阳，还军霸上止，详述史事。吕氏曰："此高帝自起沛至入关所历也。"卷八汉高皇帝二年"汉王率五诸侯兵五十六万人伐楚，入彭城"条。《解题》详述高帝西入汉中、东平关中、西伐楚之所经历。吕氏曰："此高帝初取项羽之规摹也。"卷八汉太祖高皇帝五年"王还至定陶"条。《解题》从汉二年到灭楚垓下，还至定陶即位，历数史事始末。吕氏曰："此高帝既败彭城，复围项羽，终于灭楚，首尾三年之所历也。"将此三处连缀共观，即可见汉高祖刘邦一世功业之大端。

由此可见，《大事记》在编年的基本体例下，通过《解题》部分的补充考证，或述一事之始末，或述一人之功业，首尾完备，叙事完整，弥补了《春秋》《左传》《资治通鉴》等编年体史书的体例局限。

4. 史料采择体例

吕祖谦《大事记》广征博引，采择多书。对于他书材料的使用，吕氏有明确的体例，既使行文简洁，不蔓不枝，又便于始学者阅读，不影响表达效果。

《大事记》部分，吕氏在每事条目下注明据以编纂的史料来源。总体来看，《左传》《史记》中记载翔实的优先采录。《左传》《史记》中著录不详、不确者采择《通鉴》等他书，大致以时代先后为准。

对于《解题》部分，采择他书史料的一般体例，吕氏也有明确说明。《解题》卷一开首曰："此卷本末已见《左传》者，亦不重出。"《解题》卷二周威烈王二十三年"魏斯、赵籍、韩虔为诸侯"条，吕氏自注曰："自此卷以后，凡事之本末，当求之《通鉴》。训释名义，参考异同，蒐补缺遗，当求之《解题》。"注曰："本末全在《通鉴》者，《解题》更不重出。《通鉴》虽已载，《解题》间有训释参考，或《通鉴》未备，《解题》间有增补者，本末皆书。余见《通鉴》。所记大事不在《通鉴》者，各标所出书。"

卷一周贞定王二十二年"楚灭蔡"条。《解题》后注曰："自春秋后迄于秦灭，凡《史记》本纪、本书、本世家、本传所载，并不称按某书。若出于它纪、它书、它世家、它传者，称按某书。虽出本纪、本传有所辩正者，亦标所出。"

《大事记》援引广泛，叙及史实多有交叉，为避免重复，也为了史实关联，吕氏有意识采取史料互见的体例。比如卷六秦始皇帝二十二年，秦灭魏。《解题》在述其始封、世系、地理后，特以自注说明"风俗见'晋'及'秦分三十六郡'《解题》"。"晋"即卷二周烈王六年"魏赵韩灭晋"条，《解题》引《汉书·地理志》记唐、魏之国风俗。"秦分三十六郡"即卷七秦始皇帝二十六年"分天下为三十六郡"，吕氏引《货殖列传》记其风俗"纤俭习事"。

由此可见，吕氏此书，虽然史料丰富，又经作者融会贯通，看似庞杂，但体例既明，体系完整，材料来源清晰可辨，亦便于始学者之使用。

《大事记》未及成书，是南宋史学之遗憾，但此书在纪年、诸侯兴亡、史事本末、采择史料等方面独具匠心的编撰体例与笔法，已展现出吕祖谦卓越的史学见识与史书编撰才能，《大事记》的史学价值也值得我们去做更深入的研究、发掘。

（作者单位：北京第二外国语学院国际传播学院）

《国语》的地域"文化圈"特征及性质

裴登峰

　　《国语》作为先秦"语"体系中一部特殊、重要的著作,就其性质而言,自汉至清,学者主要有三种代表性看法:《汉书·律历志》《论衡·案书》等以为"《春秋》外传",《史通·六家》列为史体六家之一,浦起龙《史通通释》疏为"国别家也",《四库提要》列为"杂史"。① 今日学者,倾向于《国语》主要记载卿士大夫治国言论。实际上,关于《国语》不同性质的内容,韦昭早有较为全面并切合实际之说。

　　　　邦国成败,嘉言善语,阴阳律吕,天时、人事、逆顺之数……
　　　　　　　　　　　　　　　　　　　　　　——《国语解叙》

　　后来陶望龄对其性质与风格的看法,值得重视。

　　　　《国语》一书,深厚浑朴,《周》《鲁》尚矣。《周语》辞胜事,《晋语》事胜辞,《齐语》单记桓公霸业,大略与《管子》同。如其妙理玮辞,骤读之而心惊,潜玩之而味永,还须以《越语》压卷。
　　　　　　　　　　　　　　　　　　——朱彝尊《经义考》卷二〇九引

　　刘熙载之说,亦甚有见地。

---

① 陈桐生:《〈国语〉的性质和文学价值》对此有详述,《文学遗产》2007年4期。

> 《国语》周、鲁多掌故，齐多制，晋、越多谋。其文有甚厚甚精处，亦有剪裁疏漏处。读者亦别而处之。
>
> ——《艺概·文概》

崔述也有独特感悟。

> 《周》《鲁》多平衍，《晋》《楚》多尖颖，《吴》《越》多恣放。
>
> ——《洙泗考信余录》

我们以为谈《国语》性质，应该从全书性质相同的材料、不同国别的材料、同一国别内容不同的材料三个"基本事实"出发，所得结论或许更接近于实际。

《周语》《鲁语》的"语"者大多是卿士大夫。重秩序，重名分，重礼义。虽《诗·大雅·文王》言"周虽旧邦，其命维新"，但《周语》无革故鼎新气象。强调维护稳定、封闭的秩序，不愿打破旧有格局，失去已有平衡。其话语大多在相对安稳的静态环境中进行，故能引经据典，娓娓道来。节奏慢、语气缓、辞语婉，但推理周密，逻辑性强，突出"嘉言善语""教诫之语"色彩。那些劝谏、议论者，有厚重历史感，突出"史鉴"意识，动辄追寻"古者""古之制""先王之制""昔……"。所谓"赋事行刑必问于遗训而咨于故实，不干所问，不犯所咨"（《周语上》），要在回顾和复制历史中，寻找答案，维持现状。以过去"怎么做"的程序为样板，提出现在"应该照着做"建议。预言"现在"不遵循"过去"的陈规，"将来"会有何结果，但未提出超前的建设性见解，以避免将来的恶果。周、鲁人不参照、借鉴外部经验，而过去的辉煌值得自豪，之前失败的教训值得吸取，从而形成了"怀旧"情结。所谓"始之以古，终之以古。行古志今，政之至也。政维今，法维古"（《逸周书·常训解》），体现出保守、僵化的思想状态。眼光向后，显得滞止、暮气，突出靠道德、道理、秩序治国、牧民、行事，不智力、武力，强调"顺而德建"（《周语中》），加之礼乐文化的熏陶，从而形成了温文尔雅、坐而论道的"周、鲁文化圈"。

《鲁语下》还有两组材料比较特殊。其中一组 8 篇材料，记公父文伯之母对家人的规诫性训辞及行为，是"家事"；另一组 5 篇记孔子博物富学。《论语·述而》言"子不语怪、力、乱、神",但《鲁语下》却记孔子谈"木石之怪""水之怪""土之怪","昔禹致群神于会稽之山"。《论语》体现孔子关注更多的是现实问题,不大讲述历史,但《鲁语下》既记孔子对现实礼仪的重视,还有讲史。

《齐语》为"霸语"。与《周语》《鲁语》彬彬有礼地坐而论道相反,《齐语》主要记述管仲辅佐桓公称霸的举措——"从事于诸侯"之"术"。君臣相知,戮力同心,南征北伐,东讨西战,建立了皇皇伟业,演绎了一段风云激荡的春秋历史。《齐语》突出桓公与管仲"明君能臣"这一组合,重民生疾苦,重仁义,这是历代人们羡慕、期盼、心仪、向往的一种理想组合模式与做法。故孔子赞叹:"管仲相桓公,霸诸侯,一匡天下,民到于今受其赐。微管仲,吾其披发左衽矣!"(《论语·宪问》)司马迁称赞:"管仲既用,任政于齐,齐桓公以霸,九合诸侯,一匡天下,管仲之谋也!"(《史记·管晏列传》)齐人的眼界敏锐开阔,眼光向外,思想开放,打破常规。他们不在周朝一统、周王为天下共主的固有模式里原地踏步,① 而是打破观念束缚,不仅全方位改革,还最早提出了"亲邻国""择其淫乱者而先征之"的"近交远攻"战略主张,以务实做法,锐意进取,凭努力打破原有诸侯格局,建立新规则,实现新目标,形成"以我为中心"的新格局,成为天下霸主。齐、鲁虽接壤,但凭海临风的齐人的思维超前、宏阔、无规则,非局促鲁人所企及。② 同时,《齐语》还体现桓公以武力征服众多诸侯国后,强调"隐武事,行文道""文事胜矣",崇尚"文德",为"文武是宪"③的典型。《晏子春秋》记景公曾言于晏子:"昔吾先君桓公,有管仲夷吾保乂齐国,能遂武功而立文德。"形成了刚柔相济的"齐文化圈"。

《晋语》不仅在篇幅上占了《国语》很大的比重,而且内容复杂,充斥阴谋之"语",时间绵延200余年。其中《晋语一·二》记骊姬之乱,《晋语三》记惠公之行,《晋语四》记重耳自逃亡到称霸的过程,《晋语七》记悼公之功,这几组基本上是专辑。这种以一个人物为中心,围绕主要人物构成完整故事单元的形式,应该对《水浒传》之类的章回体小说在整体构思、结构安排上有影响。

---

① 但形式上又很重视维护王统。《国语·齐语》载齐桓公"帅诸侯而朝天子"。
② 海边的齐、吴、越三国,均有明显的发散性拓展思维特点。
③ 《诗·大雅·崧高》。

《晋语一》"献公田，见翟柦之氛，归寝不寐"，似乎为晋国"黑云压城城欲摧"的乱政做了一个预兆。此后，晋国上空不时氤氲，弥漫着凶险恶气，阴云滚滚，寒风飕飕，杀气腾腾，人心惶惶，乱象迭起，险象环生。险恶政治环境培育了一个又一个政坛老狐狸，策划、实施着一个又一个的阴谋，演绎着不同故事。晋国政坛上至国君，下至臣子，阴险的，奸诈的，狡猾的，老谋深算的，明哲保身的，工于心计的……各色人物纷纷登台亮相，构成了色彩缤纷的人物画廊，像骊姬、优施、申生、重耳、史苏、郭偃、里克、荀息、丕郑、惠公等一大批人物，性格分明，历历在目。每个面孔凝固在那里，神情、心态毕现。他们各费心机，各揣思量，权衡、周旋。有人一头扎进某个权力漩涡，有人游离不定，暗中盘算，度量时势，算计取舍、进退。有人正面表演，有人暗中谋划。各个集团、各种势力的阴谋家们工于心计，机关算尽。在权力角逐中，刀光剑影，明枪暗箭，流言蜚语，密室阴谋，闺房私语，个人独白，骨肉相残，无所不用其极，毫无温情脉脉的面纱，好一幅"晋坛百态图"！

骊姬复仇掀起的晋国政坛大波澜，给一代霸主晋文公重耳提供了一个历练、成长的契机。前有骊姬，① 后有惠公都想杀他。重耳逃亡，既凶险叵测，悬念叠生，同时也为成功作铺垫。以重耳为中心，重耳与夷吾集团，所到国君臣及出场的不同人物、事件缀合起来，勾勒出一幅"流亡图"。重耳似乎是当时政治舞台上的一颗棋子，各国揣度、盘算、思量，并用不同的礼遇接待。各国君臣的幼稚与成熟、仁厚与奸诈、智慧与愚拙、冷静与冲动、深谋与浅薄一一展现，描写了一幅各国"政坛众生相"与"世俗人情画"。

《晋语》故事性强，极富文学色彩的精彩描写随处可见。《晋语四》重耳"乞食于野人"表演，颇具戏剧性，其声言"民生安乐，谁知其他"，似《三国演义》中的刘禅"此间乐，不思蜀"蓝本。子犯"与从者谋于桑下"及小妾偷听情节，有"惊奇"的戏剧效果。重耳酒醒追打子犯及对话情节，颇滑稽有趣。曹共公偷窥重耳洗澡举动，荒唐可笑。勃鞮刺杀重耳，"文公逾垣，勃鞮斩其袪"，十分惊险。吕甥、冀芮密谋叛乱，紧张激烈。伯楚告密，"公遽出见之"及《晋语七》"公跣而出"，与《三国演义》中曹操见许攸"跣足而出"，情形相似。《晋语八》以旁观者口气，

---

① 对其评价，作者有《骊姬：一个被误解的悲情者》一文，《文史知识》2011 年第 7 期。

讲述"平公六年，箕遗及黄渊、嘉父作乱，不克而死。公遂逐群贼。……居三年，栾盈昼入，为贼于绛。范宣子以公入于襄公之宫。栾盈不克，出奔曲沃。遂刺栾盈，灭栾氏"，语言通俗，情节紧张，宛若后世小说。《晋语九》"董叔将娶于范氏"语言幽默尖刻，寓意深邃，形象生动，情趣、理趣俱佳。金圣叹曾情不自禁地激赏："'求'字妙，妙；'既'字妙，妙；'矣'字妙，妙；分作两句，妙，妙；'欲而得之'，妙，妙；'又何请焉'，妙，妙！不知文者谓是佳谑，却不知是一片眼泪。"① "梗阳人有狱"写阎没、叔宽默契地用双簧表演，劝谏魏献子勿受贿，生动有趣。二人临食叹声不断，可谓善于把握时机及表演方式。劝谏"台词"委婉切理，情致佳，理智明。

整部《晋语》，以"杀"始，以"杀"终，贯穿"乱"，突出"谋"，对晋200余年历史由乱而治、由治而霸、由霸而弱、由弱而亡的波浪式演进过程展现殆尽。晋人的思想呈现复杂化态势，行为内讧与外扩并存，且行贿受贿之风浓厚。齐、晋、越人均施计谋，但齐人以正确策略与措施堂而皇之地向外扩张。越人内敛，高瞻远瞩，充满智慧与哲理，步步为营，稳扎稳打，着眼于夫差个性特点，突出攻心为上策略。晋人则更多诡谲的权谋、机心。《管子·水地》以"晋之水枯旱而运，淤滞而杂，故其民谄谀葆诈，巧佞而好利"为代表，形成了以奸诈、好斗、唯利、冷酷为主要特征的血腥、险恶的"晋文化圈"。

《郑语》较特殊。前一篇写郑桓公为己谋后路，但主要内容为史伯分析天下形势。其以长篇大制，从空间方位上铺陈，对《战国策》铺张扬厉的风格有影响，"主客问答"形式，为汉大赋所借鉴。后一篇纯叙事。

《楚语》体现出内修、内治的追求。虽"维女荆楚，居国南乡"（《诗·商颂·殷武》），楚人自称"蛮夷"（《史记·楚世家》），但其忧患意识强，字里行间流露着爱国之情。文中所推崇的价值观、责任意识、使命感，特别是动辄征引《诗》《书》等，以及随口讲史，不亚于中原之国，他们向前看、向外看的意识和观念也不落伍于中原，这体现了楚人对中原文化的吸收，以及南北文化的交融。而能如此，主要是由于楚人睁眼看世界的开放心态与视野，从而形成了富有活力的"楚文化圈"。

《吴语》《越语上》讲述吴、越波澜壮阔、绚丽多彩的争霸史。两者

---

① 朱一清、程自信注释《天下才子必读书》，安徽文艺出版社，1992。

以一个主要人物、事件为中心，其他人物、事件陪衬展开故事，有个人传记性质。其中，有些描写令人震撼、惊叹，如《吴语》写夫差排兵布阵。

> 万人以为方阵，皆白裳、白旗、素甲、白羽之矰，望之如荼。王亲秉钺，载白旗以中陈而立。左军亦如之，皆赤裳、赤旗、丹甲、朱羽之矰，望之如火。右军亦如之，皆玄裳、玄旗、黑甲、乌羽之矰，望之如墨。……王乃秉枹，亲就鸣钟鼓、丁宁、錞于、振铎，勇、怯尽应，三军皆哗釦以振旅，其声动天地。

在早期世界文学史上，这种阵势、场面不多见。《越语下》主要是范蠡出谋划策的个人言论集，但形式上为编年体例。值得强调的是，吴、越争霸史也是勾践、夫差的性格成长史，是在"时间流中展现人生的履历"。[①]勾践深谋、隐忍，心机很重。夫差"盖威以好胜"（《吴语》），个性表现为"傲""横""莽""毒""狠""昏"，[②]居功自傲，野心膨胀，刚愎自用，目空四海，盲目扩张。历史上虽以成败论英雄，但就艺术形象而言，夫差更鲜活、生动，更有生气，血肉更饱满。勾践与夫差的个性与行为导致"两国政治风格也有诸多不同点：吴谋浅而越谋深，吴阳刚而越阴柔，吴狂嚣而越深沉，吴逞志而越隐忍"，[③]形成了"吴、越文化圈"。

除上所述，《国语》还有其他的明显的特点。第一，重复。第二，一些材料内容、时间上的前后错乱。第三，"传闻异辞"，一事多辞，故出现矛盾。第四，内容的前后补充。第五，有虚构与想象。第六，大量讲史，加强故事性。第七，语言、修辞上的讲究，增强感染力，特别是随处可见的排比句，使文章更加精彩，如《楚语上》有9个"教之……"，12个"明……以……"，10个"……之"之类的排比句，《晋语六》上有9个"见……，……曰"的段落排比等，这在先秦文学史上似乎绝无仅有。第八，故事性比《尚书》《论语》《春秋事语》《事语》《语丛》《语书》等之类的"语"书要强烈得多。在先秦"语"体系统中，既有《楚语上》

---

① 浦安迪：《中国叙事学·导言》，北京大学出版社，1998。
② 参见裴登峰《由夫差形象塑造看〈国语〉的文学价值》一文，《中国文化研究》2011年"秋之卷"。
③ 陈桐生：《〈国语〉的性质和文学价值》，《文学遗产》2007年第4期。

"教之《语》,使明其德,而知先王之务用明德于民也"的教科书性质,也有讲故事成分。"瞽矇传诵的历史再经后人记录下来就称为'语',如'周语''鲁语'之类;《国语》就是记录各国瞽矇传诵的总集。"① 张正烺认为"语""在春秋时期的书籍中就是一种固定的体裁","就是讲话","不能撇开记事"。② 《国语》如日本学者小南一郎所说,是"规诫性故事集"。③ 其故事性主要体现在:各《语》随处可见短小的故事;有骊姬之乱、重耳之亡之类的独立的、完整的故事单元;有吴、越争霸的长篇故事;《郑语》不仅引述《训语》的传闻,史伯接下继续讲了一大段奇异色彩更浓的故事。第九,《国语》不仅思想驳杂,有些还为独创。如《周语下》谈音乐十二律,《晋语四》因材施教的观点,《楚语上》"夫美也者,上下、内外、小大、远近皆无害也,故曰美"见解,《越语下》"因阴阳之恒,顺天地之长","人事必将与天地相参(叁),然后乃可以成功"的系统主张。《国语》还强调"训""儆"以致"顺",④ 声明"犯顺不祥"(《鲁语上》)。"顺"则可以致"和",达到理想状态,所谓"民用和同……乃能媚于神而和于民矣"(《周语上》)。"和"既指和谐、均衡、协调,也指保持各自特点,多样化发展,多样性并存,各呈其态,各显其质,各美其美,所谓"和实生物,同则不继","声一无听,物一无文,味一无果,物一不讲"(《郑语》)。强调"训""儆""顺""和"是为了"文",即文德,因为"能文则得天地","被文相德,非国何取"(《周语下》)?第十,从体制而言,《国语》不仅与他"语"差别大,就是《国语》内部也不尽相同,其中还有三篇为纯叙事体。

所以,《国语》是将性质不同、来源渠道不同、动机与目的不同、体例不同、文风不同、思想与主张不同的材料汇集在一起。各"语"自成其"书",合各"书"为一"书"而成《国语》,性质大略近似于后代的"类书"。要以"类"相从,依性分类,区别对待,进行个案剖析。《国语》许多材料先有"源"——最初的事和"语"者,尔后经过了瞽矇传诵,或宫廷之中、卿士大夫、权臣周围人的口说,甚至"庶人传语"(《周语上》),

---

① 徐中舒编著《左传选》"后序",中华书局,1984。
② 《〈春秋事语〉解题》,《文物》1977年第1期。
③ 《论小说的起源:从"语"到"说"》,《人大复印资料》2009年第4期。
④ 指自然的秩序、状态、行为。"顺"是周人的一种理想化观念与行为哲学。

在此基础上，有人不断收集、编纂累积而成，① 是依国分类的史料汇编，②但不一定是史官"实录"文献。《国语》中的许多材料是颇具中国特色的早期"说话"，在诸多方面对小说的发展有着重要影响。先秦包括《国语》在内的具有此类性质与体式的文章，应称"事语"体，"国别体"则是全书的编纂体例。像"《国语》的作者"之类的笼统提法会造成"某部书在某段时间内由某人独立完成"的印象，不妥，因为先秦许多典籍应谈编纂者而非作者，具体某"书"可以谈单篇文章的作者，但绝大多数已不可考了。

（作者单位：北京第二外国语学院古代文学与文化研究中心）

---

① 《晋书·束皙传》载汲冢战国竹书有"《国语》三篇，言楚、晋事"。《国语》在汉代有两种本子，即《汉书·艺文志》著录的《国语》二十一篇，自注："左丘明。""《新国语》五十四篇"。自注："刘向分《国语》。"顾实《汉书艺文志讲疏》以为"本旧有《国语》而分之，故曰《新国语》，即重新编定之书也"。

② 是否"原始"，因无参照，不得而知。

《国语》的"文"观念及"文德"理想

裴登峰

在先秦典籍中,"文"与"文德"观念有着丰富的内涵,在思想史上有着重要意义。而作为先秦典籍的重要组成部分,《国语》的"文"与"文德"观念,值得探讨。

一 "文"义演变与早期的"文德"意识

"文"字在甲骨文中为胸前有刻画图案的人形。后来,"文"指各色交错的自然纹理。《易·系辞下》云:

> 古者包牺氏之王天下也,仰则观象于天,俯则观法于地,观鸟兽之文与地之宜,近取诸身,远取诸物,于是始作八卦,以通神明之德,以类万物之情。……上古结绳而治,后世圣人易之以书契。百官以治,万民以察,盖取之《夬》。

《国语·周语下》云:"经之以天,纬之以地。经纬不爽,文之象也。"《礼记·乐记》云:"五色成文而不乱。"《说文解字》云:"文,错画也。""文"一开始,就被赋予了"自然"与"社会"的两重属性。《周易·贲》象辞曰:"贲,亨。柔来而文刚,故亨。分刚上而文柔,故小利有攸往。刚柔交错,天文也。文明以止,人文也。观乎天文,以察时变;观乎人文,以化成天下。"王弼注云:"刚柔交错而成文焉,天之文也。"孔颖达疏云:"天之为体,二象刚柔,刚柔交错成文,是天文也。"关于"人文",王弼注云:"止物不以威武而以文明,人之文也。"孔颖达疏云:"用此文明之道，裁止于人，是人之文德之教。此'贲'卦之象，既有天文、人文，欲广美天文、人文之义，圣人用之以治于物也。""观乎天文……以化成天下"王弼注云："观之天文，则时变可知也；观人之文，则化成可为也。"孔颖达疏云："'观乎天文，以察时变'者，言圣人当观视天文，刚柔交错，相饰成文，以察四时变化。若四时纯阳用事，阴在其中，靡草死也。十月纯阴用事，阳在其中，荠麦生也。是观刚柔而察时变也。'观乎人文，以化成天下'者，言圣人观察人文，则《诗》《书》《礼》《乐》之谓，当法此教而'化成天下'也。"

"在此基础上，'文'又有若干层引申义。其一，为包括语言文字在内的各种象征符号，进而具体化为文物典籍、礼乐制度。《尚书·序》所载伏羲画八卦，造书契，'由是文籍生焉'，《论语·子罕》所载孔子说'文王既没，文不在兹乎'，是其实例。其二，由伦理之说导出彩画、装饰、认为修养之义，与'质''实'对称，所以《尚书·舜典》疏曰'经纬天地曰文'，《论语·雍也》称'质胜文则野，文胜质则史，文质彬彬，然后君子'。其三，在前两层意义之上，更导出美、善、德行之义，这便是《礼记·乐记》所谓'礼减而进，以进为文'，郑玄注'文犹美也，善也'，《尚书·大禹谟》所谓'文命敷于四海，祗承于帝'。"①

在中国传统文化里，"文"常常与"德"相连。而讲究"文德"，始自远古。《尚书·尧典》称"昔在帝尧，聪明文思，光宅天下"。孔颖达释云："以此聪明之神智，足可以经天纬地，即'文'也。……'聪明文思'，即其圣性行之于外，无不备知。故此德充满居止于天下而远著。德既如此，政化有成，天道充盈，功成者退。"《舜典》言舜"重华协于帝，濬哲文明，温恭允塞，玄德升闻，乃命以位"。孔安国释云："'华'谓文德，言其光文重合于尧，俱圣明。"《舜典》还言舜"受终于文祖"。《史记·五帝本纪》以为："文祖者，尧太祖也。"《诗·周颂·思文》则称"思文后稷，克配彼天"。《周颂·烈文》赞文王之"文"。《国语·周语下》称赞"文王质文，故天胙之以天下"，武王"昭显文德"。《诗·大雅·江汉》赞誉周王"矢其文德，洽此四国"。《左传·僖公三十年》云："国君，文足昭也，武可畏也，则有备物之飨，以象其德。"《襄公二十五年》云："言之无文，行而不远。"《史记·夏本纪》云："夏禹，名曰文

---

① 张岱年主编《中国文化概论》，北京师范大学出版社，1994，《绪论》第1页。

命。"《索隐》言:"《尚书》云'文命敷于四海',孔安国云'外布文德教命',不云是禹名。……盖古者帝王之号皆以名,后代因其行,追而为谥。"①《说苑·修文》云:"积恩为爱,积爱为仁,积仁为灵。灵台之所以为灵者,积仁也。神灵者,天地之本,而为万物之始也。是故文王始接民以仁,而天下莫不仁焉。文德之至也。德不至,则不能文。""商者,常也。常者,质。质主天。夏者,大也。大者,文也。文主地。……救鬼莫如文,故周人教以文,而君子文矣,小人之失薄。……《诗》曰:'彫琢其章,金玉其相。'言文质美也。"

西周时期尚"文"之风盛行,这一点为学者们所共识。《逸周书·允文解》云:"思静振胜,允文维纪。"《武顺解》云:"群必文,圣如度,元忠尚让,亲均惠下,集固介德。危言不干德曰政,正及神、人曰极,世世能极曰帝。"《武穆解》云:"要权文德,不畏强宠。"《武纪解》云:"凡建国君民,内事文而和。"《国语·鲁语上》云:"文王以文昭。"《论语·八佾》云:"周监于二代,郁郁乎文哉!"《论语·季氏》载孔子曰:"故远人不服,则修文德以来之。既来之,则安之。"《礼记·表记》云:"殷周之文,至矣。"《史记·高祖本纪》云:"周人承之以文。"

"文德"的提倡,意味着不炫耀武力。《国语·周语上》"穆王将征犬戎",祭公劝谏,一开口便强调先王的广大文德,不炫耀武力。而《逸周书·祭公解》穆王询问伊始,便请"公其告予懿德"。由后面祭公"敷文在下"之语可知,主要是指"文德"。《周语中》"王至自郑"全篇强调的是要尽量发扬文德,不能轻易动用武力。"文德"即用温和的、遵守礼义的方式,说服、教育、感化阳樊之人,而不是用武力征服。苍葛之语表明,大家都以为您将布施什么德惠来感化我们阳人,从而让我们阳地老百姓不会远离。现在您却要拆毁我们的宗庙,杀戮我们的百姓,我们当然不顺服。"文"的反面则是"致武"。"夫三军之所寻,将蛮、夷、戎、狄之骄逸不虔,于是乎致武"。因此,《礼记·表记》云:"殷周之文,尚矣。"秦、汉以降,人们也屡屡提及"周道文"(《史记·梁孝王世家》),"周人尚文"(《史记·梁孝王世家》《索隐》),"周极文""周贵文"(《礼记·王制》孔颖达疏)。"文德"的主要内容,是周公"作礼乐以文之"(《汉

---

① 可以说,"文德"意识贯穿于中国历史发展中每个阶段的最高统治者的意识中。每个朝代,一旦马上打下了天下,便要息武倡文。明成祖曾言:"振纲常以布中外,敷文德以及四方。"(《明史·食货志》)

书·董仲舒传》) 的礼乐文化。周公制礼作乐记载见于《左传·文公十八年》《尚书大传》《礼记·明堂位》等文献。《礼记·乐记》曾记载周初制礼作乐的情况。孔颖达疏以为"周公、召公以文德治之，以文止武"。文王与周公旦在礼乐文化的形成过程中起了重要作用。礼乐制度成为后世普遍遵守，或者被要求遵守的一整套行为规范、秩序，影响极为深远。基于此，姬发被谥"文王"，《诗·大雅·大明》称："维此文王，小心翼翼。昭事上帝，聿怀多福。厥德不回，以受方国。"《毛诗序》云："《大明》，文王有明德，故天复命武王也。"郑《笺》云："二圣相承，其明德日以广大，故曰大明。""明明者，文王、武王施明德于天下。"周公旦被谥为"周文公"。《逸周书·谥法解》云："谥者，行之迹也。……是以大行受大名，细行受小名。行出于己，名生于人。"关于什么情况下谥"文"，《谥法解》云："经纬天地曰'文'，道德博厚曰'文'，学勤好问曰'文'，慈惠爱民曰'文'，愍民惠礼曰'文'，锡民爵位曰'文'。"

二 《国语》"文"的内涵及"文德"追求

《国语》很讲究"文"观念，而且"文"常常与"德"联系。《国语》中"文"的体现是多方面的。

（1）从"人"的角度而言，《国语》的议论者大多为卿、大夫，还有诸侯国君，有时甚至是周王。他们大都受过良好教育，许多人有文化，有修养，有礼貌，行事得体，熟谙前代历史、典籍。因而在言说中，能谈古讲史、引用典籍。在日常言行中，知礼义，懂规矩，守秩序。这也影响到群体心态。至少在社会稳定的西周前期，在上层社会，人们之间讲究礼义。所谓"文质彬彬，然后君子"。一般情况下，《国语》的文章可能不是有意识的文学创作，而是政事活动中的一项内容，所以很注意言辞得体。这些"人"的内在因素影响到作品"文"的特征。作品通过各种方式，体现的"文"是形式，人内在的文化修养是"文"的根本。没有人之"文"，就没有文之"文"。

（2）《国语》文章"文"的特征，与内容直接关联。像主要体现"治国之善语""嘉言善语""教诫之语"的《周语》《鲁语》《楚语》，文风与《齐语》《晋语》《吴语》《越语》不同。《周语》《鲁语》《楚语》是"守"，是在"静"态的环境里，在平缓渐进的过程中，实现自我调整。许多情况下，劝谏者开门见山，开宗明义，直截了当、毫不顾及地针对某种不合情理、事宜、常规的现象，直奔主题，旗帜鲜明地表明自己的观点。体现在行文上，不管是什么身份之人，在陈述自己的观点时，讲究方式、方法。文辞引经据典、博古通今。不声色俱厉，咄咄逼人，居高临下。不高门大嗓呵斥，指着鼻子教训。不摆出一副唯我为是的姿态，指手画脚。在谏说过程中，让人体会到谏说者心中的焦急，以及对谏说对象的期待。观点尖刻、鲜明而不失风度，从而使《国语》的许多文章在整体上形成了从容、优雅的风格。

（3）"文"的第三方面的表现，是信手拈来、随处可见的讲史。这样的讲史，有丰富的"文化"含义。既在于历史人物成功做法之"文"，更在于以此之"文"触动现在，从而达到"化"。

（4）《国语》中的旁征博引，也体现着"文"的特点。引述可分为直接和间接两种形式。除了前面谈到的讲述历史故事外，还引述《诗》《书》，特别是一些今天见不到的文献，比如《夏令》《时儆》《训语》《志》、西方之书、《法志》之类。征引这些文献，本身就表明言说者知识渊博，有较好的文化修养，从而给自己的观点增加了文化上的"底气"。《国语》还引述了诸如"先王之教""先王之令""古之制"之类的内容。这些内容带有教诲性质，引导人们遵守，而不是颐指气使、声色俱厉、指手画脚地教训。《国语》即使引述"诵""闻""谚"之类，也不是纯粹的民间口语、俚语。虽内容直白明显，文字通俗易懂，有些口语化，但并不粗浅，体现着"雅"的特点。

《国语》中"文"的主要内容，包括下列一些方面。

（1）强调在治国牧民的政事中，要"以文修之"，昭显文德，实行"文治"。《周语上》祭公谋父劝谏穆王勿征犬戎。在"先王耀德不观兵"前提下，强调"先王之于民也……以文修之"。韦昭注："文，礼法也。""文"与"德"的关系是：知"文"则民守秩序，遵卑贱。"有不享则修文"之"文"，韦昭注："典法也。"《逸周书·度训解》云："天生民而制其度。……正中外以成命，正上下以顺政。……明王是以敬微而顺分。"《周礼·天官冢宰》云："惟王建国，辨方正位，体国经野，设官分职，以为民极。"既然要以"文"修之，就不能尚武。所以《国语》中与"文"观念对立的是"武"。"武"指争战杀伐，攻城略地。

（2）"文"还指个人内在想法、品质、素养、能力的外在表现，即外在表现形式（"服"或"言"）是内在内容的反映。《国语》中有时也涉及"言""貌""文"的关系。

《国语》中体现上述特征的"文"的内涵，主要分布在《周语》《鲁语》《楚语》中。而周王室与鲁国最讲究礼乐文化。楚国虽僻居，但也很注重讲究礼义。因而主要在这些材料中与"文"紧密相连，有一系列的范畴或概念。

第一，十分重视"德"。这是贯穿全书的重要思想。《周语上》第一篇，祭公谋父一开口，便十分鲜明地强调德。下面引"周文公之诗"，说明"我求懿德"，称赞"昔我先王世后稷以服事虞夏。……时序其德……奕世载德"。这段文字中的"德"，既指"德政"，也指自我修养与行为体现。《周语上》"恭王游于泾上"，密康公之母所说的"而何德以堪之"也是指个人德行。而个人德行，主要是自己的才能、行为与俸禄要相合，并时时要反省自己的行为，发扬正确的，修正不足的。

第二，"行善而备败"（《周语上》）。这里的"善败"是一对相反的对立概念。其中"善"与先秦其他典籍中提到的"善"，有一定的区别。比如孟子提出的性善，指个体与生俱来的先天优良因素，更多的是"自然"色彩。但这里的"善败"之"善"，是指通过老百姓对政事的议论，折射出"天子听政"的好与坏，是指政策、措施。

第三，强调"顺"。"顺"是周人的一种理想化的观念与行为哲学。为此，在政治秩序中，讲究明确等级、次第关系；在社会秩序中，明确行事原则及方式（如礼、法）；在日常行为和人与自然的关系中，遵循自然规律，顺应天时。如此，"土宜天时，百物行治"，"治化则顺。……长幼成而生曰顺极"（《逸周书·度训解》）。在政事中"犯顺不祥"（《鲁语上》）。"顺"的内容丰富多样。在《周语上》"鲁武公以括与戏见王"中，樊仲山父提出"不顺必犯，犯王命则诛，故出令不可不顺也。令之不行，政之不立，行而不顺，民将弃上。下事上，少事长，所以为顺也"。《晋语四》还提出了一个重要的观点。"众而顺，文也。文武具，厚之至也。"即民众归顺，是文德的象征。文武兼备，这是最大的"厚"。因为这样可以得到老百姓的支持、众人的拥护，从而得到国家。世上还有比这样的"得"更大的事吗？一旦拥有了国家，为了体现"文德"，在政事中，君王"敬王命，顺之道也"（《周语上》）。即尊敬王命，就要严格按照成规行事，遵循上下秩序、等级次序。而讲究上下之分，是任何人都要遵守的规矩，即使周王也不能例外。像宣王即位后，有些不符合先王的做法，因而不顺，遭到批评。不仅如此，还要顺民意，合民心，不可暴虐。要分辨贤者与贪者，择其贤者而用之。

第四，重视礼义。在现实生活中，礼义表现为个人的行为规范；在政事中，礼义表现为秩序与制度。政事与现实生活中的一切行为，都要在符合礼义的框架里进行。讲究礼义是维护社会秩序，保持人与人之间良好关系的重要基础。"成礼义，德之则也。则德以导诸侯，诸侯必归之。且礼所以观忠、信、仁、义也。"（《周语上》）"不义则利不阜。"（《周语中》）"夫礼，所以正民也"（《鲁语上》）。

第五，追求"和"的理想。"和"指要遵循自然规律，不能人为地改变或破坏。这是先秦时期各家各派的一项重要主张。在顺应自然的前提下，在社会生活中，不能违背老百姓的意愿，这是政事之"本"。《逸周书·度训解》云："凡民生有好有恶。小得其所好则喜，大得其所好则乐；小遭其所恶则忧，大遭其所恶则哀。凡民之所好恶：生物是好，死物是恶。""凡民不忍好恶，不能分次。不次则夺，夺则战。战则何以养老幼，何以救痛疾死丧，何以胥役也？明王是以极等以断好恶，教民次分，力竟任壮养老，长幼有报，民是以胥役也。"《大聚解》云："振乏救穷，老弱疾病，孤子寡独，惟政所先。"这应该都是政事之"本"，是最重要的内容。只要遵循了一定的规则，那么在"和"的基础上，就能达到"同"。《周语上》载虢文公劝谏周宣王云：

> 民用莫不震动，恪恭于农，修其疆畔，日服其镈，不解于时，财用不乏，民用和同。是时也，王事唯农是务，无有求利于其官以干农功，三时务农而一时讲武，故征则有威、守则有财。若是，乃能媚于神而和于民矣，则享祀时至而布施优裕也。

《鲁语上》亦云："动不违时，财不过用；财用不匮，莫不能使共祀。"只要按照自然规律，顺乎民意办事，就可以做到"民生有财用而死有所葬……以养物丰民"（《周语下》）。物阜财丰，老百姓衣食无忧，也就有条件很好地祭祀，这样就做到了"神"和"民"适得其所，各安其职。"神"和"民"两方面都满意，于是可以达到和睦的境界。

《国语》中提倡的"和"，并不是一种抽象的理论。如果只是像"凡人神以数合之，以声昭之，数合声和，然后可同也"（《周语下》）的理论这样抽象，总让人感到有些空泛，有时甚至不知所云。《国语》提倡的"和"，在更多的情况下，是建立在可以操作的基础上的，分为"物质"与"精神"两个层面。因而特别强调财用的富足。这样的论述，俯拾即是。如《周语上》云："先王之于民也，懋正其德而厚其性，阜其财求而利其器用，明利害之乡，以文修之，使务利而避害，怀德而畏威，故能保世以滋大。"这里的"德"和"财"，分别指"精神"和"物质"。做到了这两个方面，就能够世世相传并强大。重视农事，顺其自然，山川就会出财用，原野就会生衣食。这样就可以为广大老百姓做好事，并避免出现衰败，国家也就会长治久安。因为"上帝之粢盛于是乎出，民之蕃庶于是乎生，事之供给于是乎在，和协辑睦于是乎兴，财用蕃殖于是乎始，敦庞纯固于是乎成，是故稷为大官"（《周语上》）。反之，若"民乏财用，不亡何待?"（《周语上》）除此外，"和"也是个人的一种修养与境界。特别是不能有非分之想，不能贪欲，要保持内心的平静。《国语》中关于这一点的论述贯穿全书，只不过表达方式因情况而异，有时是直接阐明，有时则间接蕴含。

（作者单位：北京第二外国语学院古代文学与文化研究中心）

士人"精神胜利法"与《战国策》的娱乐性质
——以拟托苏秦合纵、张仪连横《策》文为中心的观照

裴登峰

在以仁义为纲纪,以道德为标的的我国传统评价体系里,《战国策》内容不但被指斥为"不可以临教化"[①]的"邪说",[②]而且"其机变之巧,足以坏人心术",因而要"去毒"。[③]新中国成立后出版的文学史之类的教科书,一般都将其定性为记载策士言行及纵横之术的史料集。但认真研读《战国策》文本,我们便可发现这样的认识,与事实有一定出入。《战国策》文的作者不一定全为纵横策士,有许多《策》文内容不关策谋,更非阴谋,故不能一概而论。《战国策》是不同性质材料的汇编,将其中相同性质的材料归类,可以归为不同的"类"。应将其材料打破国别限制,按性质以"类"相从,区别对待,才能得出更加符合事实的认识。这其中拟托苏秦合纵、张仪连横的十余篇长篇《策》文,最能体现铺张扬厉、纵横捭阖的风格。这些《策》文以士人"精神胜利法",体现着娱乐心态,从而使《战国策》具有了一定的娱乐性质。

一 《战国策》文本体现的娱乐性

拟托苏秦合纵、张仪连横《策》文,遍布《秦策一》《齐策一》《楚

---

① 刘向:《战国策叙录》,见何建章《战国策注释》,中华书局,2010。
② 曾巩:《战国策目录序》,上海古籍出版社,1998。
③ 陆陇其:《战国策去毒跋》,见诸祖耿《战国策集注汇考》(增补本),凤凰出版社,2008。

策一》《赵策二》《魏策二》《韩策一》《燕策一》各《策》。这些《策》文,除了文章内部结构基本相同外,还有这样一些重要的特点。

(1) 互相诘难。如《齐策一·张仪为秦连横说齐宣王》云:"从人说大王者,必谓齐西有强赵,南有韩、魏,负海之国也。地广人众,兵强士勇,虽有百秦,将无奈我何。大王览其说而不察其实。"显然针对上篇"苏秦为赵合从说齐宣王"而言。另如:

横人皆欲割诸侯之地以事秦,此所谓养仇而奉雠者也。
——《楚策一·苏秦为赵合从说楚威王》
夫从人者,饰辩虚辞……以一诈伪反覆之苏秦,而欲经营天下,混一诸侯,其不可成也亦明矣。
——《楚策一·张仪为秦破从连横说楚王》
夫横人者,皆欲割诸侯之地以与秦成……是故横人日夜务以秦权恐吓诸侯,以求割地。愿大王之熟计之也。
——《赵策二·苏秦从燕之赵》
凡大王之所信以为从者,恃苏秦之计,荧惑诸侯,以是为非,以非为是。
——《赵策二·张仪为秦连横说赵王》

通过"角色扮演"、互相辩难的"对台戏",体现着浓厚的娱乐色彩。让张仪、苏秦这两个年辈不相值的人针锋相对地舌战,本身就带有很强的娱乐性。而这些游说辞假设为一人所作,即一人两角色的自我表演,那就更具喜剧效果了。《战国策》中像苏代谓昭鱼,"君其为梁王,代请说君"(《魏策二·田需死》),"张登谓蓝诸君曰……请以公为齐王,而登试说公,可,乃行之"(《中山策》)之类"角色转换"的语言艺术与表现手法,似后代戏曲表演,在先秦典籍中具独创性。

(2) 诸侯王听了苏秦、张仪之说后,声称"寡人不敏"(《齐策一》),"寡人年幼,不习国家之长计"(《楚策一》),"寡人年少,莅国之日浅,未尝得闻社稷之长计"(《赵策二》),"寡人年少,奉祠祭之日浅"(《赵策二》)。更有甚者,"韩王忿然作色,攘臂按剑,仰天太息曰:'寡人虽死,必不能事秦。今主君以楚王之教诏之,敬奉社稷以从。'"(《韩策一》)燕王感叹"虽大男子裁如婴儿"(《燕策一》),魏王唏嘘"寡人蠢愚,前计失之"(《魏策一》)。诸侯王都显得那么愚笨呆滞,孤陋寡闻,昧于形势,不谙时局,不明国情,窘迫茫然,无所适从。自惭识见之短,心生愧疚。服帖、谦卑、自嘲,让人忍俊不禁,怪不得苏秦"窃为大王羞之"(《齐策一》)。"羞"既包含"无颜见天下诸侯"之意,又是嘲笑、揶揄诸侯王,还是一个细小动作,显得眼界促狭,扭捏,不大气。反之,士人不局限在一角一隅,而是"习诸侯事"(《楚策三》),"口道天下之事"(《赵策一》)地"经营天下,混一诸侯"(《楚策一》),关注的是战略性、全局性问题,并如同统揽全局、见多识广的"长者",指点迷津,使诸侯王如梦方醒,恍然大悟。有茅塞顿开、拨云见日之豁亮,改变了诸侯王的"小儿之见"。大有相见恨晚,此生不见,终身遗憾之感。听苏、张策略,能引诸侯国出迷径,登坦途,昌国运,不由得心生"今大客幸教之"(《齐策一》《燕策一》),既非常荣幸、幸运,又终身受益。

（3）虽然二人一主纵,一主横,互为正、反方,且合纵、连横事关存亡,非同儿戏,但文章通过富于蛊惑性、煽动性的演讲语言,言之凿凿,理由十足地尽力彰显"我之正确",给诸侯王造成心理上的巨大冲击力、震撼力,由不得不听、不信。诸侯王感到"万乘之君,得罪一士,社稷其危"(《楚策一》),加之"群臣之计过"(《齐策一》),找不出任何反驳的理由,所以无一例外地只有洗耳恭听,言听计从。以《齐策一》为例：

> 苏秦为赵合从,说齐宣王……齐王曰："寡人不敏,今主君以赵王之教昭之,敬奉社稷以从。"
>
> 张仪为秦连横说齐王……齐王曰："齐僻陋隐居,托于东海之上,未尝闻社稷之长利,今大客幸而教之,请奉社稷以事秦。"献鱼盐之地三百里于秦。

虽然《鬼谷子》从理论上对如何游说做了深刻剖析,《韩非子·说难》一再申明"凡说之难""凡说之务",特别强调"说者能无婴人主之逆鳞,则几矣",陈言游说谈何容易！但不管苏秦合纵,还是张仪连横,都易如反掌、不在话下,总能如愿以偿地圆满收场,俨然成为天下的主宰。诚可谓"贤人在而天下服,一人用而天下从"(《秦策一》),"一天下,安诸侯,存危国"(《楚策一》),但这都是有意杜撰的空中楼阁式的文字游戏。

不仅如此,遍观《战国策》,诸如此类带有浓厚戏谑色彩的文字俯拾即是。《秦策一·苏秦始将连横说秦》一开始苏秦虽巧舌如簧，滔滔不绝，高谈阔论，没想到"秦王曰：'……今先生俨然不远千里而庭教之，愿以异日。'"抬举、客气地拒于千里之外。但苏秦"不识时务"，更进一步振振有词地引经据典、洋洋洒洒、富有文采地宏论一番。原本希望靠三寸不烂之舌，打动、说服惠王，在政治舞台上大展宏图，但事与愿违，却栽了大跟头——"说秦王书十上而说不行"。于是，失魂落魄、狼狈不堪的苏秦向我们走来了。

赢縢履蹻，负书担橐，形容枯槁，面目犁黑，状有愧色。归至家，妻不下纴，嫂不为炊，父母不与言。

但苏秦并没有气馁，更没有放弃，于是有了心理独白与苦读举动。

苏秦喟叹曰："妻不以我为夫，嫂不以我为叔，父母不以我为子，是皆秦之罪也。"乃夜发书，陈箧数十，得《太公阴符》之谋，伏而读之。简练以为揣摩。读书欲睡，引锥自刺其股，血流至踵。曰："安有说人主不能出其金玉锦绣，取卿相之尊者乎？"期年，揣摩成，曰："此真可以说当世之君矣！"

通过言行描写了苏秦的韧劲，甚至刚性，以及对权势、名利的渴望。既然连横不成，便转向了合纵并大获成功后，与此前在秦的遭遇相比，不啻天壤之别。真是"适当时明主之意，则有直任布衣之士，立为卿相之处"（《韩非子·奸劫弑臣》）。于是，又出现了场面十分好笑的戏剧性一幕。

将说楚王，路过洛阳。父母闻之，清宫除道，张乐设饮，郊迎三十里。妻侧目而视，倾耳而听；嫂蛇形匍伏，四拜自跪而谢。

前后对比，反差悬殊。苏秦的失意与得意都被极度渲染、夸张。苏秦的情感经历了"喜—悲—喜"的起伏，幽默色彩浓厚。

《秦策二·齐助楚攻秦》虚写张仪以秦商于之地六百里诳楚王绝齐。张仪返秦后，"称病不朝。楚王曰：'张子以寡人不绝齐乎？'乃使勇士往詈齐王。张仪知楚绝齐也,乃出见使者曰:'从某至某,广从六里。'"让人哑然失笑。《楚策三·张仪之楚》人物虚、实相间。篇幅虽短,但情节复杂、曲折。既正面叙述,又插叙"当是之时,南后、郑袖贵于楚",为下面故事的展开巧妙铺垫。接下来"彼郑、周之女,粉白黛黑,立于衢闾,非知而见之者以为神"的肖像描写突出肤色,又用"立于衢闾"的招摇、炫弄和"非知而见之者以为神"的侧面烘托,突出其"美"。着一"神"字,让人充满好奇与想象。文中楚王"楚僻陋之国也,未尝见中国之女如此其美也。寡人之独何为不好色也"惊叹,再次为突出南后、郑袖之美做渲染。结尾则以张仪大获全胜结束,楚王似乎被把玩于股掌之上。《中山策·阴姬与江姬争为后》司马憙见赵王,故意惊呼:"以臣所行多矣,周流无所不至,未尝见人如中山阴姬者也,不知者特以为神。其容貌颜色固已过绝人矣。若乃其眉目准頞权衡,犀角偃月,彼乃帝王之后,非诸侯之姬也。"如此关于女性外貌美及风神、韵味的肆意夸饰与溢美,饶有趣味。《楚策四·庄辛谓楚襄王》写听了庄辛的一番陈辞后,"襄王闻之,颜色变作,身体战栗"写出了极度夸张游说的效果。《魏策四·秦王使人谓安陵君》虚言唐且与秦王舌战,"挺剑而起。秦王色挠,长跪而谢之曰:'先生坐,何止于此,寡人谕矣。夫韩、魏灭亡,而安陵以五十里之地存者,徒以有先生也。'"真乃天方夜谭!《燕策一·燕文公时》写苏秦说齐后,"齐王大说,乃归燕城。以金千斤谢其后,顿首涂中,愿为兄弟而请罪于秦",表演甚为荒诞。缪文远《战国策新校注》云:"燕易王、齐宣王时,苏秦尚未与燕、齐发生关系。且此《策》庆吊相随,无非故作波澜;按戈而却,殊非人君礼制。腾口说而得十城,事所必无;顿泥涂而请罪,言尤夸诞。"① 文中"再拜而贺,因仰而吊,齐王按戈而却",以及结尾的人物行为,前后对比反差巨大,使故事跌宕起伏,充满悬念,文学性极强。作者以"赏玩"心态,故弄玄虚,虚张声势,自导自演,自娱自乐,自我圆满。《赵策二·秦攻赵》苏子说秦王后,虚言"于是秦王解兵不出境,诸侯休,天下安,二十九年不相攻"。真是突发奇想,异想天开,战国根本不存在如此情况。

《战国策》中士人对自己的能力也充满自信。如《东周策》颜率阻止秦、齐不向周求九鼎,苏子说服西周为东周下水,均易如反掌。《西周策》

---

① 缪文远:《战国策新校注》,巴蜀书社,1998。

"雍氏之役，韩征甲与粟于周，周君患之，告苏代。苏代曰：'君何患焉？代能为君令韩不征甲与粟于周，又能为君得高都。'……苏代遂往见韩相国公仲……公仲曰：'善。'不征甲与粟于周而与高都，楚卒不拔雍氏而去。"《齐策六·燕攻齐》写"田单攻之岁余，士卒多死而聊城不下。鲁连乃书约之矢，以射城中，遗燕将曰……燕将曰：'敬闻命矣！'"《赵策三·秦围赵之邯郸》写鲁仲连慷慨陈词，说服魏将辛垣衍义不帝秦。"于是辛垣衍起，再拜谢曰：'始以先生为庸人，吾乃今日而知先生为天下之士也。吾请去，不敢复言帝秦。'"等情形，说客均大获全胜，很好满足了娱乐士人的心理。《秦策五·文信侯欲攻赵以广河间》更为奇特，其文写12岁的甘罗为秦说服赵王"立割五城以广河间，归燕太子"。《史记·甘茂列传》附《甘罗传》"太史公曰：甘罗年少，然出一奇计，声称后世。"但此事应为故意夸饰、渲染。怪不得有人啧啧称奇："甘罗以髫龄之年，竟能使于四方不辱君命，而秦廷君臣亦居然信任之而不疑，未免近于神话。"①《齐策六·王孙贾年十五》写"王孙贾年十五，事闵王。王出走，失王之处"。受其母责备后，"王孙贾乃入市中，曰：'淖齿乱齐国，杀闵王，欲与我诛者，袒右！'市人从者四百人，与之诛淖齿，刺而杀之。"性质与甘罗之事近似。另外还有些编造的故事，滑稽可笑，如《秦策三·天下之士》以漫画形式，勾勒了一幅非常有意思的场景。

> 天下之士合从相聚于赵，而欲攻秦。秦相应侯曰："王勿忧也，请令废之。秦于天下之士非有怨也，相聚而攻秦者，又已欲富贵耳。王见大王之狗，卧者卧，起者起，行者行，止者止，毋相与斗者。投之一骨，轻起相牙者，何则？有争意也。"于是使唐雎载音乐，予之五千金。居武安，高会相与饮，谓邯郸人："谁来取者？"……散不能千金，天下之士大相与斗矣。

《韩策三·秦大国也》言韩以卖美人之金事秦，殊为好笑。

人们历来称纵横策士为诡谲、"权变"之人，纵横家几乎是"朝秦暮楚""唯利是图"的代名词，纵横家言论为"乱世之学"，因而多予以斥责与否定。《孟子·离娄上》云："善战者服上刑，连诸侯者次之。"后者

---

① 马非百：《秦集史·人物传》，中华书局，1982。

即指合纵连横者。《战国策·齐策一》云:"然而为大王计者,皆为一时说而不顾万世之利。"《韩非子·五蠹》云:"其言谈者,为设诈谋,借于外力,以成其私而遗社稷之利。"《八奸》抨击"凡人臣之所道成者有八术",其中之一为"流行"。"何谓流行?曰:人主者,固雍于言谈,希于听论议,易移以辩说。为人臣者求诸侯之辩士,养国中之能说者,使之以语其私,为巧文之言,流行之辞,示之以利势,惧之以患害,施属虚辞以坏其主。"纵横游说之辞显然属"流行"。《秦策一》"约从连横……文士并饬……辩言伟服……繁称文辞",正好对此予以说明。其后如《淮南子·泰族训》云:"张仪、苏秦之从横,皆缀取之权,一切之术也。""张仪、苏秦家无定居,约从横之事,为倾覆之谋,浊乱挠滑诸侯。"《汉书·艺文志》甚至称纵横家为"邪人"。但综观上述之类《策》文,与翻手为云、覆手为雨、老谋深算、奸诈狡猾的阴谋诡计不大沾边,不具备"谋诈"①性质。而且整部《国策》,只有《东周策·昌他亡西周之东周》写冯且用"反间计",使"东周立杀昌他"。《昭釐与东周恶》写"或"为昭釐"画阴计"。《西周策》"或谓周君"用"反间"。《韩策二》写"韩傀相韩,严遂重于君,二人相害也",但重点在于突出聂政行为,不在内部的钩心斗角。《韩策二》还有几篇围绕"韩公叔与几瑟争国"的明争暗斗,但为拟托,未必实有其事。《国策》与他书里的阴谋相比,不可同日而语。如与《国策》同属先秦"语"体系统的其他典籍,②《逸周书》如实地记录了周武王处心积虑要灭亡殷商",③时时体现着阴谋以及惧怕泄谋的恐慌。《国语》更体现了诸侯争霸,以及诸侯国内部权力之争的奸诈巧谋、凶险争斗。特别是《晋语》以"杀"始,④以"杀"终,⑤贯穿"乱",突出"谋"。《管子·水地》云:"晋之水枯旱而运,坣滞而杂,故其民谄谀葆诈,巧佞而好利。"司马迁不禁感慨,纵横短长之说以"谋诈"为特征,而"三晋多权变之士,夫言从横强秦者大抵皆三晋之人也"(《史记·

---

① 司马迁:《史记·六国年表序》云,六国"务在强兵并敌,谋诈用而从横短长之说起。"中华书局,1982。
② 作者有《先秦"语"体系统初探》一文,载《西北民族大学学报》,2011年第6期。另外,因《左传》为"编年体",故本文不作为与《国策》比较的对象。
③ 曹道衡、刘跃进:《先秦两汉文学史料学》,商务印书馆,2005。
④ 《晋语一》开篇为"武公伐翼,杀哀侯。"
⑤ 《晋语九》末篇"晋阳之围"载"襄子曰:'浚民之膏泽以实之,又因而杀之,其谁与我?'"

张仪列传》)。

《尚书》《逸周书》《国语》还态度严肃地动辄讲史,言"古者""古之制",史鉴意识强烈。所谓"民群居而无选,为政以始。始之以古,终之以古。行古志今,政之至也。政维今,法维古"(《逸周书·常训解》),要"朝夕诵善败而纳之"(《国语·晋语九》),"以朝夕献善败于寡君","人求多闻善败,以监戒也"(《楚语下》),做事"询兹黄发,罔有所愆"(《尚书·秦誓》),"肃恭明神而敬事耇老,赋事行刑必问于遗训而咨于故实,不干所问,不犯所咨"(《周语上》),"吾闻国家有大事,必顺于典刑,而访谘于耇老,而后行之"(《晋语八》)。同时,《尚书》《逸周书》《国语》有很强的先祖、宗族、神灵、体统、天地、治国、牧民意识。

《策》文作者却较少历史沧桑感和社会责任感。在治国、平天下的智慧方面,不玄想,不理想。不像道家要以"道"(以自然、无为为核心)治国,不像儒家要以"德"(以仁、爱为核心)治国,不像法家要以"法"(以刑、德"二柄"为核心)治国。不构架深奥的理论体系,不探索解决社会、人生问题的抽象哲理。相对而言,不在形而上的"道"的高度,侧重"器"的"技术"层面,寻求解决问题的具体方案、策略。直面时事,追求现实价值的实现。纵横家许多是机会主义者,"然而纵横家更是时务主义者"。① 他们不太因循守旧,不大受传统思想、观念的羁绊、束缚,不常以古为鉴,一般不从"先王"那里去追索"德""义"。基本不沿袭"先王之制""先王之训"(《国语·周语上》)、"先王之教"(《周语中》)的陈套,没有固定的程式化观念,通常不引述《诗》《书》,更没有"微而显,婉而辨"(《左传·昭公三十一年》),一字寓褒贬的"微言大义"性质。作者也不求"令闻嘉誉"(《国语·周语上》),"万年也者,令闻不忘之谓也"(《周语下》)的美名传扬,不考虑"立德""立言""立功"的"不朽",思想活跃、开放。特别是拟托苏秦合纵、张仪连横之类的《策》文,不具历史厚重感及教诫内容,看似讲求谋略却少阴谋,不晦涩艰深,风格明快。刘勰以为游说要"披肝胆以献主,飞文敏以济辞",并指责"陆氏直称'说炜晔以谲诳',何哉"(《文心雕龙·史传》)?但陆机《文赋》之说,用于拟托苏秦合纵、张仪连横《策》文,很是恰当。如果说《尚书》《逸周书》《国语》更多地体现"我是君王的","宗族的",

---

① 侯外庐:《论纵横家的商人思想》,《读书与出版》1947年第2卷第5期。

诸子更多的体现"我是社会的",个体的独立色彩淡漠,那么,《策》文由对他者(社会、他人)的关注,变为对"我"的关注,由群体的附庸变为个体的独立。更多"我是我自己的"色彩,故"以我手写我心"。对"我所想的""我要实现的"主观愿望,肆意挥洒。《策》文展示的既非人心之善,亦非人心之恶,而是人心之真实。所谈话题貌似严肃、重大,事关全局,并且也在一本正经地据理而论,但不枯燥,不凝重,而是用流畅的文笔体现着轻松自如、幽默诙谐的情调。特别是每个诸侯王听后的一番表白,更有调侃色彩,突出赏玩心态。文章结束,结果如何,是"纵"是"横",随他去吧!反正作者的任务已完成,情绪已表达,目的已达到。

二 士人"精神胜利法"形成的现实环境与深层心理机制

《策》文具有如此的性质,原因不一而足。这其中"战国者,古今一大变革之会也",① 社会风气变化很大,顾炎武《日知录》卷十三"周末风俗"对此做了粗略概括。就士人的进身而言,春秋以前世卿世禄,"其富者必为贵者"(王夫之《读通鉴论》卷五)。自魏文侯开"布衣卿相"局面,强烈的功名意识成为士人的一种群体心理。特别是"战国者,纵横之世也"(《文史通义·诗教上》),"此布衣驰骛之时而游说者之秋"(《史记·李斯列传》)。纵横家成为政治舞台上最为活跃的一个群体。"外事,大可以王,小可以安"(《韩非子·五蠹》),"纵成必霸,横成必王"(《韩非子·忠孝》)。纵横之学取代杨、墨成为"显学"。纵横策士"说一诸侯之王,出而乘其车,约一国而反,而成封侯之基"(《魏策一》),"王以万乘下之,尊之于廷,示天下与小人群也"(《燕策一》)。如公孙衍、张仪、苏秦、陈轸、范雎、蔡泽等,确实也风光。另外像孟子游历数国,也曾"后车数十乘,从者数百人"(《孟子·滕文公下》)。再如"齐宣王喜文学游说之士,自如邹衍、淳于髡、田骈、接予、慎到、环渊之徒七十六人,皆赐列第,为上大夫,不治而议论"(《史记·田完世家》),加之"文学习则为明师,为明师则显荣,此匹夫之美也"(《韩非子·五蠹》)的风气,刺激士人希求有卓越的游说本领。因而在作者笔下,在纵横驰骋的夸

---

① 王夫之:《读通鉴论·叙论四》,中华书局,2002。

张想象中（有时也在现实政治生活中），"一人之辨，重于九鼎之宝；三寸之舌，强于百万之师；六印磊落以佩，五都隐赈而封"（《文心雕龙·史传》）。

但"七国自秦外多用宗戚主政"。① 由于权臣妒忌，"外客游谈之士无敢尽忠于前者"（《赵策二》）的现象屡有发生。像吴起相楚后，"明法审令……要在强兵，破驰说之言纵横者……诸侯患楚之强"。即使这样，"故楚之贵戚尽欲害吴起"（《史记·吴起列传》）。吴起、商鞅都由于排外势力的迫害，死于非命。秦能由弱到强，并统一天下，任用客卿为其中原因之一。虽"秦昭王得范雎，废穰侯，逐华阳，强公室，杜私门，蚕食诸侯，使秦成帝业"（李斯《谏逐客书》），但范雎到秦国后，心存戒惧。"语之至者，臣不敢载之于书"（《秦策三》）。在没有揣摩透秦王心理时，面对询问，只以"唯唯"敷衍。"今臣羁旅之臣也，交疏于王，而所愿陈者，皆匡君之事，处人骨肉之间，愿以陈臣之陋忠，而未知王心也，所以王三问而不对者是也。"后来听了秦王"事无大小，上及太后，下至大臣，愿先生悉以教寡人，无疑寡人也"之言后，才坦诚"除四贵"的想法（《秦策三》）。因此，通过"谈说之士，资在于口"（《商君书·算地》）的"事口舌"（《史记·苏秦列传》），得到高位的士人，毕竟是少数。一些人虽为"辩士"②"巧士"（《楚策三》），以及即亡能存，危能安的"贵知士"，③但在现实中却是求仕不得，愿望不能实现的"穷士"（《东周策》），成"中国白头游敖之士"（《韩策三》）。一些士人只能是"不得意，乃著书"的"穷愁"④之人。《秦策一》对苏秦成功的极度夸张、羡慕，苏秦之嫂在答其"何前倨而后恭也"问时，"以季子之位尊而多金"的赤裸直白对答，苏秦发出"嗟乎！贫穷则父母不子，富贵则亲戚畏惧。人生世上，势位富贵，盖可忽乎哉"的感叹，既说明人们对权势、利禄的崇拜，更是士人失意心态的集中体现。因为"士业已屈首受书，而不能以取尊荣，虽多，亦奚以为？"（《史记·苏秦列传》）声言"垢莫大于卑贱，而悲莫胜于穷困。久处卑贱之位，困苦之地，非世而恶利，自托于无为，此

---

① 钱穆：《先秦诸子系年》，中华书局，1985。
② 《战国策·秦策一》云："夫轸，天下之辩士也。"《秦策三》云："……其人辩士。"《赵策四》云："有谅毅者，辩士也。"
③ 《战国策·赵策一》云："亡不能存，危不能安，则无为贵知士也。"
④ 《史记·虞卿列传》《索隐》云："故虞卿失相，乃穷愁而著书也。"

非士之情也"(《史记·李斯列传》)。《齐策四》管燕"连然流涕"之举,"悲夫"之叹,以及后面士之窘迫与君之奢华的对比,既揭示士之困顿,也流露着企羡。《齐策四》"士贵耳,王者不贵"实际上是反语,真正的声音是"今夫士之高者,乃称匹夫,徒步而处农亩;下者,鄙野监门闾里。士之贱也亦甚矣!"这是一种压抑不住的呐喊,一种无可奈何的呼号!目的与《齐策四·鲁仲连谓孟尝君》《先生王斗》一样,都是劝权臣或君王"好士"。甚至像《齐策四·齐宣王见颜斶》那样,听了颜斶的一番高论后,宣王"愿请受为弟子"。《策》文频繁出现的"臣"字,很有意思。游说者并非诸侯王之"臣"而称"臣",有多方面的心理期求:(1)希望成为真正的臣子,避免"臣窃怪王之不试见臣而穷臣也"(《赵策四》)的失意;(2)肯定、欣赏自己的能力,期许"大王诚能听臣"(《楚策一》);(3)非实指,即虚拟"臣"者代自己言。所以,作者的深层心理机制,还是对落魄的恐惧,对成功的渴望。而"公孙衍、张仪岂不诚大丈夫哉?一怒而诸侯惧,安居而天下熄"(《孟子·滕文公下》),"苏秦、张仪身得于位,名高于世,相六国,事六君,威尊山东,横说诸侯"(《淮南子·怀虑》),"苏秦合从连横,统理六国"(《盐铁论·非鞅》)。此"二人真倾危之士"(《史记·张仪列传》),是"战国时代合从连横说的箭垛式人物",①故成为人们羡慕并拟托为文的对象。

  《策》文的结局满足了士人追逐权势、名利、地位的心理需求,特别是企盼得到王侯、权贵的尊重、垂青,取得人生成功的渴望,体现着士人真实的向往与期待。所以,《策》文经过自我设想、自我实现、自我欣赏、自我满足、侃侃而谈地游说,作者由一介寒士,上升为指点诸侯、叱咤天下的时代风云人物。诸侯王成了配角,苏秦、张仪才是掌控天下的主角。而世上再没有令诸侯王折腰,成为王者师的荣耀与辉煌了。"我"被上升到空前的高度,无尚荣耀,扬眉吐气。以俯视、睥睨诸侯的成功者形象和胜利者姿态,完成了华丽的人生宏愿,实现了人生的理想与辉煌,获得人生追求的圆满,创造着令人企羡的幸福人生寓言。用喜气洋洋的心态,陶醉于成功的潇洒,体现强烈的"自我情结"。试看作者对苏秦游说赵王成功后的炫耀式描写:

---

① 徐仲舒:《论〈战国策〉的编写及有关苏秦诸问题》,《历史研究》1964 年第 1 期。

于是乃摩燕乌集阙,见说赵王于华屋之下。抵掌而谈。赵王大悦,封为武安君。受相印,革车百乘,锦绣千纯,白璧百双,黄金万溢,以随其后。约从散横,以抑强秦。故苏秦相于赵而关不通。当此之时,天下之大,万民之众,王侯之威,谋臣之权,皆欲决苏秦之策。不费斗粮,未烦一兵,未战一士,未绝一弦,未折一矢,诸侯相亲,贤于兄弟。

——《秦策一》

这充分体现了完美的空想与理想主义,特别是"弱者心理",即在虚拟的想象里,实现了现实中不可能实现的愿望,弱者成了强者。以带有些许"书生气"的虚幻的胜利,冲淡实际失败的失意。以貌似强大的"虚张声势",掩盖内心深处实际的弱小,从而得到心理的满足与快慰,精神的欢愉与舒展。诸侯王木讷,不识大局,不明大体,动辄称苏秦为"主君"。① 司马贞以为"礼,卿大夫称主。今嘉苏子合纵诸侯,褒而美之,故称曰主"(《史记·苏秦列传》《索隐》)。诸侯王还尊称苏秦、张仪为"客""主客""大客",《策》文结尾还出现了"敬""奉"之类的字眼。"敬"体现了诸侯王对苏、张的景仰、佩服、激赏,"奉"则极形象地写出对苏、张策略的唯命是听。《策》文不仅设想了游说的成功,还设想了颜斶、鲁仲连的言行。

宣王曰:"嗟乎!君子焉岂可侮哉!……且颜先生与寡人游,食必太牢,出必乘车,妻子衣服丽都。"颜斶辞去曰:"……言要道已备矣,愿得赐归,安行而反臣之邑屋。"则再拜而辞去也。

——《齐策四》

于是平原君欲封鲁仲连。鲁仲连辞让者三,终不肯受。平原君乃置酒。酒酣,起,前,以千金为鲁连寿。鲁连笑曰:"所贵于天下之士者,为人排患、释难、解纷乱而无所取也;即有所取者,是商贾之人也,仲连不忍为也。"遂辞平原君而去,终身不复见。

——《赵策三》

---

① 而"主君"有时也称诸侯王,如《魏策二·梁王魏婴觞诸侯于范台》。

颜斶以超然的姿态，傲视权禄，标榜清高。鲁仲连说魏将辛垣衍义不帝秦，"而无所取"，不仅成功，而且洒脱，有境界。不仅体现着嘲弄、嬉笑、讽刺，甚至戏耍的补偿心理，也让人们在声声赞叹中，心生羡慕、佩服、敬畏，满足了士人的虚荣心。诸如此类《策》文，以浪漫想象的乐观情调，带光明尾巴的喜剧形式，使作品带有了"含泪的微笑"的艺术效果。

结　语

《策》文的这种性质使史传文学由实录变为虚构，由记录变为创作，由事实变为夸饰，由历史变为现实，由实用变为审美，客观地反映出时人讲究实用、世俗却真实的精神世界，性格化明显。"史鉴""教诫"之类的实际功能减少，突出"为艺术而艺术"的特点，审美成分大大增加，无疑拓宽了史传文学的作用。"其文章之奇，足以悦人耳目"①。《策》文汪洋恣肆的文风，戏谑、滑稽、幽默的特点，与《尚书》《逸周书》《国语》形成重要区别，丰富了先秦史传散文的风格。虽说《国语·鲁语下》有"公父文伯饮南宫敬叔酒，以露睹父为客"，后者因鳖小而很生气退席的举动，让人哑然可笑，《晋语九》有董叔因高攀范氏被吊到树上而遭叔向讽刺、讥笑的场景，但毕竟少见，没有形成全书重要的标志性风格。

《战国策》呈现这样的特点，与战国中后期思想解放、活跃，士人自我意识强化，思维方式发生重大转变，导致文学领域出现浪漫想象与夸饰的风气有关。想象、虚构空前活跃地成为一种自觉的艺术思维、表现手法。正是在这样的氛围里，诞生了《离骚》《逍遥游》之类的作品。而且士人特别关注自我，有"举世皆浊我独清，众人皆醉我独醒"（《楚辞·渔父》）的自恋情结，屈原、庄周即为典型。就史传散文而言，《尚书》《逸周书》《国语》虽也有夸饰，但讲述传闻故事者是"当真"的，记录者也是信以为真的。像《尚书·金縢》《逸周书·太子晋》《国语·晋语一》《晋语二》骊姬与优施的密室阴谋，骊姬与献公的枕边私语，《晋语五》宁赢氏与其妻的对话、鉏麑的心理独白……从"元传闻"或"源信息"的角

---

① 陆陇其：《战国策去毒跋》，见诸祖耿《战国策集注汇考》（增补本），凤凰出版社，2008。

度讲，应该不是作者（讲述故事者与收集者）有意识地虚构。钱钟书针对介之推与其母问答、鉏麑自杀前慨叹及骊姬之事，云其"盖非记言，乃代言也，如后世小说、剧本中之对话独白也"，"骊姬泣诉，即俗语'枕边告状'，正《国语》作者拟想得之，陈涉所谓'好事者为之词'耳。……史家追叙真人实事，每须遥体人情，悬想事势，设身居中，潜心腔内，忖之度之，以揣以摩，庶几入情合理。盖与小说、院本之臆造人物、虚构境地，不尽同而可相通"。① 沈玉成则称为"逻辑的想象"。② 在强调有意识虚构的思维动机上，这些说法适合像拟托苏秦合纵、张仪连横之类的《策》文，因为《国策》为"有意"，其他书为"无意"。这些《策》文的作者决非讲究实录的"史"家，而是编纂"权变"故事的"作"者。其后用于《史记》更为恰当，但若用于《尚书》《逸周书》《国语》则不一定符合事实。

《国策》应该没有史官的记录。其想象与虚构，主要分为三类：一是像《秦策一·苏秦始将连横说秦》《赵策一·晋毕阳之孙豫让》《韩策二·韩傀相韩》之类的心理独白，二是像拟托苏秦合纵、张仪连横之类全篇设想的《策》文，三是"无中生有""有中生变"（夸大）的事实虚构。由于《国策》自觉的想象与艺术虚构，史传文学由客观"记录"变为主观"创作"，且艺术想象的发散力极大增强，构思空间空前扩大。没有作者的立体拓展思维，就没有文章的广阔空间与总揽全局的视野。士人借纵横题材，拟托苏秦、张仪之名的"有意识""自觉"创作，有把玩、欣赏文章的心态，体现着一定的审美追求与艺术鉴赏力。就艺术思维而言，士人的这种带有幼稚色彩的戏谑与空想，在先秦带有浑朴古拙的非理性性质的神话思维，在驰骋想象、理性与情感并存的诗性思维，在讲究逻辑、理性十足的散文思维之外，杂糅、融合多种思维，从而体现为独特的构思与风格，在史传散文领域追求"惊奇"的艺术效果。这也是此类《策》文在艺术史上的一大贡献。

《策》文的结果，虽作者津津乐道，但人们明知其说不可能，是"真实的谎言"而不以为欺，却能将读者带入虚构的情境里去，心生欣喜。明知这是一场文字游戏，但在会心一笑中，得到精神上的愉悦，体现了"文

---

① 钱钟书：《管锥编》第一册，中华书局，1986。
② 沈玉成：《左传选译》"前言"，人民文学出版社，1989。

学是人学"的意味。也使史传文学的内容由《尚书》"曰若稽古"的浑厚悠远、朴拙苍茫的历史追溯、训诫之语,到《国语》的"治国之善语"①"嘉言善语",②再到《国策》合纵连横的"事语",风格经由从凝重到严肃到洒脱的发展历程。不仅体现了士人的自觉创作意识与艺术追求,也使我国的史传散文具有了娱乐、宣泄、排遣功能,即"休闲文学"的性质,这在我国散文发展历程上,具有重要的突破意义。

同时,这种心理状态、构思、艺术形式,对后代文学(如元杂剧)中落魄书生历经磨难,最终金榜题名、衣锦还乡的"大团圆"模式,应该有一定的启发。因为"大团圆"传达出的是科场失意的读书人的一种心理期待,即对成功的渴望,对良好愿望实现的满足,对光明、美好未来的憧憬,也有对历经挫折后辉煌的炫耀。处在农耕社会、重农轻商的中国人,为学的目的在"干禄"(《论语·为政》),"学而优则仕"、惟官为上的"官本位"文化观念深入骨髓,科举制度更强化了"万般皆下品,惟有读书高"的社会心理,几乎所有的读书人都有为官的期望。一介寒士能否通过苦读,通过"货于帝王家"途径,加官晋爵,受统治者青睐,决定着社会阶层、政治地位、经济基础、生活水平、门第高低。个人社会角色分量的轻重、价值的大小,也由官位大小决定。飞黄腾达则"春风得意马蹄疾",成为"人上人",这是寒窗苦读的书生梦寐以求的目标与情结。反之,则"百无一用是书生",治国、平天下之类的理想、抱负,自然化为泡影。"大团圆"结局,不仅具有改变自身及家庭环境、命运,光宗耀祖,享受荣华富贵的实际意义,也在一定程度上满足了"顾颜面"的虚荣心理,还体现着中国人喜欢红火热闹、皆大欢喜的民族心理。在我国艺术发展史上,《战国策》文无疑是散文领域最早反映诸如此类性质与心理的作品,其重要意义,不言而喻。

(作者单位:北京第二外国语学院古代文学与文化研究中心)

---

① 《楚语上》"教之《语》"韦昭注。徐元诰:《国语集解》,中华书局,2002。
② 韦昭:《国语解叙》,徐元诰:《国语集解》,中华书局,2002。

尽忠守信，抑或愚忠愚孝？
——"赵氏孤儿"：一个传统复仇故事的多元阐释

梁晓云

作为一个经典的复仇故事，"搜孤救孤"的传奇从《左传》中关于赵氏家族族诛和复兴的简洁记载，经过了《史记》更曲折丰富的改写，直至元杂剧《赵氏孤儿》完成对《史记》故事的借鉴与改编，获得了王国维《宋元戏曲考》中的高度评价："明以后传奇，无非喜剧，而元则有悲剧在其中。就其存者言之，如《汉宫秋》《梧桐雨》《西蜀梦》《火烧介子推》《张千替杀妻》等，初无所谓先离后合，始困终亨之事也。其最具有悲剧之性质者，则如关汉卿之《窦娥冤》，纪君祥之《赵氏孤儿》，剧中虽有恶人交构其间，而其赴汤蹈火者，仍出于其主人翁之意志，即列之于世界大悲剧中，亦无愧色也。"①

然而，到了现代，《赵氏孤儿》却与许多承载了传统文化内涵的经典文本一样，受到了重新的审视、解构甚至质疑，如改编为同名话剧的林兆华版、田沁鑫版剧作和陈凯歌导演的同名电影。如何看待《史记》相关记载及元杂剧《赵氏孤儿》，如何评价其现代改编，体现的其实已不是一个孤立的只涉及一部作品的审美问题，而是引出了我们的文化精神还有多少价值的大问题，投射着一个时代的价值取向和理念纷争。在观念的碰撞中，一部经典作品，经受着否定，却也可能蕴含着重生。

---

① 王国维：《王国维文学论著三种·宋元戏曲考》，商务印书馆，2001，第161页。

一 从《左传》到《史记》:"成一家之言"

(一)"复兴"与"复仇":情节之变迁

关于赵氏家族之祸,《春秋》鲁成公八年的记载非常简略:

> 晋杀其大夫赵同、赵括。①

《左传》于此变故则有更为具体的关于前因后果的说明:

> 晋赵庄姬为赵婴之亡故,谮之于晋侯,曰:"原、屏将为乱。"栾、郤为征。六月,晋讨赵同、赵括。武从姬氏畜于公宫。以其田与祁奚。韩厥言于晋侯,曰:"成季之勋,宣孟之忠,而无后,为善者其惧矣。三代之令王皆数百年保天之禄。夫岂无辟王?赖前哲以免也。《周书》曰'不敢侮鳏寡',所以明德也。"乃立武,而反其田焉。②

根据《左传》记载,赵朔死后,赵婴齐因与赵朔之妻赵庄姬之私情而被赵同、赵括放逐,引发赵庄姬联合栾氏、郤氏在晋景公面前诬陷同、括有反意,同、括被杀,朔之子赵武随母亲赵庄姬被养在景公宫中。直至韩厥进言,挽救赵氏。

而据《史记·赵世家》,灵公宠者屠岸贾攻赵氏于下宫,杀赵朔、赵同、赵括、赵婴齐,灭其族:

> 赵朔妻,成公姊,有遗腹,走公宫匿。赵朔客曰公孙杵臼,杵臼谓朔友人程婴曰:"胡不死?"程婴曰:"朔之妇有遗腹,若幸而男,吾奉之;即女也,吾徐死耳。"居无何,而朔妇免身,生男。屠岸贾闻之,索于宫中。夫人置儿绔中,祝曰:"赵宗灭乎,若号;即不灭,

---

① 杨伯峻编著《春秋左传注》,中华书局,1993,第836页。
② 杨伯峻编著《春秋左传注》,第839页。

若无声。"及索,儿竟无声。已脱,程婴谓公孙杵臼曰:"今一索不得,后必且复索之,奈何?"公孙杵臼曰:"立孤与死孰难?"程婴曰:"死易,立孤难耳。"公孙杵臼曰:"赵氏先君遇子厚,子强为其难者,吾为其易者,请先死。"乃二人谋取他人婴儿,负之,衣以文葆,匿山中。程婴出,谬谓诸将军曰:"婴不肖,不能立赵孤。谁能与我千金,吾告赵氏孤处。"诸将皆喜,许之,发师随程婴攻公孙杵臼。杵臼谬曰:"小人哉程婴!昔下宫之难不能死,与我谋匿赵氏孤儿,今又卖我。纵不能立,而忍卖之乎!"抱儿呼曰:"天乎!天乎!赵氏孤儿何罪?请活之,独杀杵臼可也。"诸将不许,遂杀杵臼与孤儿。诸将以为赵氏孤儿良已死,皆喜。然赵氏真孤乃反在,程婴卒与俱匿山中。①

十五年后,因韩厥进言,景公召赵武、程婴,攻屠岸贾,灭其族,复与赵武田邑如故。这时程婴执意自杀,以下报赵宣孟与公孙杵臼。然而与《左传》比照则可非常清晰地看出,原无屠岸贾其人,所谓程婴与公孙杵臼的义举也是子虚乌有。《国语》同于左氏,也把祸首归为"赵孟姬之谗"(《晋语九》)。另外,《公羊传》《谷梁传》在"成公八年"关于此事的记载中也都只说晋杀其大夫同、括。在司马迁之后,虽然刘向的《说苑·复恩篇》与《新序·节士篇》均采《史记》之说,《汉书·年表·古今人表》中也列有程婴、屠岸贾两人,然又不足为《赵世家》可信的明证。杨伯峻先生即明确表示:"战国以后人述春秋事不同于左氏者,多不足信也。"②

赵翼在《陔余丛考》中分析《赵世家》"搜孤救孤"一节的不合情理之处说:"晋景公并未失政,朔妻其姊也,公之姊既在宫生子,贾何人辄敢向宫中索之,如曹操之收伏后乎。况其时尚有栾武子、知庄子、范文子及韩献子,共主国事,区区一屠岸贾,位非正卿,官非世族,乃以逞威肆一至此乎!"认为:"屠岸贾之事,出于无稽,而迁之采摭,荒诞不足凭也。《史记》诸世家,多取《左传》《国语》以为文,独此一事,不用二书,而独取异说,而不自知其抵牾,信乎好奇之过也。"③梁玉绳亦力辨其

---

① 司马迁:《史记》,中华书局,2011,第1605页。
② 杨伯峻编著《春秋左传注》,第1724页。
③ 〔日〕泷川资言会注考证《史记会注考证》,新世界出版社,2009,第2636页。

诬:"匿孤报德,视死如归,乃战国侠士刺客所为,春秋之世,无此风俗,则斯事固妄诞不可信,而所谓屠岸贾、程婴、杵臼,恐亦无其人也。"① 此外,洪迈《容斋随笔》、王应麟《困学纪闻》也持类似看法。可见,《赵世家》记载从赵氏被灭到赵武复立,不用《左传》《国语》,却全采战国传说,实在很难说足为信史,虽然它在情节上更加波澜起伏。

然而,研究历史,并不只是为了研究"死魂灵",归根到底,它是有责任感的历史学家认识现实的一种渴望和手段,它所要展示和解答的是同时代所面临的迫切的现实人生问题。而过去的历史,如果不能引起对现实的思考,不是出于对现实的兴趣,不能和现实生活息息相通,它就很难在现实的思想中获得生命力而复苏,即获得它的"当代性"。总之,《史记》在史料上的不足,从反面可以成为我们更好理解汉代史的钥匙。因为,历史固然是以真实为生命的,但司马迁并不甘于仅作为一名资料辑录者而存在。他更要通过选择、裁汰史料来表达自己对于社会人生的独特洞察,或为了达到历史记载的连贯性、完整性的要求,借助于丰富的历史想象,通过创造去弥补材料之不足,勾连起中断了的历史链条。总之,他要"成一家之言"。因此,通过对《史记》与《左传》等史书中对于一些史实记述的比较,来分析其中的疑点,解释其缘由,寻求出规律,有助于体察司马迁在对材料的特殊处理中所蕴含的苦心孤诣。

(二) 士为知己者死

在谋划抚孤时,公孙杵臼与程婴之间关于"立孤与死孰难"的论断与选择,千载之下,犹能扣人心弦。"司马迁穷其笔力来表现人们对待死亡的态度以及悲壮的死亡本身,并赋予了死亡强烈的文化意识,在死亡叙事中对儒家文化中的'勇'和'义'有独到的理解。司马迁所欣赏的是一种大勇和大义,这种大勇和大义是寓于人物的灵魂之中的。"②

公孙杵臼对程婴说:"赵氏先君遇子厚,子强为其难者,吾为其易者。"这句话为我们寻绎司马迁写作时的深意提供了线索,即这里是要抒发对于相遇、相知、相报这一人与人关系的感慨。以"韩之战"为旁证——

---

① 梁玉绳:《史记志疑》,中华书局,1981,第1051页。
② 罗维:《司马迁的死亡情结与悲剧意识——〈史记〉人物传记的死亡叙事分析》,《船山学刊》2006年第4期。

鲁僖公十五年，秦穆公与晋惠公战于韩，穆公被晋军所围。《左传》所载穆公得以解围的原因是：

> 梁由靡御韩简，虢射为右，辂秦伯，将止之。庆郑以救公误之，遂失秦伯。秦获晋侯以归。(僖公十五年)

《国语》与《左传》相近：

> 梁由靡御韩简，辂秦公，将止之，庆郑曰："释来救君！"亦不克救，遂止于秦。(《晋语三》)

《公羊传》与《谷梁传》都只简单地记为晋侯与秦伯战于韩，秦伯获晋侯。相比之下，《史记》的叙述就富于浓厚的戏剧色彩：

> 缪公伤。于是岐下食善马者三百人，驰冒晋军，晋军解围。遂脱缪公而返，生得晋君。初，缪公亡善马，岐下野人共得而食之者三百人，吏逐得欲法之。缪公曰："君子不以畜产害人。食善马肉，不饮酒，伤人。"乃皆赐酒而赦之。三百人者，闻秦击晋，皆求从。从而见缪公窘，亦皆推锋争死，以报食马之德。(《秦本纪》)

此说出自《吕氏春秋·爱士篇》：

> 昔者秦缪公乘马而为败。右服失而野人取之。缪公自往求之，见野人方将食之于岐山之阳。缪公叹曰："食骏马之肉，而不饮酒，余恐其伤女也。"于是遍饮而去。处一年，为韩原之战。晋人已环缪公之车矣，晋梁由靡已扣缪公之左骖矣，晋惠公之右路石奋殳而击缪公甲缪公中指者已六札矣。野人之尝食马肉于岐山之阳者三百有余人。毕力为缪公疾斗于车下，遂大克晋。反获惠公以归。

《秦本纪》所载，虽是所来有自，并非无稽之谈，但与《左传》《国语》相比，当然仍应以《左传》《国语》二书为更可靠。司马迁的写作倾向性也是显而易见的，即表达一种士为知己者用、士为知己者死的知己相赏、知音相报的观念。然而，与之形成对立的是封建社会中"士不遇"这一常在的境况。

（三）司马迁之士不遇心态

司马迁在《悲士不遇赋》中表达了他不甘于没世无闻的追求。事实上，这也是中国士大夫的普遍愿望。因此，渴慕知音的愿望成为士子的普遍心态。这也正是司马迁在《史记》人物身上寄托的身世之叹。

翻开《史记》，我们随处可以看到与此心声的呼应。当司马迁面对历史中的人物和经历的时候，他为那些不遇于时的贤者而扼腕叹息，因为当此之际，他所看到的不只是别人的遭际，也在往者身上看到了一部分的自己。而当写到那些遇于明主的人物时，他又为之血脉偾张，渴望自己也能有知音相赏。所以他在《范雎蔡泽列传》赞语中感叹："然士亦有遇合。贤者多如此二子，不得尽意，岂可胜道哉！"他写到乐毅见知于燕昭王，又见弃于燕惠王的命运，说："始齐之蒯通及主父偃，读乐毅之《报燕王书》，未尝不废书而泣也。"（《乐毅列传》）当他写《田儋列传》："田横之高节，宾客慕义而从横死，岂非至贤！"同样是渴慕知己的心声流露。晏婴在政治上的作为尽有可举之处，但司马迁作《管晏列传》，除了对他泛泛而论外，只拈举两件事：一为其能免越石父于缧绁之中的知遇之恩，一为荐御者为大夫的赏人之举。他还在赞语中无比钦慕地说："假令晏子而在，余虽为之执鞭，所忻慕焉。"其倾向性是显而易见的。

《左传·僖公廿四年》载，公子重耳返国之后，"赏从亡者，介子推不言禄，禄亦弗及。遂隐而死"。所记极简。《吕氏春秋》则记为：

> 介子推不肯受赏。自为赋诗曰："有龙于飞，周遍天下。五蛇从之，为之丞辅。龙反其乡，得其处所。四蛇从之，得其露雨。一蛇羞之，桥死于中野。"悬书公门，而伏于山下。（《吕氏春秋·介立篇》）

司马迁在撰写《史记》时，显然依据《吕氏春秋》等书对《左传》进行了增补：

> 介子推从者怜之，乃悬书宫门："龙欲上天，五蛇为辅。龙已升云，四蛇各入其宇。一蛇独怨，终不见处所。"（《史记·晋世家》）

单看这一段，似乎只是怨文公不赏，为介子推抱屈。其实不然，司马迁的眼光还放得很远。这表现在篇末的赞语中：

> 太史公曰：晋文公古所谓明君也。亡居外十九年，至困约，及即位而行赏，尚忘介子推。况骄主乎。

《史记》对于"士为知己者死"的精神的赞佩，对于知遇之恩的呼唤，实际反映的是一种更深刻的人道情怀。一般的史书，总是重在总结政治得失以为借鉴，要求统治者推行重民、恤民、爱民的政策，以赢得百姓的拥戴。而司马迁更进而提出，一个社会，应该能够为有志之士提供实现人生价值的条件，而不是摧残人才、压制人才。司马迁提出的是怎样使人才最大限度地发挥聪明才智、实现存在价值的问题，这也是普遍性的、具有永恒意义的问题。固然，司马迁将希望寄托于圣明君主，这只能是一种幻想，而不能解决根本性问题，但毕竟，他认识到了人的价值、人的尊严的实现和肯定，是人除了生存需要之外对于自我实现的需要。

司马迁在《史记》中屡次涉及其撰史时载笔取材之旨。《封禅书》云："其语不经见，缙绅者不道。"《大宛列传》云："故言九州山川，《尚书》近之矣；至《禹本纪》《山海经》所有怪物，余不敢言也。"其《五帝本纪》亦云："学者多称五帝，尚矣。然《尚书》独裁尧以来，而百家言黄帝，其文不雅驯，荐绅先生难言之。……轶事时见于他说，余择其言尤雅者。"这都表达了他严肃的作史态度，即要将似是而非之说屏于史门之外的原则。章太炎《读太史公书》引曾国藩言："史家之弊，爱憎过其情。"① 正是因为司马迁在情感上对于异说的倾向性，使得他在撰史过程中有不忍割爱处，从而造成不能尽行其原则，引起了后世研史者的诟病。但是，就司马迁在那些未必为信史的记载中所蕴含的普遍意义来说，它们自具有其一定的价值。他并非仅出于"爱奇"而选用异闻，更因为他的深刻的人生体验、起伏的情感浪花与这些材料激起了强烈的共鸣。史家必定要通过史书来反映其独到的见解，这也正是"一朝之史、一人之传，祖构继作，彼此相因相革而未有艾也"② 的原因之一。

---

① 傅杰编《章太炎学术史论集》，中国社会科学出版社，1997，第276页。
② 汪荣祖：《史记通说·钱钟书序》，中华书局，1989。

二　从《史记》到元杂剧：悲剧的诞生

作为一部戏剧作品，元杂剧《赵氏孤儿》通过对《史记》的吸收和改编，构成了更具传奇色彩的悲剧故事和美学风貌。

杂剧《赵氏孤儿》写晋国上卿赵盾遭到大将军屠岸贾的诬陷，全家三百口被杀，仅存一支血脉——赵氏孤儿。草泽医生程婴忠于对公主的承诺，与罢职归农的中大夫公孙杵臼定计挽救孤儿。在这一惊心动魄的过程中，先后有公主、韩厥、程婴之子、公孙杵臼等人献出生命。程婴寄身屠府，将孤儿抚养长大，二十年后，以手卷告知孤儿真相。孤儿尽知冤情，擒杀屠岸贾，得报冤仇。

（一）忠奸之争

在《史记·赵世家》中，关于屠岸贾的人品行为并无背景交代。而在元杂剧《赵氏孤儿》中，从"楔子"开始，就反复渲染了屠岸贾的奸贼面貌。他曾遣人暗杀赵盾，一计未成，又暗中训练神獒扑咬类似赵盾装扮的草人：

> 某也曾遣一勇士鉏麑，仗着短刀，越墙而过，要刺杀赵盾，谁想鉏麑触树而死。那赵盾为劝农出到郊外，见一饿夫在桑树下垂死，将酒饭赐他饱餐了一顿，其人不辞而去。后来西戎国进贡一犬，呼曰神獒，灵公赐与某家。自从得了那个神獒，便有了害赵盾之计。将神獒锁在净房中，三五日不与饮食。于后花园中扎下一个草人，紫袍玉带，象简乌靴，与赵盾一般打扮。草人腹中悬一付羊心肺。某牵出神獒来，将赵盾紫袍剖开，着神獒饱餐一顿，依旧锁入净房中。又饿了三五日，复行牵出那神獒，扑着便咬，剖开紫袍，将羊心肺又饱餐一顿。如此试验百日，度其可用。某因入见灵公，只说今时不忠不孝之人，甚有欺君之意。灵公一闻其言，不胜大恼，便向某索问其人。某言西戎国进来的神獒，性最灵异，他便认的。灵公大喜，说："当初尧舜之时，有獬豸能触邪人。谁想我晋国有此神獒，今在何处？"某牵上那神獒去。其时赵盾紫袍玉带，正立在灵公坐榻之边。神獒见了，扑着他便咬。灵公言："屠岸贾，你放了神獒，兀的不是谗臣

也!"某放了神獒,赶着赵盾绕殿而走。争奈傍边恼了一人,乃是殿前太尉提弥明,一爪搋打倒神獒,一手揪住脑杓皮,一手扳住下嗑子,只一劈将那神獒分为两半。

通过屠岸贾的自白,其品性就有了清晰的定位。《左传·宣公二年》引用孔子之语:"赵宣子,古之良大夫也。"屠岸贾成为对立于"忠"而存在的奸恶的化身。之后,又反复强化了屠岸贾的奸贼形象:

【青歌儿】端的是一言一言难尽,(带云)程婴,(唱)你也忒眼内无珍。将孤儿好去深山深处隐,那其间教训成人。演武修文,重掌三军,拿住贼臣。

【隔尾】你道是古来多被奸臣弄,便是圣世何尝没四凶,谁似这万人恨千人嫌一人重。他不廉不公,不孝不忠,单只会把赵盾全家杀的个绝了种。

同时,通过韩厥之口,表达了"忠""信"之念:

(带云)程婴,(唱)你既没包身胆,谁着你强做保孤人?可不道"忠臣不怕死,怕死不忠臣!"

【醉扶归】你为赵氏存遗胤,我于屠贼有何亲?却待要乔做人情遣众军,打一个回风阵。你又忠我可也又信,你若肯舍残生,我也愿把这头来刎。

【赚煞尾】宁可在我身儿上讨明白,怎肯向贼子行捱推问。猛拚着撞阶基图个自尽,便留不得香名万古闻,也好伴钮麂共做忠魂。

这里,韩厥的身份由《史记》中赵朔之友人变为屠岸贾的"门下人",却反而放走了程婴和孤儿,并以自刎打消程婴的顾虑:

程婴,我若把这孤儿献将出去,可不是一身富贵?但我韩厥是一个顶天立地的男儿,怎肯做这般勾当!

韩厥的作为,从反面证明了公道自在人心。

为了斩草除根，屠岸贾不惜以全国的婴儿为牺牲，达到铲除后患的目的：

> （屠岸贾云）韩厥为何自刎了？必然走了赵氏孤儿。怎生是好？眉头一皱，计上心来。我如今不免诈传灵公的命，把晋国内但是半岁之下，一月之上，新添的小厮，都与我拘刷将来，见一个剁三剑，其中必然有赵氏孤儿，可不除了我这腹心之害？令人，与我张挂榜文，着晋国内但是半岁之下，一月之上，新添的小厮，都拘刷到我帅府中来听令，违者全家处斩，九族不留。

其中所昭示的残忍、毒辣、非人道，显示了屠岸贾和赵氏之间的对立，已不仅仅是私人恩怨，亦有公仇——即忠良与奸佞之争。

（二） 恩仇之辨

在剧情发展过程中，通过各人之口，反复强调了"复仇"之念。赵朔死前对公主的嘱咐是：

> 公主，你听我遗言：你如今腹怀有孕，若是你添个女儿，更无话说；若是个小厮儿呵，我就腹中与他个小名，唤做赵氏孤儿。待他长立成人，与俺父母雪冤报仇也。
>
> （赵朔唱）吩咐了腮边雨泪流，俺一句一回愁。待孩儿他年长后，着与俺这三百口，可兀的报冤仇！

公主死前将孤儿托付给程婴：

> （旦儿云）俺赵家一门，好死的苦楚也！程婴，唤你来别无甚事，我如今添了个孩儿，他父临亡之时，取下他一个小名，唤做赵氏孤儿。程婴，你一向在俺赵家门下走动，也不曾歹看承你。你怎生将这个孩儿掩藏出去，久后成人长大，与他赵氏报仇。

韩厥自刎前对程婴说：

> 碎首分身，报答亡魂。也不负了我和你硬踹着是非门，担危困。

公孙杵臼对程婴的嘱托是：

> 程婴，你则放心前去，抬举的这孤儿成人长大，与他父母报仇雪恨。老夫一死，何足道哉。
> 我嘱咐你个后死的程婴，休别了横亡的赵朔。畅道是光阴过去的疾，冤仇报的早。将那厮万剐千刀，切莫要轻轻的素放了。

而这复仇的火种——传递下去并得以完成，要仰赖于程婴的知恩报恩：

> 自家程婴是也，原是个草泽医人，向在驸马府门下，蒙他十分优待，与常人不同。

韩厥亦明言：

> 程婴，我想你多曾受赵家恩来。（程婴云）是。知恩报恩，何必要说。

为了完成存孤义举，程婴甚至以自己的亲生儿子替换了赵氏孤儿。与《赵世家》中，程婴和公孙杵臼"谋取他人婴儿负之，衣以文葆，匿山中"的情节相比，悲剧性更加浓郁。

然而，在现代表演舞台上，这场远古的复仇，要接受现代的评判和诠释。是忠实于原著，还是做出当代阐释，甚至是后现代的解构？事实是，元杂剧所流露的价值取向，基本上受到了诟病。

三 当代影视戏剧：对元杂剧的审视和颠覆

（一）经典遭遇否定

2003年，由林兆华导演的话剧《赵氏孤儿》上演，引发了一轮对这一经典剧目的关注和再评价。

林版话剧《赵氏孤儿》的结局是：十六年过去，程婴已是屠岸贾的门客，改名屠勃的赵氏孤儿也长大成人。程婴遂告诉屠勃其真实身世，希望他能刺杀屠岸贾，为赵家报仇。有自己价值观念的屠勃不能接受这个历史的重担，且不愿认同自己的真正身世。程婴万念俱灰，当着晋灵公的面，将一切向屠岸贾和盘托出。晋灵公考虑到王室凋零，后继乏人，希望屠勃活下来，并下旨令屠勃复姓为赵。程婴自饮毒酒而毙命。

为什么要对经典剧目进行大刀阔斧的改造？林兆华导演的观点非常鲜明，他对元杂剧《赵氏孤儿》的批评毫不留情。他说："元杂剧那个戏曲本子就是个愚忠愚孝的东西，这种东西太阻碍社会发展了。"编剧金海曙强调个体生命之意义："旧时代的轰轰烈烈、复仇屠戮均有其内在合理性及英雄主义光彩，而在新时代中，旧时代的一切后果要新成长起的'赵氏孤儿'承担，客观上对个人生命存在的意义形成了一个不容回避的质疑。"舞台设计易立明希望达到类似于哈姆雷特的终极追问的效果："这个戏否定了那个年代的忠贞、忠义那些东西，也给我们带来一些新的思考。但我觉得现在更缺的还是哈姆雷特式有终极追问的人物，就是说我们在这个时代遇到这种问题应该怎么办？最后我用暴雨就是希望能够冲刷掉一些东西，我们这个戏并没有解决一些思想性的东西。"①

戏剧评论家的观点也支持着实验者的说法。童道明即认为："一个严肃的艺术家在现在这个时代如果要改编这个戏的话，他首先要颠覆的就是复仇的命题……在二十一世纪改编《赵氏孤儿》，还要让他大复仇，这不可能……这里体现了一种时代精神。"②

国家大剧院田沁鑫导演版的《赵氏孤儿》中，体现着女导演的感性化的寄情，充溢着浓烈的纷乱困惑的情绪。"进退两难的孤儿长大了，最终误伤了养父程婴，义父屠岸贾则是自己气断身亡，我没要传统戏剧的报仇。""我们不论有无父母，我们的内心都是孤儿。我将这部《赵氏孤儿》剧本的主题确立为'面对困境，我要选择'。我不想选择，可我，面对困境。"③ 所以田版《赵氏孤儿》中才会出现终局之际"今天以前，我有两

---

① 黄兆晖：《赵氏孤儿＝"戏剧大片"？》，《南方都市报》2003年5月13日。
② 林兆华等：《多少春秋，总上心头》，《读书》2004年第2期。
③ 杨杨：《赵氏孤儿值得反复重排·话剧版田沁鑫以孤儿的视角讲故事》，《京华时报》2013年3月26日。

个父亲,今天以后,我是孤儿"的迷惘感叹。

林版和田版,无论有怎样的差异性,但都试图凝练出自己的精神之核。相比较而言,2010年上映的电影《赵氏孤儿》则强调"常识"和"人性"。陈凯歌导演试图用世俗的哲学来解构程婴的牺牲精神,主动献子被改成了阴差阳错的偶发事件。陈凯歌说:"首先他要像个真的人,才能成为人人能懂的真英雄。过去戏里说程婴大义凛然把孩子献出去了,我觉得这违反常识,也违反人性,违反人伦。如果说程婴是个英雄,生来就伟大,那不太可信。我特别怕唱高调,所以我对程婴进行了改编,他就是一个朴素、真实的人,不必整天陷在大义里。"①

(二)对"否定"的"再否定"

传统儒家思想经常被扣上一顶"愚忠愚孝"的帽子,不得辩解,不得翻身。但孔子思想的原貌真的是"愚忠愚孝"吗?以《论语》中的表述为证:

  定公问:"君使臣,臣事君,如之何?"孔子对曰:"君使臣以礼,臣事君以忠。"(《论语·八佾》)

"臣事君以忠"在统治者的有意"洗脑"和人们的曲解中渐变为一味地服从和效忠,但实际上孔子明确阐释过他所认可的事君:

  子路问事君。子曰:勿欺也,而犯之。(《论语·宪问》)

"勿欺",强调的是正直、无隐。"犯之",则指出必要时甚至可以直言冲犯。这其中没有"愚"可言,而只是呈现了对于自我认定的原则的持守。然而,在商业化社会和全球化时代,我们对自己的文化传统已经丧失了自信。因此,"搜孤救孤"的过程也就被视为"愚忠愚孝"的无价值甚至反面表演。

从《赵氏孤儿》里的人物关系来看,元杂剧虽然来自于《史记》,但在《史记·赵世家》里程婴是赵朔的友人,而到了《赵氏孤儿》里,程婴

---

① 吕莉红:《赵氏孤儿值得反复重排·陈凯歌:不唱高调》,《京华时报》2013年3月26日。

则是个一向蒙驸马善遇的草泽医生，由此程婴具有感恩图报的心理，这顺理成章，无可厚非，也是人与人之间关系的正向发展、反馈和传递，谈不上"愚"。在赵氏家族几乎满门覆灭的情况下，程婴不但没有及时"抽身"，躲避麻烦，反而能因曾受过的恩惠，信守自己对公主的允诺，付出出生入死的代价，去维系赵家的命悬一线的血脉，并以一种近乎于"执念"的方式去坚持，对于微弱的肉身而言，这是极大的勇气。

"在《赵氏孤儿》的诸多魅力之中，最值得关注而恰恰被阐释者忽视的，莫过于剧作极致之美的美学品格。极致之绝美灌注于整部剧作：至极之善与恶、至极之仁忍与凶残、至极的生动与紧张、至极的悲壮。"[1] 在元杂剧中，撕扯人心的不仅仅有程婴献子的极致悲剧，而且钼麂触树而死、灵辄单臂扶轮、韩厥自刎而亡、公孙杵臼撞阶觅死、程婴忍辱负重等，均动人心魄。"和瘟疫一样，戏剧在表现恶的时刻，正是邪恶力量的胜利，而另一种更为深沉的力量也在支持它，直至消亡。""和瘟疫一样，戏剧中也有一种奇特的阳光，一种具有异常强度的光，在它的照耀下，难以置信的、甚至绝不可能的事物突然变成了我们的正常环境。"[2] 所谓程婴献子，从血亲角度来说，绝对是异乎常理的抉择；但是从这一系列人物的作为而言，极致的冲突恰恰凸显了他们在选择正义时的冲击力。反观林兆华版话剧中，赵氏孤儿（屠勃）得知家族真相时大声说出："但我不认账！""就算您说的都真，这仇我也不报！"他冰冷地表示："不管有多少条人命，它跟我也没有关系！"这些反应，很难令人产生类似于哈姆雷特"生存还是毁灭"的痛苦抉择的震撼，而更多暴露的是"孤儿"贪恋荣华的私念、理直气壮的冷漠和明哲保身的实用哲学。三百口被灭门的巨大不幸被消解，这与我们所真正应该珍视和维护的"人性"不可画等号。"这就不能不令人感到，孤儿不肯复仇是建立在不问善恶是非的懵懵懂懂甚至荒谬的理论之上的。"[3] 因为，虽然复仇是"赵孤"故事的内核，但其意义核心并不在于报仇雪恨，而在于正义所得到的张扬。表达一下对于"复仇"的疑问，并非就能产生等同于哈姆雷特"生存还是毁灭"的哲理意义。

---

[1] 李宏：《桥与墙——〈赵氏孤儿〉的悲剧意味阐释》，《戏剧文学》2008年第11期。

[2] 〔法〕安托南·阿尔托著《残酷戏剧：戏剧及其重影》，桂裕芳译，中国戏剧出版社，1993，第26页。

[3] 刘丽文：《论人艺版话剧和电影〈赵氏孤儿〉对传统寓意的改写》，《艺术百家》2013年第1期。

无论是强调文化的反思,还是举起人性的大旗,都极易触动现代人的精神脉动,引发现代人的共鸣。但当价值系统多元的时候,有时人们又会陷于选择的茫然。于是,在电影版中,复仇的合理性消失了,几乎引发祸及全城的私愤的冷血、阴毒的屠岸贾也具有了更丰富的人性,似乎如此的"圆型人物"才能带动作品的深刻;程婴的主动选择也变为无奈的被动介入。殊不知,元杂剧与陈凯歌的电影相比,"前者代表着的是古典精神,体现出一种精神的高度,是对信仰不折不扣的追随,后者代表着庸常哲学,是看得见、想得着、做得出的实用主义逻辑。遗憾的是,陈凯歌选择了后者,想用这种方式和大众亲近,其实这样的处理,也可以说抽调了原文本中的"魂魄",或者说是主心骨,丧失的是历史宏篇的纵深感和思索人类的文化和命运的博大气度,也是精神的自我矮化"。①

现代人对传统的理解,当然不应是被动的接纳和传承,而是抽茧剥丝般的透视、显微之后,经历了否定之否定之后,视野更开阔、内涵更丰盈的理解。质疑传统很容易,因为传统中的确蕴含着压抑、残缺、蒙昧。但若以为现代人的意识就一定优越于古人,也是一种狂妄和霸道。自从现代人越来越懂得肯定和正视生命的宝贵价值,似乎为了一句誓言去付出生命代价的侠义精神也成为批评的对象,以至于完全无视了其中蕴藏的正面内涵。于是,人们只能承担着善良被鄙视、诚信被丢失的代价,在混乱的价值观的悠荡下感受着灵魂的缺失。想要凭借一部作品去重塑道德固然是过于理想化,但至少我们应该懂得依然具有价值的那些传统思想中宝贵的一面,如此,用传统反思当下,才能树立起整个社会在思想传统和道德规范方面的定力。程婴的选择,可谓是另一个维度上的海德格尔所谓"向死而在":在面对死亡的体验中,在选择的自主中,认证了生命的终极价值。当我们作为现代人,已经无力于去做出生入死的选择的时候,至少不要急于去丢掉对于"见义不为非为勇""言而无信言何用"的精神气象的敬意。

(作者单位:北京第二外国语学院国际传播学院)

---

① 陆绍阳:《文本改写与精神的自我矮化》,《电影批评》2011年第1期。

幽默与讽刺：徐渭诗文的戏谑风格

马宝民

诗最能反映人内心活动，也是最能观照现实生活的一种艺术形式。无论抒情，还是言志，都是知识分子穷达之际重要的精神皈依与投射。文在言志抒怀的过程中所起的作用不亚于诗，因而研究一个艺术家的诗文创作对了解他的思想、把握他内心情感的律动有着极为重要的意义。徐渭的诗文众多，中华书局编纂的《徐渭集》中收诗歌1729首，加上词作共计1755首，文章880多篇。徐渭的诗文不仅数量众多，而且这些诗文更像他的生命日记，记录了其生命中不同的瞬间，投射出他内心的酸甜苦辣，反映了徐渭的生命体验和对生命意义的反思。在徐渭诗文中，最能表现他主体精神的是那些具有戏谑意味的诗文，这些诗文是他脱去面具，反观自我、反观世界之后，所发出的最具有本真意味的来自灵魂深处的声音。

一 徐渭戏谑诗文的内容

（一）娱己娱人 诙谐幽默

徐渭生性滑稽幽默，"不为儒缚"，他自己说："贱而懒且直，故惮贵交似傲，与众处不浼袒裼似玩，人多病之，然傲与玩，亦终两不得其情也。"[1] 袁宏道也说他"恣意谭谑，了无忌惮"[2]。徐渭擅戏谑不仅仅是个

---

[1] 徐渭：《自为墓志铭》，《徐渭集》第二册，中华书局，1983，第638~639页。
[2] 袁宏道：《徐文长传》，《徐渭集》第四册，第1342页。

性使然，他天性聪颖，感受力强，自我期许很高，但命途多舛，一生郁郁不得志，长期徘徊于主流社会之外，不仅人生理想难以实现，即便是表达自己心声的诗文创作，也少人倾听。因而徐渭"以天下为沉浊，不可与庄语"①的态度，以戏谑反映现实人生。这里的现实人生有落拓之气、不平之气、愤懑之气、悲凉之气，也有悦性之气。

1. 友朋嘲戏，风趣幽默

徐渭天资聪颖，个性幽默风趣，加上早年热衷功名，师友不少，中年入胡幕，与同为幕僚的茅坤、沈明臣等人交谊甚厚。徐渭经常与这些师友赠诗写信，他的这些诗文和书信往往信笔而行，风趣幽默，毫无顾忌，游戏之笔时有所见。他曾写过两首嘲戏朋友沈明臣骑马的诗："沈郎多病瘦腰支，跨马登山怯路岐。马上如何忽不见，见时惟有一身泥。"②"春郊大堤无尽头，沈郎走马着红裘。回鞭故遣穿杨柳，冲落杨花扑紫骝。"③第一首作于1562年，当时徐渭和沈明臣同在胡幕，陪同胡宗宪入闽，沈明臣身体瘦弱，且不太会骑马，徐渭作诗嘲戏他跌落马下、浑身是泥的窘态，语言幽默风趣，很显然与沈明臣开了一个善意的玩笑。第二首作于1578年，这年四月徐渭和沈明臣一起到安徽祭吊胡宗宪，在路上作了这首诗。徐渭显然还记得十几年前沈明臣骑马的样子，因而再作此诗嘲戏沈明臣。从这首诗来看，沈明臣骑马已经很熟练了，徐渭以戏谑的态度写他骑马的潇洒身姿，前后对比令人解颐。

张子锡是徐渭幼时的朋友，他七十岁寿辰，徐渭前去祝贺，并作《四张歌张六丈七十》诗："开元之唐有张果，乃云生长陶之唐，师汉帝者张子房，子房之后有张仓。张仓之龄百余许，老夫牙齿只吃乳，夜夜枕前罗十女。子房辟谷祈不死，先师黄石公，后约赤松子。张果骑驴驴是纸，明皇药果杯酒里，果齿焦黑如漆米，起取如意敲落之，新牙排玉光如洗。三郎惊倒谓玉环，我欲别尔渡海寻三山，玉环落泪君之前。梨花春雨不得干。繄彼三仙人，是君之祖君是孙，今年乙丑腊嘉平，正君七十之生辰。三祖消息虽寥寥，桃仁传种还生桃。况君作诗句多警，又如尔祖张三影。三影诗翁八十馀，此时特娶如花姝，正宜七十张公子，夜夜香衾比

---

① 庄子：《庄子·天下》，上海古籍出版社，1995，第359页。
② 徐渭：《武夷道中嘲嘉则堕马》，《徐渭集》第二册，第351页。
③ 徐渭：《嘉则拟红衫四貌》，《徐渭集》第二册，第354页。

目鱼。"①

张子锡年少好色，到了七十岁的时候，仍沉溺酒色，徐渭作诗嘲戏张子锡，将他比作张果老，得道成仙，虽然年届七十，还能"夜夜香衾比目鱼"，讽其夜夜离不开女子，戏称其为"张公子"。徐渭与张子锡自幼同学，交情甚笃，对他的好色多有嘲戏。除诗之外，他还送给张子锡两幅画，其一为枫树、月和白头翁鸟，其二为古柏芙蓉，寓意为"风月白头""年老好色"，这两幅画戏谑的意味更浓。张子锡去世后，其子持这两幅画索题，徐渭因而作诗《张海山已死，其子持向所寿父者二轴来索题，其一画枫树月及白头公鸟，谜之曰风月白头，其一画古柏芙蓉》。后又作《张子锡尝自题镜容，今死矣，次其韵五首，应乃郎之索》三首，也多有嘲戏之意。从诗中可见，徐渭对朋友的戏谑多是善意的，因其交往多年，彼此深有了解，朋友之间开无伤大雅的玩笑。

不仅与多年的朋友如此相处，对于所交往的僧人，他也常常开些无伤大雅的玩笑。如《更少颠师号》："古有大颠师，君颠颠亦稀。当年曾付钵，此日也留衣。白拂悬墙敝，乌巾罩发微。相过今几日，日日醉如泥。"② 写少颠大师的癫狂之态，非常生动。

徐渭记录与朋友交往的文字也多用戏谑幽默的方式，反映了他风趣幽默的性格特点和游戏精神，如《为商燕阳题刘雪湖画》：

> 刘雪湖一日简致此幅，余见之，眉舞须动，秘夹枕中。商燕阳见之便掠去，攫石登车，攀船堕水，古人颠贪无赖，燕阳何为效之？既又勒余题叙数字，用为券书。快其永业，真滑虏也。然予与燕阳约，得此须用名锦装潢，安精舍中，便作奇香好茗，多调妙曲，往来用味触香发声闻发清音之义，获此报者庶几小偿。倘余至，无此三物，即当大骂秦廷，持赵璧归，不血溅王衣不止也。③

朋友商燕阳得刘雪湖画，请徐渭为其题字，本是件琐事，徐渭用了调侃和夸张的手法，将此画比作价值连城的和氏璧，把自己比作"大骂秦廷，持赵璧归"的蔺相如，创造出剑拔弩张的气氛，极写出对此画的珍惜

---

① 徐渭：《四张歌张六丈七十》，《徐渭集》第一册，第 155~156 页。
② 徐渭：《更少颠师号》，《徐渭集》第三册，第 736 页。
③ 徐渭：《为商燕阳题刘雪湖画》，《徐渭集》第四册，第 1099 页。

和重视，整段文字幽默风趣，充满戏谑的风味。

再如《题史甥画卷后》："万历辛卯重九日，史甥携豆酒河蟹换余手绘。时病起，初见无肠，欲剥之剧，即煮酒以啖之。偶有旧纸在榻，泼墨数种，聊以塞责，殊不足观耳。天池山人徐渭书于葡萄最深处。"① 生动描绘了自己病后初见河蟹与酒的兴奋心情和急迫情态，令人莞尔。

2. 自娱自嘲，感悟人生

自嘲精神是一个人内心强大的表现，勇于自嘲的人更懂得人情世态，更能够接受世间的不完美。徐渭一生坎坷，但这并没有销蚀他生存的意志，也没有磨蚀他的创造激情，幽默豪宕的性格是原因之一。徐渭的戏谑不仅仅针对他人，也常常针对自己。他在《自书小像》中说："吾生而肥，弱冠而羸不胜衣，既立而复渐以肥，乃至于若斯图之痴痴也。盖年以历于知非，然则今日之痴痴，安知其不复羸羸，以庶几于山泽之癯耶？而人又安得执斯图以刻舟而守株？噫，龙耶猪耶？鹤耶凫耶？蝶栩栩耶？周蘧蘧耶？畴知其初耶？"②

这里化用《庄子·齐物论》庄周化蝶之喻，以自身形象的变化，写人生的沉浮变幻。对于人生，徐渭有太多的无奈和不平："二百年来一老生，白头落魄到西京，疲驴狭路愁官长，破帽青衫拜孝陵。"③ "学剑无功书不成，难将人寿俟河清，风云似海蛟龙困，岁月如流髀肉生。万户千门瞻壮丽，三秋一日见心情，平原食客多云雾，未必于中识姓名。"④ 然而这些并没有改变徐渭乐观豁达的人生态度和潇洒随性的生活状态。"雄读书，春花满。散朱碧，点班管。胤读书，夏风凉。苦无膏，萤聚囊。符读书，秋月随。新凉入，亲灯火。康读书，冬雪厚。就以映，字如昼。"⑤ 这是读书的乐趣；"客话馀，煮茗罢，两三声，秋月下。"⑥ 这是品茶的乐趣；"我亦曾经放鹞嬉，今来不道老如斯。那能更驻游春马，闲看儿童短线时。"⑦ 这是放风筝的乐趣。种种人生乐趣，既是徐渭痛苦人生的装点，为其灰暗人生增添了一抹亮色，使他能在苦涩的人生况味中得到一些安慰，同时也成

---

① 徐渭：《题史甥画卷后》，《徐渭集》第四册，第1095页。
② 徐渭：《自书小像》一，《徐渭集》第二册，第585页。
③ 徐渭：《恭谒孝陵正韵》，《徐渭集》第一册，第241页。
④ 徐渭：《寄彬仲》，《徐渭集》第一册，第232页。
⑤ 徐渭：《四时读书乐题壁》，《徐渭集》第三册，第1055页。
⑥ 徐渭：《石磬铭》，《徐渭集》第三册，第990页。
⑦ 徐渭：《风鸢图二十五首》四，《徐渭集》第二册，第412页。

就了他的艺术人生。他在《荷赋》中曾以荷自喻："翩跹欲举，挺生冰雪之姿，潇洒出尘，不让神仙之列。是以映清流而莫增其澄，处污泥而愈见其洁。且吾子既不染于污泥矣，又何广狭之差别，纵遭时有偶与不偶，何托身有屑与不屑？"① 徐渭正是以艺术的方式来追求这种出污泥而不染的人生境界。

一些学者认为徐渭的戏谑是"玩艺术"，是极度无奈下的自我放纵，对此本文不敢苟同。尽管徐渭并非像东方朔一样，用戏谑的方式或唤起君王的注意，或为民请命，但他的戏谑也绝非是没有任何意义的无厘头，也并非是以无聊的玩笑满足自己的低级趣味，他的戏谑之中实包含着对人生的深刻体味与思索。

徐渭的自娱自嘲蕴含着人生如戏的感悟。他曾作《帐竿木偶图》并题诗曰："帐头戏偶已非真，画偶如邻复隔邻。想到天为罗帐处，何人不是戏场人？"② 无论是帐头戏偶，还是画偶，似真非真，似假如真，而在天地之间，何人不是戏中之人？每个人都如帐头木偶一样被操纵、被驱使着。然而戏如人生，戏台上的搬演，又何尝不反映人生的本来面目？"随缘设法，自有大地众生。作戏逢场，原属人生本色"③。人生就是这样逢场作戏的过程，用游戏的态度去面对人生之种种，正是人生的本色。

（二）批判现实，暗喻讽刺

性格诙谐幽默、富有游戏精神的徐渭，也同样关注现实、关心民瘼，只不过他以戏谑的方式，更为隐晦地表达他的态度和不满。这类诗文常常采用"以文为戏"的表现方式，表达他对政治与社会人生的讽刺和批判。

1. 刺政之作

尽管徐渭一生没有机会亲身参与政治活动，但他通过朋友和幕府生活间接地接触到政治的某些方面，对政治的黑暗与腐败有些耳闻目睹，尤其是他所尊重的沈錬和胡宗宪都因政治斗争而丧生，对他的刺激非常大，特别是胡宗宪瘐死狱中更令他不能接受。激于义愤，徐渭创作了很多政治讽刺诗文。

在沈錬遭到严嵩等人迫害直至死亡的过程中，徐渭表达了极大的不满

---

① 徐渭：《荷赋》，《徐渭集》第一册，第41页。
② 徐渭：《为杭州人题画二首》一，《徐渭集》第二册，第384页。
③ 徐渭：《戏台》，《徐渭集》第四册，第1160页。

和愤慨，他在《保安州》中说："纵使如斯犹是幸，汉廷师傅许谁评？"①在《哀四子·沈参军》中说："借剑师傅惊，骂座丞相怒。"② 两首诗中都用"师傅"一词指代严嵩，古时"师傅"为太师和太傅之合称，引申为在朝廷之中地位极高、享受尊崇的人。徐渭用这个词来指代严嵩，显然是谓其把持朝政、蒙蔽圣听，不容他人批评的蛮横态度。徐渭"师傅"一词的讽刺意味非常明显。

对于胡宗宪之死，徐渭的内心是充满矛盾的。他的《祭少保公文》曰："於乎痛哉！公之律己也则当思己过，而人之免乱也则当思公之功，今而两不思也遂以罹於凶。於乎痛哉！公之生也，渭既不敢以律己者而奉公於始，今其殁也，渭又安敢以思功者而望人於终？盖其微且贱之若此，是以两抱志而无从。惟感恩於一盻，潜掩泣於蒿蓬。"③ 文中联系自己尴尬的处境，谈到了胡宗宪罹祸之原因及世人对其不公正的态度，自己"两抱志而无从"的无奈和对胡宗宪的痛悼之情，千言万语都系于短短的一百多字中。而在这种种复杂的感情背后掩藏的则是诗人对胡宗宪的深切怀念。正因为徐渭对胡宗宪之死有诸多的顾及，他在诗文中往往采用戏笔和隐喻的方式表达情绪。《雪竹》诗曰："万丈云间老桧萎，下藏鹰犬在塘西。快心猎尽梅林雀，野竹空空雪一枝。"④ 以"云间"指徐阶，将他比作秦桧一样的人，"塘西"指弹劾胡宗宪的给事中陆凤仪，陆氏籍贯在兰溪，在钱塘以西。运用这样的隐喻方式，甚至对陆凤仪以鹰犬称之，其讽刺批判的意味非常明显。同样痛悼胡宗宪，徐渭还作了《十白赋》，他在序言中说："予被少保公檄，自获白鹿而令代表於朝始，其后踵至者凡十品，物聚於好，殆非虚语欤？时予各欲赋以讽公，未能也。……讽固无由，且悲之矣。"⑤ 这说明了作赋的目的有两个，一是悲悼胡宗宪，二是抒发讽喻之情。虽是悼人之作，但其中不乏戏谑之意。如《猴》："人亦有言，王孙可憎，衣以周公，裂冠毁缨。胡是物之善幻，脱苍鞯以肤琼，莫四朝三，岂狙公之可罔，既冠且沐，致韩生之就烹。"⑥ 文中用"沐猴衣冠""朝三暮

---

① 徐渭：《保安州》，《徐渭集》第一册，第 216 页。
② 徐渭：《哀四子·沈参军》，《徐渭集》第一册，第 67 页。
③ 徐渭：《祭少保公文》，《徐渭集》第二册，第 658 页。
④ 徐渭：《雪竹》，《徐渭集》第三册，第 844 页。
⑤ 徐渭：《十白赋》，《徐渭集》第一册，第 47 页。
⑥ 徐渭：《十白赋》，《徐渭集》第一册，第 48 页。

四"等典故,将批判的矛头直指当权者,讽刺之意非常明显。

2. 讽世之作

徐渭对政治生活不如对社会生活接触得多,他长期生活于社会底层,对社会之丑陋、人性之缺陷认识得比较深透,因而讽世之作更多,也更为深刻。徐渭有诗《优人谑》:"红场银烛剧崔张,剧竟场中烛不长。崔姥杜师生也张,莺耶红耶两女郎,无人不解骂郑恒,恒言五人尽恼我,我虽一人亦恼五。世间曲直不在多,一人真能恼五个。剧技固小理则大,侏儒长饱方朔饿,闲嘲闲笑帝座卧,规十五城大铁错,丞相者谁公孙贺。"① 以戏谑的方式写《西厢记》的人物和故事,提出了"世间曲直不在多""剧技固小理则大",反映出以戏谑求道的思想。

在《徐渭集》中,有两组写纸鸢的题画诗,其一有诗 25 首,其二有诗 4 首。徐渭如此多的同一题材的诗作,并非只是将纸鸢作为简单的童趣场景进行描绘,其中包含着人生百味。他在《风鸢图偈》中说:"风鸢牛鼻靿坚牢,总是绳穿这一条。借与老夫穿水牯,沩山和尚不曾烧。"② 风中之鸢与牛鼻子本是风马牛不相及之物,却由一条绳子将它们联系在一起,绳子既是牵绊,又是依托,这样细细一条绳子,承载的内涵何其丰富!他在《放鹞》诗中这样说:"孩儿意,只为功名半张纸。临行时,慈母手中线,费几许,只要去扯不住。不愁你下第,只愁你际风云,肠断天涯何处。"③ 这根绳子变成了慈母对孩子的牵挂,然而这根细细的绳子又如何能够牵住孩子追求功名的雄心呢?同样是纸鸢的题画诗:"风微欲上不可上,风紧求低不得低。渡海一凭侬自渡,可怜带杀弄饧儿。"徐渭自注:"海上人相传,一儿将食饧,寄线于腰,忽大风拔鸢向海,儿竟堕死,收其骸,饧犹在掌中。"④ 这本是现实发生的真实事件,诗中以此讽刺那些为了追求享乐而忽视自身危险的人的可怜与可笑。他另一首写放纸鸢的诗则借纸鸢为喻,讽刺那些借助外力青云直上,自以为得计,却不考虑自己实力的人:"村庄儿女竞鸢嬉,凭仗风高我怕谁?自古有风休尽使,竹腔麻缕不堪吹。"⑤ 虽然纸鸢能够借助风力飞得很高,但是诗人理智地告诫"自古有

---

① 徐渭:《优人谑》,《徐渭集》第三册,第 1056 页。
② 徐渭:《题放鸢图二偈》,《徐渭集》第三册,第 1058 页。
③ 徐渭:《放鹞》,《徐渭集》第三册,第 1067 页。
④ 徐渭:《风鸢图》十,《徐渭集》第二册,第 413 页。
⑤ 徐渭:《风鸢图》十二,《徐渭集》第二册,第 414 页。

风休尽使",要学会韬光养晦,否则自己的本性暴露出来,将落得众人耻笑的下场。

徐渭对佛教深有研究,但对社会中具有崇高地位的佛教尊者,他并没有给予相应的尊重,而是用插科打诨、嘲讽戏谑的方式,将他们拉下神坛。"遵正经易,隙打哄难。非熟非妙非神,着熟着妙着神,而撺掇跐鲜,一交跌下鹊竿。你问我是谁?是打罗的王三。"①"身太长,衣太剩,额太广,而在面之诸根太倩。倘起而立,缠倒脚根,蹭蹬蹭蹬。如不信,吾问诸吴道子,始信。雅俗且无论。呵呵,与居士来,我还有一哑谜,与善男子吞。真和假,笑倒了周军闷。你若不知,叫一个打虎的,在元宵问。"② 这是他为观音像所写的赞语,滑稽幽默的风格,善意的讽刺,诙谐幽默之中消解了宗教的庄严和神圣。

(三)寄寓身世,抒发不平

徐渭的诗文更多是寄寓身世之感和抒发愤懑之情。徐渭与张元忭是世交,徐渭入狱后,张元忭鼎力相救。他出狱后又曾与张元忭结邻而居,但由于个性不同,徐渭与张元忭多有龃龉,甚至决裂。徐渭曾给张元忭写信,感谢张赠送给他的物品:"仆领赐至矣。晨雪,酒与裘,对症药也。酒无破肚赃,罄当归瓮。羔半臂,非褐夫所常服,寒退拟晒以归。西兴脚子曰:'风在戴老爷家过夏,我家过冬。'一笑。"③ 以开玩笑的口吻对张氏的馈赠表示感谢,并声言所赠物品会及时归还。借风对富人和穷人的不同态度,嘲讽世人的势利,戏谑之中反映了愤懑和不平之情。他的另一首《九月朔,与诸友醉某子长安邸舍,得花字》也同样表达了这一感情:

> 满庭山色半阑花,觞曲交飞古侠家。肝胆易倾除酒畔,弟兄难言最天涯。不教酩酊归何事,望到茱萸节尚赊。烛暗沟浑都莫虑,近来官道铲堆沙。④

---

① 徐渭:《大慈赞·变相观音》,《徐渭集》第三册,第981页。
② 徐渭:《大慈赞·长衣观音》,《徐渭集》第三册,第981页。
③ 徐渭:《答张太史,当大雪晨,惠羔羊半臂及菽酒》,《徐渭集》第三册,第1017页。
④ 徐渭:《九月朔,与诸友醉某子长安邸舍,得花字》,《徐渭集》第一册,第289页。

这是一首朋友聚会时作的诗，因"时一友稍贰，故及之，时又值大除沟道"①激起了徐渭的愤慨和不满，因而诗中先叙古代侠者相交的豪爽畅快，友情可贵，马上转到了现实中"烛暗沟浑都莫虑，近来官道铲堆沙"，借沟中之水浑浊不清喻现实官场朋友的转变，表达了对富贵骄人的朋友的极度不满，极具讽刺意味的内容以戏谑的方式表达出来，令人深思。

在表现主体精神的时候，徐渭也同样是在游戏中蕴藏深刻的意蕴。如他著名的《葡萄》诗："半生落魄已成翁，独立书斋啸晚风。笔底明珠无处卖，闲抛闲掷野藤中。"②将自己比作葡萄，自己的才华像明珠一样耀目，却无人赏识。尽管人生落魄，但他依然要保持独立的自我，在晚风中长啸，表现自己的不同流俗，始终坚信自己的才华如明珠般卓尔不群。诗中所反映的不仅仅是落魄之意，更多的则是对现实的不满、反抗的精神和潇洒的游戏态度。

二 徐渭诗文戏谑风格之表现

（一）"辣"的艺术境界

徐渭的戏谑风格并非随意写作，而是自觉的美学追求。在创作中徐渭追求"辣"的境界，他说："写情诗贵切致，难于不头巾。写景诗轻松，难于不理趣。东坡云：茶苦怕不美，酒美怕不辣。辣难矣哉！"③可见，"辣"是他诗文创作的最高要求，也是较难达到的标准。这里的"辣"既是泼辣直接的表达方式，要能够达到诗中有人、充满生趣的创作境界，也是给人以思考和留下余味的审美风格。

从艺术上来讲，徐渭的"道在戏谑"这一精神特质很重要的方面是"真我"，他在《赠成翁序》中说："予惟天下事，其在今日，鲜不伪也，而文为甚。"④为了追求真，他忽略了诗歌的法度，放弃了对诗歌形式的追

---

① 徐渭：《九月朔，与诸友醉某子长安邸舍，得花字》诗前小注，《徐渭集》第一册，第289页。
② 徐渭：《葡萄》一，《徐渭集》第二册，第401页。
③ 徐渭：《次韵答释者二首》，《徐渭集》第四册，第1299页。
④ 徐渭：《赠成翁》，《徐渭集》第三册，第908页。

求,既不模拟古人,也不刻意求新,只是按照情感发展的自由抒写和表达,他的《至日趁曝洗脚行》就是这一创作思想的代表:

> 不踏市上尘,千有五百朝,胡为趾垢牛皮高,碧汤红檐浣且搔,一盆湿粉汤堪捞。徐以手摸尻之尾,尻中积垢多于趾,解裈才欲趁馀汤,裈裆赤虱多于蚁。痒不知搔半死人,叔夜留与景略扪,豕虿豕蹄尔视为广庭,比我茅屋一丈之外高几分,况是僦赁年输银。日午割豕才归市,醢以馅臡作冬至,澡罢正与蚁虱语,长须唤我拜爷主,往年拜罢号辄已,今年拜罢血如雨,烂两衣袂,枯两瞳子。①

诗的开头既云"不踏市上尘,千有五百朝"表达自己对世俗生活的厌倦和远离世事、追求精神自由的心态,正是此诗"辣"的表现。而诗中所描绘的落拓的生活状态,也正是诗人不同流俗、反抗现实的泼辣精神的体现。再如他的《恭谒孝陵正韵》:

> 二百年来一老生,白头落魄到西京,疲驴狭路愁官长,破帽青衫拜孝陵。亭长一杯终马上,桥山万岁始龙迎,当时事业难身遇,凭仗中官说与听。②

诗人到南京拜谒孝陵,疲驴、破帽、青衫,如此落魄的形象与明太祖辉煌的帝业形成了鲜明的对比,通过缅怀明太祖的成就,反衬落魄、穷傲的诗人形象,也同样是辣味十足。

有人将徐渭生命晚期的诗文创作归于颓放一类,所谓的颓放并非颓唐、放纵、无所作为,而是说他后期的创作是信笔直书,更加痛快淋漓,更为自由地表现自我。徐渭有《芙蓉》诗:"老子从来不遇春,未因得失苦生嗔。此种滋味难全说,只写芙蓉赠与人。"③表面上写芙蓉花,而实际上句句在写自己,自己已经到了对季节没有明显感觉,不计宠辱得失的年龄了,此中种种滋味是难以为外人道及的,既有对人生的彻悟,又透露出人生的种种无奈。这种无奈情绪也是徐渭诗中"辣"味的体现。再如《折

---

① 徐渭:《至日趁曝洗脚行》,《徐渭集》第一册,第 145~146 页。
② 徐渭:《恭谒孝陵正韵》,《徐渭集》第一册,第 241 页。
③ 徐渭:《芙蓉》,《徐渭集》第四册,第 1300 页。

桃花》:"谁家桃树倚西邻,摘下还存树底新。日暮插头过市上,疏疏数朵颇宜人。"① 头戴桃花过闹市的自由自在、潇洒落拓之形象表现得非常生动,同样辣味十足。

(二) 通过具有矛盾的意象进行强烈的主观抒情

苏珊·朗格《情感与形式》中认为:"诗歌总要创造某种情感的符号,但不是依靠复现能引起这种情感的事物,而是依靠组织的词语——和有意义及文学联想的词语,使其结构贴合这种情感的变化。——在这里,'情感'一词的涵盖要超出一种'状况',因为它是发展的过程,它不仅可以具有连续的环节,也可以具有几条伴随的脉络;它是复合体,其内在关联难于捕捉。"② 徐渭"道在戏谑"也是如此,诗人的戏谑中包含着丰富的内涵,是以"戏谑"的方式表达自己强烈的情感。

在同一首诗里,他往往用矛盾的意象互相对举,通过彼此之间的相互映衬,从而达到戏谑的目的,给人更为强烈的感受和心灵震动。在长期的创作实践中,徐渭对这一美学规律深有体会,运用自如。"桃花大水滨,茅屋老畸人,况值花三月,真堪酒百巡。"③ 桃花开出,茅屋中的老病"畸人"以酒为伴,意象的冲突给人带来鲜明的感受,繁华与落寞相映衬给人带来强烈的震撼力;"少年曾负请缨雄,转眼青袍万事空。"④ 充满雄心壮志的少年英雄与青袍落拓一事无成的书生形象的对比,令人对诗人的不遇掬一把同情泪;"五十年前共一窗,猪龙头角未分张。吾今老作锄园客,看尔黄唐佐帝乡。"⑤ 曾经的同学少年,意气风发,而今对方已经成为辅佐皇帝的忠臣,自己却只能做一个锄园的农夫,一冷一热,强烈的今昔对比,表达了诗人对己身不遇的痛苦、不解和无奈;"我虽活在如笼鸟,子已潇然作蜕蝉,安得骑牛天竺道,月明重话三生缘。"⑥ 自己如笼中之鸟,被束缚难以获得自由,相比较而言,诗人更为羡慕已经潇然遁世的僧人,表达了诗人对自由的渴望。除此之外,徐渭诗中运用这种手法进行创作的

---

① 徐渭:《折桃花》,《徐渭集》第二册,第 350 页。
② 苏珊·朗格:《情感与形式》,中国社会科学出版社,1986,第 267 页。
③ 徐渭:《答沈嘉则次韵》,《徐渭集》第三册,第 724 页。
④ 徐渭:《上谷歌九首》一,《徐渭集》第二册,第 359 页。
⑤ 徐渭:《潘承天六十》,《徐渭集》第二册,第 369 页。
⑥ 徐渭:《玉师挽章》,《徐渭集》第一册,第 272 页。

还很多,"一潦群黎怨,才晴百物欢"①"甕柏哀中覆,江梅雪后新"②"饥肠宁自断,强项可教低"③"长忆茹荼苦,宁知奉鼎甘"④"白首缄泥圻,青春酌酒频"⑤"笑向竹边求缓议,泣从车下发深嗟"⑥"笑引醇醪对公瑾,悲生寒食哭之推"⑦"旧卖红螺俱粤翠,新收白颡总辽西"⑧。诗人通过冷热、今昔、盛枯的对比,表达对人生苦、乐、酸、甜的感受,也通过意象的错落的组合,反映诗人对现实世界的困惑、不满,对人生价值的思考。

(三) 寓庄于谐的表达方式

"寓庄于谐"是将庄严、严肃的事件和情感用诙谐的语言、幽默的形式表达出来的一种方式,这种方式表面上看是淡化了情绪或者消解了庄严,实际上却是"含泪的笑",给人留下深刻的意味和无限遐想的空间。

徐渭有《春兴》诗八首,这八首诗非作于一时,反映了他人生不同时期的情感和生命状态,如其五:

> 七旬过二是今年,垂老无孙守墓田,半亩稻秧空饿鹿,两株松树罢啼鹃。悲来辛巳初生日,哭向清明细雨天,忽捻柳枝翻一笑,笑侬元是老婆禅。⑨

此诗作于徐渭七十二岁扫墓时,自己年老无孙,家无余产,墓地松树被盗伐,面对无奈的现实,诗人只能"哭向清明细雨天"。扫墓本是极为严肃之事,墓地的荒芜与破败正是家道衰落的表现,这也是极为令人悲哀和痛苦的事情,写到此处,诗人痛苦的心境完全表露出来。但接下来的两

---

① 徐渭:《晴二首》二,《徐渭集》第三册,第733页。
② 徐渭:《早春过顾君,饮于邻舍》,《徐渭集》第三册,第744页。
③ 徐渭:《哭王丈道中》,《徐渭集》第三册,第745页。
④ 徐渭:《王某部母夫人诗》,《徐渭集》第三册,第747页。
⑤ 徐渭:《赠松庵公》,《徐渭集》第三册,第748页。
⑥ 徐渭:《冯刑部索书册》,《徐渭集》第三册,第768页。
⑦ 徐渭:《寒食后骆君携酌,次其所示别作韵,答之》,《徐渭集》第三册,第803页。
⑧ 徐渭:《魏文靖公厄贮以梓匣,辄赋》,《徐渭集》第三册,第814页。
⑨ 徐渭:《春兴》五,《徐渭集》第一册,第262页。

句"忽捻柳枝翻一笑,笑侬元是老婆禅",用一种自嘲态度转移悲哀的情绪。诗意的转变令人感到突兀,这是一种历经人世的彻悟,看破红尘的通透,还是老境凄凉的无奈表达?或者二者兼而有之,面对痛苦的生活,诗人所能做的也许只有一笑置之了。

"欢愉之辞难工,穷苦之词易好也。"① 这一重要命题已广为接受,相比喜悦的情绪,悲伤的情感更能打动人,而徐渭却反其道行之,用欢愉的情绪来收束全文,表达悲愤的情感,以乐景写哀情,通过悲喜强烈的对比,造成巨大的反差,给人以强烈的震撼。徐渭有诗《少年》,前面的小序云:"郑老,姚人,为塾师于富阳,老而贫,人侮之,醉而为予一击大鼓,绝调也。"郑老的身世与徐渭何其相似,年老落魄,遭人侮辱,写郑老实是写自己。诗云:"少年定是风流辈,龙泉山下鞲鹰睡,今来老矣恋胡狲,五金一岁无人理。无人理,向予道,今夜逢君好欢笑,为君一鼓姚江调。鼓声忽作霹雳叫,掷槌不肯让渔阳,猛气犹能骂曹操。"② 年少的意气风发与老年的落魄无奈,二者相互映衬,形成了强烈的对比,写到此处,诗人的情绪忽然一转,以祢衡击鼓骂曹的气氛相渲染,将音乐与人内心的情绪完美地结合在一起,用昂扬高亢的鼓声抒发胸中不平之气,给人痛快淋漓之感。运用喜剧的形式为这一幕人生悲剧增添了亮色,这正是徐渭寓庄于谐表现方式的独特之处。

除此之外,徐渭寓庄于谐的表现方式还常用"破"的手法,也就是在诗文中故意使用一些口语、俗语,甚至不雅的语言,将诗文的庄严和神圣性消解,从而使诗文在情感表达上平淡、琐屑。如《燕京歌》:"西北池中有斗牛,人传一挂一时收。要知不是凡鳞介,只看眉潭白两毬。"③《上谷歌九首》之二:"居庸卵石一何多?大者如象小如鹅。千堆万叠无他事,东掷西抛只蹶骡。"④《风鸢诗》之十五:"偷放风鸢不在家,先生差伴没寻拿。有人指点春郊外,雪下红衫便是他。"⑤ 这类诗往往是徐渭晚年所作,且多为组诗,反映徐渭日常生活的状态和游戏的精神。徐渭对自己的评价为"傲与玩","傲"是针对当权者的,"玩"却是他日常生活的乐趣

---

① 韩愈:《荆谭唱和诗序》,《韩昌黎文集注释》,三秦出版社,2004,第400页。
② 徐渭:《少年》,《徐渭集》第一册,第138~139页。
③ 徐渭:《燕京歌》,《徐渭集》第一册,第236页。
④ 徐渭:《上谷歌九首》,《徐渭集》第二册,第359页。
⑤ 徐渭:《风鸢诗》,《徐渭集》第二册,第414页。

所在。从这些明白如话又富有趣味的诗中可以看出诗人完全将自己的情感消弭于平凡、琐屑的日常生活之中，这样的诗少了一些戾气、怨气，多了一些烟火气和童趣，是真正回归民间、返璞归真的生命状态。

（作者单位：北京第二外国语学院国际传播学院）

北京市东城区石刻书法艺术研究

王子衿　常耀华

东城区位于北京市中心城区东部，据2013年《北京东城年鉴》统计，东城区面积共41.84平方公里，全区常住人口31.3万户90.8万人。北京自明之经济文化迅速发展，清代满人主要居住于东西城，因此民间有北京"东富西贵"的说法。东城"富"者，主要是由于当时交通以水运居多，其中重要物资多集中于现东城区，现今的禄米仓、海运仓胡同等地名即可佐证，因此，东城区经济比较发达。此外，国子监为元、明、清三代教育体系最高学府，民国以来现存东城区名人故居也较多，故而东城区也是当时的文化中心。

1994年北京图书馆出版社所出《北京图书馆藏中国历代石刻拓本汇编》（以下简称《石刻拓本汇编》）共101册，收录自先秦至中华人民共和国石刻拓片共101册6340条，内容涵盖墓葬、教育、艺文、宗教等各个方面，鸿篇巨制，史料价值极高。本文主要分析此书中所收的东城区书法作品，此虽非东城区石刻作品之全部，然其重要石刻拓本几尽萃于此。[①]

从内容来分，东城区现存石刻艺术作品主要有教育、墓葬、宗教、艺文、杂刻五类共549通，其中教育类最多，宗教、艺文次之，墓葬类再次。教育、墓葬和宗教类皆以清代最盛、明代次之；艺文类以清代最盛，无年月次之，民国再次；杂刻类以清代最盛，民国、明代再次。具体数据详见表1。

[①] 本文数据均根据北京图书馆金石组编，中州古籍出版社1989年版《北京图书馆藏中国历代石刻拓本汇编》及徐自强著，北京图书馆出版社1994年版《北京图书馆藏北京石刻拓片目录》所收资料进行整理分析。

表 1　不同内容碑刻各朝分布数量

	教育	墓葬		宗教	艺文	杂刻
		墓碑	墓志			
战国					1	
东晋					1	
唐		1	2			
元	3	3				1
金					1	
明	100	3		54	10	3
清	146	32		114	36	15
民国	2			4	13	4
无年月	15	3		9	18	
总量	266	42	2	181	80	23

从朝代来看，总量上明清两代最多，无年月石刻作品次之。其中元代以至正年间最多。明代万历年间最多，嘉靖、成化年间再次，隆庆年间最少，仅 1 通。清代以乾隆年间最盛，共 124 通，康熙、光绪年间次之，嘉庆、道光再次，宣统年间最少，仅 6 通。具体详见表 2。

表 2　不同朝代及年号石刻作品数量

朝代	年号	数量	总量
战国	秦献公	1	1
东晋	永和	1	1
唐	天宝	1	3
	元和	2	
元	大德	1	8
	皇庆	1	
	至正	5	
	至元	1	

续表

朝代	年号	数量	总量
明	洪武	4	170
	永乐	3	
	宣德	5	
	正统	9	
	景泰	3	
	天顺	6	
	成化	21	
	弘治	10	
	正德	9	
	嘉靖	29	
	隆庆	1	
	万历	50	
	天启	8	
	崇祯	9	
	年月泐	3	
清	顺治	15	343
	康熙	56	
	雍正	13	
	乾隆	124	
	嘉庆	30	
	道光	30	
	咸丰	12	
	同治	13	
	光绪	44	
	宣统	6	
民国		23	23
无年月		45	45

从字体来看，碑文正文一般以正书居多，行书次之，碑额或墓志盖几乎皆沿袭篆书书写之传统。总体来讲，正书因其端庄典雅比较适合官方及

较为正式的场合书写,而行书则个人特色相对较强,因而艺文类特别是诗作、题词等行书相对较多。碑额或墓志盖一般不会用跟正文一样的字体,亦因复古雅致的篆书篆额。一般来讲,清代前中期及以前以正书为最,行书次之,清代后期后社会逐渐开放,字体也呈现出多元的特点。至民国,封建帝制废除,社会思想碰撞,字体多元色彩更凸显。具体数据详见表3和表4。

表3　碑身或墓志字体数据统计表

朝代	正书	行书	隶书	篆书	草书
战国			1		
东晋	1				
唐	3				
元	7				
金	1				
明	163	6			
清	289	34	4	2	
民国	14	5		1	
无年月	23	13	1		1

表4　碑额或墓志盖字体数据统计表

朝代	篆书	隶书	正书
战国			
东晋			
唐	1		
元	5		
金	1		
明	152	1	
清	210	3	5
民国	3		
无年月	6		

此外，随着清代来华传教士特别是俄国来华传教士增多，清代碑文中还有一种很特别的现象即出现英、俄等语言，其中俄文数量最多，英文和阿拉伯文相对较少。另外，由于清代统治者为满族，满文为当时的"国文"，加之对人才相对较为重视，故而碑文中出现汉满文或汉满蒙文同时出现的情况也较多，就目前统计来看，汉、满文者最多，俄文次之，汉、俄文又次，汉、满、蒙、藏文者再次。不论是外文碑文还是多语言碑文都属乾隆朝最盛。具体数据详见表5。

表5　清代碑文不同语言石刻作品数量

	俄文	英文	阿拉伯文	汉、满	汉、俄	汉、满、蒙	汉、满、俄	汉、满、蒙、藏
无年月	3		1					
顺治				3	1			
康熙				5			1	
雍正				2				
乾隆	6			20	3	1		3
嘉庆	1			1	1			
道光	1				1			
咸丰	3							
同治	1			1	1			
光绪	1	1						
宣统								
总数	16	1	1	32	6	2	1	3

东城区内石刻艺术作品主要集中在国子监、孔庙、安定门外东正教公墓、原公安街公安局五处。其中国子监、孔庙及府学胡同一带现存作品最多，因其为元、明、清三代最高学府所在，故作品多为教育类，以孔庙题名碑为最。安定门外东正教公墓以墓碑为最，皆为清代来华传教士之墓。原公安街公安局出土之书法艺术作品以宗教类和艺文类最多，杂刻类次之。具体数据详见表6。

表 6　东城区石刻作品分布前五的地区

	孔庙	国子监	府学胡同	安定门外东正教公墓	原公安街公安局
宗教	1	21	5		3
墓碑	2		2	27	
教育	218	11	22		1
艺文	19	13	4		4
杂刻		5			2
总数	240	50	33	27	10

《石刻拓本汇编》春秋战国时期东城区仅收石鼓文 1 通（见图 1），石鼓由唐初在陕西凤翔出土，后移入国子学大成门内，乾隆五十五年（1790）清高宗仿刻石鼓。

图 1　石鼓文

图片来源：北京图书馆金石组编《北京图书馆藏中国历代石刻拓本汇编》第 1 册，中州古籍出版社，1990，第 2 页。

此石鼓文可以看成是金文和小篆过渡的文字。金文又称钟鼎文，一般呈长方形，弯笔较多，而小篆则一般横平竖直，上紧下松，字体以圆为主。

此拓本的文字大多瘦长，金文特点明显，弯笔和圆笔较多。但相比金文的瘦削又圆中寓方，起笔回笔皆藏锋。然字未有小篆之圆转，字体上下左右均等，而非小篆之上紧下松，故而可看成是金文与小篆的过渡。

《石刻拓本汇编》还收录《兰亭序》萨迎阿摹本（见图2），后有道光二十七年二月萨迎阿、耆英行书跋。

《兰亭序》又称《兰亭集序》《临河序》等，其真本相传被陪葬昭陵。《兰亭序》历来备受推崇，被书家奉为行书第一。

在此之前，汉魏书风多古典质朴，王羲之行书一改旧风，雄健劲秀，错落有致，使得书法实用性和艺术性并重。

《兰亭序》同字用笔各异，灵动自然。以"不"字为例："不"共出现7次，每个笔法皆不同，似楷而不呆板。若给每个字画轴线，可见其章法散而不乱，错落有致。

图2 《兰亭序》部分

图片来源：北京图书馆金石组编《北京图书馆藏中国历代石刻拓本汇编》第2册，第77页。

前两个"不"字皆是楷法入笔，露锋入纸，横画有细若游丝的痕迹，即所谓的"牵丝"。然而第一个"不"字上小下大，更显棱角，第二个"不"字则上大下小，横画瘦雄，其他笔画圆润。第三个"不"字横画藏锋起笔，回笔收峰，轴线居字中，撇画偏右始，保证了字整体的平衡。第四个"不"字依然以楷法入笔，轴线仍居中，撇画及竖画与横画称仰势，点画与横画右端呈俯势，灵动而不杂乱，俯仰有致。

东城区共有唐代石刻3通：《李秀残碑》《任紫宸墓志》和《任紫宸妻桑氏墓志》，其中尤以《李秀残碑》最为出名。

《李秀残碑》又称《云麾将军李秀碑》，为唐代李邕所作。碑原在良乡，断后改为石礎，后移入京兆尹署，又后被移入文天祥祠。

李邕字泰和，因曾为北海太守，故又称李北海，其父李善曾为《文选》作注。李邕书法冠绝一时,《新唐书》言:"邕之文,于碑颂是所长,人奉金帛请其文,前后所受钜万计。"① 《宣和书谱》亦有记载:"邕精于翰墨,行草之名由著。初学右将军行法,既得其妙,乃复摆脱旧习,笔力一新。"②

其书风雄健不羁,后人评价颇高,清代包世臣在《艺舟双楫》中评价为:"北海如熊肥而更捷。"③ 清代朱履贞在《书学捷要》中亦称:"李北海正书笔画遒丽,字形多宽阔不平;其行书横画不平,斯盖英迈超妙,不拘形体耳。"④

李邕其人,虽书法才华横溢,然仕途坎坷,后因逸言被害。杜甫有《八哀诗·赠秘书监江夏李公邕》纪念李北海,亦可见其当时影响:

> 长啸宇宙间,高才日陵替。古人不可见,前辈复谁继。
> 忆昔李公存,词林有根柢。声华当健笔,洒落富清制。
> 风流散金石,追琢山岳锐。情穷造化理,学贯天人际。
> 干谒走其门,碑版照四裔。各满深望还,森然起凡例。
> 萧萧白杨路,洞彻宝珠惠。龙宫塔庙涌,浩劫浮云卫。
> 宗儒俎豆事,故吏去思计。眄睐已皆虚,跋涉曾不泥。
> 向来映当时,岂独劝后世。丰屋珊瑚钩,骐驎织成罽。
> 紫骝随剑几,义取无虚岁。分宅脱骖间,感激怀未济。
> 众归赒给美,摆落多藏秽。独步四十年,风听九皋唳。
> 呜呼江夏姿,竟掩宣尼袂。往者武后朝,引用多宠嬖。
> 否臧太常议,面折二张势。衰俗凛生风,排荡秋旻霁。
> 忠贞负冤恨,宫阙深魏缀。放逐早联翩,低垂困炎厉。
> 日斜鵩鸟入,魂断苍梧帝。荣枯走不暇,星驾无安税。
> 几分汉廷竹,夙拥文侯篲。终悲洛阳狱,事近小臣敝。
> 祸阶初负谤,易力何深哜。伊昔临淄亭,酒酣托末契。
> 重叙东都别,朝阴改轩砌。论文到崔苏,指尽流水逝。

---

① 《四库全书·史部·新唐书·列传第127》,上海人民出版社,迪志文化出版有限公司,1999年电子版。
② 《四库全书·系部·宣和书谱·卷》。
③ 《历代书法论文选·艺舟双楫·历下笔谭》,上海书画出版社,1979,第655页。
④ 《历代书法论文选·当学捷要》,第603页。

近伏盈川雄，未甘特进丽。是非张相国，相扼一危脆。
争名古岂然，键捷欻不闭。例及吾家诗，旷怀扫氛翳。
慷慨嗣真作，咨嗟玉山桂。钟律俨高悬，鲲鲸喷迢递。
坡陀青州血，芜没汶阳瘗。哀赠竟萧条，恩波延揭厉。
子孙存如线，旧客舟凝滞。君臣尚论兵，将帅接燕蓟。
朗吟六公篇，忧来豁蒙蔽。①

观李邕《李秀残碑》，其书字体大小不一，肥瘦兼有，字整体向右上倾斜，横画右倾，竖画多左倾，少折笔转笔，锋芒毕露，笔力雄健，放荡不羁，观其生平，当真是"字如其人"。

元代石刻东城区共有2通：《加封孔子诏碑》《大都路总治碑》，其中《大都路总治碑》碑阴由张养浩撰，并有赵孟頫正书记，可惜已失拓。

《大都路总治碑》作于元皇庆二年（1313）十月，出土于交道口原京兆尹公署，国史王构撰、集贤大学士荣禄大夫刘赓正书、太子詹事王泰亨篆额。

王构文采盛名于元，据《元史·列传第五十一》载：

构少颖悟，风度凝厚。学问该博，文章典雅……构历事三朝，练习台阁典故，凡祖宗谥册册文皆所撰定，朝廷每有大议，必咨访焉。喜荐引寒士，前后省台、翰苑所辟，无虑数十人，后居清要，皆有名于时。②

刘赓，字熙载，官至光禄大夫，"赓久典文翰，当时大制作多出其手，以耆年宿德，为朝廷所推重云"。③

本碑书法温雅平正，中规中矩，模范标准，字体写时笔法变化相对较少，点画即可见，如"絈""總"，笔法一致，规整有余，灵动不足。

北京定都后，自明始，石刻作品开始增多，东城区因有当时最高学府故而作品甚多，其中明代共170通，教育类共100通。

---

① 《全唐诗·卷Ⅲ》，中华书局，2003，第2352页。
② 《四库全书·史部·元史·列传第51》，上海人民出版社，迪志文化出版有限公司，1999年电子版。
③ 《四库全书·史部、元史、列传第61》。

明洪武年间共存石碑 4 通：《国子监学制碑》3 通及《晓谕生员碑》1 通。

《晓谕生员碑》（见图 3）又称《礼部榜谕郡邑学校生员卧碑》，刻于洪武六年（1373）。碑文可以看成是政府公文类通告，不管是从其内容还是书写范式看，都能看出明代政府加强中央集权的痕迹，对研究古代诉讼法制亦有一定参考作用。

图 3　《晓谕生员碑》
图片来源：北京图书馆金石组编《北京图书馆藏中国历代石刻拓本汇编》第 51 册，第 8 页。

碑文开始即点明要旨，"礼部钦依出榜晓示郡邑学校生员，为建言事理，本部照得：学校之设，本欲教民为善，其良家子弟入学，必志在熏陶德性，以成贤人。今年以来诸府州县生员父母有失家教之方，不以尊师学业为重，保身惜行为先，方知行文之意，眇视师长，把持有司，恣行私事，少有不从即以虚词径赴京师以惑圣听，或又暗地教唆他人为词者有之"。

对此，学生应当勤学好问，教师则应该竭忠教学"勤考其课"，学校管理者当将"愚顽狡诈"者"以罪斥去"，"使在学者皆为良善"。

碑文提出在野贤人如有好提议可奏有司后赴京面圣，一旦采用即可施行，似有广开言路之意，但后面内容又与前面矛盾。

除特别强调"军民一切利病并不许生员建言"外，对于民间冤案申诉亦有非常严格的规定。民间有冤案"许受害之人将实情自下而上陈告，毋得越诉"。但"非干自己者"不得代人申诉，如代人陈告则"治以重罪"。只有干系朝廷的大事且"迹可验者"方可秘密赴京。

这些规定实际上对民众包括未来官员——生员的言论进行了严格的控制，旨在加强中央集权。

此碑碑文用正书书写，字体方正略呈狭长之势，横画略向右上扬，字与字之间多呈俯仰之势，中规中矩，有形无神，筋骨略缺，毫无个性。

进士题名碑是目前东城区保存较多的石刻作品，题名碑制度始于元代，但由于明代是把元代题名碑抹去后重刻，因而元代题名碑保存较少，目前仅余3通。题名碑一般碑阳横分数排，第一排从右至左会写上撰和书的人名、考试时间、中试人数等信息，下面几排会刻上所有中试者的姓名和籍贯。碑阴一般会刻上试官姓名。

永乐年间为明代盛世，题名碑也相对较多较规制。以《永乐十六年进士题名碑》（见图4）为例，碑阳横分八排，第一排交代了撰和书者的官

图4 《永乐十六年进士题名碑》
图片来源：北京图书馆金石组编《北京图书馆藏中国历代石刻拓本汇编》第51册，第43页。

衔及名字。其中人名的姓字体大小正常，名偏小，且在人名与官衔之间加上小字"臣"。第一排最左侧则为立石时间。下几排皆为中试者姓名和籍贯，其中中试者姓名略小于上面第一排的字，籍贯更小于姓名。

此碑由中书舍人朱晖所书，字大小一致，字体方正，笔式规整，笔法取颜楷，但不似颜字开张遒劲，运笔约束，略缺筋骨，但仍可见有硬朗之气。

朱晖所写篆书亦是横平竖直，笔势圆滑，左右对称，虽美观却少变化，实用性强，艺术性略缺。

明代书法一个很重要的现象就是"台阁体"的出现，"台阁体"讲究"乌、方、光"，即乌黑、方正、光亮。受其影响，书家字体追求雍容华丽又方正，但从个体书法作品来看字体秀美规整，但从书史来看则是场灾难，一直备受后世书家诟病。"台阁体"也可以看成是明代加强中央集权的体现，但也在一定程度上确实规范了书写，方便行文。

"台阁体"书风在陈景茂正书并篆额的《永乐十九年进士题名碑》上有突出体现。

明宣德年间，程南云书法有举足轻重的作用。如《宣德二年进士题名碑》（见图5），此碑刻于宣德二年（1427）三月，由杨士奇撰，程南云正书并篆额。碑横分两排，第一排刻有撰者和书者的姓名、官衔，下排最右为进士及第第一甲3名，字体略大于上排文字，并附上3名进士的姓名及籍贯，其中姓名与第一排文字大小一致，籍贯略小。再往左依次为进士及第第二甲35名、进士及第第三甲63名。

程南云，字清轩，号远斋，篆隶俱佳，篆书尤甚。本碑其正书亦有篆书之势，字体狭长，横平竖直，或有峻峭之势，但其艺术价值远不及其篆书。

碑阳碑文中有少许字疑为后人所加，如右起第十列"正朝親出制"几个字和左二列"其陰"二字，其字相比碑文其他内容更显狭窄，笔力孱弱，笔法单一，与整体风格不符。

程之篆书名冠当时，本碑中"宣德二年进士题名记"9个字字形方圆，字体笔画较短粗，笔式圆转，左右对称，装饰性较强。然此中复古类篆书多有造作之态，似为复古而复古，少了份清新自然。等到《正统七年进士题名碑》（见图6），这种风格有了很大的变化。

《正统七年进士题名碑》刻于正统八年（1443）十二月，由陈循撰，

图 5　《宣德二年进士题名碑》
图片来源：北京图书馆金石组编《北京图书馆藏中国历代石刻拓本汇编》第 51 册，第 56 页。

程南云正书并篆额。

此时程南云的书法出现了一些变化，字体开始逐渐变宽，横平竖直，锋芒更收，字体更加圆润。其篆书也开始有了很大的变化。本通碑碑额"正统七年进士题名记"9个字横画更长，字体加宽，与之前严整对称不

图 6　《正统七年进士题名碑》

图片来源：北京图书馆金石组编《北京图书馆藏中国历代石刻拓本汇编》第 51 册，第 120 页。

同，此时的字体已略有不均，或上大下小如"名"、或上疏下密如"正"、或左收右放如"士"、或左短右长如"题"、或左宽右窄如"记"。其笔势仍显圆转但已开始圆中带方，纵观更显雅致大气。

据《石刻拓本汇编》，景泰年间东城区仅有石刻 3 通：《景泰二年进士题名记》《景泰五年进士题名记》和《隆福寺碑》（见图 7），其中《隆福寺碑》为代宗朱祁钰所撰并正书。

图 7　《隆福寺碑》
图片来源：北京图书馆金石组编《北京图书馆藏中国历代石刻拓本汇编》第 51 册，第 186 页。

明代共有 16 个皇帝，除洪武帝朱元璋葬于南京和建文帝被夺位后不知所踪外，另一个未入皇陵的就是代宗朱祁钰。

朱祁钰为英宗朱祁镇之弟，英宗继位后封为郕王。正统十四年土木之变，英宗亲征瓦剌反被俘，其子朱见深为太子，朱祁钰监国，后称帝，年号景泰，在位八年。后英宗复辟，年号天顺，朱祁钰被废为郕王，不久去世，谥号戾，以亲王礼葬于西山，未能入皇陵。故北京市昌平区现仅有明十三陵。

代宗书法方正圆转，较少露锋，运笔顺畅，横平竖直，仍可看到"台阁体"的影响，整体无功无过，虽圆润秀丽然风骨略缺。

明代宦官专政现象严重，王振就是英宗朱祁镇时期最为宠幸的太监。《明史·列传第192·宦官》中对王振有专门的描述。

"王振，蔚州人。少选入内书堂。侍英宗东宫，为局郎"，"振狡黠得帝欢，遂越金英等数人掌司礼监，导帝用重典御下，防大臣欺蔽。于是大臣下狱者不绝，而振得因以市权"。王振还曾"作大第皇城东，建智化寺，穷极土木"。

王振备受英宗宠爱，把持朝政，肆意妄为。"帝方倾心向振，尝以先生呼之。赐振敕，极褒美。振权日益积重，公侯勋戚呼曰翁父。畏祸者争附振免死，赇赂辏集。工部郎中王祐以善诣擢本部侍郎，兵部尚书徐晞等多至屈膝。其从子山、林至佥都督指挥。私党马顺、郭敬、陈官、唐童等并肆行无忌"。

土木之变，英宗俘，"郕王命裔王山于市，并振党诛之，振族无少长皆斩"。而等到景泰年，"英宗复辟，顾念振不置。用太监刘恒言，赐振祭，招魂以葬，祀之智化寺，赐祠曰精忠"。①

《智化寺旌忠祠记》（见图 8）即是英宗复辟后为纪念王振所成，此碑刻于天顺三年（1459）九月九日，由僧然胜撰并正书，碑上部分为文字，下部分为王振像。碑文横画多略向右扬起，字体结构多左低右高，左小右大，疏密有致，呈俯仰之势。

---

① 《四库全书·史部·明史·列传第192》。

图 8 《智化寺旌忠祠记》

图片来源：北京图书馆金石组编《北京图书馆藏中国历代石刻拓本汇编》第 52 册，第 19 页。

明成化年间东城区共石刻作品 21 通，程洛之篆书尤为出彩。以《顺天府儒学碑》（见图 9）为例，此碑作于成化十二年（1476）五月十五日，又称《顺天府儒学记》，由商辂撰，赵昂正书，程洛篆额。

图 9　《顺天府儒学碑》

图片来源：北京图书馆金石组编《北京图书馆藏中国历代石刻拓本汇编》第 52 册，第 125 页。

程洛即著名书法家程南云之子，祝允明《书述》中占曾评价："程氏父子，篆隶擅名。斯业即鲜，不得不兴。"①

此碑正文字形宽阔，横平竖直，大小一致，轴线居字中或略偏左，若每列画轴线相连则为较为规整的直线，美观大方。

程洛篆书与其父程南云一脉相承，书体较对称，横画平直。但程洛的篆书呈上密下疏之势，用笔较细，横画较短，竖画较长，字体呈现方形之势。与其父的圆转相比，程洛的篆书波磔更多，更显方正硬朗之气。

东城区所存弘治年间和正德年间的石刻作品相对较少，分别为10通和9通，总体作品艺术水平不是很高，但也有一些作品风格独特。

《真铠行实碑》作于弘治十二年（1499）八月，出土于东城区华丰胡同法通寺，碑身正书，碑阳额为篆书，碑阴额则为正书。

碑文下行笔画多露锋，横画略向右上扬，呈左小右大、左上右下之势，线条流畅，笔法秀健。其篆书用笔略显不畅，横画不平，或有波磔或向右略上扬，字体整体偏方，棱角突出。

《严大容诰封碑》（见图10）作于正德十一年（1516）八月三日，出土于朝阳门内大街。延福寺（也称大慈延福寺）是明代较为著名的道教寺观，严大容是延福寺住持，被封为"守静凝神探微悟法崇道志虚安恬葆和养素真人"。

本碑笔法师从颜楷，笔力雄健，横画右扬，用笔厚拙，左密右疏，字与字之间距离得当，典雅大方。其额篆则中规中矩，无甚特色。

嘉靖朝进士题名碑从制式上看显示出当时的动荡，现有的13通进士题名碑中，最早的《嘉靖八年进士题名碑》尚格式严整，书法考究，之后到《嘉靖二十年进士题名碑》[作于嘉靖二十年（1541）]不再有诰示、书者及撰者姓名、官衔等信息，而是只列出中举之人的姓名和籍贯，而之后的《嘉靖十一年进士题名碑》[作于嘉靖二十一年（1542）四月十五日]虽然诰示等信息齐全，但是字迹潦草，横画不平、竖画不直。再之后的《嘉靖二十三年进士题名碑》[作于嘉靖二十三年（1544）]不再有诰示、书者及撰者姓名、官衔等信息，而是只列出中举之人的姓名和籍贯，且两通碑额篆皆书写呆板，毫无章法，略显随意。再之后的《嘉靖十七年进士题名碑》[作

---

① 刘正成、葛鸿桢主编《中国书法全集·第49卷·祝允明卷》，荣宝斋出版社，1993，第366页。

于嘉靖二十四年（1545）十月二十日］恢复了旧规制，但用笔略显呆板，变化较少，但相比之前要规范很多。从《嘉靖十四年进士题名碑》［作于嘉靖三十年（1551）四月二日］开始恢复旧制，再一次被重视起来。

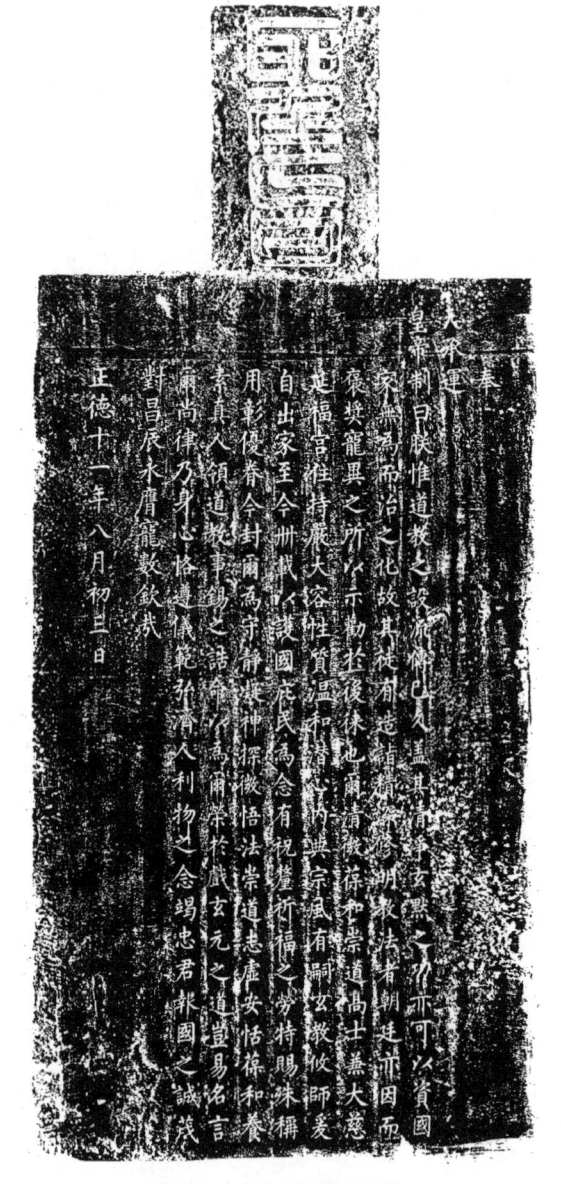

图10　《严大容诰封碑》

图片来源：北京图书馆金石组编《北京图书馆藏中国历代石刻拓本汇编》第54册，第34页。

《嘉靖八年进士题名碑》作于嘉靖十一年（1532）七月二十日，李时撰，周令正书。其书法有柳楷之风，排列紧凑，然细观其字，则可见其疏密得当，宽紧有秩。如右七列"嘉靖乙丑"之"乙丑"二字，由于"嘉靖"二字笔画较多，字体较为紧凑，"乙"字则下部较放，既在大小上与前两个字相和谐，又一密一疏不致在视觉上有拥挤之嫌。而"丑"字则字形紧凑，横画竖画皆短而收，特别是最后一笔的处理，与上一个"乙"字一长一短，一收一放，一疏一密，独具匠心。

嘉靖朝《汉寿亭侯庙碑》（见图11）和《过文先生祠诗刻》（见图12）也值得关注。

《汉寿亭侯庙碑》作于嘉靖三十一年（1552）七月一日，出土于东四北大街小细管胡同。对于"汉寿亭侯"的理解较为常见的有两种观点，一种认为是指汉代的寿亭侯，另一种较为大众的观点则认为是指关羽，汉寿为地名。能佐证第二种观点的如《三国志》，其中就有"曹公即表封羽为汉寿亭侯"的记述。

从碑文来看，上面有记载："当汉之末，群雄并起，争何可胜数？勇畧如侯者非提一旅……而侯独崎岖百折必得帝室之胄英名盖世如刘先主者，乃与张益德同心共事，誓生死不相背负。"从这段文字可以看出撰者是将汉寿亭侯视为关羽的。

碑文部分字省略点画，如右一"碑""侯"，右四"能"右半部分亦减省。碑文字体横画略右扬，字体中正平和，其篆书则左右对称，较少转笔、圆笔，折笔较多，下行笔画较顺畅，横画略滞，微向右上扬，整体略显单薄。

嘉靖朝另有《过文先生祠诗刻》部分字写法独具匠心。《过文先生祠诗刻》作于嘉靖甲寅春望，为南京户部主事嵩山李世德所题，碑文清晰可见，上书：

> 十年燕市过公祠，瓦阁松阴去马迟。
> 九死欲回唐宇庙，一生轻系汉威仪。
> 云飞斜照归人晚，霜重无枝楼鸟疑。
> 千古中原今故在，忠臣遗恨可曾知？

此碑字体雄浑，小处略有突破。如"回"字中间竖画直接与外围横画相连，"轻"字右半部之竖画则突破横画，二字左右呼应，别有一番趣味。

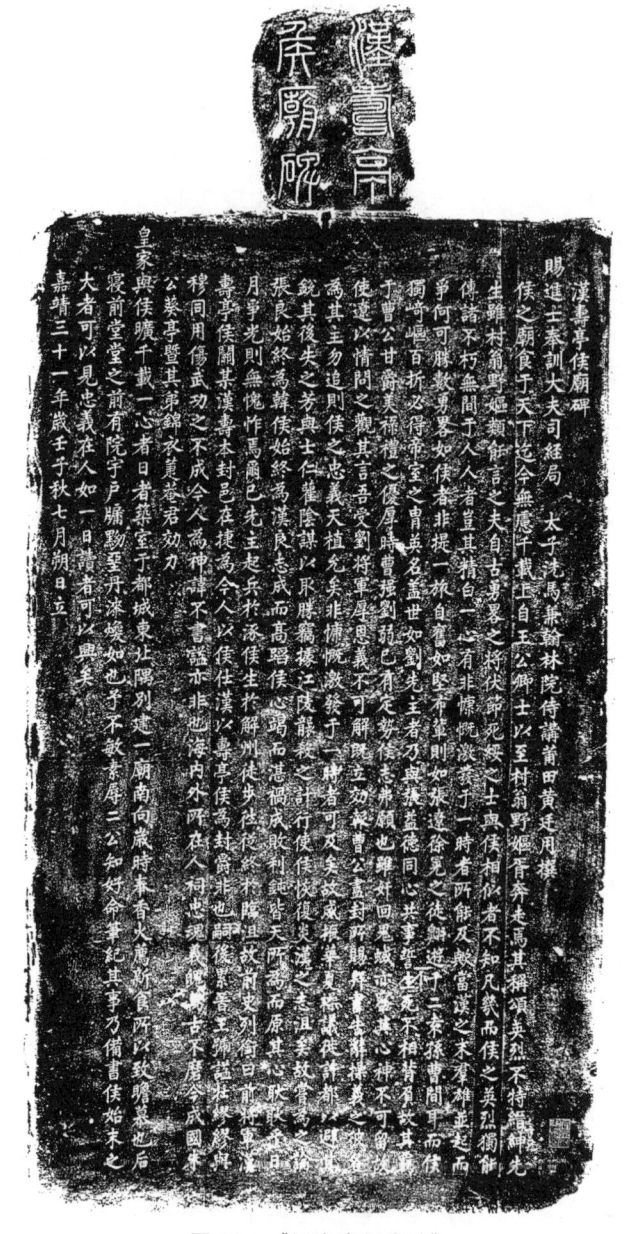

图 11 《汉寿亭侯庙碑》

图片来源：北京图书馆金石组编《北京图书馆藏中国历代石刻拓本汇编》第 55 册，第 172 页。

据《石刻拓本汇编》目录册统计，东城区隆庆朝仅存《隆庆二年进士题名碑》1 通，然其分册中并未收录。

图 12　《过文先生祠诗刻》

图片来源：北京图书馆金石组编《北京图书馆藏中国历代石刻拓本汇编》第 55 册，第 185 页。

明万历朝东城区石刻作品相对较多，作于万历七年（1579）二月上浣的《清真教圣赞碑》（见图 13）碑文已标出句读，较为特殊。此碑额横题，上为维文下为汉文，碑侧题名，碑身正书。

图 13　《清真教圣赞碑》

图片来源：北京图书馆金石组编《北京图书馆藏中国历代石刻拓本汇编》第 57 册，第 65 页。

此碑字大小不一，部分字显得过于草率，如右七下"先""光"二字，横画偏长且向右扬，收笔略显仓促，下行笔画运笔略显不畅。再如右七下"正"和"母"字，"正"字竖笔笔法一致，横画右扬，运笔略涩，字体显单薄。而"母"字与周围字相比明显偏小，横画右扬，整体左偏，字体平衡处理略欠缺，若为其画轴线则可明显看出其已偏离整列中心，显得略不和谐。

另一通《衡鉴要语碑》（见图14）水准则要高很多。此碑作于万历九年（1581）正月，由赵贤撰，王国光书，西陵王横题额篆。

图14　《衡鉴要语碑》

图片来源：北京图书馆金石组编《北京图书馆藏中国历代石刻拓本汇编》第57册，第94页。

王国光，字汝观，阳城人，为嘉靖二十三年进士，是明代较为著名的经济学家，曾著有《万历会计录》，辅助张居正改革，其书法亦如其人，潇洒不羁。

本碑行书用笔起笔多抢锋顺入，收笔则直接放锋，笔毫使转表现明显，勾、挑、牵丝等手法运用丰富。字体偏方，横画多较长，锋芒毕露。部分字运用了超长竖笔，很好地处理了虚实的关系，如右五排"纠结如蛇蚓"之"纠"字，竖笔较长显得率性潇洒，又巧妙填补了"纠"与"结"二字间的空白，不致使二者间距过大，整体布局更加和谐，行云流水，一气呵成。

明末代天启与崇祯两朝书法整体较平，无较为突出之作。相比之下值得一提者，当属天启朝《名宦先贤碑》（见图15）。

《名宦先贤碑》作于天启五年（1623）六月，为董光宏所撰，周道洽集王羲之行书所成。集名家之字并不罕见，据《石刻拓片汇编》目录册，天启三年（1623）即有《古文孝经》为集虞世南正书所作，惜正册中并未见收录。

本碑就单个字而言确实似楷而不呆板，似草而不癫狂，行云流水，是典型的俊逸文人之字。但从整体来看，由于是集录，故字大小不一，虚实处理欠妥，字或有左倾或有右斜，从每列或每行来看，整体布局并不十分顺畅。

书至清代，明"台阁体"之风继续，发展成为清代"馆阁体"，虽千人一面，但也不乏书作佳品，康熙、雍正、乾隆三代帝王书法也是书史很重要的组成部分。

顺治帝为清军入关后的第一位皇帝，重视汉人，笼络人才，顺治朝东城区共有题名碑7通，其中较早的有《顺治九年进士题名碑》和《顺治十二年进士题名碑》，另有《顺治九年满洲进士题名碑》和《顺治十二年满洲进士题名碑》，之后的题名碑则满汉不再分。这也可以从另一层面看出清初统治者对汉族人才的重视。

纵观顺治朝书法，其汉文水平皆属普通，并无太多亮眼之作。以《顺治十二年满洲进士题名碑》（见图16）为例。

右三"皇帝制曰"四个字中"制"与"曰"皆是右部竖画纤细孱弱，"制"字左半部本就密，更显右半部软弱无力，"曰"字左半部用笔较粗，右半部过细则使字整体有左重右轻之感。整个碑文横画右扬，字与字排列

图 15　《名宦先贤碑》
图片来源：北京图书馆金石组编《北京图书馆藏中国历代石刻拓本汇编》第 59 册，第 176 页。

上过于追求整齐，略显拘束，如右五"十名第"三字间距离过窄略显拥挤，而右六"进士出身"四字中"出"字写法略显单一呆板，横画右扬，

图 16 《顺治十二年满洲进士题名碑》

图片来源：北京图书馆金石组编《北京图书馆藏中国历代石刻拓本汇编》第 61 册，第 74 页。

字整体向右上倾斜，而"身"字则显运笔过细且与上下间距略窄，破坏了整体的平衡感。

清代书法自康熙朝起开始繁荣，翁方纲、康熙书法各放光彩。

《李秀断碑记》（见图 17）作于康熙三十一年（1692）八月，由吴涵撰并正书，尾刻嘉庆四年四月及九月五日翁方纲题跋各一款。

据《清史稿》载，"翁方纲，号覃溪，大兴人。乾隆壬申进士，选庶吉士，授编修。擢司业，累至内阁学士"。[①] 与刘墉、铁保、成亲王并称"清四大书家"。

---

① 赵尔巽等：《清史稿》第 44 册，卷 485，列传 272，中华书局，1977，第 13394 页。

图 17 《李秀断碑记》

图片来源：北京图书馆金石组编《北京图书馆藏中国历代石刻拓本汇编》第 65 册，第 15 页。

翁方纲书法学欧、虞，以谨守法度闻名，多循规蹈矩，不急不躁。包世臣在《艺舟双楫》中称："宛平书只是工匠之精细者耳，于碑帖无不遍搜默识，下笔必具其体势，而笔法无闻。"[①]

此碑吴涵之正书用笔均力，字形方正。翁方纲题跋字形呈长方形，笔式规整，用笔由粗到细，横画较短且向右上扬，下行笔画用笔流畅，一笔一画皆谨守法度，有古拙之气。

康熙本人极爱书法，"无一日不写字，无一日不读书"。康熙极推崇董其昌，师从专学董其昌的沈荃为师。

据《石刻拓本汇编》统计，东城区现有圣祖玄烨所书石刻 8 通：《大学刻石》（康熙三十三年（1694）五月）、《台省箴碑》（康熙三十九年（1700））、《训饬士子碑》（康熙四十一年（1702）正月）、《平定朔漠告成太学碑》（康熙四十三年（1704）三月二十一日）、《功存河洛榜书》（康熙无年月）、《灵渎安澜榜书》（康熙无年月）、《昌明仁义榜书》（康熙无年月）、《嵩高峻极榜书》（康熙无年月）。

康熙八岁登基，在位 61 年，一生显赫，其书法虽学董其昌，然少了董书的平和禅意，更多了几分风骨。个人较为认同日本学者稻叶君山的《清朝全史》中所说："乾隆书法虽妙，但少气魄；而康熙帝则骨力有余，丰

[①] 转引自朱乐朋《乾嘉学者书法研究》，荣宝斋出版社，2011，第 202 页。

润不足；而雍正之书法，有才有气，不类王者笔迹。"①

《大学刻石》（见图18）作于康熙三十三年（1694）五月，分拓七纸，为圣祖玄烨所书行书，笔法娴熟，笔力遒劲，有董字之形而无董书之韵。以图18为例：

图18　《大学刻石》

图片来源：北京图书馆金石组编《北京图书馆藏中国历代石刻拓本汇编》第65册，第53页。

第一个"欲"字用笔由粗到细，左右结构字中距离较宽，牵丝流畅自然，在视觉上处理了虚实关系，使"欲"字左右不致很开，又与下一个"修"字在视觉上保持了平衡。

下一个"修"字由于笔画较多，为和上下保持协调写的较为紧凑，中间竖画与右半部分之"肴"相重叠，又让整个字从左到右从疏到密过渡自然。

"其"字共出现6次，两点或勾或挑，距离与下一个字最靠上笔画等宽。如第一个"欲修其身者"中"其"字两点间的距离与"身"字横画

① 〔日〕稻叶君山：《清朝全史》（下），中国社会科学出版社，2008，第494页。

等宽,"先诚其意"和"欲诚其意者"之"其"两点均与"意"之横画等宽,且呈俯仰之势。而"先正其心"和"欲正其心者"中"其"两点与"心"之两点距离相当,四点又分别呈俯仰之势,灵动和谐。最后一个"先致其知"由于"知"为左右结构且短横画较多,"其"的两点间牵丝亦较重,且两点分别大致对应"知"字左右半部分的中间位置,如提纲挈领统帅下面字体,让两个字协调一致。

再看接下来"致知在格物"五个字,由于"知"字多短横画,"致"字之连笔亦相对较粗。由于"致"字本身笔画多较为紧凑,故"知"字相对中间较放。

"知"字右部"诚""正""修"三字皆狭长,故"知"字最后一笔与"在"第一笔相连,巧妙处理了二者之间空白过多的问题。"在"字为与右面"其"字对应笔画较细,字体则为与"知"相呼应较疏朗,第一笔横画与上一字呼应右扬,第二笔横画则向左上扬,二者呈一仰一俯之势,第三笔横画则基本保持平直,保证了字整体的稳定性。

"榜书"又称"署书",字体多雄浑端庄,可用来赞颂帝王功德,也可用来装饰园林建筑,也有商家利用榜书招徕顾客。康有为在《广艺舟双楫》中讲:"作榜书须笔墨雍容,以安静简穆为上,雄深雅健次之。"①

《嵩高峻极榜书》(见图19)取自《诗经·崧高》首句:"崧高维岳,峻极于天","崧"又作"嵩"。康熙之书法虽难得董字之神,然而笔法灵活,不失气魄,亦能展现出其才智之过人。

图19 《嵩高峻极榜书》

图片来源:北京图书馆金石组编《北京图书馆藏中国历代石刻拓本汇编》第67册,第169页。

榜书"嵩""高""极"三字多用圆笔,雄浑古穆,用笔较粗。"峻"字则多用方笔,较有生气,与"峻"之字意相符,上部厚重与整体风格相符。榜书整体笔墨雍容,浑穆宽阔。

---

① 《历代书法论文选·广艺舟双楫·榜书第二十四》,第855页。

雍正朝较之前的康熙朝和之后的乾隆朝存世石刻作品相对较少,《石刻拓本汇编》共收录东城区雍正朝石刻 13 通,其中进士题名碑 5 通。"馆阁体"在这一时期的进士题名碑中有突出体现。

以《雍正元年进士题名碑》(见图 20)为例,此碑横分九排,其中第一排为制诰,点明考试时间、参考人数等信息,下面八排则是中试者姓名

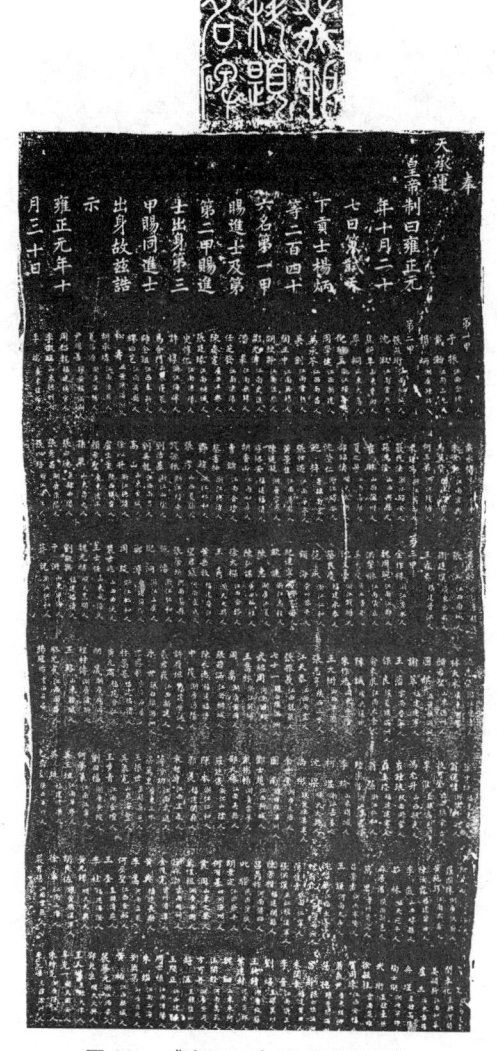

图 20　《雍正元年进士题名碑》

图片来源:北京图书馆金石组编《北京图书馆藏中国历代石刻拓本汇编》第 68 册,第 11 页。

和籍贯。其楷横画平直略右扬,书画笔直,形似颜楷但全无颜楷之风骨,字体方正端庄,细看则中规中矩,庸而无神。

雍正朝另有《文昌帝君阴骘文刻石》(见图21)书法较出彩。《阴骘文》为道教重要典籍,"阴骘"一词盖出自《尚书·洪范》:"唯天阴骘下民"句,是劝人向善之说。此碑字形方正,笔画平直较少波磔,其横画多藏锋,撇捺两画落笔多露锋,少用回笔,用笔较粗,用墨较浓,端方中风骨凛然。

图21 《文昌帝君阴骘文刻石》

图片来源:北京图书馆金石组编《北京图书馆藏中国历代石刻拓本汇编》第68册,第40页。

观胤禛书法,其字多有"将气""豪气",酣畅淋漓,用笔疾徐有秩,一气呵成。雍正书法亦可见受其父及董其昌的影响,取法圆转,丰腴古朴,但与其父相比更多俊逸风骨,写法肆意灵活,少了庙堂之上的严谨,多了几分意气风发的豪迈,其书法成就远在其父之上。

如作于雍正六年(1728)二月十六日的《仲丁诣祭文庙诗》(见图22),其整体用笔以粗为主,粗细结合,行笔畅快。

仅以"仲丁诣祭"四字为例,"仲"字左半部分运笔较缓,粗笔浓墨,右半部分则运笔较细,横画右扬,超长竖笔的使用既中和了左右部分一粗一细的冲突感,又巧妙地中和了与下一个"丁"字之间的距离,整个字显得端庄又不失灵动。

"丁"字用笔较粗,整体右扬,与上一个字呼应,充满古拙之气。下一个"诣"字则也是从左到右运笔由细到粗、由疾到缓,点画顿笔与上一个"丁"字呈俯仰之势。

图 22　《仲丁诣祭文庙诗》

图片来源：北京图书馆金石组编《北京图书馆藏中国历代石刻拓本汇编》第 68 册，第 52 页。

最后一个"祭"字则是刻意突出撇画和捺画，用超长超粗笔画让字的重心呈三角形，保证了整个字的稳定性，其他部分又用较细的笔画书写，一方面更加突出粗笔，另一方面又如受粗笔庇护，保证了字整体的紧凑和一体性。粗细笔、浓淡墨等的运用让胤禛行书既显得丰腴个性又灵动自然。

乾隆朝东城区现藏石刻作品较多，进士题名碑仍以"馆阁体"书写，并无大的突破。

高宗弘历对其书法颇为自信，留下墨宝无数，仅东城区就有 30 通。乾隆书法极推赵孟𫖯的飘逸俊美，但事实上受董其昌的影响很大。其书用笔均力，如作于乾隆五年（1740）八月的《释奠孔子诗》，字皆少变化，运笔一致。

以"祖恢文德崇儒礼"七字为例,其横画略右扬,点画圆润,较少棱角,回笔多收锋,字字平整却显软弱无力,受董其昌的影响较明显。

与其庸而无力的行书相比,乾隆正书艺术水准明显更高。东城区煤渣胡同贤良寺有乾隆九年(1744)正月一日所刻《般若波罗蜜多心经塔碑》(见图23)1通,塔顶有梵文3层,再下为乾隆正书《般若波罗蜜多心经》。

图23　《般若波罗蜜多心经塔碑》
图片来源:北京图书馆金石组编《北京图书馆藏中国历代石刻拓本汇编塔碑》第69册,第138页。

从塔顶往下，其正书按第一排从右往左，第二排从左往右，第三排再从右往左的"S"形顺序排列，其书字体方圆略狭长，字体规整，秀丽妍美。运笔特点与其行书相同，但在正书书写上更重多变，而非其行书有稚拙之嫌。

此碑上十行起"舍利子，色不异空，空不异色，色即是空，空即是色"几句中，"色"的处理就能见乾隆楷书亦注重写法的多变。

"色"在本句中共出现4次，第一个"色"字横画右扬，上密下疏，整体较疏朗，也与上一行字形较小布局较紧凑的"舍"字呈一疏一密之势。第二个"色"字则字形较方正，上下疏密相当，横画右扬，竖画笔直，转笔方折。第三个"色"字用笔相对较细，上密下疏，转笔时细若游丝，最后一笔回笔时则着力强调，将整个字的重心集中在左上和右下，保证了字的稳定和谐。第四个"色"字由于接下来几个字笔画多皆相对较大，其用笔也相对较粗，字形方阔疏朗，上下疏密相当，折笔用力均等，中规中矩。但总体来讲，这4个字笔式基本一致，虽细节处略有不同，但变化仍不太大。

嘉庆朝刘墉和铁保书法名噪一时。

刘墉，字崇如，其父为功名显赫的刘统勋，乾隆十六年（1751）进士，官至内阁大学士。《清史稿》称"墉工书，有名于时"[①]。包世臣《艺舟双楫》记载称："文清少习香光，壮迁坡志，七十以后潜心北朝碑版，虽精力已衰，未能深造，然意兴学识，超然尘外。"[②]

刘墉与成亲王、铁保、翁方纲并称"清四大书家"，其书法初学董其昌、赵孟頫，中年学苏东坡，后自成一家。

刘墉书法历来褒贬不一，褒者认为其书法圆润丰腴、雍容大气，贬者则斥其书法如"墨猪"，肥厚庸俗。

从作于嘉庆六年（1801）六月一日的《文昌帝君庙碑》（见图24）来看，刘墉书法疏朗大方，并非贬者所言之"墨猪"。

此碑字体方正，疏朗有致，师出颜楷但比颜楷圆润，横平竖直，起笔藏锋入纸，收笔亦多不露锋，笔法多变，艺术水平较高。

以右四下"其用人多贤材，所以隆盛悠久"句为例，"其"字横平竖

---

① 赵尔巽等：《清史稿》第35册，卷320，列传第89，第10468页。
② 转引自陶明君《中国书论辞典》，湖南美术出版社，2001，第433页。

图 24 《文昌帝君庙碑》

图片来源：北京图书馆金石组编《北京图书馆藏中国历代石刻拓本汇编》第 77 册，第 97 页。

直，横画较细，竖画更粗，大方端庄。"人"字字形宽阔，笔画舒展。

本句刘楷多喜左上右下、左小右大之势，如"贤""材""所"三字，皆是右半部分落笔比左半部分更靠下，字形右半部分亦大于左半部分，运笔顺畅少波磔，字笔画间结构较宽，显得大气雅致。

其"盛""悠"二字的处理也颇具匠心，"盛"字下行笔画顺畅流利，下半部分"皿"字则横平竖直，笔画较短，借鉴行书笔法，用超长笔画将下部"皿"字牢牢把控，上疏下密，既让字显得俊逸生动又保证了整体的紧凑感。

"悠"字左密右疏，左半部分"亻"起笔回笔皆藏锋，下行笔画偏左，让"亻"显得规整严谨，锋芒不露，中间则借鉴了行书笔法用超长竖笔，既让左右部分联为一体，又巧妙地中和了左密右疏。笔画左少右多带来的视觉上的不平衡感，显得疏朗有致。其右半部分则字形宽阔，落落大方。"盛"与"悠"超长笔画的运用也让二字呈俯仰之势，相互呼应。

最后一个"久"字的处理也颇有新意。最后一笔近乎横画的写法让原本字形呈狭长之势的"久"字变得方正起来，与上下字在结构上一致，匠心独运。

铁保是与刘墉同时期比肩的书法家，铁保，字冶亭，栋鄂氏，满洲正黄旗人。《清史稿》称其"慷慨论事，高宗谓其有大臣风。及居外任，自欲有所表见，倨傲，意为爱憎，屡以措施失当被黜。然优于文学，词翰并美"。①

铁保书法浑厚自然，端庄可亲，以《喜雨山房记》（见图25）为例。

图 25　《喜雨山房记》

图片来源：北京图书馆金石组编《北京图书馆藏中国历代石刻拓本汇编》第 78 册，第 116 页。

---

① 赵尔巽等：《清史稿》列传第 140，第 37 册，卷 353，第 11281~11282 页。

《喜雨山房记》作于嘉庆十八年（1813）六月中浣，原藏国子监，后移入中国历史博物馆，为嘉庆帝所作，铁保正书。

从碑文看，作此记的原因是"命名山房，久未作记，今岁自仲春至仲夏十旬未沐甘膏，又兼畿南五府、河南四郡、山东兖曹一代均欠霑被，旱象已深，忧莫大焉"。

铁保之书笔法取自颜楷，兼有"馆阁体"特点，笔画平直，笔力遒劲，雄浑肃穆，颇有凛然之气，其字少折笔、怪笔，一派坦荡，清丽自然。

"馆阁体"书法自道光朝渐渐式微，本朝进士题名碑共14通，其正书水平整体不高，这一时期书法开始多样，整体无突出之作。如作于道光七年（1827）九月的《文丞相祠碑》。

此碑由朱为弼撰，彭邦畴正书，碑额亦为正书，其楷横画皆上扬，下行笔画多落笔露锋，棱角突出。但部分字用笔过细，略显呆板，如右八列"兼""尹"二字，横画右扬，竖画笔直，笔画间距基本一致，较少变化，显得呆板生涩。

书至咸丰，则个性更甚，隋藏珠所书《关帝庙碑》（见图26）即为典型。

《关帝庙碑》又称《重修忠义关帝庙碑记》，作于咸丰二年（1852）十一月十九日，碑阳为隋藏珠撰并正书，额篆书，张潘云刻，碑阴题名。

隋藏珠，字松心，别号龙渊，道光十年（1830）进士，其书法锋芒毕露，耿直率性，横画较短且右扬，竖画多较长，字体狭长，大小不一。

此碑右六"而僻壤下里、一衖之市、三家之却，胥得庙貌而祀"句，"而"字字形方阔，棱角突出，"僻壤"二字皆左小右大，字最后一笔皆借用行书超长笔画写法，显得肆意畅快。"下""里""一"三字横画右扬，整体重心亦向右倾斜，不循章法。

两个"之"字的处理尤为个性，多用折笔，回笔露锋，点画与字上半部分重叠，个性十足。"却"字用超长竖笔，其大小、虚实皆与周围不符。"貌""而"二字则较狭长，"而"字下行笔直，上下均等，与左列"神"字之超长竖笔相协调。

纵观全碑，虽多破章法，但亦有匠心独运之处，个性过于张扬，整体略有杂乱浮躁之感。

图 26　《关帝庙碑》
图片来源：北京图书馆金石组编《北京图书馆藏中国历代石刻拓本汇编》第 82 册，第 51 页。

董恂之书法特别是隶书可堪冠绝同治朝。董恂，字忱甫，号醒卿，道光进士，官至户部尚书。据钱钟书《汉译第一首英语诗〈人生颂〉及有关二三事》考，中国第一首被译为汉语的英文诗是朗费罗的《人生颂》（A Psalm of Life），《人生颂》就是由董恂所译，其文收录在《蕉轩随录》中：

> 莫将烦恼著诗篇，百岁原如一觉眠。
> 梦短梦长同是梦，独留其气满坤乾。
> 天地生材总不虚，由来豹死尚留皮。
> 纵然出土仍归土，灵性常存无绝期。
> 无端忧乐日相循，天命斯人自有真。
> 人法天行强不息，一时功业一时新。
> 无术挥戈学鲁阳，枉谈肝胆异寻常。
> 一从《薤露》歌声起，丘陇无人宿草荒。
> 扰攘红尘听鼓鼙，风吹大漠草萋萋。
> 驽骀甘待鞭笞下，骐骥谁能縻勒羁。
> 休道将来乐有时，可怜往事不堪思。
> 只今有力均须努，人力殚时天祐之。
> 千秋万代远蜚声，学步金鳌顶上行。
> 已去冥鸿犹有迹，雪泥爪印认分明。
> 茫茫尘世海中沤，才过来舟又去舟。
> 欲问失风谁挽救，沙洲遗迹可探求。
> 一鞭从此跃征鞍，不到峰头心不甘。
> 日进日高还日上，旨教中道偶停骖。①

东城区藏同治朝《顺天府题名记》（见图27）即为董恂所作隶书。董恂之隶书笔画粗细兼备，点画分明，字形多扁方，其字横平竖直，点顿结合，断笔较多，上下方向较收，左右方向较放，古意盎然。

东城区藏光绪朝梁耀枢书法2通：《大佛寺善会碑》（光绪十一年（1885）七月一日）、《大佛寺碑》（光绪十一年（1885）七月）。梁耀枢正书端庄秀丽，艺术水平较高。

梁耀枢，字冠祺，晚号叔简，官至翰林院二品詹士，其正书端庄秀

---

① 方浚师：《蕉轩随录·卷十二》，http://www.guoxuebook.com/biji/qing/jxsl/013.htm。

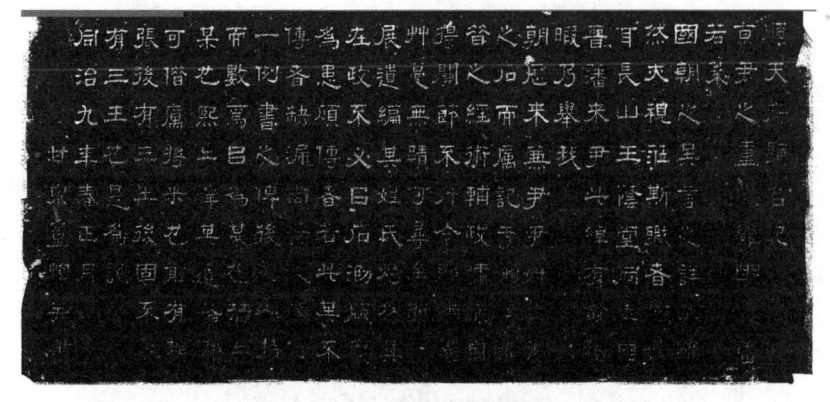

图27 《顺天府题名记》

图片来源：北京图书馆金石组编《北京图书馆藏中国历代石刻拓本汇编》第83册，第176页。

雅，《大佛寺善会碑》即是体现。

此碑字体端方秀雅，中正平和，如右7列"哀鸿遍野"4字，"哀"字上下疏密、大小均等，楷法工整，"鸿"字左半部分点画独具匠心，顿笔书写且靠字中，收敛了字体棱角，中间"工"字则写的较小，联系了较疏之"氵"和较密之"鸟"，"鸟"之点画宽阔处理，让字体呈方形，四边皆无棱角。"遍"之点画亦用短横画代替，方正内敛。

宣统朝为清最后一朝，存世作品较少，据《石刻拓本汇编》，东城区现仅存石刻作品6通。东城区现有宣统朝石刻作品书法艺术均属一般，无较突出之作。

书至民国则开始个性绽放，破旧迎新。民国初年，活跃于书坛的多为受过清代传统教育的"遗老"，传统文化基础深厚，之后有些虽又受新式教育，但单就书法而言仍较为正统。如作于民国七年（1918）六月一日的《吊四忠诗并序》（见图28）。

此碑由民国著名诗人唐文治撰，书法家周传经正书。从其碑文正文来看，撰文多用典故，句句工整，如"士感知己，伯牙碎琴；义激友生，渐离击筑"等，都是较为正统的旧式写法。

碑文正书字形方阔，用笔遒劲有力，严守法度。其横画平直略右扬，竖画多笔直，点画一招一式皆循章法，一丝不苟，整体舒朗端庄。

民国初年另有林纾撰，赵世骏书于民国十年（1921）夏的《静园记》

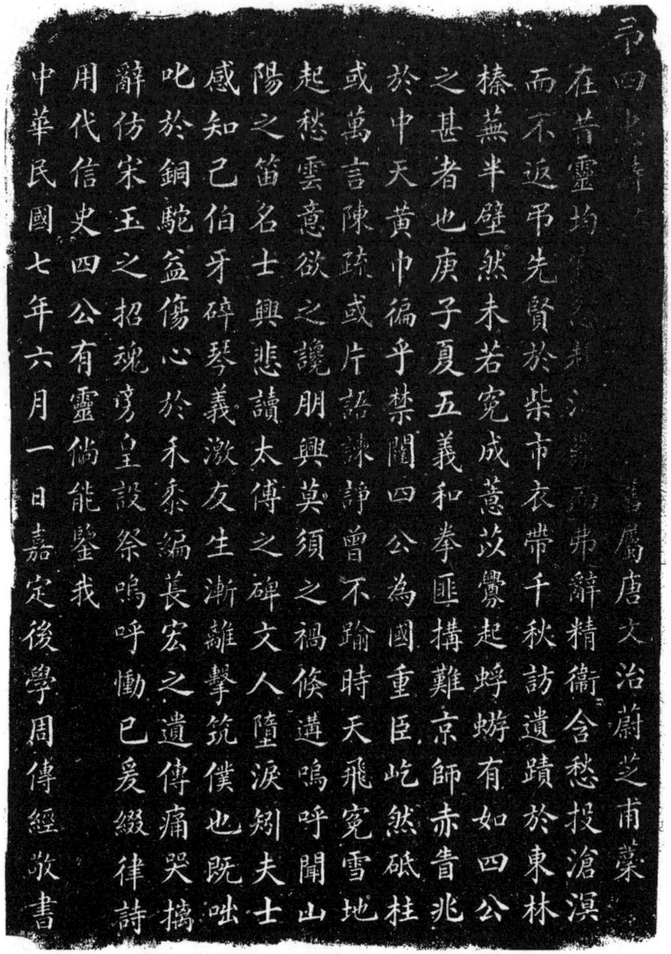

图 28 《吊四忠诗并序》

图片来源：北京图书馆金石组编《北京图书馆藏中国历代石刻拓本汇编》第92册，第58页。

（见图 29），颇有特色。

观赵之正书，颇有刻意除旧迎新之态，横画不平，竖画不直，用笔较细，字形方正，纤细有骨。以首句"京师东便门外运河之故道"为例，其"京"字横画不平，上下部分大小相当，有古拙质朴之气，"师""东"二字则下行笔画顺畅率性，整体呈左右或上下对称之势。"便"与"外"字撇画弯曲，个性独特，"门"字则竖画弯曲，与上下的"便"和"外"三者呼应，趣味横生。

图 29　《静园记》

图片来源：北京图书馆金石组编《北京图书馆藏中国历代石刻拓本汇编》第 93 册，第 63 页。

鲁迅虽然一直在批判旧社会、旧中国，但其书法依然受到传统文化的影响。东城区青龙胡同青龙庵藏有鲁迅撰并行书的石刻《灵台诗刻》（见图 30）1 通。

《灵台诗刻》作于民国二十年（1931）二月十六日，上面用行书书写诗一首：

> 灵台无计逃神矢，风雨如磐暗故园。寄意寒星荃不察，我以我血荐轩辕。二十一岁时作五十一岁时写之，时辛未二月十六日也，鲁迅。

其书敦厚雍容，节奏感强，内敛有风骨。其运笔老练舒缓，不急不躁，挥洒自如。其字大小不一，肥瘦兼有，不拘一格，兼有隶意，艺术水平很高。

民末至新中国成立后，由于书写工具改进、社会习俗改变等原因，书作多作于纸上，石刻作品除墓碑外很少，而墓碑多集中于石景山区八宝山公墓一带，且字体多由机器加工千篇一律，据《石刻拓片目录》，东城区暂无石刻艺术作品。

图30　《灵台诗刻》

图片来源：北京图书馆金石组编《北京图书馆藏中国历代石刻拓本汇编》第 96 册，第 110 页。

（作者单位：中国社会科学院研究生院/北京第二外国语学院语言学及应用语言学研究中心）

茅盾文学奖获奖作品中的北京叙事（二）
——论霍达的《穆斯林的葬礼》

廖四平

一

霍达的《穆斯林的葬礼》完成于1987年9月，最初在1987年冬至1988年春发表于《长篇小说》季刊总第17、18期上，由北京十月文艺出版社于1988年出版。该部小说是茅盾文学奖获奖作品中一部"纯正"的北京叙事，其内容梗概如下。

民国八年，年纪六十开外的吐罗耶定带着收养的十多岁的孤儿易卜拉欣去克尔白朝觐。在路过北京玉器作坊奇珍斋时，易卜拉欣被奇珍斋的主人梁亦清收为徒弟。随后，梁亦清带着易卜拉欣去见"博雅"宅里的"玉魔"老人，老人为之取大号韩子奇。"汇远斋"老板蒲寿昌找梁亦清为英国人沙蒙·亨特订制玉器《郑和航海图》。在三年期限将临、大功告成之际，梁亦清因劳累过度而倒地，失手弄坏了玉器，随即急火攻心而死。蒲寿昌趁机将梁家讹诈一空。韩子奇为报仇，改投"汇远斋"续做梁亦清没做完的活儿。一年后，宝船竣工的当晚，韩子奇在玉器底部工整地刻上了"梁亦清、韩子奇制"的字样，并因这几个字而与沙蒙·亨特交往。两年后，在沙蒙·亨特的鼓动下，韩子奇脱离"汇远斋"而回到奇珍斋。梁家长女梁君璧非常感激韩子奇，便嫁给了他。接着，在沙蒙·亨特的帮助下，韩子奇很快重振奇珍斋，并于民国二十四年从一个警察侦缉队长手中买下了原属"玉魔"老人的"博雅"宅。在韩子奇三十二岁时，梁君璧生下了儿子韩天星。为庆祝儿子满百天，韩子奇举办了"览玉盛会"；其间，就读于燕京大学的梁家次女梁冰玉以一口流利的英语大显身手。1936年春天，在沙蒙·亨特的劝说下，韩子奇带上贵重财物随他去英国以避战火，梁冰玉悄然跟随。到伦敦后，梁冰玉考上牛津大学，沙蒙·亨特的儿子奥立佛追求梁冰玉，但为梁冰玉所拒。不久后，奥立佛中流弹身亡，梁冰玉深为内疚。在一次空袭时，梁冰玉在复杂的心绪下与韩子奇结合，并生有女儿韩新月。与此同时，奇珍斋在梁君璧的经营下，很是惨淡；又因梁君璧怀疑账房老侯偷了一颗三克拉钻戒而将之排挤走，伙计们随之辞职；无奈之际，梁君璧便将奇珍斋卖给蒲寿昌。1945年，韩子奇带着梁冰玉、韩新月及珠宝回国。因不为梁君璧所容，梁冰玉便在给韩新月留下一封信和一张母女俩的合影后出走英国。1960年，韩新月想报考北京大学英语系，梁君璧起初反对，后又以此逼韩子奇打开了"密室"的门，拿出一件东西去变卖以作韩天星的结婚费用，韩子奇被迫变卖了一件乾隆翠佩。韩新月在考取北京大学英语系后，在报到时误将班主任楚雁潮当成同学；在期中考试后，又在湖边偶遇楚雁潮；在得知他正在翻译鲁迅的《奔月》后对他顿生敬意，两颗心逐渐靠拢。班里打算在学校的五四晚会上表演《哈姆雷特》，身为班长的郑晓京决定让韩新月演我菲莉娅，楚雁潮演哈姆雷特。韩子奇在自己工作的特殊工艺品进出口公司看见一年前所卖掉的乾隆年间的佩饰时，一股怒火涌上心头，接着，他从楼梯上摔下并摔折了肋骨。韩新月从学校赶回看韩子奇，因急火攻心致风湿性心脏瓣膜病突发，韩天星与未婚妻即韩新月的中学同学陈淑彦日夜陪伴护理。梁君璧不怀好意地告诉韩新月其实际病情，大夫精心策划的治疗方案被破坏，韩新月被迫休学。韩新月十八岁生日那天，楚雁潮到韩家给韩新月带去全班同学的问候以及他译好的《铸剑》和一棵巴西木等。韩天星结婚的那天，韩新月因劳累过度，加上着凉，便发烧，引起腮腺炎，于是住进医院。楚雁潮将一台留声机送至医院，在《梁祝》的音乐声中，楚雁潮借着拜伦的诗向韩新月表白了自己的爱意，两人正式确立恋人关系。在韩子奇的书房，韩新月在看到他在《内科概论》上所做的标记后，明白自己的病情已转为不治，便写信给楚雁潮与之断绝恋人关系。楚雁潮与韩新月面谈；两人在重归于好后，又相约一起续译《故事新编》，韩新月随之从绝境中站起来。梁君璧以回汉不能通婚为由反对韩新月与楚雁潮结婚，对此，韩新月非常反感。韩新月在从韩子奇那儿得知自己的真实身世后，病情恶化，随即病逝。1963年开斋节，韩新月被葬于西山脚下的回民公墓。楚雁潮被提升为讲师。1966年,老侯弄清了韩家当初丢掉的那颗三克拉钻戒原来是被某老板的三姨太偷走,在向梁君璧讨回公道后去世;随后,其已成为红卫兵的五个儿女洗劫了韩子奇藏品。韩子奇病倒;临终前,他告诉家人自己不是"回回"。1979年,在韩新月生日的那天,梁冰玉回来了,可想见的人和不想见的人一个都见不到了。

二

小说中重要的人物主要有韩子奇、梁君璧、梁冰玉、韩新月、楚雁潮等。

(一) 韩子奇

韩子奇是一位玉器匠人。以他从英国回国为界,其性格前后大不一样。回国之前,他是一个有着朗朗血性与铮铮傲骨的男子:倔强、自强不息——在不小心摔破奇珍斋的玉碗后,他坚持以出卖劳动的方式赔偿,后靠努力拼搏,从一个孤儿成长为"玉王"。义勇、坚强、有魄力——面对师傅的死亡和师傅家的破败,他不是无情无义、一走了之,而是忍辱负重,不惜背上背叛师傅的罪名和承受着师母师妹的误会而投入仇人门下,苦学本领;而一旦学到本领,又毅然与之决裂,回到师傅家,挑起振兴师傅家业的重担;与梁君璧的结合,实际上既是一种兄妹之情所致,又是出于"义"。头脑灵活、思想开放、接受能力强、富有创新精神——他本为汉人,遇吐罗耶定便皈依穆斯林;本是去朝圣,遇梁亦清便随之学琢玉;到"汇远斋"本是去完成师傅未竟的事业,但"账房和师兄在汇远斋厮混,多年修炼出来的'生意经'被他在递茶送水、无意交谈之间偷偷地学去了;蒲寿昌本来并不想教给他的,他已经耳濡目染、无师自通;而且,磨刀不误砍柴工,他提前两年完成了那件宝船"[①],并自学英语,结交沙蒙·亨特;在回奇珍斋后,不再像师傅那样只满足于雕琢玉器,而是把生产与销售相结合;在英国躲避战火时,冲破世俗的障碍,与妻妹结合。在回国之后,他虽也有闪光的一面,如慈爱——为了让女儿完成上大学的梦想,他忍痛卖掉了他看作性命一般珍贵的藏品;在女儿患病后,他倾其所

---

① 霍达:《穆斯林的葬礼》,北京十月文艺出版社,1988,第142页。

有而无微不至地关心她;但总的来说,他猥琐、缺乏一个男人应有的个性,如或恬退隐忍、唯唯诺诺——对妻子的胡搅蛮缠总是一忍再忍,与妻子没有爱,但又不愿顶着抛妻弃子的恶名而与之离异;虽然口口声声后悔回来,但又没有勇气再次离开,整天低声下气、忍气吞声;或优柔寡断——眼睁睁地看着自己深爱着的人离去而毫无决断;或患得患失——既怕失去爱人,又怕失去家庭;既怕失去珍宝,又怕珍宝给自己带来灾祸;或得过且过——万事不遂心但总是仅仅应付而已。不过,他在两个时期也有一些共同点,如迷恋玉——他留在梁家、"潜入"汇远斋、与梁君璧结合、远走英国、在国外漂泊了数年后回国、与妻子无爱相守、病死等,无不是因为玉,简直可以说是一个"玉奴";不诚实——欺骗吐罗耶定,欺骗梁亦清,欺骗梁君璧,虽名为穆斯林,但"几十年来,他没做过礼拜,没把过斋,没念过经,甚至在穿过苏伊士运河的时候都没有去麦加瞻仰天房"①。

总的来看,韩子奇不是一个多么惹人怜爱的人——他背叛妻子、抛弃所爱之人、对儿女不能提供足够的保障,可以说,是一个"怪异"的穆斯林。

（二）梁君璧

梁君璧为奇珍斋的内当家。她精明能干、孝顺勤俭——十二三岁就"几乎是梁亦清的小小'账房'"②,在父亲猝逝后,她得体地料理其丧事;在韩子奇离开"奇珍斋"后,她把整个家庭管理得井井有条,赡养母亲,抚养妹妹。坚强、刚烈而又冷酷——在父亲去世后,面对蒲寿昌的逼迫,她毫不畏惧,也毫不屈服;以为韩子奇背信弃义,便毫不客气地下逐客令;在韩子奇赴英十年期间,独自支撑着家,其间,她怀疑账房偷了戒指,便迫使他离开;妹妹夺她之爱,她便将之驱逐;逼丈夫出卖玉器藏品。泼辣、朴实——当韩子奇从汇远斋归来时,她主动与之结合,后又在生活上尽心照顾他。虔诚而又偏执、专横、愚蠢——她谨遵甚至机械刻板地恪守伊斯兰教的清规戒律,并因此拆散韩子奇与梁冰玉的结合、阻挠韩新月与楚雁潮的相恋;出于自己的好恶和传统的门当户对的观念而干预儿

---

① 霍达:《穆斯林的葬礼》,第735页。
② 霍达:《穆斯林的葬礼》,第16页。

子的婚恋,给儿子蒙上了一辈子的心灵阴影;她爱妹妹、爱丈夫、爱儿子,但又非得让他们按照她的意志生活不可,结果,既伤害了他们又伤害了自己——既造成了他们的悲剧,自己也终日处在怨愤、郁闷、压抑之中;精心呵护、"从小都没舍得动一根指头"的妹妹决绝地别她出走,含辛茹苦抚养的女儿含恨而逝,与她厮守了一辈子的丈夫不但先她而去,而且还欺骗了她一辈子,她真正落了个众叛亲离的下场。心胸狭窄、乖戾、阴鸷——尽管在穆斯林的婚姻制度中一夫多妻是被允许的,但她还是以《古兰经》中"真主严禁同时娶两姐妹"的戒律为由逼走妹妹,不原谅丈夫的背叛行为,甚至将怨恨转嫁到韩新月身上——平时总恶待韩新月、破坏韩新月的治病、阻挠韩新月与楚雁潮结合。不过,随着韩新月的逝去、丈夫的病危,她最后幡然醒悟、人性复归——"韩太太无法遏制心中的哀痛,她把脸贴在丈夫的手上,眼泪冲刷着这双为了奇珍斋,为了妻儿老小操劳一世的手,不舍得放开"①。

总的来看,梁君璧是一个在宗教化与世俗化同时作用下而产生的悲剧性人物——她总显露着压人的气势,但其内心隐藏着一腔悲痛;面对生活的突变,她主动地反抗和争取,但结果是在命运的罗网中越陷越深;她并不一定是一个坏人,但给人的感觉却是一个十足的坏人:弄垮奇珍斋,让丈夫抬不起头来,让儿子在单位里没法做人,让"女儿"得不到母爱;可以说,她可敬、可悲、可恨、可怜,是一个虔诚而又愚昧的穆斯林,也是一位《红楼梦》中凤姐式的人物②。

(三) 梁冰玉

梁冰玉是一个知识女性。她出生于玉器匠人之家,从小接受良好的教育,在花季年华考进燕京大学,在韩子奇举办"览玉盛会"时,"十九岁的玉儿,正是青春妙龄,犹如一朵含苞待放的玉簪。上身穿一件青玉色宽袖高领大襟衫,袖筒只过臂肘,露出玉笋般两条手臂,腰束一条黑绉纱裙,白色长筒袜紧紧裹着一双秀腿,脚穿青布扣襻儿鞋。白润的面庞衬着一头黑发,两旁齐着耳垂,额前齐着眉心。朴素大方,楚楚动人"③。她聪明——她在国内时考取燕京大学,到英国又考取牛津大学。思想激进、容

---

① 霍达:《穆斯林的葬礼》,第735页。
② 刘白羽:《穆斯林的诗魂》,《光明日报》1990年7月29日。
③ 霍达:《穆斯林的葬礼》,第228页。

易冲动、敢爱敢恨、倔强、执着——她肯定同学们宣传抗日的行动,认为自己不应该当管家婆及做饭、生孩子的机器;她不经过姐姐、姐夫同意就潜随姐夫去英国;在夺姐之爱后,她毫不内疚:在面对姐姐时,她振振有词地说:"我爱他,他也爱我,我们就结合了,事情就是这么简单。至于你,我只知道你是我的姐姐,也曾经是韩子奇的妻子,但那已经是过去了!"① 而对姐夫兼爱人,也不仰之鼻息:"我是一个人,独立的人,既不是你的,更不是梁君璧的附属品,不是你们可以任意摆布的棋子!女人也有尊严,女人也有人格……人格,尊严,比你的财产、珍宝、名誉、地位更贵重,我不能为了让你在这个家庭、这个社会像'人'而不把我自己当人!"② 清高自许、目下无尘——即使面对有恩于己、优异、执著、真挚地爱着自己的奥立佛,她也未动芳心。有情有义——在奥立佛遇难后,她痛苦不堪,精神几乎崩溃;她自嫁姐夫,虽与战争之下的内心苦闷彷徨、无聊无望及满足私欲有关,但在一定程度上也是报答他多年来对她的关照。

总的来看,梁冰玉是一个富于反抗、注重追求自我的穆斯林,又似乎是永远长不大的女孩。

(四) 韩新月

韩新月是一位女大学生。她"美丽、文静、清高而又富于才华"③ ——"不必特别地打扮自己,便有一种天然去雕饰的朴素的美"④,认为"爱情总不等于同情、怜悯和自我牺牲"⑤,应建立在共同的事业、共同的奋斗目标和共同的人生追求上;在十七岁时考入北京大学。敏感、自尊心、进取心强——在北京大学宿舍里,谢秋思和罗秀竹在吵架时说了句"还不如人家少数民族来得个灵"⑥,在场的她觉得自己作为一个少数民族学员受到了小觑,便努力学习,结果在期中考试时取得了全班第一的成绩。善良——她从小便"对谁都一视同仁,礼貌热情"⑦,在学校里不计回报地帮助同学罗秀竹,在家里对每个人都抱着感恩之心。倔强而又坚强——梁君璧不赞

---

① 霍达:《穆斯林的葬礼》,第 645 页。
② 霍达:《穆斯林的葬礼》,第 660 页。
③ 霍达:《穆斯林的葬礼》,第 553 页。
④ 霍达:《穆斯林的葬礼》,第 33 页。
⑤ 霍达:《穆斯林的葬礼》,第 557 页。
⑥ 霍达:《穆斯林的葬礼》,第 166 页。
⑦ 霍达:《穆斯林的葬礼》,第 642 页。

成甚至阻挠她报考北京大学，但她坚持报考并且考中；遭同学轻慢、嫉妒、中伤，她既不是针锋相对、以眼还眼以牙还牙，也不是自轻自贱、自暴自弃，而是用好的成绩来回敬；病魔步步进逼、日益肆虐，她不言放弃更不自虐自戕，而是勇敢地与之战斗，将生命一天又一天地延长，同时还与老师合译书，在病床上完成了事业梦想；在爱情遭宗教信仰和清规戒律遏制甚至扼杀时，她更是宣称"我只认为爱是自发的、天然的、无条件的、神圣不可侵犯的"①，并义无反顾、奋不顾身地扑向爱情。

总的来看，韩新月秀外慧中，是一株清新馥郁的奇葩，堪称回族自强、自信、自立的代表。

（五）楚雁潮

楚雁潮是一位大学教师。他聪明——考进北京大学，并在毕业后留北京大学任教。有理想、有毅力、心胸开阔、超脱——他热爱翻译工作，但因父亲是个曾在敌对阵营卧底的革命者而被无休止地审查、询问、谈话，不仅不能当翻译，而且不能入党、加薪、升职，但他并没有气馁，而是在业余时间翻译《故事新编》；在翻译《铸剑》的时候，把黑衣人当作了自己的父亲，把自己的导师严教授当成了父亲一样的亲人以鼓励自己。重感情——在严教授去世时，他像失去父亲一样悲痛，爱屋及乌地珍视严教授的儿子送给自己的礼物——巴西木，并把它转给了自己的"最爱"韩新月。善良、宽厚而又过于老实——他在与郑晓京交谈时，把自己也说不清的身世一股脑儿地讲了出来。开朗、严谨——他热爱生活，热爱工作，认真对待自己的学生、自己的植物、自己的翻译事业。真诚、钟情——在与韩新月相恋后便"义无反顾"、一往无前，即使韩新月身患绝症，也心无旁骛，即使家人反对，也全然不顾；同时，还绞尽脑汁地挽救韩新月，不断地给她注"强心针"，如鼓励她自信自强、送她巴西木、和她一起追求事业，当韩新月知道自己的真实病情后试图放弃接受治疗时，他以杰克·伦敦的小说《热爱生命》重新鼓舞起她面对一切的勇气，从而尽可能地延长了她的生命。

总的来看，楚雁潮纯真纯情，堪为少女们的梦中情人。

---

① 霍达：《穆斯林的葬礼》，第602页。

三

小说通过其内容及所塑造的一系列人物，尤其是韩子奇、梁君璧、梁冰玉、韩新月、楚雁潮等所表达的主旨大致有以下几点。

（一）描写了一个穆斯林家庭三代人的命运，回顾了中国穆斯林漫长而又艰难的足迹，揭示了他们在华夏文化与伊斯兰文化的撞击和融合中的心路历程以及在政治、宗教的氛围中对人生真谛的困惑与追求①。

民国初，穆斯林梁亦清所经营的奇珍斋还只是个名声甚微的玉器作坊，但在经过十年的发展后，却成为名冠京华的玉器行，梁亦清的徒弟兼女婿、奇珍斋的第二代老板韩子奇还获得"玉王"之称。不过，好景不长——不久后，日寇便全面入侵，为了保存玉器，韩子奇远走英国，奇珍斋由梁君璧主持经营，但因经营不善而被迫易手他人；在韩子奇回国后，又因与梁冰玉结合之事而不能为梁君璧所容，结果，梁冰玉被迫再次出走英国，韩新月代母受气，韩天星间接受连累，韩子奇和梁君璧貌合情离、暗自彼此怨怼甚至视若仇寇，加上政权更替以及由此引起的社会变革，一个曾经的名冠京华之家便衰败了，其家庭成员也全都以悲剧告终——梁亦清因雕刻玉器《郑和航海图》功败垂成而急火攻心、吐血而死，韩子奇在丧爱、丧女、丧玉之中含恨而死，梁君璧在丈夫、妹妹、儿子、女儿、准女婿的怨恨中苦度时日，梁冰玉在姐姐的逼迫下与爱人、爱女生离死别，韩天星遭母亲的离间不能与所爱之人结合、而与无爱之人苦度时日，韩新月妙龄早逝。"两种文化，两种信仰，这是悲剧的凶手。两种文化的冲撞，两种信仰的差别，虽然没能在故事中融合，碰撞的火花也没能将民族的分歧化为灰烬，释放的也不是爱情美满的礼花，即便是真心相爱的人们，也还是被那真正的穆斯林将他们分隔在了两个世界。但是新月的死却是以死在抗争着，而'玉王'韩子奇那些玉破碎的声音，也是无声的痛诉。本是一种美好而善意的信仰，但是正是这种所谓的对真主的信仰与顺从，导致

---

① 霍达：《穆斯林的葬礼·内容简介》，《穆斯林的葬礼》。

了一场痛心的爱情葬礼。"① 由此，小说形象地回顾了中国穆斯林长达数百年艰难的足迹，并揭示了他们在华夏文化与伊斯兰文化的撞击和融合中的心路历程以及在政治、宗教的氛围中对人生真谛的困惑与追求②：两种文化、两种信仰的差异虽呈缩小的趋势，如穆斯林梁君璧、梁冰玉无意或有意地与"卡斐尔"（即"那些亲眼看见穆罕默德的圣行、亲耳听见穆罕默德的劝谏，而不信奉伊斯兰教，昧真悖道的人"③）韩子奇的结合，穆斯林韩新月与"卡斐尔"楚雁潮的相恋及精神上的结合，韩新月（包括韩天星）的回汉混血身份以及在其身上所体现出的时代意识大于传统意识、现代人意识大于民族意识等便是明证；但传统意识、民族意识又根深蒂固，并且成为两种文化、两种信仰兼容的障碍，并不时地制造一些悲剧；穆斯林在坚守自己的文化和信仰时也不免会对自己的坚守产生怀疑——梁冰玉尽管明知伊斯兰教的教规禁止两姐妹同嫁一人，但还是无法抗拒爱情的诱惑而自嫁给姐夫；韩新月尽管明知自己的民族信仰及家庭都不允许自己嫁给"卡斐尔"，但还是禁不住爱情和理想追求的诱惑而与"卡斐尔"谈情说爱甚至谈婚论嫁；而不论是梁冰玉与韩子奇还是韩新月与楚雁潮，最终都被拆散，梁君璧执着于信仰，但又被现实所欺骗，被命运无情地捉弄……这些难道不足以引起穆斯林们的反思吗？当楚雁潮用着"永不别离"的誓言印上韩新月的唇时，梁君璧不是差点惊呆了吗？实际上，梁君璧的身上"承载着回回民族在时代潮流面前自我抉择时的无奈和痛苦"④。韩子奇在临终前告诉梁君璧他是一个假"回回"时，梁君璧原谅了他，认为"他一辈子都谨守着回回的规矩，他做出了大事业，为回回争了光；他一辈子都遵从着真主的旨意，他和玉儿的那点儿过错，也应该原谅了！他是个真正的回回，真正的穆斯林，决不能让他在最后的时刻毁了一生的善功！"⑤ 她的这种态度又显示她正开始解除心灵禁锢，与现代文明接轨。同时，在梁冰玉和韩新月的身上，"有着霍达对回

---

① 胡献锦：《爱情的葬礼——解读〈穆斯林的葬礼〉的爱情悲剧》，《安徽文学》（下半月）2007年第7期。
② 霍达：《穆斯林的葬礼·内容简介》，《穆斯林的葬礼》。
③ 霍达：《穆斯林的葬礼》，第580页。
④ 杨文笔：《悲剧的美丽——试论霍达小说〈穆斯林的葬礼〉中的"悲剧精神"》，《昌吉学院学报》2009年第3期。
⑤ 霍达：《穆斯林的葬礼》，第736页。

族知识女性在时代与民族文化传统间的理想期待"①——梁冰玉先是冲破伊斯兰教的清规戒律,毅然同韩子奇结合,享受了作为一个人的权利;后又决然从"博雅"宅出走,与韩子奇分手,维护了人格的独立和尊严,也就是说,"在梁冰玉的文化心理结构中,人的意识、女性的独立意识与觉醒并支配了她,超越了特定民族的心理意识"②。而韩新月从小立志上名牌大学,成为学者,改变"回回"只能经商的习惯观念;认为"人的灵魂是平等的"③、少数民族的同学并不低人一等,崇尚真诚的平等的爱情,宣称"爱情总不等于同情、怜悯和自我牺牲",不向命运低头;如果把她们和梁亦清联系起来纵向来看,便会发现,"回回民族在与其他民族、其他国家的文化交流、接触、碰撞、冲突和融混、化合中,文化意识日益觉醒,挣扎着为生命开拓着愈来愈大的空间。三代人均葆有至少是一定程度上承续了伊斯兰文化精神和生活,但一代比一代以更开放、主动的姿态吸取伊斯兰文化之外的其他文化滋养,从而与时俱进地实现自我超越、自我更新"④。"三代人的家庭奋斗史演示给我们的是:中华民族在两场民族大灾难中,由故步自封、在保守中求生存到突破自我、在竞争中发展再到平等对话、在交流中求发展的历史足迹。"⑤

这实际上也是霍达对整个回族及中华民族的理想期待。

(二)鞭挞了反人道的陈规陋习和价值观念,形象地说明了穆斯林的某些传统信仰已成为其自身前进的障碍和束缚,穆斯林只有挣脱信仰的绝对束缚,才能更好地发展

"伊斯兰教认为,婚姻是建立在男女双方感情的基础上,也必须彼此宗教信仰一致,否则同床异梦,没有共同的理想和精神寄托,也没有共同

---

① 杨文笔:《悲剧的美丽——试论霍达小说〈穆斯林的葬礼〉中的"悲剧精神"》,《昌吉学院学报》2009 年第 3 期。
② 张雪花:《欲上青天揽明月——〈穆斯林的葬礼〉之人物形象评析》,《柳州师专学报》2005 年第 1 期。
③ 霍达:《穆斯林的葬礼》,第 183 页。
④ 徐其超:《回民族心灵铸造范型——〈穆斯林的葬礼〉价值论》,《西南民族学院学报》(哲学社会科学版) 2002 年第 9 期。
⑤ 马丽蓉:《20 世纪中国文学与伊斯兰文化》,安徽教育出版社,2000,第 167 页。

的语言，终无幸福可言。虽然一夫多妻是允许的，但禁止娶两姐妹。"① 从尊重宗教信仰的角度来看，伊斯兰教的信仰及与之相应的风俗习惯都应该受到尊重；但是，从人性的角度来看，伊斯兰教的有些规定和观念又是应该"与时俱进"的，比如，改变以"彼此宗教信仰一致"作为结婚的前提这一规定或习俗，要么禁止一夫多妻要么允许娶两姐妹。否则，给其穆斯林必然带来生活的烦扰甚至是人生悲剧——"当穆民们被错综复杂的人情世事所缠绕，陷入了不能自拔的罗网和泥淖，就只有把命运交给万能的主，请主来给予裁决了！"② 梁君璧正是以"彼此宗教信仰不一致"为借口而阻止楚雁潮和韩新月相恋的——虽然楚雁潮流着泪告诉梁君璧，他和韩新月其实没有未来，他只是为了给韩新月爱和力量以让她生活下去，但梁君璧还是不同意他们相恋；当韩新月在生命最后时期乞求梁君璧不要阻挠她和楚雁潮相爱时，梁君璧声色俱厉地说："你不知道自个儿是个回回吗？回回怎么能嫁个'卡斐尔'！"③ "我宁可看着你死了，也不能叫你给我丢人现眼！"④ 也正是以伊斯兰教"禁止娶两姐妹"为借口而极力反对和痛恨韩子奇与梁冰玉私自结合——当"姑妈"劝阻梁君璧赶走梁冰玉时，梁君璧说："她造的这罪，教规不容！"⑤ 而这些又导致了楚雁潮和韩新月以及韩子奇和梁冰玉的爱情悲剧，甚至是韩新月的生命悲剧——韩新月在病倒时没有崩溃，在得知病情真相后也挺了过来，但在明白教规的神圣不可触犯后，"这颗心已经破碎了，这具躯壳已经疲惫不堪了，正在一步一步走向命运的终点：毁灭，一切都毁灭！"⑥ 即使卢大夫和楚雁潮都曾竭力相助，也无能为力、无济于事。此外，梁君璧还出于门当户对这一包括穆斯林在内的许多人都有的观念，策划了韩天星与容桂芳的爱情悲剧。由此可见，穆斯林的某些规定、观念或信仰已成为自身前进的障碍和束缚，穆斯林只有挣脱它们的绝对束缚，才能更好地发展。

---

① 胡献锦：《爱情的葬礼——解读〈穆斯林的葬礼〉的爱情悲剧》，《安徽文学》（下半月）2007年第7期。
② 霍达：《穆斯林的葬礼》，第650页。
③ 霍达：《穆斯林的葬礼》，第596页。
④ 霍达：《穆斯林的葬礼》，第597页。
⑤ 霍达：《穆斯林的葬礼》，第664页。
⑥ 霍达：《穆斯林的葬礼》，第679页。

（三）展示了人性的复杂多变，歌颂了纯洁、真挚、美好的爱情及"人最可贵的自由本质"[①]

韩子奇和梁冰玉尽管都明知伊斯兰教禁止同一男子与姐妹俩结婚，但两人还是私自结婚了，韩新月也尽管明知穆斯林不得与"卡斐尔"结婚，但仍然与"卡斐尔"楚雁潮相恋；韩子奇与梁冰玉可谓是患难生死夫妻，可仅仅因为梁君璧的反对——当然，也包括韩子奇的懦弱，就分道扬镳；梁君璧机械刻板地恪守伊斯兰教的清规戒律，但在知道韩子奇是一个假"回回"后随即改变了自己的一贯做派——原谅了他。由此可见，人性的力量是多么强大也是多么复杂多变，这也是人的自由本质的一种显现。

韩子奇和梁冰玉与楚雁潮和韩新月两代人纯洁、真挚、美好而又刻骨铭心的爱情也是小说所表现的人性复杂多变的内容之一——正如小说所写："人们并不关心历史上是否真的有一对梁山伯和祝英台，拨动人们心弦的恰恰是活着的人们自己的感情，人类的子子孙孙啊，世世代代重复着常读常新的一部仅有一个字的书——情！"[②]而且小说写得既"情"趣盎然，又揪人心肺，能让人真真切切地感到，那种爱情的的确确是可歌可泣的；进而也可以看出，"人最可贵的自由本质"是可歌可泣的。

四

从艺术表现的角度来看，小说主要具有如下特点。

（一）小说明暗双线并进而又主次分明，结构严谨而浑然一体

小说以韩子奇对玉的"迷恋"为主线，辅以韩子奇对妻子、妻妹、女儿的情感以及韩新月与楚雁潮的情感等线索，明写韩子奇为玉所纠缠的一生（其主要处所是奇珍斋，那里是他的事业舞台），暗写韩子奇为情所纠缠的一生（其主要处所是"博雅"宅，那里是他的私生活场所）；主线和辅线、明线和暗线交错交织——在篇章的安排上则有意识地"月"与"玉"交错"行进"，如月梦、玉魔、月冷、玉殇；小说以回忆

[①] 李跃红：《理想价值的极地之光——论〈穆斯林的葬礼〉及在当前文学中的意义》，《云南学术探索》1995 年第 5 期。

[②] 霍达：《穆斯林的葬礼》，第 525 页。

的方式展开，第一章和最后一章前后照应，整部作品显得缜密严整，浑然一体。

（二）"京味"强

小说所写的是发生在北京的一个故事，故事中的人、事、物，小说的语言等均带有鲜明的"北京"色彩，从而"京味"很强。

小说一开始就详细地描写了北京独特而又典型的民居——名为"博雅"宅的四合院，而且"博雅"宅贯穿小说的始终；小说所描写的老北京的贴饼子、涮羊肉、兔儿爷、同仁堂、王麻子剪刀铺、东来顺等都是北京一些带有标志性的事物；小说所描写的人物即使生活在伦敦，也带有鲜明的北京色彩；小说运用了大量的北京方言，像"可是，要是让她现在就对天星说'那敢情好'，她也做不到。"①"得，甭哭……孩子好容易平平安安地回来了，是喜事儿！"② "唔，什么味儿？像延寿街王致和的臭豆腐！"③"淑彦哪，也跟她妹妹赛着地俊！"④"新月，悄不声儿的，跟着我，别言语。"⑤"唉，这个天星！怎么就不知道老家儿替他着急？"⑥ 等均是典型的北京方言。

（三）民族色彩强

作者说："我无意在作品中渲染民族色彩，只是因为故事发生在一个特定的民族之中，它就必然带有自己的色彩。"⑦ 比照小说来看，的确如此——小说所描写的主要人物及其所从事的职业、所描写的景物和事物、所使用的语言无不带有鲜明的"穆斯林"色彩，如梁君璧、梁冰玉的名字中或明或暗地含有"玉"字，而许多穆斯林就主要从事琢玉、贩玉的行业，中东更是产玉盛地，因此"玉"在穆斯林的心目中，拥有其他珍宝不可取代的地位；梁亦清的"清"则表达了穆斯林所特别崇尚的圣洁、高贵的品质。又如，小说泼墨描写了开斋节、古尔邦节的由来，穆斯林的婚

---

① 霍达：《穆斯林的葬礼》，第 203 页。
② 霍达：《穆斯林的葬礼》，第 347 页。
③ 霍达：《穆斯林的葬礼》，第 319 页。
④ 霍达：《穆斯林的葬礼》，第 377 页。
⑤ 霍达：《穆斯林的葬礼》，第 380 页。
⑥ 霍达：《穆斯林的葬礼》，第 441 页。
⑦ 霍达：《穆斯林的葬礼·后记》，《穆斯林的葬礼》，第 748 页。

礼、葬礼、伊斯兰教的起源、北京四大清真寺、北京传统的清真小吃等，同时，小说还使用了大量的"穆斯林"语汇，如吐罗耶定、易卜拉欣、克尔白、镇尼、达尔·伊斯兰、按塞俩目而来坤、吾而来坤色俩目、朵斯提、耶梯目、巴巴、榜答、撒什尼、底盖尔、沙目、虎伏滩、乜帖、安拉胡艾克拜尔、无常、依玛尼、罗赫、穆罕默德、水溜子（旱托）、务斯里、埋体、天园、拉赫、瓦直卜、逊奈、古瓦西、团书、官木箱、意札布、达旦、盖毕尔图、主麻、唔吧哩克、赞穆赞穆、撒乞赖、伊玛尼、以思卡托、卡斐尔、古那亨、尔德·艾祖哈、口唤、腮拜卜、伊斯兰、穆斯林、鼠霉、盖德尔、乃绥普、赫塔益、堵施蛮、罕格儿、意札布、喀宾、你喀花、麦莱丹、讨白、者那则、尔德·菲图尔、卧单（克番）、法雷则·其法耶、泰克毕尔、吾而来坤闷赛俩目，从而呈现强烈的民族色彩。

（四）注重象征手法的运用

大致地说，韩子奇的养父、穆斯林老人吐罗耶定象征着回族的传统信仰——伊斯兰；韩子奇在梁亦清那里不小心打破了一口玉碗，同时也因深深地被玉器的精美绝伦所吸引，于是决定留下来学做玉器，这象征着韩子奇由一种理想境界落入繁华纷扰的俗世，也预示了韩子奇日后对梁冰玉带有伤害性的爱以及他们不完满的爱情；韩子奇象征着伊斯兰文化和华夏文化的融混（他先后从朝圣老人和"玉魔"老人那里接受教育）；"玉魔"老人象征着中国传统汉文化；作者为自己钟爱的人物取名为"新月"，而在回民的心目中，新月是幸福欢乐新生的标志，是神性的象征物——"穆斯林用绿色的新月旗作为伊斯兰教的标志，用一弯圣洁的新月标志来装点神圣的清真寺宣礼塔顶"[①]，洁白清亮的月寓存了回民纯洁高尚的审美意识，于是，韩新月这个人物也由此被蒙上了一层浓浓的宗教色彩，成为伊斯兰教的象征，显得神圣而不可亵渎；同时，作为一个人物，韩新月还象征着新一代回族青年，她对楚雁潮的那种不顾一切的爱，则象征着新一代回族青年挣脱传统束缚和对传统的继承，她那违背教义的出生和违背教义的死去，象征新一代回族青年对其先辈信奉的教义的彻底反叛；韩子奇与韩新月的死象征着传统的民族歧视的死或穆斯林繁乱规矩的死——像梁冰

---

① 徐冰：《悲凄的美学意蕴——赏析〈穆斯林的葬礼〉中"新月"的意象功能》，《飞天》2009年第20期。

玉以种族的差异为由而拒绝奥立佛·亨特的求婚，梁君璧以种族信仰的差异为由拒绝同意楚雁潮与韩新月相爱，穆斯林的葬礼以种族的差异为由拒绝汉人参加之类的事情都随着韩子奇与韩新月的死而结束了，如楚雁潮参加了韩新月的葬礼，并为她试坑；韩子奇以自己和自己女儿的一生为代价埋葬了民族歧视和陈旧的陋习；韩新月、韩天星的回汉混血身份及其人生遭际象征着回汉或伊斯兰文化与华夏文化的融合或不太融洽的融合；"'玉器梁'一个家庭的超越、更新历程，实则象征着整个回族和整个中华民族的文化超越、更新，走向现代化的历程"①。

（五）注重对比手法的运用

首先，从总体结构来看，"玉"与"月"对比"行文"，贯穿始终——第一章玉魔、第三章玉殇、第五章玉缘、第七章玉王、第九章玉游、第十一章玉劫、第十三章玉归、第十五章玉别，第二章月冷、第四章月清、第六章月明、第八章月晦、第十章月情、第十二章月恋、第十四章月落，尾声月魂。其次，从内容来看，小说对比描写了韩子奇与韩新月父女两代人的生活。最后，小说对比描写了新旧两个时代、奇珍斋与汇远斋两个商号和韩子奇主要活动的奇珍斋与"博雅"宅两个场所。

（六）注重"道具"的运用

小说注重运用"道具"来表情达意、推动情节，其中重要的有如下几点。

（1）翡翠如意。它由韩子奇送给梁冰玉，后又转送给韩天星，再后又转送给韩新月，有效地传达了梁冰玉对韩新月的关爱。

（2）相框。它陪伴在韩新月身边，相框里的人是梁冰玉和韩新月，它是梁冰玉直接留给韩新月的唯一的纪念品。

（3）巴西木。严教授的儿子把它送给楚雁潮，楚雁潮又把它转送给韩新月——那是爱的传递，但"爱"在严教授的儿子那里是严教授对楚雁潮的"父爱""慈爱"，而在楚雁潮那里则是楚雁潮对韩新月的"情爱"。

（4）留声机。楚雁潮特地把它送给韩新月，它传递着楚雁潮对韩新月

---

① 宋涛：《从〈穆斯林的葬礼〉看回汉两族文化异同》，《现代语文》（文学研究版）2006年第11期。

的情感，也陪伴着韩新月度过了病床上的岁月。

（5）乾隆年间的一块珮饰。韩子奇在梁君璧逼迫下被迫舍弃它，从而染上了心病；后无意间见到它，因乍惊而摔伤；接着，韩新月因它摔伤而引发心脏病及一连串的反应，使家庭的矛盾逐渐显露出来。

（6）三克拉钻戒。梁君璧因它的丢失而怀疑老侯，老侯由此丢掉饭碗、倾家荡产。韩家后来又因它丢失的真相大白而家破人亡。

（七）注重"戏中戏"手法的运用

小说在描写楚雁潮和韩新月的情感纠葛时，有意识地运用了四个经典爱情故事，即哈姆雷特和莪菲莉娅的故事、简·爱的故事、梁祝的故事、海黛与唐璜的故事。在这四个故事中，莪菲莉娅柔弱，简·爱坚强、果敢，主张人生而平等，她们对韩新月的爱情观念和行为造成了影响；而梁祝的爱情、海黛和唐璜的爱情则是对韩新月和楚雁潮的爱情的一个烘托。

（八）语言清丽优美，不少还极富抒情性

如"弯弯的一道新月从西南方向的天际升起，浮在远处的树梢上空，浮在黑黢黢的房舍上空，它是那么细小、玲珑，像衬在黑丝绒上的一枚象牙，像沉落水中仅仅露出边缘的一只白璧，像漂在水面上的一条小船，这小船驶向何方？"①

"天上的月亮有自己的运行轨道，从容不迫地向前走去，她呢？她现在却在一个'十'字路口，茫然徘徊。"②

"春天来了，春姑娘把融融东风、绵绵春雨洒向人间，把爱和希望洒向人间。

楼前的花坛中，娇艳的繁花次第开放，竞吐芳菲。粉红的碧桃，嫩黄的迎春，斑斓的蝴蝶花，还有那愣乎乎的仙客来，羞答答的含羞草，以及那虽然开放不出灿烂的花朵却也要凭着旺盛的生命力与百花争一分春色的'死不了'……辛勤的园丁对她们一视同仁，精心护持，春天属于所有的生命！

---

① 霍达：《穆斯林的葬礼》，第47页。
② 霍达：《穆斯林的葬礼》，第48页。

沿着花坛旁边的小径，新月徐徐地踱步。夕阳的斜照透过白杨树、合欢树的树叶，投下一束束清亮的光柱，暮霭朦胧的林荫幽径显得开阔而深远了。和润的空气，醉人的花香，使她心清神爽，正是读书好时节，她一边漫步，一边轻轻地背诵着英语单词。陌生的单词，念上三两遍，便牢牢地印在脑际，似有神助。"①

"新月没有等到她盼望的那个人，终于丢下一切，走了！对这个世界，她留恋也罢，憎恨也罢，永远地离开了！"②

"暮色悄悄地降临了墓地，婆娑树影渐渐和大地融合在一起，满目雄浑的黛色，满园温馨的清香。

西南天际，一弯新月升起来了，虚虚的，淡淡的，朦朦胧胧，若有若无……

淡淡的月光下，幽幽的树影旁，响起了轻柔徐缓的小提琴声，如泣如诉，如梦如烟。琴弓亲吻着琴弦，述说着一个流传在世界的东方、家喻户晓的故事：《梁山伯与祝英台》。

梁冰玉在琴声中久久地伫立，她的心被琴声征服了，揉碎了，像点点泪珠，在这片土地上洒落。

天上，新月朦胧；

地上，琴声缥缈；

天地之间，久久地回荡着这琴声，如清泉淙淙，如絮语呢喃，如春蚕吐丝，如孤雁盘旋……"③

……

（九）反讽强烈

梁君璧虔诚地信仰伊斯兰教，恪守伊斯兰教的清规戒律，尤其是恪守穆斯林不得与"卡斐尔"结婚、两姐妹不得嫁给同一个人等，可与她厮守了一辈子的却是一个"卡斐尔"，她姐妹俩实际上同嫁了韩子奇；韩新月不是真正的"回回"，却因为"回回"的身份而被母亲阻止与"卡斐尔"楚雁潮相恋……

---

① 霍达：《穆斯林的葬礼》，第531页。
② 霍达：《穆斯林的葬礼》，第696页。
③ 霍达：《穆斯林的葬礼》，第744页。

五

小说也存在着一些不足之处,具体地表现在以下几点。

(1) 情节交错发展,这虽然增强了小说的张力和读者阅读时的期待心理,但也给读者尤其是阅读能力不够强的读者带来了阅读困难。

(2) 小说中对穆斯林生活礼仪的有些描写有点生硬,梁君璧这一形象的描写不太符合穆斯林的生活现实——像她那样虔诚的穆斯林妇女大都性格和蔼善良,一般也不会衣着短袖,沉湎于麻将桌上的更是少见。

(3) "韩子奇在伦敦,楚雁潮突然而来的爱情,由于铺垫不够,过分突兀,从而不能出神入化,精韧至微。"①

(4) 韩子奇的性格发展前后之间"跨度"太大。

如韩子奇在去英国之前有决心、有勇气、有智谋、有手段、有胆有识、能言善辩,而在从英国回来后,则唯唯诺诺、畏缩、猥琐,可对这种变化,小说没有充足、必要而有效的铺垫。

(5) 不少措辞欠精准。

如用"标致"形容年仅四五岁时的梁冰玉,用"弄潮儿"形容刚刚进入大学的女学生罗秀竹,用"烟波浩淼""水天一色"来形容未名湖,用"物华天宝""人杰地灵"来形容"博雅"宅,用"众人早已饿得发狂,馋涎欲滴,遂大吃特吃,风卷残云,好不快活"②的语句来描写参加韩天星和陈淑彦的婚礼的宾客等。

(6) 不少地方"失真"。

如有关韩子奇的藏玉(过于夸张)、梁冰玉的年龄(开头部分所描写的不准)等的叙写。

(7) 小说中大量的有关中国穆斯林的历史渊源、伊斯兰的教规教义、婚丧嫁娶的礼仪习俗的描写在给人新鲜别致之感的同时又给人以生硬、不自然之感。③

---

① 刘白羽:《穆斯林的诗魂》,《光明日报》1990 年 7 月 29 日。
② 霍达:《穆斯林的葬礼》,第 385 页。
③ 陈学祖、陈丽芳:《碧玉微瑕:〈穆斯林的葬礼〉指瑕》,《柳州师专学报》2007 年第 4 期;李子迟:《〈穆斯林的葬礼〉与茅盾文学奖》,《海南师院学报》1998 年第 4 期。

不过，小说尽管有这些不足之处，但总的来说仍然相当优秀，堪称"现代中国百花齐放的文坛上的一朵异卉奇花"[1] 和"穆斯林的诗魂"[2]。

（作者单位：北京第二外国语学院国际传播学院）

---

[1] 霍达：《穆斯林的葬礼·序》，《穆斯林的葬礼》。
[2] 刘白羽：《穆斯林的诗魂》，《光明日报》1990年7月29日。

国际化背景下高校优秀传统文化传播环境研究

屈 娜

2012年11月5日新一届中央政治局常委同中外记者召开见面会时，习近平总书记就曾指出："我们的民族是伟大的民族。在五千多年的文明发展历程中，中华民族为人类文明进步作出了不可磨灭的贡献。"此后，又多次谈到中国传统文化的重要价值，认为"中华传统文化是我们最深厚的软实力"。教育部也下发了《完善中华优秀传统文化教育指导纲要》，要求加强传统文化教育。伴随着国际化进程的加速，世界各国的联系日益增多，在政治、经济、文化等各方面的交往越来越密切，中西方文化的交流与冲击也不断加强。

在这种高度融合的国际化背景下，高校作为中国先进文化的引领阵地，作为世界各国文化交流的前沿阵地，如何弘扬传播中国传统文化是一大课题。此外，高校还是人才培养的重要场所，对学生的行为品格塑造、价值观念培养具有不可推卸的责任和义务，如何在大学生中加强文化自觉，增强文化自信也是不可回避的重要问题。本文将高校界定为特殊的传播环境，从传播学视角研究传播者、传播媒介、受众以及传播效果出发，从而达到完成传统文化弘扬与传播以及传统文化育人的重要任务。

一 什么是国际化

国际化（internationalization），英文词根为inter，本身含有交互、互动的意思。[①] 在国际化趋势日益加深的今天，究竟什么是国际化？除了我们

[①] 饶云鹏、刘少英：《国际化背景下中国传统文化对奥林匹克文化的价值研究》，《体育文化导刊》2007年第7期。

日常所认为的国际化,即没有国界,经济、文化、科技等相互交流与互通增强以外,日本教育家岸根卓郎也给出了这样的解释,他在《我的教育观》一书中指出:"所谓国际化,决不是将本国与他国的同质化,而是相互确认本国与他国的差异,并且相互尊重这种差异。国际化是各国坚持本国的遗传因子的国际交流。国际化就是带上自己的东西,特别是带上自己的好东西,而成为国际社会的一员,与国际社会的其他成员平等相处,而不是否定自己,想成为别人的样子。"笔者认为,这一定义将世界各国置于平等的位置上,既不妄自菲薄又不盲目自大,是较为理想的国际化境界。在这一背景下,各国平等交流、互通有无、和谐共生,将极大地促进世界文化大繁荣与各国生产力的大发展。

二 国际化背景下高校校园文化的特点

高校作为中外文化交流的前沿阵地,由于成员知识水平较高、高校环境开放、使用媒介多样性等特点,决定了国际化背景下高校校园文化具有以下特点。

(一) 多样性共存

1. 使用媒介的多样性导致了高校校园文化具有获取渠道多样性的特点

大学生是先进科技的使用者,在当今文化传播方式日益多样性的今天,大学生能够发挥自身才能优势,不仅从国内的报刊、网络、QQ、微信等社交工具获得不同的文化,也可以从国外的网站、社交平台等获取不同的文化,这就导致了大学生接触具有不同倾向性的文化,这里的文化不仅包括物质文化,还包括精神文化及制度文化等方面,从而使得高校校园文化具有来源广泛、内容繁杂、种类繁多、层次多样的特征。

2. 不同的传播主体带来不同的本土文化

当今的大学生和高校教师来自全国各地,他们的思想观念与行为习惯或多或少都会带有本地区的特征,尤其是他们对于家乡文化的热爱与传播情有独钟,如高校成立的闽南语、粤语社等,他们希望有更多的人了解自己的家乡,了解本土的文化,这样全国各地文化在大学校园里产生了碰撞。另外,随着全球化的加剧以及中国对外影响力的提升,很多国家的学生希望学习汉语，越来越多的留学生在高校校园中出现，他们不可避免地带来自己国家的文化特点，在高校可以看到大学生对于感恩节、圣诞节等各种外来节日的庆祝。

（二）融合性增强

1. 校园文化传播主体具有中外融合的需求

在诸多专业理论学习中，我们试图看国外是如何学习、发展这种专业或这种理论的，这就导致了高校的师生具有一定的国际视野，不仅了解本土的文化与理论，还有更多想要了解西方文化与理论的需求，从而做出对比，进而深入思考。同时，高校对于教师科研考核的导向性使得教师时刻关注国际学术前沿，只有融入该学科的国际话语体系，才有机会在本学科占有一席之地。

2. 教育国际化促使高校校园文化相互交流

随着教育国际化的深入发展，越来越多的师生能够有机会出国留学或交流，各种国际化的办学模式也应运而生，如与国外高校的"2＋2""3＋1""2＋N"等办学模式。中外高校对于学分、课程设置、教学标准等相互认可，从而使得国内外学历认同趋于一致性，各学科文化传播、各层次的大学交流具有融合性。

（三）活跃性显著

1. 高校学生的特点决定了其文化氛围的活跃程度

大学生大多为20岁左右的年轻人，他们的身体发育日趋成熟，智力水平逐渐达到顶峰，思想活跃、精力充沛、文化层次较高，尤其是外语、外贸院校的学生，他们的专业要求他们必须具有国际视野，具有研究国外文化的能力，这使得高校的校园主体能够广泛拥有了解中西文化的优势，视野的开阔加之自身的思考，不可避免地碰撞出活跃的校园文化氛围。

2. 创新性的使命决定了高校校园文化必须具有活跃的特点

高校作为科学研究的重要领地，要求广大师生抛开固有思想的束缚，运用高校得天独厚的科研经费、科研氛围、科研场地等优势，广泛吸收人类的一切文明成果为我所用。只有在科技上不断发明创造，在文化上不断传承进步，才能更好地服务社会，推动人类社会不断进步。

三 国际化背景下高校传统文化传播环境要素分析

高校传统文化传播环境作为一个整体,包含诸多要素如传播者、传播媒介、受众以及传播效果,具体可作如下分析。

(一)高校传统文化传播环境分析

所谓传播是指人类通过符号和媒介交流信息,以期发生相应变化的活动。[①] 传播环境就是伴随传播发生的,除传播内容以外的所有的情况和条件的综合。

在国际化背景下,高校校园文化呈现多样性共存、融合性增强、活跃性显著的特点。在这种文化环境下,具有历史悠久与灿烂文明的中国优秀传统文化如何在高校校园文化中得到广泛传播,如何创建有利于传统文化的传播环境,从而发挥传统文化在立德树人方面的重要作用就成了我们研究的重点。在一项"关于中华优秀传统文化传播途径"的多项选择题调查中,选择"传媒(网络、电视、报纸、书籍等)"的占81.7%,选择"课堂知识"的占64.6%,选择"长辈教授"的占62.7%,选择"其他方式"的占15.3%。[②] 由此分析得出,大学生接受传统文化传播与教育的环境呈现多样化、复杂化等特点,因此,明确传播者、传播媒介、受众以及传播效果四大要素,明晰传统文化传播过程,充分发挥以上因素的作用,从而加强传统文化传播效果。

(二)高校传统文化传播环境要素分析

传播环境通常包括传播者、传播媒介、受众以及传播效果四大要素。传播者是传播活动的发起人,是传播内容的发出者。在高校传播传统文化的过程中,传播者主要是指大学教师,他们不论在知识层面还是在科研水平方面都具有领先地位,起到主导性作用,因此应充分发挥传播者的重要作用,推动传统文化的传播。

[①] 邵培仁:《传播学导论》,浙江大学出版社,1997,第5页。
[②] 孔德立、李燕:《国际化背景下大学生传统文化教育的困境与对策》,《北京教育》(德育版)2013年第11期。

物质、符号和信息三者构成了传播媒介的核心要素，它们相辅相成，缺一不可。① 高校传播传统文化的媒介不仅包括网络、电视、报纸、书籍等，还包括各种旨在弘扬中国优秀传统文化的社团及其活动等。

受众，就是指接受信息的人，它既包括大规模信息传播中的群体——报刊的读者、广播的听众和电视的观众，也包括小范围信息交流中的个体——参与者和对话人。② 本文所指的受众主要是指在高校接受传统文化教育和传播的大学生，这一受众的群体特征明显，相互之间的知识水平差异较小。

传播效果是指信息传播使受众在某些方面发生的具体变化。传播效果从层次上包括五个方面，即知识、智能、价值、态度和行为。③ 高校传播传统文化的效果主要是指传统文化的传播使大学生产生的某些变化，具体表现为知识、智能、价值、态度和行为等五个方面。

四 优化高校传统文化传播环境的路径选择

在厘清高校传统文化传播环境的构成要素之后，针对高校传播环境各要素的特点，结合传播学的相关理论，笔者认为可以从以下几个方面进行路径优化。

（一）传播者层面

传播者的致效因素包括权威性、可信性、接近性、熟知性、悦目性等方面，因此可以从以下方面入手，加强传播者的传播效果。④

1. 不断提升高校教师的传统文化水平

加大相关学科的传统文化科研力度，设置相关科研课题，使更多的教师能够了解传统文化，研究传统文化，还可以鼓励教师加强比较研究。在国际化背景下，高校教师不仅应了解中国传统文化知识，还应提高传统文化修养，增强传承中华文化的自觉性和渗透性，了解世界其他国家的文化，从而拓展教师的知识面，提升教师的专业威望，增强教师在传

---

① 邵培仁：《传播学导论》，浙江大学出版社，1997，第227页。
② 邵培仁：《传播学导论》，第307页。
③ 邵培仁：《传播学导论》，第378~379页。
④ 邵培仁：《传播学导论》，第138页。

统文化方面的权威性与可信性，使学生对教师产生一定的崇敬之情，从而大大提升高校教师传播传统文化的效果。同时，各高校应完善教师针对传统文化方面的相关培训、奖惩、评聘制度，充分调动教师传播传统文化的积极性。

2. 加强教师与学生在传统文化方面的互动性

教师可适当增强师生在传统文化方面的互动性，如在课上与学生一起讨论著名诗词、名著等，课下指导学生进行相关的社团活动，二者不断沟通，提高对中国传统文化的自豪感，增强对传统文化传播的使命感。

3. 在中西方文化的冲突与融合中持正确的立场

在国际化背景下，世界各国的文化冲突与融合不断加剧，高校教师通过各种途径不断接收各国的文化，因此，在纷繁复杂的文化环境下，高校教师应持有正确的文化态度。在对待中国传统文化方面，不能妄自菲薄，一味地去否定中国的传统文化，过分夸大中国传统文化中的糟粕，而是要辩证地看待中国传统文化，把握中华文化的精神命脉，不断传播中国传统文化的精髓；在对待西方文化方面，既不一味地狭隘排外，也不一味地盲目崇拜，客观理智地分析外来文化，吸收外来文化中的精华。在对待中西文化上，教师只有具有博大的胸怀，持有宽容的文化态度，互相借鉴，互相吸收有益于人类发展的文化，才能给学生呈现出客观的文化现状，让学生在比较中真正领会中国优秀传统文化的魅力。

4. 充分把握立德树人的根本任务

十八大报告指出："把立德树人作为教育的根本任务，培养德智体美全面发展的社会主义建设者和接班人。"教师作为传统文化的传播主体，应该重视运用优秀传统文化来培养学生、影响学生、感召学生。"刚健有为"的自强不息传统、"革故鼎新"的改革创新精神、"国而忘家"的爱国主义情怀、"仁者爱人"的以人为本理念、"海纳百川"的开放包容气度、"崇中尚和"的和谐共生追求，等等，都是中华传统文化的思想精华，代表着中华民族数千年来最深沉的精神追求，承载着中华民族的道德理想、价值观念和精神信仰，为我们战胜重重困难、追求美好生活、实现民族发展进步提供着强大的精神动力。①

---

① 沈壮海：《将优秀传统文化融入高校立德树人实践》，《思想政治工作研究》2014 年第 4 期。

(二) 传播媒介层面

1. 善于运用新媒体

有学者调查显示,当代大学生接触电脑网络的时间较早,媒体使用率也较高,电脑网络对当代大学生发挥了长期持续的影响作用。大学生最常使用的通讯工具是手机,频繁使用比例将近 90%。电脑网络和手机的使用率显著高于其他媒介手段。另外,调查结果显示,橱窗展板、海报等媒体虽然属于典型的平面纸媒,但被学生使用的可能性均高于校园广播电视和报纸杂志。① 因此,应掌握大学生使用媒介的现状,有针对性地使用新媒体,如开设专门的以传统文化为主题的微博、微信公众号等,通过便利的途径使大学生能够及时接受传统文化的相关信息。同时,还可以在橱窗展板、海报等大学生日常可以接触到的媒介传播传统文化,营造良好的学习氛围。

2. 善于运用多种传播媒介

除了传统媒体及新媒体传播媒介以外,各高校还可以充分发挥学生的自主性,充分发挥第二课堂的作用。运用丰富多彩的课外活动,充分发挥各种传统文化社团、形式多样的社团活动、精彩纷呈的人文知识竞赛、独具特色的传统才艺展示等的作用,使中外学生在课外活动中既能学习优秀的传统文化知识,弘扬民族艺术,同时也能放松身心,陶冶情操,提升修养。

(三) 受众层面

1. 营造让受众群体身心愉悦的传统文化氛围

在传播过程中,不论是传播者还是受传者,总是力求保持内心的平衡、和谐与愉快,竭力抑制、摆脱那种矛盾的、悲苦的心境。传播心理学的研究表明,传播活动中的任何一种与该活动有关的愉快的情绪体验,都能使这种活动强化,产生良好的效果;而不愉快的情绪只会抑制这种传播活动。古人云:"忧者见之而忧,喜者见之而喜。"传播活动的参与者一旦形成愉快的心理环境,他不仅会给媒介及产品一个高于实际的主观评价,

---

① 张红梅、陈平:《全媒体时代大学生媒体使用现状调查研究——以北京9所高校的调查研究为例》,《思想政治教育》2014年第3期。

而且会给行为环境抹上一层瑰丽的主观色彩，进而对自己所参与的传播、接受活动予以进一步强化。相反，如果他们出现不愉快的心境，那么他们就会给本来不错的外在环境主观地涂上灰色，对该活动给予较低的评价，并进而抑制或削弱参与的积极性。① 因此，高校传统文化传播在注重知识性的同时也应该注重趣味性，为大学生创造愉快的传统文化学习环境，从而不断提升传播效果。

2. 激发高校学生学习传统文化知识的需要

高校大学生对于中华传统文化不仅具有信息需要，而且也存在精神需要。高校可以健全教学管理体制，包括教学课程、教学内容、教学评价等。可设置信息需要的导向机制，如设置传统文化通识课程、举办传统文化知识竞赛等，让学生既有完成学习任务的需要，同时也具有提升自身学习水平和丰富自身学习内容的渴求。另外，大学生处在自身精神世界不断完善的重要时期，中华传统文化博大精深，对于人格的建立具有完善的话语体系，如"天行健，君子以自强不息；地势坤，君子以厚德载物""己所不欲，勿施于人""见贤思齐焉，见不贤而内自省也"等，这些都为大学生精神世界的自我完善提供了有效的借鉴。

（四）传播效果层面

传播效果为传播过程的终端，也是衡量传播是否有效的落脚点。高校传统文化的传播效果主要是指传统文化的传播在大学生方面产生的具体变化，具体可以表现为五个方面，即知识、智能、价值、态度和行为。② 有效的传播效果不尽体现在文化自觉、文化自信，更应该体现在在现实生活中能够自觉践行传统文化。

1. 促进大学生传统文化自觉

自觉的文化是指自觉的知识或自觉的思维方式为背景的人的自觉的存在方式或活动图示。③ 费孝通先生于1997年提出"文化自觉"的概念，即"指生活在一定文化中的人对其文化有'自知之明'"，明白它的来历、形

---

① 长春理工大学精品课程：《传播学概论》，http://jpk.cust.edu.cn/cbx/article_show.asp?id=26。
② 邵培仁：《传播学导论》，浙江大学出版社，1997，第378~379页。
③ 衣俊卿：《文化哲学十五讲》，北京大学出版社，2011，第62页。

成过程、所具有的特色和它发展的趋势①。只有主体对文化发展具有理性的认识和自省、反思的精神，即具有文化自觉的意识，自觉的文化才能最终形成。②

因此，高校应该使大学生了解中国优秀传统文化的来龙去脉及精髓，了解传统文化中的经典知识，了解儒、道、佛等多样的传统文化形态。同时在全球化背景下，能够向世界介绍和展示中国优秀传统文化，如雕刻、剪纸、书法、绘画、编织、刺绣、陶铸、瓷器等各类民族传统技艺和手工艺作品，能够懂得如何欣赏器乐、声乐、舞蹈、武术等多样的传统艺术表现形式。只有这样才能在国际化大舞台中促进中国文化的对外传播，让更多的国家了解中国，让更多的人民感受中国传统文化的魅力。

2. 树立民族自豪感和文化自信

所谓文化自信，主要指一个国家、一个民族、一个政党对自身文化价值的充分肯定，对自身文化生命力的坚定信念。中华民族具有五千年的文明发展史。在源远流长的历史进程中，我们的祖先创造了博大精深、光辉灿烂的民族优秀传统文化，为我们留下了弥足珍贵的精神文化遗产。在九十多年革命、建设、改革的伟大实践中，我们党坚持以马克思主义为指导，不断推进马克思主义中国化，形成了毛泽东思想和中国特色社会主义理论体系这两大理论成果，并培育弘扬了以爱国主义、集体主义、社会主义为鲜明特征的先进文化。这是我们培养高度文化自信的源泉和依据，使我们对推动社会主义文化大发展大繁荣、建设社会主义文化强国充满了信心。③所以，民族自豪感与文化自信应从文化自觉做起，热爱中国传统文化，通过传统文化在广大学生中的传播，逐步树立民族自尊心、自信心与自豪感，在对外交往过程中坚持文化自信。

3. 在国际化背景下自觉践行传统文化

有效的高校传统文化传播效果应使得大学生在现实生活中不断提升个人修养与道德品质。在中国传统文化中，关于个人意志品质与道德情怀的论述不在少数，如果大学生能在现实生活中真正践行"舍身而取义"的崇高气节，"自强不息"的奋斗精神，"老吾老以及人之老，幼吾幼以及人之

---

① 费孝通：《文化与文化自觉》，群言出版社，2010，第195页。
② 陶倩：《志愿文化：从自在走向自觉》，《思想理论教育》2012年第8期。
③ 中国思想政治工作网：《传承传统文化，坚持文化自信》http://www.cnzgw.org/2014/0520/49054.html。

幼"的团结互助、尊老爱幼的优良品质,"朝闻道,夕死可矣""路漫漫其修远兮,吾将上下而求索"的对真理的渴求与执着等,那么传统文化必将在当代绽放出更加灿烂的光芒。

有效的高校传统文化传播效果还应使得大学生在现实生活中增强爱国热情,树立远大抱负。应自觉培养"天下兴亡,匹夫有责""位卑未敢忘忧国"的责任感与担当意识,"先天下之忧而忧,后天下之乐而乐"的忧国忧民的意识,"亲仁善邻"的博大情怀,"国而忘家,公而忘私"的爱国与敬业精神等。大学生在践行传统文化中应借鉴吸收其他文化的精华,将传统文化在全球化背景下赋予新的时代内涵。

(作者单位:北京第二外国语学院国际传播学院)

论"五位一体"视角下的传统文化对提高软实力的价值

屈 娜

一 "五位一体"、软实力与传统文化概述

(一) 软实力的提出

早在2007年党的十七大报告提出:"要激发全民族文化创造力,提高国家文化软实力。文化软实力是综合国力和国际竞争力的重要组成部分。"软实力首次以国家战略的形式出现在党的文件中。那么,究竟何为软实力?

真正明确的"软实力"(soft power)理论概念是曾任美国助理国防部长的哈佛大学教授约瑟夫·奈首先提出来的。他于1990年在《外交政策》杂志上发表《软实力》一文,首次将国家综合国力划分为两种实力,即硬实力和软实力,并认为由资源、经济、军事和科技四大实力元素构成的硬实力始终是有限的,而真正具有无限力量的动力元素是软实力。2004年,他在新著《软实力——国际政治的制胜之道》中较为完整地阐述了软实力概念:"软实力是通过吸引而非强迫或收买的手段来达己所愿的能力。它源于一个国家的文化、政治观念和政策的吸引力。如果我国的政策在他人看来是合理的,我们的软实力就自然增强。"[①] 文中"软力量"一律改译

---

① 〔美〕约瑟夫·奈:《软力量——世界政坛成功之道》,吴晓辉、钱程译,东方出版社,2005,第2页。

"软实力"。在他看来,软实力被归结为一个国家由于文化、政治观念和政策的吸引力而在国际社会产生的感染效果。与硬实力(经济、军事)通常依靠直接的"施压"、惩罚或收买而迫使他国非自愿地接受不同,软实力则通常依靠间接的"吸引"而得到他国的自愿认同。"软实力"作为国家综合国力的重要组成部分,特指一个国家依靠文化价值的感召力、政治制度的吸引力和政府政策的合理性等释放出来的无形影响力,它会深刻地影响其他国家的人们对一个国家、民族或群体的整体看法。①

(二)传统文化与软实力的关系

习近平总书记在8·19讲话中指出:"讲清楚中华优秀传统文化是中华民族的突出优势,是我们最深厚的文化软实力。"面对西方文化的不断冲击,我国有必要加强传统文化的传承,充分发挥传统文化的正能量,挖掘传统文化的深刻内涵和现代价值,增强凝聚力。

党的十八大报告也更加明确指出文化软实力的重大意义,认为要"增强文化整体实力和竞争力。文化实力和竞争力是国家富强、民族振兴的重要标志"。中国作为社会主义国家,有着悠久的历史文化传统,随着经济的迅速发展,社会主义制度的优势逐渐发挥,综合国力的日益增强,已引起国际社会的广泛关注。尤其是中国作为四大文明古国之一,中华文化作为其特有的文化没有断层,一直延续至今。随着孔子学院的建立,外国人对中国传统文化的了解逐渐加深,中国传统文化的魅力逐渐散发,中国文化的国际影响力日渐增强。

(三)"五位一体"总体布局的实现是国家软实力提升的具体体现

十八大报告中还指出,"建设中国特色社会主义,总依据是社会主义初级阶段,总布局是五位一体,总任务是实现社会主义现代化和中华民族伟大复兴""全面落实经济建设、政治建设、文化建设、社会建设、生态文明建设五位一体总体布局",这是根据中国的实际情况制定的目标要求,符合中国现阶段的国情,在建设过程中必然释放强大的能量和吸引力。根据约瑟夫·奈的上述观点:"如果我国的政策在他人看来是

---

① 王一川:《理解中国——国家文化软实力》,《艺术评论》2009年第10期。

合理的,我们的软实力就自然增强。"因此,"五位一体"建设任务的实现必然能够增强国家软实力。在具体实施层面,就需要我们按照习近平总书记的要求,借助中华民族最深厚的文化软实力——传统文化的优势,实现国家富强、民族振兴、人民幸福,实现全国人民共同期盼的中国梦。

二 关于传统文化与软实力的文献综述

目前,有学者对传统文化与软实力二者之间的关系进行了研究,还有学者对于传统文化的软实力价值进行了挖掘和分析,阐述了传统文化对于软实力建设的重要意义。刁生虎、陈志霞在《中国传统文化的软实力价值》一文中认为,"软实力"包含的诸多理念,大多与中国传统文化的基本精神相吻合,中国传统文化对于软实力的建设具有重大的价值,主要体现在以下几个方面:传统文化的软实力有助于中华民族凝聚力的增强、有助于中华文明亲和力的提升、有助于和谐世界的当代建构、有助于生态文明的全球实现。[①] 江凌在《中华传统文化的软实力价值》一文中指出,需要对中华传统文化进行充分挖掘并进行现代转换,这样才能满足国家软实力建设的资源需求。如中华文化中的和合理念与礼仪文化有利于实现建构和谐社会的理想目标,包容与开放的特质有利于提升国家软实力并实现可持续发展,民本思想为推动社会主义民主政治建设提供了重要的精神资源,仁爱思想和伦理规范为推进社会主义核心价值体系建设提供思想资源和理论支撑,整体意识和自然观念有利于全球生态文明建设。[②] 以上论述较为全面地对传统文化的软实力价值进行了挖掘和概述。

还有学者不仅充分认识到传统文化对于软实力建设的重要意义,还指出了我国在传承传统文化过程中的不足,并给出了对策。刘连香、王正军在《弘扬优秀传统文化提升我国文化软实力》一文中指出,立足传统文化、提升软实力应做到:一要全面认识中国传统文化,反对民族文化虚无主义,保持民族性;二要将传统文化精华与现实相结合,体现时代性;三

---

① 刁生虎、陈志霞:《中国传统文化的软实力价值》,《理论探索》2011年第1期。
② 江凌:《中华传统文化的软实力价值》,《中原文化研究》2014年第1期。

要借鉴世界各国优秀文明成果，加强对外文化交流，彰显世界性。[①] 刘艳君在《彰显中国传统文化张力助力文化软实力提升》一文中指出，应从以下几个方面着手：第一，彰显传统文化的张力；第二，增强民族凝聚力，增强传统文化的吸引力；第三，抵御西方思想渗透，加大传统文化的传播力，增强对和谐世界理念的理解；第四，增加传统文化的推动力，促进生态文明建设。[②] 贾磊磊在《中国文化软实力提升的策略与路径》一文中主张对传统的文化资源进行现代性转化，经过创造性的开发，实现它的经济效益和文化价值。同时认为应对传统文化资源进行创造性的提升，对传统文化表述话语体系进行现代性转型。这些都为传统文化如何转化为中国的软实力进行了深入思考并提供了路径选择。[③]

还有学者从不同的角度对于传统文化与国家软实力建设提出了自己的思考，如傅丽萍、李刚在《孔子学院与中国文化软实力的提升》一文中，充分肯定传统文化海外推广平台孔子学院的重要作用，认为孔子学院在发挥和提升中国软实力方面起到了重要的作用。[④] 秦秀莲在《儒家思想对提升我国文化软实力的逻辑性思考》一文中则聚焦儒学思想，具体指出儒学思想对于增强我国文化软实力的内在价值和意义。[⑤] 何洪兵在《传统文化中的国家文化软实力资源——基于国际受众视角的研究》一文中认为，中国传统文化是国家文化软实力的重要资源之一，传统文化中的国家文化软实力资源具有"强内"和"化外"的功能。具有"化外"功能的传统文化中的国家文化软实力资源只是具有"强内"功能的传统文化中的国家文化软实力资源的一部分。[⑥] 以上学者着眼于传统文化的不同方面及不同的功能，对于传统文化对于软实力的提升给出了不同的视角。

---

① 刘莲香、王正军：《弘扬优秀传统文化提升我国文化软实力》《内蒙古社会科学》（汉文版）2010年第1期。
② 刘艳君：《彰显中国传统文化张力助力文化软实力提升》，《赤峰学院学报》（汉文哲学社会科学版）2012年第7期。
③ 贾磊磊：《中国文化软实力提升的策略与路径》，《东岳论丛》2012年第1期。
④ 傅丽萍、李刚：《孔子学院与中国文化软实力的提升》，《南京晓庄学院学报》2011年第3期。
⑤ 秦秀莲：《儒家思想对提升我国文化软实力的逻辑性思考》，《内蒙古农业大学学报》（社会科学版）2012年第2期。
⑥ 何洪兵：《传统文化中的国家文化软实力资源——基于国际受众视角的研究》，《上海行政学院学报》2013年第2期。

三 从"五位一体"看中国传统文化对于软实力提升的价值

虽然学界已有不少学者对于传统文化的软实力价值进行了研究,但视角各异。笔者认为,经济建设、政治建设、文化建设、社会建设、生态文明建设"五位一体"的总体布局实现是软实力提升的具体体现,传统文化对于软实力的提升具有重要的价值,那么落实在"五位一体"的总体布局上,传统文化亦具有重要的价值。主要可以从以下五个方面进行分析。

(一)经济建设方面

十八大报告中指出,要加快完善社会主义市场经济体制和加快转变经济发展方式。社会主义经济制度的优越性已经在世界经济飞速发展的今天彰显出其独特的魅力,虽然我们在经济发展过程中存在一定的问题,但是改革开放以来中国经济发展的成就已经被越来越多的人认可。面对新形势、新问题,十八大报告中提出了新的发展方向,如创新驱动发展、科学发展等。而在传统文化中,则深深蕴藏着对于经济发展有利的因素。

1. 传统文化重视创新意识的培养与重视对民众的教育

江泽民同志认为:"创新是一个民族进步的灵魂,是一个国家兴旺发达的不竭动力。当今世界的竞争,归根到底,是综合国力的竞争,实质则是知识总量、人才素质和科技质量的竞争。"因此,在当前经济发展环境下,对于创新、对于人才、对于知识的力量应尤其重视。中国古代人民以其伟大的智慧,创造了火药、指南针、造纸术、印刷术四大发明,为人类的进步注入了强大的活力。"苟日新,日日新,又日新"强调从动态的角度进行革新,这在经济发展、经济创新过程中依然适用,不断推进经济发展观念创新、科技创新、制度创新和管理创新等,从而促进经济发展。另外,中国传统儒家思想重视教育,子曰"自行束修以上,吾未尝无诲焉",他还认为"有教无类",同时给出了教育的方法如"不愤不启,不悱不发"、因材施教、温故知新、"敏而好学,不耻下问""知之为知之,不知为不知,是知也",并指出"学以致用"的学习目的,这些都为我们留下了宝贵的教育财富,对于人力大国转化为人才大国提供了教育路径参考,并对经济发展提供了人才和智力支撑,有利于提高经济发展质量,转变经济增长方式。

2. 传统文化蕴含诚信与奉献意识

社会主义市场经济需要诚信作为基础，需要广大劳动者奉献自己的知识和能力推动进步。在传统文化中，对于诚信和奉献的思想是非常丰富的。在诚信方面，如"不信不立，不诚不行""民无信不立""人而无信，不知其可也""伯乐不可以欺马，君子不可以欺人"、尾生抱柱、孟信卖牛等。而在市场经济中因缺乏诚信导致的制假售假、假冒伪劣、假冒产品、虚假广告、坑蒙拐骗、骗税逃税、伪造假账、恶意拖欠等现象的泛滥，对我国经济建设产生了巨大的负面影响，地沟油、三聚氰胺等恶性事件也影响了人民的生命安全。因此，应充分弘扬传统文化中的诚信意识，加强诚信的市场经济环境建设，为经济发展提供良好的软环境。同时，"鞠躬尽瘁，死而后已""克己奉公"等观念也是为传统文化所提倡，在社会主义市场经济发展的今天，奉献精神、自律意识也是经济发展过程中不可缺少的条件。

（二）政治建设方面

在政治建设方面，党的十八大报告认为，要坚持走中国特色社会主义政治发展道路和推进政治体制改革。必须坚持党的领导、人民当家做主、依法治国有机统一，以保证人民当家做主为根本，以增强党和国家活力、调动人民积极性为目标，扩大社会主义民主，加快建设社会主义法治国家，发展社会主义政治文明。传统文化思想蕴含着的某些政治观念与政治建设存在着一脉相承的关系。

1. 民本思想得到一致认同

中国共产党的宗旨是全心全意为人民服务，近年来，党中央坚持以人为本的科学发展道路，提出改革发展的成果由全体人民共享的理念。习近平同志自执政以来，深入开展群众路线教育，坚持一切为了群众，一切依靠群众，从群众中来，到群众中去的群众路线，充分利用密切联系群众的法宝，提出中国梦就是"国家富强、民族振兴、人民幸福"，中国梦的最终落脚点还是人民，这些都充分体现出中国共产党的全心全意为人民服务的宗旨。在中国传统政治文化中，"仁政"占据了主导地位，充分重视民本。自商周以来就有"民惟邦本，本固邦宁"，《孟子》一书中也指出，"天时不如地利，地利不如人和"，"得道者多助，失道者寡助"，"民为贵，社稷次之，君为轻"。在《大学》著作里，第一句"大学之道，在明明德,在亲民,在止于善"就提出了亲民的思想,君子要以民喜好为自己的导向,"民之所好好之,民之所恶恶之",以身作则;"上老老,而民兴孝;上长长,而民兴弟;上恤孤,而民不倍",以自己的爱民行动影响示范他人。在《中庸》著作里,则追求一种和谐的大同世界,"中也者,天下之大本也;和也者,天下之达道也";社会生机勃勃,欣欣向荣,"天地位焉,万物育焉"。① 这些都是传统文化留给我们的宝贵财富,因此,我们应充分继承和弘扬民本思想,古为今用,得到有益的启示,从而保证人民共享改革发展的成果。

2. 法治建设是保障

2014年10月,中央政治局召开了中国共产党第十八届中央委员会第四次全体会议,主要议程是中共中央政治局向中央委员会报告工作,研究全面推进依法治国重大问题。依法治国,是坚持和发展中国特色社会主义的本质要求和重要保障,是实现国家治理体系和治理能力现代化的必然要求,事关我们党执政兴国、事关人民幸福安康、事关党和国家长治久安。我国正处于社会主义初级阶段,全面建成小康社会进入决定性阶段,改革进入攻坚期和深水区,国际形势复杂多变,我们党面对的改革发展稳定任务之重前所未有,矛盾风险挑战之多前所未有,依法治国在党和国家工作全局中的地位更加突出、作用更加重大。② 纪林繁在《中国传统文化中的法治资源》一文中认为,传统文化中的法、儒、道三家的思想包含着丰富的法治资源,以法家为例,"以法为本",树立法律的绝对权威、公布法律,重典治国的成文法传统、"法不阿贵"、"刑无等级"的平等精神等,③ 这些都为我们现代法治提供了借鉴因素。

(三) 文化建设方面

十八大报告中指出,文化是民族的血脉,是人民的精神家园。全面建成小康社会,实现中华民族伟大复兴,必须推动社会主义文化大发展大繁荣,兴起社会主义文化建设新高潮,提高国家文化软实力,发挥文化引领

---

① 王启帆:《弘扬传统民本思想 践行党的群众路线》,http://theory.people.com.cn/n/2014/0218/c40537-24391552.html。
② 《中共中央政治局召开会议决定召开十八届四中全会 讨论研究当前经济形势和下半年经济工作 中共中央总书记习近平主持会议》,《人民日报》2014年07月30日,第1版。
③ 纪林繁:《中国传统文化中的法治资源》,《前沿》2013年第2期。

风尚、教育人民、服务社会、推动发展的作用。可从加强社会主义核心价值体系建设、全面提高公民道德素质、丰富人民精神文化生活、增强文化整体实力和竞争力这几个方面重点推进。

1. 传统文化是涵养社会主义核心价值观的重要源泉

习近平同志认为，中华优秀传统文化是涵养社会主义核心价值观的重要源泉，培育和弘扬社会主义核心价值观必须立足中华优秀传统文化。"富强、民主、文明、和谐，自由、平等、公正、法治，爱国、敬业、诚信、友善"的24字社会主义核心价值观包含了对国家、集体、个人三个层面的要求。以爱国为例，传统文化为我们提供了爱国主义教育的诸多典范和警世名言，从屈原的"虽九死其犹未悔"，虽逢灾厄也绝不与邪恶势力妥协，到宋代范仲淹的"先天下之忧而忧，后天下之乐而乐"、岳飞的"精忠报国"、陆游的"位卑未敢忘忧国"、文天祥的"人生自古谁无死，留取丹心照汗青"，再到清代顾炎武的"天下兴亡，匹夫有责"，直至鲁迅的"我以我血荐轩辕"，这些名言背后都饱含着作者对于国家的热爱之情。

2. 传统文化中的道德教育为当今社会提供了借鉴

要坚持依法治国和以德治国相结合，加强社会公德、职业道德、家庭美德、个人品德教育，弘扬中华传统美德，弘扬时代新风。推进公民道德建设工程，弘扬真善美，贬斥假恶丑，引导人们自觉履行法定义务、社会责任、家庭责任，营造劳动光荣、创造伟大的社会氛围，培育知荣辱、讲正气、作奉献、促和谐的良好风尚。传统文化对于道德素质问题也给出了经典的参考，如社会公德方面，面对义与利问题时的选择，"君子喻于义，小人喻于利""生，亦我所欲也；义，亦我所欲也。二者不可得兼，舍生而取义者也"；在职业道德方面，如"鞠躬尽瘁死而后已""苟利国家生死以，岂因祸福避趋之"；在家庭美德方面，如古人将"勤俭治家之本，和顺齐家之本"作为治家原则；在个人修身问题上，儒家以"修身、齐家、治国、平天下"作为人生理想，以"天行健，君子以自强不息；地势坤，君子以厚德载物"为自我要求典范。而在《论语》中也写到，子以四教：文、行、忠、信等。

（四）社会建设方面

十八大报告认为，加强社会建设是社会和谐稳定的重要保证。必须从维护最广大人民根本利益的高度，加快健全基本公共服务体系，加强和创新社会管理，推动社会主义和谐社会建设。加强社会建设，必须以保障和改善民生为重点，必须加快推进社会体制改革。在古代社会，也有着与之相适应的社会治理理念，如"和合"理念、礼治精神等。

1. "和合"理念

自 2004 年 9 月 19 日，中国共产党第十六届中央委员会第四次全体会议上正式提出了"构建社会主义和谐社会"的概念以来，和谐社会就成为了党的战略任务，将"和谐"视为建设社会的理念，而这与传统文化的精髓"和合"是相通的。2009 年 3 月 28 日，全国政协副主席、中央统战部部长杜青林在第二届世界佛教论坛开幕式上指出，"和合"精神，融会于人类文明的传承与进步，熔铸于中华民族的历史与文化。"和"是一种承认与尊重，追求人心和善、人际和顺、社会和谐、世界和平；"合"是一种凝聚与合作，提倡和而不同、相互包容、求同存异、共生共长。"和合"境界是各美其美、美人之美、美美与共、天下和美。[①] 这一理念对于我国现实社会治理来讲至关重要，我们国家地域辽阔，不同地域的人民有着不同的生活方式和风俗习惯，同时，我国又是多民族国家，不同民族在宗教信仰与生活习惯上存在巨大的差异，这就需要我们在建设和谐社会过程中，充分尊重差异，包容差异，相互借鉴和学习，只有这样才能在现实社会中构建起"民主法治、公平正义、诚信友爱、充满活力、安定有序、人与自然和谐相处"的和谐社会。

2. 礼治精神

中华民族素有"礼仪之邦"之称，我们也以文明有礼为自豪。中国传统社会重视礼治，强调礼治带来的社会安定。礼治精神被视为传统社会倡导的社会规范，它重在强调社会的有序性，如长幼有序、父子有序，最终形成良好社会运行体系。礼治其实也是对公民个体的要求，要求人民重视自我道德修养和人格完善，从而不断调整人与人、人与社会之间的各种关系，形成良好的社会风气，维护社会的和谐稳定，这也为我们加强社会治理提供了一些启发。

（五）生态建设方面

十八大报告中指出，建设生态文明是关系人民福祉、关乎民族未来的

---

① 刘晓丽：《弘扬优秀传统文化与提升文化软实力研究》，湖南科技大学硕士学位论文，2012，第 26 页。

长远大计。面对资源约束趋紧、环境污染严重、生态系统退化的严峻形势，必须树立尊重自然、顺应自然、保护自然的生态文明理念，把生态文明建设放在突出地位，融入经济建设、政治建设、文化建设、社会建设各方面和全过程，努力建设美丽中国，实现中华民族永续发展。关于人与自然的关系，自中国古代起就有了较为深刻的认识，虽然儒、道、释三家有不同的观点，但如果能够借鉴其合理的部分，则对我们破解生态难题、建设美丽中国有巨大的借鉴意义。

1. "天人合一"的思想

随着社会的发展，人们已经深刻意识到人与自然和谐相处的重要性。传统文化对于人与自然的关系的论述有很多，例如儒家"天人合一"的思想。对此，古代和现代学者们有着不同的解读，而我赞成张岱年先生的说法："'天人合一'深刻含义为，人是天地生成的，与天的关系是局部与整体的关系，人与自然应和谐相处。"同样的，《周易》写到："有天地然后有万物，有万物然后有男女。"道家也有"道生万物"的说法，这里的"道"指天地万物之始。这些思想说明了人与自然是同一本源，人是自然的一部分，是一个有机的整体。因此，人类如果在发展过程中破坏自然，那么也是对人类发展的一种破坏。①

2. 尊重自然规律

规律是客观的，是不以人的意志为转移的，人类在改造和利用自然界的过程中必须树立尊重自然、顺应自然、保护自然的生态文明理念，只有这样才能实现生态环境的可持续发展。《道德经》说："人法地，地法天，天法道，道法自然。"强调了遵循自然规律，这就是自然之道。"道生万物，德育万物"，为此要尊"道"、守"德"，厚德载物。这种顺应自然规律的思想，对人自身的完善，从而影响社会发展都是非常重要的。② 古代智慧为我们今天生态发展提出了要求，只有认清人与自然的关系，才能顺势而为，建设美丽中国，实现中国民族的永续发展。

四 结语

在世界几大古代文明中，中华文明是人类文明史上唯一没有中断、延

---

① 王玉庆：《传统文化与生态文明建设的思考》，《中国环境报》2012 年 11 月 26 日，第 2 版。
② 王玉庆：《传统文化与生态文明建设的思考》，《中国环境报》2012 年 11 月 26 日，第 2 版。

续发展至今的文明，已经有5000多年的历史。博大精深、源远流长的中国传统文化增强了我们的民族自信心和自豪感，为我们提供了丰富的思想财富。但是需要注意的是，在继承传统文化、增强软实力的过程中，应按照习近平总书记"两创"方针的要求，结合时代特征和发展规律，充分进行扬弃，吐故纳新，去其糟粕，取其精华，从中获得启发，为我所用。

"五位一体"的总体布局是在当前形势下党中央做出的战略指示，是当前中国软实力提升的具体落实和体现。圆满完成"五位一体"的中国特色社会主义建设任务，实现国家富强、民族复兴、人民幸福的中国梦将是对中国软实力的最好诠释和提升。中国传统文化博大精深、源远流长，构成了我们独特的宝贵财富，因此在构建"五位一体"的中国特色社会主义，不断提升中国软实力的过程中，按照习近平总书记的要求，"讲清楚中华优秀传统文化是中华民族的突出优势，是我们最深厚的文化软实力"。充分利用好传统文化这一智慧宝藏，不断提升文化软实力。

（作者单位：北京第二外国语学院国际传播学院）

语言研究的路向反思：本位观、学术创新与民族品牌意识[*]

宋 晖

一 引言

语言研究如果只耕地，不看路，势必会使研究走偏，当然，如果只看路，而不勤于耕种，便会流于空谈。两种极端取向都不可取，于是自然产生了学术研究中"跑马圈地"的说法，这实质上是提出了一个基本的学术问题，即语言研究的基础应该在哪里，在中外语言研究的关系上是否应该建立有自我意识或者以我为主的观念。

（一）冷与热

"冷"与"热"是从语言学期刊的关注方向来观测语言学的研究取向的。据金莹、严明（2009）对语言学期刊篇均引用文献数统计，2004～2006年排在前四位的分别是《当代语言学》《现代外语》《外语教学与研究》和《国外外语教学》，而《中国语文》和《古汉语研究》仅排在第13位和30位。从中可见，外语类文献充盈，可参考的文献数量远远超过中文文献，这在表层上显现出了外语研究热，或者西方语言学与中国语言学的嫁接研究热。而邢福义、汪国胜在总结30年来语言学领域的问题时，深刻指出：在国际语言学的学术大背景下，中国的语言学显露出了自身的弱

---

[*] 本文部分内容以《基于哲学理据的语言本位观研究》和《语言研究的新取向：学术创新与民族品牌》为题在《青海社会科学》2009年第3期、《江西社会科学》2010年第10期上刊发，均是笔者博士论文的一部分，此次发表略有整合和修改。

点。其一，借鉴多而原创少。不少意见具有或带有一定的原创性，但理论深度不够，更谈不上形成了系统的一派之说。就目前的研究状况而言，其主流还是以借鉴国外理论为主。诚然，对于中国语言学的发展来说，借鉴国外理论是必要的，但一定要持续不断地加强自我创建方面的分量。学者们已经或多或少地注意到了这一点，并且或多或少地审视了某些从国外引进过来的理论。从语言学研究的现状和取向看，西方语言学可谓"与时俱进"，而解释力究竟有多少和强弱，学者关注显然不够。长此以往，我们本土语言描写的理论化提升将变得更加举步维艰。

（二）静与闹

"静"与"闹"是从研究者本身的学术态度上观测学风的。随着知识分子的明星化趋势日显，越来越多的学者准备步入或者已步入"学术星工场"。语言学家由于学科本身所限，不及经济学家、法学家和社会学家受关注，少具所谓的"星范"，但不知疲倦地出席各种报告会，汇报同一命题作文，仍能给他们带来不菲的经济收益。若为了使文章尽善尽美，多和同道交流倒也无可厚非，但当为了追求经济收益，而使这种现象成为常态的话，恐怕于学术本身是一种戕害。因为学术本身是一种积累和沉淀的过程，真正能在学术史上留下一笔的，恐怕不是某某的学术报告，正如肖川（2007）所言：一个学术明星可以红极一时，但如果他缺乏原创性的思想养料去滋养一个民族的心灵，随着时光的流逝，还是免不了"风流总被雨打风吹去"。造就学术明星是比较容易的，只需要发达的传播媒体加上学者个人的天赋和努力，而一个社会要造就出思想家却需要充分的思想自由、言论自由和出版自由。

以上两种现象若不正视，势必会久积成病，笔者认为形成上述问题的关键在于观念，即语言观。之所以在本文中探讨上述问题无非是想疾呼作为一个从事语言学研究的学者，在纷纭的研究取向面前，在整个大学术气候下要有辨别是非的能力，要坚持自己的语言观，这是为学的前提。

二　语言观种种与语言本位观

语言观作为一种学术研究视角，一直受到多学科关注。哲学视角下的语言观可谓古今中外，切入点多多，如儒家的语言观，也有诸如道教、佛教等的语言观，还有关注各派代表人物的语言观的，如孔子、老子、庄子、洛克、维特根斯坦、拉康、海德格尔、伽达默尔等人的语言观。文学视角下的语言观，主要是文论视角下的语言观，主要是鲁迅、老舍等大作家的语言观。真正语言学视角下的语言观则可归纳为学派和语言学家的语言观，如认知功能学派、结构主义语言学所倡导的语言观和乔姆斯基、沃尔夫、叶斯柏森等人的语言观。从研究的广度来看，哲学界似乎比语言学界更关注语言观的问题。

语言观是什么？不同学术背景的人看法不同。哲学界论及的语言观无不涉及语言、心灵和实在的关系①，其研究成果主要反映在语言哲学中。语言学界论及的语言观的核心问题则为语言是什么的问题，如任绍曾（2004）指出，叶斯柏森对语言的基本观点为语言是使得一个人掌握另一个人的思想、感情和意志的人的劳动。② 本章从语言研究的视角切入语言观问题，主要涉及语言本位观的实质及其哲学依据。

（一）语言本位观的实质

大凡研究语言的人都必须承认自己在研究时会受到某种学术观念的支配，这种情况既可以是自觉的，也可以是潜在的。语言研究中的语言观就是支配研究方法的观念。这种观念在研究中具体体现为语言本位观。语言本位观是以哪一层次的语言单位作为切入点来研究语言问题的。语言本位观的实质是语言事实观。其表现形式诚如音位及变体之间，体现出多样性，如马建忠提倡的"词类本位"、黎锦熙的"句本位"、朱德熙的"词组本位"、徐通锵的"字本位"、邢福义的"小句本位"、马庆株的词和词组的"复本位"等。无论是什么本位，只是语言研究的切入点不同而已，其背后的实质都是以语言事实为最终落脚点。学者看待问题的角度可以不同，但语言事实不会因视角的不同而发生变化，横看成岭侧成峰，远近高低各不同，万变不改其山之本质。语言研究中有无本位观均可，但有本位比无本位要好得多，徐杰（2005）把本位比作货架，堪称用喻精辟。他认

---

① 袁文彬：《马克思主义语言哲学问题》，《安徽大学学报》2007年第1期。该文在结语中认为，从恩格斯的《劳动在从猿到人转变过程中的作用》到沃洛希诺夫的《马克思主义与语言哲学》，再到詹明信的《语言的牢笼》，这一马克思主义语言哲学研究承前启后的思想轨迹为马克思主义语言哲学问题提供了一幅生动的地形图，对语言、心灵、实在三维关系的运转提供了崭新的视角。

② 任绍曾：《叶斯柏森语言观研析》，《外语教学与研究》2004年第7期。

为，卖东西不一定非要有货架，小商小贩卖东西，根本就不管什么货架不货架的，辣椒、黄瓜、西红柿的摆一地，还不是照样可以做生意赚钱？但是，我们深信，有货架总比没有货架好。商店里的货架有两个重要功能：一是把现有的货品分门别类、整整齐齐排列出来，二是给应该有但尚未进来的货品预留空位。① 这个比喻道出了本位观的两种功用。一是使得语言体系保持系统完整性，凸显系统价值。没有货架的物品只能是零散的，形成不了系统优势。不能形成系统对买卖双方都会造成不便，双方对供求都不能一目了然，对缺什么东西，哪些东西需要更新都没有一个清楚的认识。东一耙子，西一扫帚的，虽然能够创造些价值，但总归是各自为营，而融资后的集团优势肯定大于个体。二是使得语言系统本身存在发展空间。语言系统的发展与完善从根本上说是系统组织内要素的发展与完善，而语言的三大要素——语音、语义和语法——都是"历史演化的产物"。② 用发展的眼光看，共时平面总是历时发展的一个环节，语言的发展总是要有兴亡消减的。举个简单的例子，词汇是随时代兴替更迭最迅速的，古代专用于王侯将相的"崩、薨"等词早已灰飞烟灭，而今天出现的"房奴、闪存、微博"等词，人们习以为常。语法化的研究通过爬梳历时脉络，旨在还语言现象一个完整的演变过程。诚如 Givón（1971）的名言："今天的词法就是昨天的句法。"③ 每个商场的货架制作、摆放不尽相同，但其本质目的都是支撑、存放和展示商品，无论怎么摆放，商品作为展示的对象不会发生任何变化。语言本位观的形式可以多样，但语言事实不会发生改变，在研究过程中，坚持语言事实观，做到观察充分性和描写充分性便是研究的首要前提，否则一切的演绎都只能是得不到事实支持的推论。至于解释的是否充分便见仁见智了，毕竟从主客观的角度来说，观察和描写通常属于客观范畴，而解释则带有明显的主观色彩，需要外部评价。事实不变的情况下，阐释可以众说纷纭。④ 根据研究目的的不同，语言事实可分为两大类：内省事实和应用事实。⑤ 前者主要是转换生成语法学派为自己的假设生造出的语料，这类语料符合形式化的要求。但也不完全是这样，

---

① 徐杰：《词组与小句之间的差异及其蕴含的理论意义》，《汉语学报》2005 年第 3 期。
② 姚振武：《"认知语言学"思考》，《语文研究》2007 年第 2 期。
③ 沈家煊：《"语法化"研究纵观》，《外语教学与研究》1994 年第 4 期。
④ 这一点是笔者和邢福义先生交谈时获知的。
⑤ 许余龙：《也谈语言学理论与语言事实》，《外国语》2000 年第 3 期。

乔姆斯基也使用应用事实支持其假设。① 后者主要是话语主体语感支持的语言材料，包括口语和书面语。社会语言学便严格地把应用事实作为其研究对象，通常采用田野调查的方式获得应用事实，如 20 世纪七八十年代陈建民通过录音获得的真实口语材料，分析整理后出版的《汉语口语》。拉波夫的"纽约百货商场－R"的调查案例②，至今仍为学界称道。我们认为无论是何种学派，无论研究目的是什么，语言事实首先应该选择应用事实，语言生物属性的假设一定要建立在对应用事实描写充分的基础上，即使无法完全详尽的描写，也不能放弃这一原则，这也正是语言学的科学性所在。如果因为侧重语言的生物属性的研究就放弃应用事实的话，那么只能使得假设和证明变为主观臆断，从根本上与语言的社会性背道而驰。简单举个例子来说明这个问题，如：

<u>他睁开自己的指尖</u>，全神贯注地盯住了嫂子的胳膊。（毕飞宇《推拿》，《人民文学》2008 年 9 月，第 83 页）

内省的语言事实对这类修辞意义上的语言事实是忽略的，"指尖"怎么能够"睁开"呢？然而修辞的本质正是语言的社会性体现，这种应用事实描写的目的是给动词"睁"完整的使用条件。

（二）语言事实观的哲学依据③

从研究的角度观测，语言事实就是研究的材料，这在研究中处于基础地位。研究者要做的就是对真实的材料进行归类和分析，以便为特定研究目的提取出有价值的规律性结论。不同的研究目的会造成不同的结论，这是目的本身使然。语言事实在语言研究中的基础地位从哲学层面上看是由物质第一性原理决定的。作为研究材料自然属于物质层面，而任何由此带来的阐释则是第二性的，因为阐释的主体——人——具有主观性。对于同一对象或同一客观过程，不同的主体会有不同的反映，存在着反应速度的快慢、数量的多少、程度的深浅等区别。从根本上说，没有语言事实作为前提，任何理论建构都如空中楼阁。观念的东西不外是移入人的头脑并在

---

① 石毓智：《对乔姆斯基语言学科学性的质疑——回应王强和 Chomsky 的批评》，《外国语》2006 年第 4 期。
② 胡明扬：《拉波夫和社会语言学》，《世界汉语教学》2001 年第 1 期。
③ 本章所提的哲学层面都是马克思主义哲学，非其他学派。

人的头脑中改造过的主观映像。① 既然是主观映像，便存在着不同的主体对同一客体的不同解释。在语言研究中主要体现为对同一语言事实的阐释存在多样性。如对"即使……也"作为关联标记的复句，不同的研究者认识不同：邢福义先生主编的《现代汉语》认为是让步关系复句；北大版的《现代汉语》认为是转折关系复句；黄伯荣、廖序东的《现代汉语》认为是假设关系复句。不同研究者对同一研究对象的认知程度只能是或然不约而同的，语言阐释的见仁见智又会使得人们的认识不断深化。研究客体和研究主体的这种关系使事物的本质逐渐向清晰化和相对真理化迈进。汉语复句分类的传统做法是仿照印欧语系的做法，在大类上二分，而随着对汉语事实的挖掘，以邢福义先生为主要代表的研究者把汉语复句三分，这种认识是建立在对汉语复句比较全面的观测和描写上的。

从语言事实的发展看，完全是事物内外因交替作用的结果。王正元（2008）指出，语言本体研究应该包括语言观察、描写在内的语言特点、规律及语言意义成因的机理研究，从语言现象本体研究中求"道"，语言的"道"应该来自语言本体的探求中。语言本体"道"的发现不是对本体的固守、对外界因素的排斥，语言本体所含"道"之机理存于事物的内因和外因。② 他所指的内因就是语言系统自身的演变，即系统的自我完善和发展，外因无疑是索绪尔所言的外部语言学，即由语言的社会性造成语言发展变化的诸多原因。语言本身具有强烈的社会性。从新词的迅猛产生便可看到社会对语言事实的影响。但同时我们又不能抛开语言自身发展的内因，如果没有基本词汇，没有基本构词方式，新词无论如何是不能产生的。所以，语言事实的发展离不开内外双重动因。语言发展的内外因交替作用为语言研究提供了一种视角。邢福义先生（1996）在《说"您们"》一文中指出，这种被看做错误的词汇形式在词汇系统中是天然成立的，使得汉语的三身系统变得完整。这便是从语言内部的系统性上找到其成立的理据。从实际使用中看，这种形式又是有着广泛的群众基础的。这又从语言外部的社会性上找到了其合法性的理据。两者结合便使这种形式变得合理合法。

语言事实的演变符合质量转换规律。语言的变化没有突变，否则其交

---

① 《马克思恩格斯选集》第 2 卷，人民出版社，1995，第 217 页。
② 王正元：《论语言学研究的学术视角》，《中国外语》2008 年第 4 期。

际性便丧失，造成社会混乱。语言的量变是润物细无声的，语言内部诸要素的演变体现出不平衡性，词汇往往与时俱进，语音和语法则缓步前行，甚至相对滞后。对语言事实的这种渐进性认识是符合认识论中的过程理论的，人们对复杂事物的认识过程，由于主客观条件的限制，要经历由实践到认识、由认识到实践的多次反复、多次循环才能完成。然而，对于整个认识过程的推移而言，人们的认识是渐进性发展的，因为事物的发展是无限的，从时间上说，一过程向另一过程的推移是不间断的，从空间上说，语言结构的层次，事物、过程之间的联系也是发展的。现在的语法化、词汇化研究正是把历时考察和共时考察结合在一起，力图还原出一个完整的语法地图。如王灿龙（2005）论证了"恨不得"的成词过程，展示了一个较为完整的短语成词过程，认为"恨＋不得＋VP"，其经过重新分析后，由 A 到 B，如下。①

A. 恨　不得　VP

语言事实观也是群众观。语言是作为交际工具出现在主体之间的。人民群众是语言的天然使用者和创造者。群众观是以"实事求是"为准绳的，即群众这样说，语言事实就存在；群众不这样说，语言事实就值得商榷。群众观的实质就是以群众的语言事实作为判别是或非的最后根据。任何理论在事实面前都是灰色的。理论和事实的关系也是千变万变和不变的关系，正所谓万变不离其宗。这里的"B. 恨不得　VP"就是事实，我们不是说语言是一成不变的，而是说语言事实作为客观事实的存在性。作为语言学的研究对象——语言，一定是从具体言语中抽象出来的，而言语主体是否能够表达出来，表达的普遍性如何等问题就成为研究对象是否成立的前提，当然这也是确保研究工作科学的前提。如果以历时发展作为线索探究事实的来龙去脉，从发展的角度看群众观，那么就是历史语言观的本质。这就是语言观中的辩证唯物主义和历史唯物主义。如果我们有什么本位的话，那就是"群众本位和事实本位"。② 两者是一致的。群众的语言行为就是实践，"实践的真理检验性"无疑也是适用于语言研究的，我们主

---

① 王灿龙：《词汇化二例——兼谈词汇化和语法化的关系》，《当代语言学》2005 年第 3 期。
② 关于群众本位的观点是笔者与邢福义先生交谈时受益的。

张在语言研究中强调用事实检验,而非用心灵臆断。语言事实可验证的特点符合科学的要义,即要么证实,要么证伪。洪成玉(2008)通过对汉语史事实的梳理深刻指出:语言事实是一个观点的立论基础,也是检验一个观点是否正确的唯一依据,离开语言事实的任何新观点都只能看做是无稽之谈。①

  违反语言事实观势必造成两种后果。一是造成理论上的骑墙。这在斯大林《马克思主义与语言学问题》一书中体现得尤为明显。该书主要是针对马尔语言学说提出批评的,马尔学说的核心观点之一便是语言是上层建筑,是有阶级性的,该书对此进行了彻底的批判。在 20 世纪 50 年代中期前后,斯大林的这一著作生发的语言学理论在学界是被奉为圭臬的。但随着 20 世纪中叶苏共二十大后,60 年代初期前苏联对斯大林思想重新反思,斯大林的理论又呈一边倒态势。② 斯大林的语言学观点,不需评说,但语言学家在理论上的骑墙正体现了不以事实为基本判定标准,而是以个人的主观态势转移的语言观,本质上有违语言事实观,于语言学的发展是无益的。二是造成学术理论的多元化现象。这种现象造成了学术上的表面繁荣,实则是不经深入调查跟风迎合的结果。当今学界很大一部分人便可称为追随主义者。下文谈到学术创新要详加说明这个问题。朱德熙(1990)指出,美国学者比较重视理论,相对说来,对事实就没有那么重视。有一种流行的说法,语言学的目的不是描写事实,而是解释事实。能解释事实当然很好。可是要解释事实,先得知道有哪些事实需要解释。要是对事实是什么还茫然,那怎么谈得上去解释呢?等而下之,有的理论不但解释不了事实,反而歪曲事实以迁就理论。这种把理论与事实的关系弄颠倒的观点不但美国有,中国也有;不但存在于语言学,也存在于其他学科。我国理论物理学家彭桓武先生曾说过,离开物理意义单纯搞数学推理是花拳绣腿(大意如此)。最近在报上看到获诺贝尔奖的美国经济学家季昂迪夫说:"目前经济学上的问题之一是理论太多、假设太多而事实太少",又说:"许多经济学家凭借推理作为分析的基础而不重视事实。使用假设虽然比较安全,可是要知道,假设是廉价的东西。"理论只能从事实中来。离开

---

  ① 洪成玉:《取法汉语史根基的所谓新观点——评〈从所谓"补语"谈古代汉语语法学体系的参照系〉》,载《中国语言学》,山东教育出版社,2008。
  ② 熊寅谷:《重读〈马克思主义与语言学问题〉》,《贵州大学学报》1991 年第 1 期。

事实去追求理论是缘木求鱼。① 这在方法论上要求我们多做些调查，多做些描写，虽然要费些工夫，但那是负责的研究态度。违反语言事实观，假设也可能成立，但终要靠事实来验证，否则便值得怀疑。早在20世纪初期胡适先生就发表了《多研究些问题，少谈些"主义"》一文，提出三种应时势而起的主义：好听的主义、进口的主义和纸上的主义。从中可见，具体实际问题的解决远比高呼什么主义重要。

三　学术创新之路径

（一）继承与发扬

我们的学术传统、学术底蕴可谓历史悠久，传统的理论需要我们发掘。孔子所言"不践迹，亦不入于室"即是如此。继承便是对前贤的事实描写做出理论概括，从而形成本土特色的语言理论。我们本土的语法观念形成很早，但理论化却相对滞后，这是不争的事实。理论提炼的缺失使我们的研究流于为他人佐证。人家对我们描写的事实取其有用，弃其无用，然后扣上普遍语法的帽子，大有盖棺定论之势。陆俭明先生在多篇文章中提到这个问题。陆俭明（1997）谈到配价语法与对外汉语教学时提到：类似配价的观念，40年代就有了。1946年，吕叔湘先生在《从主语宾语的分别谈国语句子的分析》一文中，有那么一段话：细想起来，"施"和"受"本是对待之词，严格说，无"受"也就无"施"，只有"系"。一个具体的行为必须系属于事物，或是只系属于一个事物，或是同时系属于两个或三个事物。系属于两个或三个事物的时候，通常有施和受的分别；只系属于一个事物的时候，我们只觉得这么一个动作和这么一件事物有关系，施和受的分别根本就不大清楚。吕先生在这段话后加了一个注：照这里看法，动词的"及物、不及物""自动、他动""内动、外动"等名称皆不甚妥当，因为都含有"只有受事的一头有有无之分，凡动词皆有施事"这样的观念。照这里看法，动词可分"双系"与"单系"，双系的是积极性动词（active verb），单系的是中性动词（neuter verb）。文中所说的

---

① 尹蔚：《多维视域下的有标选择复句研究》，华中师范大学博士学位论文，2008，第16页。

"系",就大致相当于特思尼耶尔所说的"关联"(connexion);注中所说的"双系"与"单系"就大致相当于我们现在所说的"二价"和"一价"(或"单价")。可惜吕先生这个观念和思想,吕先生本人和他人在后来都没有引发,没有进一步论述和运用,鲜为人知。所以70年代后,中国有关配价问题的研究与讨论主要是从国外借鉴来的。① 由此可见,配价的醋我们早就有了,只不过我们没给它装进瓶子里,直到人家换了包装,我们才又进口过来。殊不知,这是出口没出去,反倒转了内销,结果还浪费了外汇。我们缺少的就是理论提升能力。诚如陆先生所言:当今世界语言学研究领域内普遍关注和广泛运用的一些语法思想和分析方法,诸如"语义格""动词的价""中心词说""范畴论""变换""语用分析""篇章分析"以及语法规则的形式化表示等,其实在20世纪前半叶的我国汉语语法论著中,都已有萌芽,甚至已有所实践,只是所用术语不同而已。遗憾的是由于我国许多学者缺乏强烈的理论意识,所以这些语法思想和分析方法都没有上升到理论上来加以论述或阐释,因而鲜为人知。② 配价的热闹限于流云,随风逝去。构式语法的讨论又如火如荼地展开了,所谓构式和结构又有何不同,不见人阐述,其实,这瓶醋也不新鲜,"把"字句的处置义,不就是"构式"过来的吗?邓云华、石毓智(2007)、陆俭明(2008)以同论题比较客观地评价了构式语法的价值和局限。③ 再如,认知语言学在中国的发展可谓如火如荼,似乎已确立为名品正牌,大有文章写作必贴之,否则审稿必去之的负面影响,但姚振武先生2007年2月发表在《语文研究》上的《"认知语言学"思考》一文使我们在热闹中冷静下来,姚先生对认知语言学的研究不是泼冷水,而是善意的提醒,警示学界对待外来的东西嫁接时要加以甄别,没有理论可以包打天下,正如文中所言:科学讲的是用事实来解释事实,它是有局限的,即永远不可能充分解释所有事实(这常常成为"心灵说"的生存空间),但科学的魅力在于,它总是能通过不断的证伪获得前进,从而不断证明自己。而认知语言学却宣称

---

① 陆俭明:《配价语法理论与对外汉语教学》,《世界汉语教学》1997年第1期。理论和实践的结合问题引起我们的注意和思考。理论的升华和实践的需要是辅行相依的。
② 陆俭明:《新中国语言学50年》,《当代语言学》1999年第4期。我们对陆先生的观点深表赞同,传统的学术思想需要提升,这样我们才能有学术上的民族品牌。
③ 邓云华、石毓智:《论构式语法理论的进步与局限》,《外语教学与研究》2007年第5期;陆俭明:《构式语法理论的价值与局限》,《南京师范大学文学院学报》2008年第1期。

"对各种各样的语言现象都可以从认知上作出充分的解释"。我们自然不相信如此法力。在我们看来,这种宣言只是该学说不具有可证伪性的恰当诠释。从认识论角度看,严格地说,一种"可以解释一切"的学说,其实离一切都不能解释也就不远了。……相对于可能采用的语言形式,实际采用的语言形式永远只是冰山的一角。如果把某种语言形式与某种认知心理直接挂钩,那就难以解释语言形式潜在的、本质上的多种多样的可能性。有充分的证据表明,任何语言形式,它的昨天与今天是不一样的,甚至很不一样;而且我们可以断言,它的明天与今天也会不一样,甚至很不一样。然而,我们却不能说,或至少还不能证明,人类的认知心理,这种"人类自然属性的产物",它的昨天与今天有什么不同,它的明天与今天又会有什么两样。科学上一种好的理论应有朴素、简洁的品格,即所谓"道不远人",它对外具有最大限度的普遍性,内部具有最大限度的一致性。认知语言学在这两方面都存在不少问题。虽然认知语言学对"科学主义"啧有烦言,但我们依然相信,科学的理论和方法最终还是要在科学规范之下得到验证。[①] 袁毓林(1994)较早地看到了这种追风研究的弊端,指出认知语言学的许多语义描述和原型范畴基本上是建立在描写者的直觉的基础上。有的纯粹是为了共时描写上的方便,并没有多少心理现实性。[②] 郭锡良(2007)对姚文评议:姚振武的分析是对的,我们同某些人的争论就是从事实出发还是从主观概念出发来进行研究的争论,就是唯物还是唯心之争。坚持辩证唯物主义和历史唯物主义,不搞唯心主义,这是我们的信念。[③] 徐盛桓(2008)把这种研究状况看做是研究"危机",在论及科学研究的战略管理意识时指出:在我国,语言学研究"危机"最明显表现在"新"理论(不管在国外新不新,总之是新近涌进我国的)涌进而被认为威胁了正在流行的理论的流行程度之时。20世纪70年代,转换生成语法介绍到我国,于是外语界的研究言必称表层结构和深层结构,当然那时还谈不上研究的危机,这可能只是一种饥不择食的表现。80年代中,韩礼德

[①] 姚振武:《"认知语言学"思考》,《语文研究》2007年第2期。该文是时下对认知语言学进行冷思考的好文,使我们看到认知视域下所谓"原则"的诸多反例,由此我们对时下的研究的价值取向不禁倒吸了一口凉气,诚如盖楼,建材吹得再好,基础不牢都将建为空中楼阁。

[②] 袁毓林:《关于认知语言学的理论思考》,《中国社会科学》1994年第1期。

[③] 郭锡良:《也谈语法化》,在陕西师范大学参加第六届国际古汉语语法研讨会的发言稿,2007。

的系统功能语言学在我国兴起，于是全国马上出现了一股"功能"热。对于很多人来说，这恐怕是为了应对生成语言学研究不好做所带来的"危机"。再过一些时间，语用学的各种理论相继译介，于是刊物发表文章的作者介绍中越来越多地出现功能—语用两栖专家。90年代，认知语言学在我国外语界成为显学，于是看到许多语用和功能的学者也成了认知语言学家。① 语言学作为社会科学的一个重要分支是这样，其他分支也存在这样的问题，冯象（2008）的《法学三十年：重新出发》一文，对我国法学的研究状况深表忧虑，认为中国法学，至少其前沿精英，就应当在拒绝学术腐败的同时，培育强烈的政治意识，关注民族利益，敢于担当历史责任，把理论探讨的出发点放在中国的现实，而非任何"国际规范"或"普世价值"。如此，法学才能够触及历史真理，即上升为史学而承载民族精神，加入一个伟大的学术传统。② 追风研究的结果是学术研究的被动，被人家牵着鼻子走，丧失语言研究的主导权，也就是说，别人让你做什么你就做什么，人家的目的通过你的研究实现。长此以往的后果就是自己的家成为了人家的生产基地。

认清问题对于实施对策很重要，植根于汉语的语言学便是我们极力呼唤的，为此首先需要我们继承国学精粹。继承的要义之一便是要知道我们继承的是传统小学中的开明思想和严谨学风。潘文国先生（2000）发表了长达27页，四万多字的文章呼唤建立汉语本土语言学，言之凿凿，令人欣慰。文中历陈百年汉语研究的成绩和失误。着重指出，汉语的研究已经有了一个世纪，站在新世纪之交回顾，我们在为一百年来取得的成就骄傲的同时，也深为汉语研究中存在的问题深感焦虑和不安。最大的问题是，迄今我们还没有自己的本体语言学，还没有自己的语言理论。放眼四望，许多民族都有自己的语言学：英国有英国的语言学，法国有法国的语言学，俄国有俄国的语言学，至于美国就不用说了，但目前我们所看到的汉语语言学从理论到方法，几乎都是外来的。古今汉语研究被分割成几乎不相干的两块，传统的小学研究被撇在语言研究之外。究其原因，过多地关注而且不断地引进（这当然是需要的）国外的理论与方法是一个原因，但更重要的是，我们在引进过程中不断放弃自我。③ 继承的目的是发扬，发扬是在

---

① 徐盛桓：《语言学研究的因果观和方法论》，《中国外语》2008年第5期。
② 冯象：《法学三十年：重新出发》，《读书》2008年第9期。
③ 潘文国：《汉语研究：世纪之交的思考》，《语言研究》2000年第1期。

学术争鸣中实现的。通过学术争鸣和实践尝试，可以使认识在广度和深度上有所进展。科学的魅力就在于它的可证伪性上，也正是在不断证伪的过程中，科学得以自我发展和完善。在进行语言研究的各层面操作过程时，我们的大前提便是承认语言学是科学。波普尔（Karl R. Popper）认为科学之为科学，不是因为它可以找到支持自己的例证。科学并不在于它的可证实性。或者说，科学之为科学，是因为它与一切非科学不同，要接受经验的检验，要在经验事实的发展中不断发现自己的错误，否定或证伪自己，以便过渡到更新的理论。就是说，科学恰恰在于它的可证伪性。可证伪性和不可证伪性，这就是一切科学与非科学的根本界限。① 这种观点从长期看是对的，但是科学家自有一套抵制证伪以坚持自己的理论的对策，他可以面对大量反例而置之不理，只要科学界不发生信任危机，他可以把理论修修补补勉强应付新的经验事实以逃避证伪，如"燃素说"用燃素的"负重量"来应付金属煅烧后重量反而增加的现象。② 但随着人们认识的深刻，真相总是会到来的，尽管有时姗姗来迟。"燃素说"统治18世纪的化学界长达70多年，氧气被发现后，"燃素说"大白于天下，也就退出了历史舞台。我们说"燃素说"对科学的发展有相对的积极意义，一种学说要是伪科学总有解释不了的地方，这便需要人们去寻求新的方法，当然随着认识的深刻，可能新法又被推翻。这就是真理的相对性。理论越辩越明，历史上的论争姑且不论，石毓智（2005）《乔姆斯基语言学的哲学基础及其缺陷——兼论语言能力的合成观》一文引发王强（2006）、司富珍（2006）等人争论便使得学界对乔姆斯基学说的思考在广度和深度上进一步深入。③ 一种理论到底管不管用，到底在多大程度上管用，这些都足以引起讨论和论争，论争的好处便是加深人们的认识。陆俭明（2008）论及构式语法理论的价值与局限时，认为构式语法理论这种研究的前途如何难以预卜，但有一点可以肯定，无论是走得通走不通，都是伟大成果——走得通，可以给语言研究再走出一条新路；走不通，可以给后来者树一块"此路不通"

---

① 《科学知识进化论——波普尔科学哲学选集》，纪树立编译，生活·读书·新知三联书店，1987，第13页。波普尔的证伪主义观狭义区分了科学与非科学。
② 《科学知识进化论——波普尔科学哲学选集》，纪树立编译，第13页。
③ 王强：《谈石毓智（2005）一文中的问题》、司富珍：《语言学研究中的科学方法》，《外国语》2006年第4期。

的警示牌。① 所以，发扬最终要使人们辨清真伪，去伪存真，使好的理论在争鸣中完善，使不好的理论遭到扬弃，这是学术良性循环之路径。

(二) 学术监控与普遍适用

学术监控是一种学术监督机制，是通过学术评价对学风和学术方向进行良性引导。王正元（2008）指出，语言学研究过程同产品制造一样，需要随时地监控，发现缺陷、非良性运转要即时修正、调整，但学术研究的监控不是规定性的，也不是强制性的，而是研究者本人的学术反思和界内人士积极的评价和批评，以使膨胀的理论泡沫和学术霸权得到扼制，学术垃圾得以随时清除，优良学术之风得以发扬，学术研究得以和谐发展。② 这种机制可视为是学术机制的自我调节。调节主要通过学术批评和权威话语平台的引导。学术批评则要提倡批评者善意、关切地指出问题，又要提倡被批评者的学术包容，做到只对文不为人，做到他律和自律的统一。权威话语平台的引导主要是依靠权威刊物等媒介的栏目设置、刊发倾向来引导学者的学术品位和学术潮流，这种引导存在着极大的学术风险，所以一定要做好专家论证、学术评议等认定。作为学术期刊界的新兵——《汉语学报》（教育部主管，华中师范大学主办）2004 年第 1 期开辟专栏围绕邢福义先生 1995 年在《中国语文》上发表的《小句中枢说》一文展开系列性讨论，历时一年半，最终成果于 2006 年由东北师范大学出版社以同题名结集出版，社会反响强烈，使学界对小句中枢理论的认识得以深化，可视为学术引导的成功范例。

普遍适用不能理解为绝对适用，这里有两个层面的含义：一是指学术成果不能故弄玄虚，要让大众根据事实能够做出基本的正误判断；一是学术成果有一定的价值，或是理论上的，或是应用上的。邢福义先生给笔者说起过当年的一件小事，有一次和著名语言学家邢公畹先生谈及时下文章短长时，邢公畹先生表示深切的忧虑，因为有些文章故弄玄虚地玩术语、偷换概念让人云里雾里的不知所云。后来，邢福义先生在指导学生时把读得懂、信得过、用得上作为评测文章好坏的三条重要标准。读得懂，这是文章写作的第一要务，文章是为了给读者看，如果你的受众读不懂，除了

---

① 陆俭明：《构式语法理论的价值与局限》，《南京师范大学文学院学报》2008 年第 1 期。
② 王正元：《论语言学研究的学术视角》，《中国外语》2008 年第 4 期。

受众自身的素质差距外,文章本身的问题恐怕也不能逃脱干系,这样的文章好坏自然彰显了,谁也不能说读不懂的文章是好文章。读得懂,要求研究者把复杂的道理简单化、形象化的描摹,不好表述的就多用事例阐明。信得过,要求文章真正做到"例不十,法不立"。这和相声创作来源于生活取法类似。用得上,文章写作一定要联系实际,不写空妄文章,不写虚灵文章。在专业化和规范化的旗号下,人们致力于对衣食住行等具体社会现象的探讨,或者专注于对思想者和理论文献的个案研究,学术视野变得越来越狭隘,趣味也变得越来越猥琐。书袋子被等同于学问本身,注释的长度成为渊博的标志。专家们局促在自己的那一方"井田"里精耕细作,把大路朝天的知识国度搞成了阡陌纵横的特权世界,本应是关乎天人的知识探求也变成了少数人自得其乐的智力游戏,变成了像农民凭产量定绩效的简单的脑力劳动。这不可避免地使学术研究陷入了无聊和沉闷之境,并且远离了社会现实的需要,从而丧失了对社会历史之深层演变的解释能力。① 简单的东西复杂化不能证明学术能力高,而使复杂的东西变得通活鲜透则鲜有人可以做到,但无疑这是有意义的。

四 研究取向的民族品牌意识

(一) 何为研究取向

研究取向是以谁为主和为谁服务的问题。自 1898 年《马氏文通》以来,汉语研究在中国化或是本土化的路上式微,这直接导致汉语语言学在世界语言学一直担当配角。《马氏文通》肇始了汉语研究崭新的系统性开端,却也使汉语研究一开始便深受西方语法理论的影响。潘文国(2000)指出,马建忠以"中"就"西",并以语法为突破口,把汉语研究带上了世界语言研究的轨道。此后,汉语研究的"现代化"就是在不断与西方"接轨"、以西方模式来进行改造的过程中运行着。② 乔姆斯基的转换生成语法是以英语语言材料为主,为其本民族的语言应用服务。由于其打着"普通语法"的旗号,所以必须辅之以其他语言,在很大程度上并没有也

---

① 李宪堂:《思想的沉重与无奈》,《中国图书评论》2008 年第 9 期。
② 潘文国:《汉语研究:世纪之交的思考》,《语言研究》2000 年第 1 期。

不可能把其他语言现象系统化地吸收进去，碎片化后的其他语言现象附着在"普通语法"上难免使该假说存在诸多漏洞，这也是其不断得以修正的原因。石毓智（2006）认为，要真正了解乔姆斯基语言学的得失，最重要的是要具备两个条件：一是对现代科学思想和科学发展史的学习掌握；二是对自己母语的系统研究。前一种知识可以帮助我们判断一种理论符不符合科学标准，后一种知识则帮助我们知道一种理论是否符合语言本性。我们对乔氏理论的看法就是基于这两点。对语言学理论的思考并不是任何国家学者的特权。我们中国学者也完全可以根据对汉语事实的调查，遵循一般的科学方法，提出具有普遍意义的语言学理论。我们不能总是把理论的发明权拱手让给别人，而觉得我们自己只配用汉语材料给人家理论作诠释印证的工作。在中国语言学理论建设上，我们应该避免两"妄"：既不要妄自菲薄，也不要妄自尊大。我们朝这个方向不断努力，就会逐渐树立我们对语言学理论建设的自信心来。① 语言学理论的作用在于为更多的事实服务。潘文国（2000）指出，冯胜利在解决被动句的问题上存在实际为理论服务的根本问题，其过程就是从"普遍语法"出发，经过种种转弯抹角的巧说，最后"证明"了"普遍语法"的正确。② 冯的研究涉及"被"的问题，在汉语中"被"是介词已没什么争议，即使其存在着语法化过程，为了某种研究目的便把它定位"动词"也确实不妥。汉语研究一定要走"以我为主"的路线，和国际学术的接轨要深深刻上汉语符号，要有学术独立性，否则在理论上要么附庸要么骑墙，在事实上的描写上也无精到之处。所以，接轨的前提便是对自身的全面了解。学术上的争鸣大不必上升到"主义"层面，我们力主学术要有自己的民族品牌，但我们决不妄自尊大。大声疾呼民族主义未免有些狭隘，我们不想打着主义的旗号标榜什么，只需踏踏实实做好本族语言事实的描写和解释工作，为语言的共性研究增加浓厚的汉语规律。诚如科姆里（1989）所言，了解语言共性必须要对每种语言进行充分的详尽的个体研究。乔姆斯基也认为，了解语言共性的最好方法是对一种语言作详尽的研究。③ 虽然潘文国认定乔姆斯基认为的这一种语言为英语，但我们也有理由把这种语言阐释为其他研究者的母

---

① 石毓智：《对乔姆斯基语言学科学性的质疑——回应王强和乔姆斯基的批评》，《外国语》2006年第4期。
② 潘文国：《汉语研究：世纪之交的思考》，《语言研究》2000年第1期。
③ 潘文国：《汉语研究：世纪之交的思考》，《语言研究》2000年第1期。

语。邢福义先生（2004）在接受《光明日报》访谈时指出，当前，中国语言学应该以"能够跟国外理论平等对视"作为第一追求。了解和引进国外语言学理论很有必要，但是，不能总是跟着跑。只有努力摆脱附庸地位，在深入研究汉语特点的基础之上，提出能够跟别人平等对话相互交流的学说，中国的语言研究才能真正做到"同国际接轨"。须知，接轨是双向的。要跟强者接轨，自己必须成为强者。小羊，不可能和狼接轨！邢先生的话不由得让我们想起"落后就要挨打"来，你落后的话，就没有人和你接轨，只有侵略，只不过以前是武力的，现在是文化的，以前是大张旗鼓的，现在是温润渗透的。

向西方学习绝对不是崇洋媚外，更不是为了显示我们的博大，因为学习是有选择的学习，有目的的学习，如果毫无目的的学习，最后学得越多恐怕为别人准备的嫁妆也就越多。所以，我们认为学习西方的本质在于对本民族文化传统的尊敬和认同。

（二）何为民族品牌

民族品牌是在汉语研究时要有贴"中国化"标签的意识，只有民族的才是世界的。这和商品的品牌类似，如"海尔电器"正是靠着自主创新才完成世界化的。学术的民族品牌需要众多学术团体集体打造，单靠个人奋斗恐怕很难完成。邢福义（2005）指出，形成汉语语法研究的中国学派，是创立中国特色汉语语法学的基本条件和突出标志。在这一点上，我们有明显的弱点，这就是：原创性理论不多，学派意识不浓，没有真正形成"百家争鸣"的繁荣局面。① 其实，国内汉语研究已经形成了华中、上海和北京等几个重要板块，各个板块均有领军人物，独到的理论，可谓特色鲜明，如华中学派的"小句中枢理论、两个三角理论和句管控理论"、上海学派的"三个平面学说"等影响深远。但学术成果的相互合力很难形成，诸多成果存在着重复建设，如计算语言学学科，由于缺少沟通、信息不公开或缺少成果展示，实践性成果共享障碍明显，如语料库的共享，北大在网上的语料库更新速度较慢，且文体较杂，为检索带来诸多不便。因此，"中国化"民族品牌的语言学理论在国际语言学界话语力乏。

---

① 邢福义：《语言学科发展三互补》，《汉语学报》2005年第2期。

（三）加强语言输出的"质"

随着中国在世界上的地位日益提高，让世界了解中国便成为迫在眉睫的现实需要，语言输出无疑是文化沟通的一个重要的有效的途径。从学理层面，鲁国尧（2008）已有论述：中外史实证明，国家之强盛必然带来其学术文化的强势，即"国力学术相应律"。① 作为国家汉语推广政策的执行机构，截至 2008 年年底，国家汉办已经在世界各地开办了 200 多所孔子学院，为中西文化交流开辟了通衢。但从近几年国家汉办公派国外的汉语教师的工作单位背景看，多为中学教师，是否能把汉语研究成果转换成教学成果还值得商榷。即使派出的大学教师也多是教学型的，能顾及研究的还不多见。孔子学院作为以教学为主的机构应逐渐加强研究成果的转化能力，甚至把教学型派出调整为研究型派出，即使短时期内还不现实，毕竟国外汉语教师缺口太大，但从战略规划上值得考虑。国内的对外汉语教学和国外很不一样，国内是一种渗透式教学和国外汉语教学的本质区别是目的语环境和非目的语环境的区别。若孔子学院能够有专设的研究机构便有可能提高语言输出的"质"，同时对国内的汉语研究也会起到带动的作用。

五　结束语

语言研究者对普通语言学成果的关注本是自身发展的要义，但跟着国外理论转必然会使中国语言学成为西方语言学的注脚。② 在盛产理论的时代，今天的理论很快就会成为明日黄花。在信息时代，理论创新与理论颠覆往往是同步进行的，但理论如果真的可以批量生产，也就不可靠了。生命力强的语言观只能是语言事实观（群众观），这在学理层面是经得起推敲的，因为最大的学理就是"事实胜于雄辩"，③ 只有在这样的事实归纳下得到的规律才可能顽强生存下去。一个国家在经济上不发展民族产业，依靠服务业创造价值总会流于泡沫，诚如美国次贷危机引起的金融危机中的冰岛，一个国家的学术没有强大的民族品牌也必将在轻歌曼舞中华而不

---

① 鲁国尧：《"徐通锵难题"之"徐解"和"鲁解"》，《湖北大学学报》2008 年第 3 期。
② 这是邢福义先生在与笔者通信中写到的。
③ 邢福义先生在《汉藏语学报》创刊笔谈中曾提到"事实胜于雄辩"这是一句格言。多摆事实，用事实说话，可能是最受读者欢迎的。

实。这不是闭关锁国、封闭自守,即使在国外,路易莎·马飞(2003)也高呼:语言学界倾向于将研究重点由建立和描述(基于英语和其他几种得到充分描述的主要语言)抽象语法模型重新转移到"老式"工作来:进行语言田野调查,尽力描述和记录世界上的濒危语言,世世代代保存它们。①虽说的是濒危语言的事,但如果我们不未雨绸缪,不把我们的汉语事实描写清楚,留给我们后人的将是残缺的历史。中国古代文明的发达是不争的事实,如今国力强盛,我们有理由相信凭借着中国人的聪明才智可以在学术上跻身世界民族之林。诚如邢福义先生在接受《光明日报》(2004年10月22日)访谈时说的那样:中国人,能够干出令世界震惊的任何事情。现在,中国已经进入了民族复兴的伟大时代,我们应该,也可以大有作为。我深信,中国正在阔步走向世界,中国的语言学,也必将阔步走向世界。

国内众多出版社的学术名著引进工作开展得如火如荼,如世界图书出版公司已引进语言学外版图书多种,并形成了一定的品牌效应。上海外语教育出版社、外语教学与研究出版社、北京大学出版社都极力打造国外图书的中国品牌。在可预见的将来,西方语言学将更多地进入中国学界,这对学术繁荣、学术交流会起一定的积极作用。但同时又给学者,尤其是给青年学者带来了诸多困惑,外版书看抑或不看,甚或是有选择地看,都是云里雾里,无奈之下,大多数学者只能在学术刊物后附参考文献的引领下潦草读过,至于是否可以致用则可姑且不论。最热闹的不一定是最前沿的,也不一定是流传时间最持久、传播范围最广的,可能是过眼烟云。所以我们在汲取外来文化养料之前还应读读经典。国外的著作,类似索绪尔的《普通语言学教程》、布隆菲尔德的《语言论》;本土的经典著作,如马建忠的《马氏文通》、黎锦熙的《新著国语文法》、吕叔湘的《汉语语法分析问题》、朱德熙的《语法讲义》、20世纪现代汉语语法八大家文集等。

(作者单位:北京第二外国语学院国际传播学院)

---

① 〔美〕路易莎·马飞:《濒危语言 濒危知识》,黄觉译,《国际社会科学》2003年第3期。

语言借用与文化传播的走向

党静鹏

一 语言借用与文化传播的走向

语言接触往往导致语言借用，特别是词语的借用，词语借用是一个过程，是指一种语言中的词语被借用到另一种语言中，并成为另一种语言词汇系统中的成员。外来词是这一借用过程的结果。学者研究外来词时往往着眼于受语（接受外来词的语言）一方，即研究外来词如何被借用到受语中以及在受语中的变化和发展。但值得注意的是，语言接触中的词语借用实际上是双向的，处于接触中的语言可能同时既是源语（外来词的提供者）也是受语，即一方面借入其他语言的词语，另一方面也向其他语言借出本族语的词语，这是因为在两种语言的接触中，"双方都不能维持原有状态，而呈现相互采借、彼此容受的涵化现象"[①]。当然，在相互采借的过程中，借入与借出的数量往往并不相等，通常强势语言或处于文化优势地位的语言借出得多，借入得少，因而对于一种语言而言，就存在"出超现象"或"入超现象"，前者即借出词多于借入词，后者即借入词多于借出词。语言借用的方向由语言背后的文化动因所促动。语言接触是两种语言之间的互动，语言自己是不会发生接触的，真正发生接触的是语言的使用者以及使用者所依存的社会文化，因此，语言接触的背后是社会文化的接触与互动。由语言接触所导致的语言借用则可以反映出文化互动的样态，

[①] 冯天瑜：《新语探源——中西日文化互动与近代汉字术语生成》，中华书局，2004，第29页。

语言借用的方向也反映出文化传播的走向。文化传播的走向是由高势位流向低势位，这是由文化传播的"动力学规则"所决定的①，这一走向决定了两种语言借用的方向。

作为历史悠久的文明古国，历史上中国对其他国家特别是周边国家产生过重要影响，文化传播的走向以向外传播为主，日本等周边国家依附于中华文明，在语言文字上向汉语借用了大量词汇，并将汉字这一书写体系借来记录本国语言；而自近代以来，这个昔日的东方大国逐渐走向衰落，在快速发展起来的西方现代文明的映照下，渐渐失去了昔日的光芒。虽有"东学西传"相依相伴，但文化流动的方向却始终以"西学东渐"为主流。汉语外来词历史上的第二次和第三次高潮即发生在自近代以来的这一延续了一百多年的历史时期。

二 谈古论今：中日语言接触与文化传播走向

（一）从汉语到日语的借出

中日两国之间的文化交流源远流长，与之相伴随的是长期以来的两国语言文字之间的相互影响与借鉴。自公元5世纪汉字被借入日本成为日语的书写符号以来，以汉字为载体的汉语汉文化便对日本的语言文化产生了重要而持久的影响，这一语言与文化的传播走向一直持续到近代。鸦片战争以前，中国是文化的输出者，汉字作为先进文化的代表，促进了日本文化的发展。近代以前，中国的汉文化是主体文化，占有优势地位，日本文化则是依附文化，日本史学家内藤湖南将日本看做是中国文明圈的一员，并做了这样的比喻："日本文化是豆浆，中国文化就是使它凝成豆腐的卤水。"英国史学家阿诺德·约瑟夫·汤因比说，日本文明是中国文明的"交流文明""卫星文明"②，日本在长达一千多年的历史中，从中国吸收了生产技术、典章制度、哲学艺术等多方面的文明成果。日语中的汉字以及大量的汉字词就是这种文化传播走向的明证。

---

① 冯天瑜：《新语探源——中西日文化互动与近代汉字术语生成》，第29页。
② 冯天瑜：《新语探源——中西日文化互动与近代汉字术语生成》，第29页。

(二) 从日语到汉语的借入

近代以来，特别是晚清至民国时期，中日文化传播的走向发生了逆转，日本作为中国与西方文化相接触的中介，向中国输出了大量代表西方先进科学技术之概念的日译汉字词，从而推进了中国社会的现代化进程。中日文化传播走向的这一转变事实上反映了中日两国文化力量的此消彼长。在这一时期，日本的文化依附由中国转向西方，明治维新打破了日本长达两百年之久的锁国政策，日本以开阔的胸怀迎接西方文明的洗礼。为了加快学习西方先进的科学技术，日本人大量翻译西方的科学技术文献，这其中也有一些是早期中国的西方传教士和中国知识分子共同翻译的作品，后来传入日本。在这一过程中，日语中出现了大量由日本人创制的汉字新语，用以翻译西方科技文献中的术语。在学习、接纳西方文化的过程中，日本通过明治维新这一社会大变革领先中国走上了现代化的变革之路，逐渐占据了优势文化的地位。而此时的中国，尽管国门早已被西方列强的坚船利炮打开，但却没有敞开胸怀接纳西方文化，没有迈开走向现代文明的步伐。虽然士大夫中有少数先觉者看到了日本明治维新后的快速进步，但直到甲午海战，直到庞大的中华帝国在日本面前不堪一击而溃败之后，才有更多的人看到日本因学习西方文化而取得的快速发展，并认识到向西方和日本学习的重要性和必要性。于是寻求日本富强的经验就成为时代潮流，模仿日本维新变法成为一种社会思潮逐步蔓延开来。正是在这样的社会背景下，中日两国的文化交流走向发生了逆转，与之相伴随的语言借用的方向也由以前的中国向日本输出变为中国从日本借入。这一时期，几乎在现代科学的所有领域，汉语都大规模地采用了日语新创制的汉字新词。今天的现代汉语有很多基本词汇都是这一时期来自日语的舶来品，如"服务、组织、纪律、政治、革命、政府、政党、方针、政策、申请、解决、理论、哲学、原则……"这些汉字词在现代汉语的形成过程中起到了重要作用。在中国与西方文化的接触中，日本起到了中介的作用，一方面是由于中日两国一衣带水的地缘关系，另一方面更得益于两国共同享有的汉字书写体系以及在这一共享书写体系基础上形成的文化相通性。汉语以日语为中介吸纳西方语言中的必要成分，日本在创制本民族文字之前一直使用汉字来记录自己的语言，即使在拥有了本民族特有的文字之后仍然继续使用汉字。日语中的汉字词，尤其是使用汉字意译西方语言的词语，对于汉语使用者来说都有一种似曾相识的亲切感,接受起来非常容易,因此,大批留日中国学生带回的大量日语汉字词很快在汉语中扎下根来。

三 百年历史：中英语言接触与文化传播走向

（一）从汉语到英语的借出

英语是一种具有开放性的语言,从世界上几乎所有主要语言中吸收了大量词语,外来词占英语词汇总数的半数以上。其中,来自法语、拉丁语的外来词最多,此外还有来自希腊语、西班牙语、意大利语、马来语、日语、俄语、汉语、阿拉伯语等多种语言的外来词。英语中来自汉语的外来词数量不是很多,排在第11位,因此并未得到研究者的重视。对英语中的汉语外来词进行过比较系统研究的是美国德克萨斯大学的坎农（Garland Cannon）教授。根据坎农的研究[①],英语中的汉语外来词有1000多个,这个数字远远超出了此前一些学者提供的数字。他认为,英语中源自汉语的词汇非常丰富,研究英语外来词一定不能低估汉语对英语词汇系统的影响。

英语中出现汉语外来词已经有一千多年的历史,英语与汉语的接触可分为间接接触阶段和直接接触阶段,汪榕培、常骏跃（2001）指出"中国和英国之间最早的直接接触是1637年英国船队来华运茶,此前的中英接触主要通过第三国进行,汉语对英语的影响极为有限"[②]。在间接接触阶段中,英语中的汉语外来词有人们熟悉的 silk、china、tea 等词,silk 是经丝绸之路通过拉丁语和希腊语于公元888年进入英语的,反映了我国丝绸文化对西方的影响。China 一词多数学者认为源于我国的第一个统一的封建王朝"秦",欧洲人对秦始皇和他所缔造的秦帝国的认识也是通过这个横贯中亚的丝绸之路获得的。此外,早期英语中的汉语外来词还有 galingale（良姜）、bonze（和尚）、litchi（荔枝）、typhoon（台风）、mandarin（官

[①] 参考 Garland Cannon,"Dimensions of Chinese Borrowings in English", *Journal of English Linguistics*, 20（1987）: 200. 和 Garland Cannon,"Chinese Borrowings in English", *American Speech*, 1（1988）: 18. 两篇文章。

[②] 汪榕培、常骏跃:《英语词汇中汉语外来词的来源》,《四川外语学院学报》2001年第4期。

话）、sampan［舢板（吴语）］、li（里）等。

17世纪英国人将他们海外贸易的触角直接触及到了中国，中国和英国开始了直接的贸易往来，与此同时一批传教士来到中国传教，自此，汉语和英语开始了直接接触。自16世纪末至18世纪，对于西方来说，中国具有深刻的魅力，史景迁说"西方被中国迷住了"，"我相信日本、印度、中东（波斯或者伊朗）都从未如此强烈地吸引过西方，你可以说它们对西方也产生了影响，但中国四百年来对于西方所具有的却是一种复杂的魅力"①，在这期间来到中国的无论是外交使者、水手还是传教士都向西方社会描绘了一个强大的、中央集权的中国。这些欧洲人来到中国，在中国住上15年或20年，他们可以很好地理解中国的语言和文化②。这些欧洲人将对中国的赞誉和他们所理解的中国文化带回了欧洲，对西方社会带来了不小的影响，中国文化经由欧洲人自己传播到了欧洲。在这一过程中，汉语中的一些语言成分也被夹裹着进入到了欧洲的语言系统中。让我们来看一下这一时期英语中的汉语外来词：tea（茶）、gin-seng（人参）、bohea（武夷茶）、kaolin（高岭土）、yamen（衙门）、taotai（道台）、kow-tow（叩头）、Taoism（道教）、pailou（牌楼）、Ming（明代）、Manchu（满族）、samshu（烧酒）、chopstick（筷子）、li（礼）、soy（大豆）、sycee（银锭）、longan（龙眼）、ginkg（银杏）、Han（汉代，汉族）、Tai Chi（太极（道家与儒家思想））、feng-shui（风水）、petsai（白菜）、chin-chin（请）。

18世纪是欧洲历史上最倾慕中国的时期，但"当时的欧洲已经出现了一股否定中国的情绪，这种情绪一直延续到19世纪，甚至到20世纪"③，一些学者从社会制度、教育制度、宗教思想、法律、礼仪甚至语言文字等方面对中国社会进行批判，他们否认中国有发展的能力，西方社会对中国的看法和态度开始发生改变，他们将中国看成是腐朽的、停滞不前的。鸦片战争后中国沦为半殖民地半封建社会，中国已经不再是西方人赞誉和向往的社会，而成为一个既神秘又落后的且即将被人类历史所抛弃的社会。因此，鸦片战争之后的百年间进入英语的汉语外来词，"虽然仍有茶、丝绸、瓷器等方面的少量词汇进入，但它们已不再是中国先进文化的象征，

---

① 史景迁：《文化类同与文化利用》，北京大学出版社，1997，第15页。
② 史景迁：《文化类同与文化利用》，第29页。
③ 史景迁：《文化类同与文化利用》，第58页。

西方人只是把它们同艺术品一样欣赏。反之，我们看到更多的是中国落后和神秘的东西：赌博、廉价食物、鸦片、黑社会、腐败官僚等"①，如 fan-tan（赌博游戏）、mahjong（麻将）、pakapoo（白鸽票）、yen（瘾）、yen-koh（烟斗）等。

1949年中国建国以后直至改革开放，由于政治关系和意识形态差异，汉语和英语的接触很少，只有一些反映中国社会历史事件的政治类的汉语外来词进入英语，例如 Great Leap Forward（大跃进）、Great Cultural Revolution（文化大革命）、Four Modernizations（四个现代化）、reform and opening up to the outside world（改革开放）、One country with two systems（一国两制）等。1978年改革开放至今，汉语向英语输出了一批新的词语，如 guanxi（关系）、to lose face（丢面子）、ganbei（干杯）和 ganbu（干部）等。新时期，我们的语言输出和文化输出呈增长趋势②，但仍然十分有限，远不及英语向汉语输入之规模，晚清以来的文化传播走向依然没有发生根本性的改变。表现为一方面汉语输出到英语的外来词的数量少，另一方面，如 Cannon 所指出的汉语外来词大多"局限于有关东亚或仅仅是中国的语境"③，这反映了中国文化对英语世界的影响其实并不显著，中国文化的对外传播还远远不够。

近代以来，英汉两种语言社团在政治、经济和社会发展中存在着较大的差距，从而形成了以英语文化为主的强势文化族群及代表着弱势文化的华人族群。在这种文化势力不均衡的局面下，汉语和汉文化的扩散是十分有限的。汉语外来词在英语词汇中大体上只凸显中华文化、生活习俗和地理概貌三个方面，在英语词汇体系中处于边缘地带。

(二) 从英语到汉语的借入

代表西方文明的英语文化在不断扩张的过程中和代表东方文明的中华文化发生碰撞，在文化的碰撞中两种语言互相接触并借入了对方的词语。

---

① 黄焰结：《从 silk（888）到 taikonaut（2003）——英语中汉语借词的社会文化研究》，《天津外国语学院学报》2005年第4期。

② Jian Yang 对 Cannon 的研究进行了后续研究，发现汉语外来词在英语中有增长的趋势，并讨论了汉语外来词在书写形式和语义领域方面发生的变化。参见 Jian Yang, "Chinese Borrowings in English", *World Englishes*, 28 (2009): 90–106。

③ Garland Cannon, "Chinese Borrowings in English", *American Speech*, 1 (1988): 18.

在中英两种文化力量的对比下，我们看到近代以来文化传播和语言借用的走向其主流是西方文化在中国的渗透以及大量英语外来词的借入。上文指出英语和汉语的直接接触开始于17世纪中叶，这一接触不仅使得英语无需再通过其他语言为中介而直接从汉语中吸收外来词，同样，也为汉语带来了大量反映西方文化的英语外来词。如果说在两种语言直接接触的早期双方彼此借用所需之词以填补各自语言的表达空缺，那么鸦片战争以后两种语言之间的借用便开始呈现出极为不平衡的借用趋势，汉语从英语中借用的词语远远多于英语从汉语中借用的词语，如果算上汉语从日语中借来的表示西方文化概念的日制汉字新词，那么这种语言借用的走向则更加明显，其所反映出的文化传播的走向亦更加清晰。从鸦片战争到20世纪40年代这一段时间，资本主义国家借助科技进步，用洋枪洋炮敲开了中国的大门，代表西方政治、科技等词语随之涌入。钟吉娅对《汉语外来词词典》中7971个外来词来源进行统计，其中英源词3602个，英语为所有来源语之最[①]。

20世纪后期中国大陆实行改革开放政策之后，汉语迎来了最近一次外来词引入高潮，在这次高潮中汉语以更加开放的姿态全方位地从其他语言中吸收外来词，其中英源外来词仍是最多的。罗常培在20世纪50年代就指出，汉语对英语的"入超现象"十分突出，而这种情况在今天则更加明显。尽管"全球语言监督机构"曾发布报告称，在借入英语的新单词中，中文借用词数量较大，以5%到20%的比例超过任何其他语种来源，但英语词汇进入汉语的数量更大。新时期汉语外来词中英语是最主要的外来词来源，李彦洁的研究表明新时期汉语中英源外来词占作者所建"新时期外来词词库"总数的85.76%[②]。这有两个原因。一是20世纪以来英语在国际上的地位日益提高，已经成为公认的国际通用语，英语作为国际通用语为不同民族和文化的人们进行交流提供了便利，与此同时，英语以强势语言的姿态对其他语言产生了极大的影响。英语的广泛应用和英语教育的普及增加了其他语言与英语的接触，英语得以以各种方式渗透到他国语言文字系统和语言文字生活中。二是国人心态的调整与转变。陈建民指出"在吸收外来语词的过程中，由于大陆封闭性文化的做怪，汉人的思想一直是

---

① 钟吉娅:《汉语外源词——基于语料的研究》，华东师范大学博士论文，2003。
② 李彦洁:《现代汉语外来词发展研究》，山东大学博士论文，2006。

矛盾的，时而这样，时而那样，拿不定主意。人们担心滥用外来词会影响祖国语言的纯洁和健康，对不合汉语习惯的音译词的处理尤其慎重，有意无意地阻止音译词的进入。因此，纯粹音译词在汉语里绝大部分没有扎下根来，它总是处于被排斥的地位。如果排斥不了，那才吸收，吸收中又通过意译或音译加类名或音义融合等手段进行改造，使许多外来词看不出'舶来品'的性质"①。虽然今日语言纯洁论者的声音仍不时响起，但国人吸收外来词的心态正逐渐由封闭转为开放，人们对外来词的翻译也采取多元互补的方法，汉语外来词有了更大的发展演变空间。已经取得经济独立的汉民族，在文化中也是独立的，有着自己的文化吸纳取向和文化吸入原则，真正实现与西方强权文化的对话。

不仅在数量上可以看出英语对汉语的影响，在外来词类型上，近年来，除传统意义上的音译外来词和意译外来词外，外来词又有了新的特点，出现了大量以英语为主体的字母词和英语原形词。商务印书馆出版的《中国语言生活状况报告》在大规模真实文本中专门对字母词语使用状况进行了考察，"结果显示：现代使用字母词已经不是语言生活中的偶发现象，字母构成的词语已成为汉语词汇的一部分，如'VS、NBA、GDP、AC、IT、MP3、QQ、AMD、DVD、CEO'等已经进入前5000个汉语高频词语的行列"②。《现代汉语词典》从1996年第三版开始收录以西文字母开头的字母词，共39条，其后几版收录字母词数量递增，2002年第四版142条，2005年第五版182条，2006年第六版增至239条。由此可以看出我国语言生活中字母使用的总体趋势。传统外来词一般用汉字译写，语音也受到汉语语音系统的改造，从而在字形和语音上都不同于外语源词，但近年来，使用外语源词的情况越来越多，尤其是英语词，英语以更加明显的形式渗透到汉语中来。

19世纪末至20世纪上半叶，汉语中的英语外来词主要是科学与技术方面，接下来依次是社会、文学艺术、日常生活、经济、政治、教育。20世纪70年代末以来的第三次外来词浪潮中，外来词在语义领域上有了一些变化，主要是高科技（如软件、人工智能）、流行文化（如DJ、情景喜剧、卡拉OK）、西方市场经济（如信用卡、借壳上市）、高水平和流行消

---

① 陈建民：《从语言接触看中国大陆的封闭性文化》，《汉语学习》1989年第1期。
② 王铁琨：《语言使用实态考察研究与语言规划——发布年度语言生活状况报告的思考》，《语言文字应用》2008年第1期。

费（如桑拿、奔驰、汉堡包、热狗）等方面①。总体来看，英源外来词涉及西方物质文化、精神文化和制度文化的各个领域，可见英语对汉语的影响是全方位的，而不是像汉语外来词那样多限于与中国特有文化有关的领域②。

四 思考：中国文化的对外传播

鸦片战争打开了中国封闭已久的国门，中国开始与世界发生接触，在语言的接触与文化的碰撞中，处于文化弱势一方的中国从西方强势文化中吸收了大量语词和概念，在中国的现代化进程中起到了重要作用。近代历史上西方文化对中国社会的影响是巨大且深远的，从语言借用这一角度来透视，我们就可以深刻地认识到，外来词的引入并非单纯在语言词汇系统中增加了一些词语，更为重要的是其在推动中国的自然科学和社会科学的产生与发展方面所起的作用，这些词语建立了多个学科的概念体系③。语词是概念的载体，近代的新外来词是近代的诸种概念得以成立的物质保障，例如"自由、民主、个人、权力、义务……"人文社会科学的词语以及"原子、分子、细胞……"自然科学的词语。史有为指出"语言及其政策本身也是一种政治，决不可忽视。……关键性语词的创造也是一种观念或概念话语权的表现。看一看语词的动态记录及其来源就可以明白，清末以来的中国，丧失的不仅是国土和国宝，还丧失了政治的话语权和观念的话语权。清末以来，我们借入了大量的日语源汉字词并促成汉语现代形态词汇的形成，同时也译入了大量的西语音译词，更促进了这一现代形态的完成。而所谓的日语汉字词，实际上大部分又是日语意译西洋语言。从根本上说，我们实际上还是借入了成批成系统的西洋新概念。从这100多年来中西日语词之间的交流历史可以看到中国话语权的丧失的确是必然的。我们在1000年前就有了四大发明，可是我们输出给世界的重要语词仅仅是'茶'和'丝'这样几个生活词。科技语几乎没有汉语的地位，甚至连

---

① Jinwen Du Steinberg, Lexical Borrowing and Modernization in China and Japan (Ph. D. Diss., University of California, 1996).
② 陈燕：《基于语料库的汉英词汇互借研究》，《湖北社会科学》2011年第12期。
③ Jinwen Du Steinberg, Lexical Borrowing and Modernization in China and Japan (Ph. D. Diss., University of California, 1996).

'围棋'也不是通过汉语,而是通过日语让世界接受的。我们整个现代语词是在随着西洋概念起伏"①。

20世纪70年代末,改革开放政策的实施再一次敞开国门,而这一次,我们是以一种主动的姿态面对世界,不仅让外国文化走进来,更重要的是我们要走出去,主动地将中国文化传播到世界的每个地方,让世界了解中国,从而促进各文化间的友好交流。今天,随着中国国力增强,国际影响力越来越大,我们必须不断提高我国的文化软实力,让中国文化走出去,使文化传播走向平等交流。在文化走出去的过程中,中国文化的输出不应只局限于少部分的器物层面的东西,而应有更深层次的文化内涵的东西,向世界传递中华传统文化的精髓,以及中国当代社会价值观。

邢福义指出"语言是传播文化的工具","文化传播有赖于语言,语言对文化的传播有着极大的制约作用,甚至是决定作用,语言是文化得以生存的力量"②。因此,让世界更了解中国,词语不妨作为一个手段。最后,举一个例子,随着中国航空航天科技的发展,神舟飞船成功升天,中国得到了世界的瞩目,与之相伴随的是,一个源自汉语的科技新词 taikonaut(中国宇航员,原意为太空飞行员)也因此进入了英语以及世界上几乎所有的主要语言系统中。该词的前半部分是中文"太空"的汉语拼音,后半部分 naut 是希腊语船员、水手的意思③。这是中国走向世界、向世界展示自己大国力量的最好表达。

(作者单位:北京第二外国语学院国际传播学院)

---

① 史有为:《动态视角:词汇活跃度纵横谈》,《江苏大学学报(社会科学版)》2008 第 3 期。
② 邢福义:《文化语言学》,湖北教育出版社,1990,第 14~15 页。
③ 黄焰结:《从 silk(888)到 taikonaut(2003)——英语中汉语借词的社会文化研究》,《天津外国语学院学报》2005 年第 4 期。

汉语旅游语言文字解说系统研究综述

韩荔华

从解说研究角度看，国外对环境解说、旅游解说的研究始于20世纪60年代。国外关于旅游解说系统的研究与应用都较为成熟，除了拥有悠久的解说传统外，已经形成了较为完善的专业体系，设有专门的解说学科，同时与其相关的解说行业也有相当规模，拥有大批的解说研究专家和大量解说书籍、期刊、网站，提供解说规划、咨询、培训等服务。解说系统规划如同其他专业规划一样独立存在，研究案例涉及区域解说、国家公园、历史遗产地、游憩地、地质公园等景区解说，也包括博物馆、研究馆的单体解说等不同的对象。目前大量的研究工作围绕着如何利用解说系统正确引导游客的行为、如何提高游客使用的效果与满意度、如何有效评估解说体系的质量以及有关解说系统工作原理等方面的问题展开。国内对于旅游解说系统的研究尚处于起步阶段。①

一 国外环境（含旅游）解说系统研究状况

解说的历史源远流长，起源于人对人自己与自然之间关系的认识，主要内容是理解自然、感受自然。② 国外对环境解说系统的研究较为系统，引入心理学、行为学、教育学等多学科理论，确定了旅游解说系统的三大框架——资源、受众、媒介。③

---

① 唐鸣镝：《景区旅游解说系统的构建》，《旅游学刊》2006年第7期。
② 陈晨等：《环境解说历史及其理论基础的研究》，《环境教育》2007年第7期。
③ 钟永德、罗芬：《国内外旅游解说研究进展综述》，《世界地理研究》2006年第4期。

（一）环境解说与遗产解说

有学者认为环境解说、遗产解说与解说没有很大的区别①，本文采用这一观点，将二者视为同一关系概念，取"环境解说"的提法。

1. 环境解说研究的起源

"依据现有的资料分析，最早提到'环境解说'这个名词的是 Brown（1971），在其以后的一些文献中，往往把解说和环境解说互用，这也从一个侧面反映解说研究者和实践者把通过解说达成环境教育作为解说的一个重要的目的。"②

旅游解说，"起源于美国与欧洲的国家公园，初期的主要目的是向游客介绍国家公园内的自然资源。1987 年，生活和工作于美国约塞米蒂国家公园附近的 John Muir 最先使用解说（Interpretation）一词。1988 年，自然导游先锋——Enos Mills 在洛杉矶地区担当自然导游时，把解说变成了一种商业行为。1953 年，美国国家公园管理局设立解说长官一职。1957 年，解说之父 Freeman Tilden 出版了《解说我们的遗产》（*Interpreting Our Heritage*）一书，使解说得到了学术认可。1961 年成立的解说自然主义者协会与西部解说员协会使解说得到了专业认可。1964 年，在美国西弗吉尼亚州的 Harpers Ferry 成立了解说培训与研究中心。此后，旅游解说得到了更广泛地认同与发展"③。

20 世纪 20 年代之前，西方国家公园中从事解说工作的人被称为演讲者；20 年代首次运用"解说"的概念，将导游讲解工作形式称为"自然导游"；20 年代晚期，称为"自然主义者"；30 年代晚期，"解说"逐渐替代了"自然导游"，认为"解说"超出了"自然导游"的传播媒介范围而包括了整个活动经历。

Ham（2002）认为，解说研究从 20 世纪 60 年代至今分为 4 个阶段④：（1）形成期：60 年代至 70 年代。解说研究仅仅停留在修辞手段对概念的描述层面。（2）媒介期：70 年代到 80 年代。开始寻找与游客沟通的媒介

---

① 吴必虎、高向平、邓冰：《国内外环境解说研究综述》，《地理科学进展》2003 年第 3 期。
② 陈晨等：《环境解说历史及其理论基础的研究》，《环境教育》2007 年第 4 期。
③ 钟永德、罗芬：《国内外旅游解说研究进展综述》，《世界地理研究》2006 年第 4 期。
④ Ham, S. H. *A Perspective on the Evolution of Interpretive Research* [C]. 2002 Taiwan, U. S. and Australia International Symposium on Environmental Interpretation and Eco-tourism. 2002.

及其效果，例如把解说手册与幻灯片进行比较。但仅把解说孤立地看成一种活动体验，缺乏理论基础。随着休憩心理学以及社会学的不断成熟，出现了完整的解说媒介，游客可以根据休憩活动的类型选择合适的解说方式。(3) 名正期：80 年代至 90 年代。有关学者开始对解说进行系统评价，开始关注解说管理功能研究，解说研究向量化方向转变。(4) 初熟期：90年代至今。近年来，社会学、心理学、行为学等更多的成熟理论被运用到解说研究中，研究内容逐渐偏向对沟通过程的探讨，同时研究手段采用定性与定量相结合的方法，解说研究日渐成熟。

2. 环境解说概念的内涵

"'解说系统'的含义就是运用某种媒体和表达方式，使特定信息传播并到达信息接受者中间，帮助信息接受者了解相关事物的性质和特点，并达到服务和教育的基本功能。"① 可见，"解说是一种信息传递的服务，目的在于告知及取悦游客并阐释现象背后代表的含意，藉着提供相关的资讯来满足每一个人的需求与好奇，同时又不偏离中心主题，期能激励游客对所描述的事物产生新的见解与热忱"②。对环境解说内涵的阐释，具体有"内在联系说""娱乐说""理解说""过程说""功能说""激发说"等。"内在联系说"认为解说并非事物的简单描述，而是通过体验揭示事物的内在意义与相互联系。"娱乐说"主张解说是用故事的形式讲述纯概念化的事实，通过激发游客的智慧达到理解和娱乐的目的。与此相同的观点还有认为"服务、教育与娱乐的升华就是解说"。"理解说"将游客对事物的理解作为计划性目标，通过解说的技巧促进游客的理解。"过程说"强调解说是从信息交流到游客获得愉悦感的整个过程。"功能说"从旅游角度认为解说具有服务和教育两大功能。"激发说"强调解说具有中心主题，通过阐释过程激发游客的新见解与热情。③

3. 环境解说特征

Ham (1993) 把解说过程概括为四种特征：欢快的气氛、针对性内容、组织逻辑性以及中心主题。Ververkawhole (1996) 认为解说包括 5 个特点：激发、相关、揭示、整体和信息一致。Beck & Cable (2000) 认为，

---

① 吴必虎等：《旅游解说系统的规划和管理》，《旅游学刊》1999 年第 1 期。
② 吴必虎等：《旅游解说系统的规划和管理》，《旅游学刊》1999 年第 1 期。
③ 吴必虎等：《国内外环境解说研究综述》，《地理科学进展》2003 年第 3 期。

解说不是信息、娱乐和宣传，而是揭示、艺术和希望。[1]

4. 环境解说功能

"环境解说成为旅游者（休憩者）理解、欣赏环境和遗产的主要途径，并且促进旅游管理手段的完善。"[2] 一个完整的解说系统通常具有以下七方面的功能，其中服务和教育是最基本的两种功能。（1）基本信息和导向服务，多样的方式给游客提供服务方面的信息，使他们有安全、愉悦的感受。（2）帮助游客了解并欣赏旅游区的资源及价值。向游客提供多种解说服务。使其较深入地了解旅游区的资源和价值、公园与周围地区的关系以及旅游区在整个国家公园系统中的地位和意义。（3）加强旅游资源和设施的管理以及保护，发挥旅游解说系统具有的间接的管理功能。通过解说系统的揭示和帮助信息，使游客在接受并享受旅游区资源的同时，也能做到不对资源或设施造成过度利用和破坏，并鼓励游客与可能的破坏、损坏行为做斗争。（4）鼓励游客参与旅游区管理、提高与旅游区有关的休憩技能。为游客安排各种实践活动，在解说系统的引导和帮助下，鼓励游客适当参加旅游区的管理、建设、再造等活动。学习在旅游区内参与各种运动及游憩活动所必需的技能，如滑雪、户外生存、登山等技能。（5）提供一种对话的途径，使客、社区居民、旅游管理者相互交流，达成相互间的理解和支持，实现旅游目的地的良好运行。（6）教育功能。向有兴趣的游客及教育机构提供必要的解说服务，使其对旅游区的资源及其价值、其科学和艺术价值等有深刻的理解，充分显示旅游的户外教育功能。[3]（7）经济功能。

（二）环境解说研究内容

1. 环境解说的理论基础

环境解说作为一门交叉学科，其理论涉及环境科学、心理学、行为学、社会学、教育学、人体功效学、符号学、美学、脑科学等。[4] 环境解说的基础理论主要有 Tilden 模式、启发内涵模式、基于理性行为理论和计划行为理论的主题解说模式、卢卡斯的环境教育模型四种。环境解说研究

---

[1] 钟永德、罗芬：《国内外旅游解说研究进展综述》，《世界地理研究》2006年第4期。
[2] 吴必虎，高向平，邓冰：《国内外环境解说研究综述》，《地理科学进展》2003年第3期。
[3] 吴必虎等：《旅游解说系统的规划和管理》，《旅游学刊》1999年第1期。
[4] 钟永德、罗芬：《国内外旅游解说研究进展综述》，《世界地理研究》2006年第4期。

主要是借助解说理论、社会学和心理学理论。① Tilden 模式——本质在于说明解说能改变人们的理念，理念的变化相应地会改变人的行为。从理论上看，该模式显示解说者主要是针对解说的认知范畴，即主要是强调增长人们的知识和对问题的理解。但是对感情和行为方面的东西，在进行解说规划和设计的过程中很少关注。启发内涵模式——解说就是内涵的启发，本质上，这一模式重新定义了人与人之间的沟通，它不再是单纯的直线式发送、接受过程，而是通过启发的方式，将沟通转化为交涉，并获取和创造信息，而并非仅仅是传递信息。接受者根据自己的知识经验勾勒出信息的真实含义。对所有的解说而言，其挑战在于启发游客思考，如为什么这个地方需要解说，它的重要性何在？解说活动的目标不是"教导"游客记住当地自然与文化的历史背景，而在于启发游客了解一个地方的内涵，使游客认同并融入个人的观点中，如此对游客的影响才持久且深远。基于理性行为理论和计划行为理论的主题解说模式——以改变听众特定行为为目标的环境解说必须首先区分这些行为所反映的突出的行为信念、标准信念和控制信念。也就是说，环境解说必须区分和研究听众的哪些信念是显著的、真正相关的和重要的。以主要的信念为基础选择和开发的环境主题解说比起其他的方式选择的主题解说更有效。卢卡斯的环境教育模型——这一模型主要用于学校环境教育。主要包括三个层面：关于环境教育、为了环境教育、在环境中教育。

2. 解说的概念性框架与目标框架

其研究内容包括：（1）旅游解说的概念性框架和目标框架研究。解说概念性框架为：人——解说——解说对象。旅游解说框架图——信息、目标、技术与服务、游客等等。解说模式方程式——（资源 + 听众知识）× 解说技术 = 解说机会。（2）解说与媒介选择研究，包括口头语与非口头语、听觉与视觉以及交互式解说媒介，其中听觉交流设施是解说中最有效的媒介工具。（3）解说与景区管理研究。（4）解说与成本节约研究。（5）解说与可持续性旅游研究。（6）解说质量研究。（7）解说评估研究等内容。②

3. 环境解说规划研究

解说规划是在对所有旅游解说因素评价与分析的基础上提出适当的解

---

① 陈晨等：《环境解说历史及其理论基础的研究》，《环境教育》2007 年第 7 期。
② 钟永德、罗芬：《国内外旅游解说研究进展综述》，《世界地理研究》2006 年第 4 期。

说方式,是对整个旅游解说系统有效性发挥的规划。旅游解说规划的原则是:(1)定位游客;(2)激发游客兴趣;(3)促进游客对景区的理解与欣赏,提高游客旅行的意义和趣味性。其解说模式的中心内容包括:What(受众感兴趣的资源、主题和次主题)、Why(解说应该完成的特定目标)、Who(游客)、How/When/Where(解说项目与服务的表现方式)以及So what(解说评估)等。其中,IFM 模式(信息流向模式)和 SMRM(发送者—信息—接受者交流)模式是目前国际上具有代表性的解说系统模式。①

4. 景区解说系统分类

解说是一个立体交叉系统,景区解说系统有广义与狭义之别,广义的解说系统可以从不同角度分类。

(1)广义的解说系统

①语言解说与非语言解说

语言解说,主要分为口头解说与书面解说。非语言解说,静态平面解说方面主要有图形展示解说、声像放映解说、纪念品出售等形式;时空立体解说方面主要采用文物展览、民俗活动展示、歌舞表演、活动背景依托、场地借用、信息发布、游客模仿秀等形式来举办节庆活动、会展活动、征集活动、申报活动、影视拍摄活动、实地有奖娱乐与比赛活动、考古探密活动、缔结友好关系活动等特殊的导游讲解系统。②

②静态平面解说、动态口头解说与时空立体解说③

静态平面解说系统,又称图文声像解说系统,是采用文字标识、图形展示、声像放映、纪念品出售等形式向游客介绍旅游地的文化内涵,具体包括:景区标识牌、广告牌、宣传书籍、画册、风光 VCD、旅游交通地图、导游图、明信片、纪念邮票邮折、旅游指南手册、媒体广告、招贴、报刊电视网站专刊专栏专题片、旅游门券、旅游纪念品、旅行社线路报价等。动态口头解说系统,又称为实地解说系统,是以导游人员为载体来运作的。采用现场讲解、引导、问答、提示、启发等口头形式,在游客参观游览地现场通过导游人员向游客介绍文化旅游地的文化内涵。其讲解根据游客的不同类型可

---

① 钟永德、罗芬:《国内外旅游解说研究进展综述》,《世界地理研究》2006 年第 4 期。
② 陈健平:《文化旅游地导游解说系统及其建设分析》,《福建商业高等专科学校学报》2006 年第 6 期。
③ 陈健平:《文化旅游地导游解说系统及其建设分析》,《福建商业高等专科学校学报》2006 年第 6 期。

以划分为综合讲解、专题讲解、团体讲解、散客讲解；根据讲解的方式可划分为沿途讲解、定点讲解、对比讲解、延伸讲解、问答式讲解、抒情讲解、直叙式讲解等。动态解说主要是指时空立体解说。时空立体解说系统又称为线路体验式解说系统，是一种离不开特定时空条件下的特殊导游讲解系统，它采用文物展览、民俗活动展示、歌舞表演、活动背景依托、场地借用、信息发布、游客模仿秀等形式，向游客间接介绍文化旅游地的文化内涵，具体分为举办节庆活动、会展活动、征集活动、申报活动、影视拍摄活动、实地有奖娱乐与比赛活动、考古探秘活动、缔结友好关系活动等。

此外，还有主观解说与客观解说、实物解说与虚拟解说（人工与自然）、视觉解说与听觉解说、自导型与向导型解说、家长式解说、儿童式解说与成人式解说等解说方式。

（2）狭义的解说系统

狭义的解说系统，专指语言解说，包括动态口头解说系统与相对静态的书面解说系统。动态口头解说是以导游人员为解说主体来运作的。书面解说主要是以书面文字陈述为载体的。在动态口头解说系统中，要着重提高导游人员的讲解素质和讲解水平。文化旅游地的导游一定要具有深厚的文化功底和良好的口头表达能力，能调动游客的想象力和领悟力，将文化旅游地的"静景"变为"活景"，使游客在游览之中真真切切地获得一种文化熏陶和艺术的享受。为此，首先，要培养导游人员掌握文学艺术口头创作的本领。一方面，组织有关专家学者在精心研究大量史料的基础上，编写以文化旅游地文化脉络为主线的内容丰富的解说词；另一方面，导游人员要合理组织材料，准确运用材料，客观、翔实地评价景区文化旅游资源。其次，还要了解不同类型的游客的文化需求和心理变化特点，想游客之所想，编制好游览路线，讲解方式力求灵活机动，因场景不同而变化。最后通过活泼生动的口头语言技巧，做到深入浅出、点面交替、远近呼应，让游客在有限的时间和空间内尽可能地了解到文化旅游地的文化精髓。①

5. 对解说受众的研究

其研究内容主要包括游客分类研究、对游客解说方式研究、解说员与

---

① 陈健平：《文化旅游地导游解说系统及其建设分析》，《福建商业高等专科学校学报》2006年第6期。

游客沟通研究、对受众态度研究等。

(1) 游客分类研究①

Stewart 等（1998）通过对游客的调查问卷进行统计分析，把到访国家公园的游客分为四种类型：Seekers（探求者）、Stumblers（有障碍者）、Shadowers（影随者）、Shunners（闪避者）。Seekers（探求者）型游客积极地寻求解说信息，根据其对公园解说信息的了解不同又分为 learners（学习者）、gatherers（收集者）和 fillers（填补式需求者）。Stumblers（有障碍者）型游客与 Seekers（探求者）不同，他们对解说并非十分需要，可能会偶然与解说员相遇，接受解说。因此，解说的结果决定其分为两种：satisfied（满意者）与 frustrated（失落者）。Frustrated（失落者）型游客由于解说的不利可能导致对整个活动的不满。Shadowers（影随者）型游客需要专门的导游，例如，登山导游进行安全防备，这类游客一般数量不多。Shunners（闪避者）型游客一般由于语言障碍、时间限制而不需要解说服务，甚至于对解说持抵触态度。Ham（1992）把在室内接受教育或性质相似的听众称为强迫型听众，而在室外接受解说或处于轻松气氛的听众称为自愿型听众。后者的动机一般是寻求乐趣、自我提高与丰富，甚至是打发时间。Moscardo 等（1996）从环境心理学角度把游客分成积极的（mindful）与钝化的（mindless）两种。解说设计应致力于前者。Mindful 类型的游客一旦撤销自我控制力，就会转向 mindless 类型游客。

(2) 对游客解说方式研究

Pierssené（1999）将游客解说方式分为家长式解说、成人式解说、儿童式解说。家长式解说在短时间内能够抓住游客。成人式解说具有逻辑性，更能够激发游客的灵感。儿童式解说可以适当活跃气氛。Moscardo（1996）根据 mindful 与 mindless 类型游客对遗产解说接受与理解结果对比，提出遗产解说方式四原则：(1) 解说应为游客提供多种体验；(2) 通过以自然为导向的解说活动，令游客参与其中并控制注意力；(3) 建立解说员与游客个人体验与感情的纽带；(4) 通过解说激发游客的智慧，鼓励游客进行提问，从而构建解说员与游客之间的互动过程，提高解说质量。②

---

① 钟永德、罗芬：《国内外旅游解说研究进展综述》，《世界地理研究》2006 年第 4 期。
② 吴必虎、高向平、邓冰：《国内外环境解说研究综述》，《地理科学进展》2003 年第 3 期。

（3）解说员与游客之间的沟通过程研究

目前完全针对游客与解说者之间的沟通过程的研究不多，或多或少都会偏向于对游客的研究或对解说者技巧与原则的研究。

6. 环境解说其他方面的研究

环境解说其他方面的研究还包括环境解说的管理功能研究、解说的经济功能研究、解说与可持续旅游研究、从理论创建到技能开发的环境解说、大学课程模式设置研究、博物馆解说效力研究、行为地图研究、大欧洲遗产解说研究、解说设施对城市旅游的贡献研究、环境解说与环境教育比较研究等。此外，还有学者提出在香港建立一套完整的导游监督服务体系，并认为是提高香港导游服务质量与职业化水平的关键。

总之，"目前国外环境解说在研究上采用多学科交叉（包括对市场、消费者行为、应用行为分析、教育学等理论的应用）、在手段上进行大量问卷调查与统计、并且与实验相结合的应用型研究。内容主要有三个方面，即环境解说框架与功能、解说受众、解说员与游客之间沟通过程。但就目前来看，研究结果往往实际应用性不强。只有把研究重点放在使用的解说沟通过程上，才能标志着这一学科在应用社会学领域拥有一席之地"①。

7. 环境解说研究方法

环境解说研究方法主要采用 SMRM 模式。"SMRM 模式对环境解说的有效性的提高具有指导作用，它指出了环境解说中的三个关键性成分，即受众、资源与技术。从 SMRM 模式在环境解说中的应用可以认识到：（1）环境解说不是简单地给予游客信息，而是激发游客与资源之间的连接，强化游客的自然资源知识，使其树立正确的生态环境观。（2）SMRM 模式是环境解说的基本模式之一，简洁而准确地概括了环境解说的对象、过程和目标。（3）环境解说主要包括资源、受众和技术三大部分。资源是环境解说的基础，受众是环境解说的目标，技术是环境解说的强化方式。（4）环境解说是受众与资源联系的纽带，其有效性的提高是通过技术来促使资源与受众之间的互动来加强的"②。

---

① 吴必虎、高向平、邓冰：《国内外环境解说研究综述》，《地理科学进展》2003 年第 3 期。
② 罗芬、钟永德、付红军：《SMRM 模式在环境解说中的应用初探》，《桂林旅游高等专科学校学报》2005 年第 5 期。

二 中国环境解说和旅游解说系统研究状况

（一）台湾环境解说研究

台湾在环境解说方面的研究对实践工作具有较强的指导性。（1）学者们通过探讨人对外界环境的意象—感觉—知觉—态度—行为等整个过程，奠定了景观保护和教育的基础，为环境解说的研究提供了有力的理论依据。（2）通过对解说在动物保护中的重要性的探讨，认为解说是动物保护的宣导，特别是通过口语化的解说，可以使人们的心灵受到触动。（3）对解说员的实际工作提出指导性意见。（4）对国家公园的游客预约解说服务的游客行为进行研究。（5）对国家公园的解说人员进行分级研究，分为初级、中级、高级三个等级，提出各个等级的解说人员应该满足的基本要求。（6）对旅游解说中的解说员、受众和解说事物三者之间的交流过程进行研究，把三者之间的关系分为六种状况。（7）台湾"国家公园"解说协会根据游客的主要目的与动机、主要旅游活动、对资源的重视程度、寻求咨询方式以及停留时间等特征，把游客分成三个等级。①

以旅游区解说服务为例。第一，台湾的旅游区解说服务在旅游区里扮演了管理单位、游客以及环境资源三者的沟通媒介。第二，设有解说员与解说志工制度。解说员是在旅游区为游客提供环境解说或相关服务的人员，目前在台湾各个旅游区内的解说员可依照其角色与智能分为两类：（1）正职解说员：依照政府相关部门核定的编制所任用的固定的工作人员。正职解说员需依规定在管理单位服勤，从事解说工作。（2）解说志工（义务解说员）：基于解说任务之需要，管理单位招募社会上热心人士施以短期专业训练，或就社会各专业领域招募的志愿服务人员。解说员有别于负责带领游客团体前来旅游的导游或领队，是由管理单位所聘任或招募、经权威机构考试或专业训练合格且熟悉旅游区环境资源与经营管理的专业人员。解说员是代表旅游区服务于前来参观与游憩的民众，是旅游区第一线的环境教育推动者。第三，对志愿服务理论与志工绩效评估。有关志愿工作者的绩效评估，是指管理者针对志工之态度、动机、工作表现等内容

---

① 钟永德、罗芬：《国内外旅游解说研究进展综述》，《世界地理研究》2006年第4期。

加以评量。绩效评估有助于管理者了解志工的服务情形以及服务的成效，且能够避免重复的训练，减少人力资源浪费，确保服务的质与量。总之，首先必须建立负责解说服务的组织，规划整体的旅游区解说系统。其次，可雇用热心参与自然保护事务的人员，培训与建立负责游客咨询、解说导览或旅游区环境维护的解说人员团队，再逐步招募志工参与，并发展成为游客解说服务的主力。值得注意的是，志工制度的推行需要一个良好的解说管理组织，而且必须获得旅游区管理单位的重视以及相关资源的支持。①

(二) 香港环境解说研究②

香港环境解说系统比较完善，主要体现在五个方面。

1. 交通导引解说系统

香港的道路交通十分繁忙，如果没有良好的交通导引系统，要实现交通顺畅是不可能的。香港的道路两侧、路面都设有明显的导示标志或汉语、英语文字说明。除规范的公众信息提示外，其他如路口提醒、地铁无人售票的使用说明、乡野地区的指路牌等设置，都从公众和游客的需要角度加以设计。香港中文大学校园内的巴士服务也有详细的车次通告牌。

2. 接待设施和物业管理中的解说系统

包括游客入住和到访的各类宾馆、旅馆、餐饮设施、旅游购物场所等。相比之下，香港的物业管理设施的牌示语以及对辐射的设施的使用方法、位置、预订等都配置了清晰的说明。

3. 景区解说系统

香港的景点牌示更强调环境教育意识，如渔农署在九龙公园设立的"在春秋雀鸟迁徙的季节，你可能在这里看到美丽的寿带鸟"，向游客介绍春秋季观鸟的景点。

4. 印刷物解说系统

香港在机场、宾馆、车站、景点等游客集中流动的地方有充足的免费取阅的出版物。

5. 双语解说系统

香港的英语旅游解说系统更加完善。北京的英语旅游解说系统存在一

---

① 黄圣佑：《解说志工制度与志工特性之探讨——以台湾阳明山旅游区为例》，《旅游科学》2005 年第 4 期。
② 吴必虎等：《旅游解说系统的规划和管理》，《旅游学刊》1999 年第 1 期。

些问题，特别是存在着大量的以汉语拼音代替英语的现象。实际上，汉语拼音的信息传输效率十分低下，可以说没有任何意义，国内人不看，外国人看不懂。

（三）大陆旅游解说系统研究

1. 大陆旅游解说系统研究资料检索

大陆最早的比较专门的研究始于1999年，[①] 其研究基本属于草创期，还有待于深入、系统地展开。通过中国期刊网全文数据库（CNKI）搜索，经过严格筛选，从1999年到2013年12月之间的"环境解说"篇目论文49篇，"旅游解说"篇目（含汉英翻译）论文126篇，"旅游解说语言文字"篇目论文0篇。其中，"旅游解说"篇目论文大部分为2005年以后发表的，尤其是2009~2010年发表的。1994年到2007年共36篇，到2013年增长了近四倍。可见"环境解说""旅游解说"研究已经成为旅游学学术界近年的研究热点之一，且多是环境解说管理及其研究、旅游解说系统管理、旅游解说规划研究或旅游解说系统构建等角度的研究。主要集中在以下四个方面：一是对其他国家的学习和借鉴，主要有对国内外环境解说研究综述，北美大学环境解说专业介绍，环境解说历史、基础理论、解说目的和目标研究，国内地质公园、旅游景区环境解说系统规划、设计、服务现状等研究；二是旅游景区解说系统研究及其涉及的个案研究；三是旅游景区解说系统英文翻译存在的问题；四是旅游景区环境教育、科普旅游方面的作用；[②] 五是旅游解说标识牌语研究。以"旅游语言文字解说"为篇名或主题的论文0篇，说明了"旅游语言文字解说系统研究"方面的薄弱。从某种意义上也可以说这几乎是一片未开垦的处女地。然而，虽然没有见到专门的以"旅游语言文字解说"为篇名或主题的论文，但是在一些旅游解说系统研究，特别是涉及景区解说系统研究以及汉英翻译方面的研究论文中，也间接地涉及一点旅游语言文字解说方面的问题，但这更从另一个角度进一步说明"旅游语言文字解说系统研究"有待于进一步加强。

2. 国内旅游解说系统研究内容分析

"国内对旅游解说系统的研究侧重于宏观性研究，表现为旅游解说研

[①] 吴必虎、高向平、邓冰：《国内外环境解说研究综述》，《地理科学进展》2003年第3期。
[②] 孟明浩等：《旅游景区环境解说系统设计方案及个案探讨》，《浙江林学院学报》2005年第5期。

究的表面化、肤浅化。其中绝大多数文章以吴必虎先生划分的四种解说类型为依据,在理论和实践上都没有更多的创新。"①

3. 国内旅游解说系统研究内容

(1) 旅游解说系统功能

①服务功能

主要集中在五个方面:a. 基本信息导向功能;b. 帮助游客了解并欣赏旅游区的资源及价值;c. 加强旅游资源和设施的保护;d. 鼓励游客参与旅游区管理;e. 提供一种对话途径。

②教育功能

多集中在使旅游区资源充分发挥旅游的户外教育功能。②

(2) 旅游解说类型即旅游解说方式研究

旅游解说的类型有多种,从不同角度可以划分出不同的类别。

①根据旅游解说系统的不同分为景区解说系统和非景区解说系统。

景区旅游解说系统是指通过第一手的实物、人工模型、景观及现场资料向公众介绍关于文化和自然遗产意义及相互关系的宣传过程。景区旅游解说系统有广义和狭义之分,广义的景区解说系统具有不同的解说层次,一般分为第一解说、第二解说、第三解说。第一解说:景区内的解说服务,包括游客中心及其展示、音像品、人员辅助、模式、现场牌示、隐蔽观察所、手册、导游书等,醒目客观,专门为游客使用。第二解说:采用口头、书写的形式附载于往来景区的交通工具上,如公共汽车、客车、飞机等,具有辅助功能,可以强化游客在景区活动的选择。第三解说:各种广告媒体,包括海报、电视、广播、商品、图书、口头交流等,由于其隐蔽性、模糊性,极易被人忽视,但确实又影响了景区内的游客的经历。景区解说系统一般由软件部分(导游员、解说员、资讯服务等具有能动性的解说)和印鉴部分(导游图、导游画册、牌示、录像带、幻灯片、语音解说、资料展示栏柜等多种表现形式)构成。

非景区解说系统主要包括:a. 交通网络导引解说系统:旅游者进入和中转的交通枢纽、节点和沿途的解说导引。b. 接待设施解说系统:旅游者入住和到访的各类宾馆、旅馆、餐饮设施、旅游购物场所的解说系统。

---

① 钟永德、罗芬:《国内外旅游解说研究进展综述》,《世界地理研究》2006 年第 4 期。
② 吴必虎等:《旅游解说系统的规划和管理》,《旅游学刊》1999 年第 1 期。

c. 观光度假地解说系统：各类风景名胜区、城市风貌区、历史古迹区、自然保护区、森林公园、旅游度假区、康乐休闲区、文化娱乐区等旅游地的解说系统。d. 可携带解说系统：指地理景观、建筑物、设备设施类以外的出版物、音像制品类解说系统，旅游者可以将其随身携带，作为自助旅游的信息来源之一。①

②根据解说语言种类，分为单语解说系统、双语解说系统、多语解说系统。

单语解说系统、双语解说系统、多语解说系统可以再分别下分为口头现场解说与书面解说两大方面。

口头现场解说方面：存在着解说语言语码选择与转换的问题。解说语言的语码选择与转换是一个复杂的社会语言学课题。以汉语为着眼点，一般解说交际语码的选择至少包括外语、汉语导游两大类。汉语导游解说，从旅游者角度分为与境内旅游者交际和与境外旅游者交际两种；从语码角度分为普通话导游交际和方言导游交际两种。对境内旅游者，一般有三种情形：第一，采用普通话进行导游。第二，对在方言区游览的当地旅游者采用当地方言进行导游。第三，对方言区的旅游者采用普通话兼方言的形式进行导游。其中最复杂的，也最需要深入研究的是第三种导游交际，因为这其中既有语码的选择问题，也有语码的转换问题。对境外华人旅游者采用什么语码进行交际主要根据特定旅游团或特定旅游者的具体要求而定。"根据中国国际旅行总社有关原始资料记载，来华旅游的海外华侨选择导游语言主要有以下五种情况：a. 普通话，如新加坡、马来西亚、荷兰的部分华侨；b. 方言，如新加坡的部分华侨选择闽南话，马来西亚的部分华侨选择客家话，欧美的部分华侨选择广州话；c. 外语，如北美一些华侨选择英语；d. 外语兼方言，如欧美的部分华侨选择英语兼粤语；e. 外语或方言任选一种，如泰国的华侨选择的是泰语或潮州话。港澳台华人选择导游语言情况主要有两种，有的选择普通话，有的选择方言"②。实际上港澳台华人旅游者也可能会选择普通话兼方言的形式。语码的选择与人们的语言习惯、文化心理是紧密联系在一起的。上面所说的这些种类的语码选择与语码转换内容还有待于今后继续进行深入的专题研究。外语导游解

---

① 吴必虎、金华、张丽：《旅游解说系统研究——以北京为例》，《人文地理》1999 年第 2 期。

② 苏金智：《海外华人社区汉语使用情况》，《香港·普通话》1990 年第 2 期。

说，主要是针对外国旅游者的导游交际，其中既包括外国人，也包括境外华人。比如，中国国际旅行社的主要业务就是使用各种外语对特定游客进行旅游接待服务。各种特定外语一般是在接待特定旅游团或特定旅游者之前就已经确定的了。对境外非华人外国旅游者，第一，从游客角度看，一般多采用游客母语进行单语导游解说；但如果旅行团游客语言背景复杂，呈多语状态，导游人员一般以英语解说。第二，从导游人员角度看，如果导游人员只能操英语或非英语一种外语，那么多以单语进行导游解说；如果导游人员具有至少两种外语语言背景，并且旅行团游客也与导游人员特定的多语种外语背景吻合，那么常常以多语进行导游解说。①

书面解说方面：a. 单语种解说，多是汉语解说。b. 多语种对照解说，常见的是英汉对照，在北京也有英语、法语、德语、日语、韩语等多语种对照。

③根据介质分为印刷物解说系统与非印刷物解说系统。

印刷物解说系统主要包括正式或非正式出版的纸质印刷解说材料。非印刷物解说系统主要包括线形与非线形非平面的声像影视解说系统。

④根据为游客提供信息服务的方式分为向导式解说系统和自导式解说系统。

向导式解说系统也称为导游解说系统，以具有能动性的专门导游人员向游客进行主动的、动态的信息传导为主要方式。其最大特点是双向沟通，能够回答游客各种各样的问题，可以因人而异地提供个性化服务。同时由于导游一般掌握较多的专业知识，向导式解说系统的信息量一般非常丰富，但它的可靠性和准确性不确定，这要由导游人员的素质来决定。②③

自导式解说系统，由书面材料、标准公共信息图形符号、语音等无生命设施、设备向游客提供静态的、被动的信息服务。其形式多样，包括牌示、解说手册、导游图、语音解说、录像带、幻灯片等，其中牌示是最主要的表达方式。但由于受篇幅、容量限制，自导式解说系统提供的信息量有一定限度。从另一角度看，正是由于这一限制，使得自导式解说系统的解说内容一般都经过了精心地挑选和设计，具有较强的科学性和权威性。

---

① 韩荔华：《服务语言状况》，《中国语言生活状况报告2006（上编）》，商务印书馆，2007，第69~79页。
② 吴必虎等：《旅游解说系统的规划和管理》，《旅游学刊》1999年第1期。
③ 于德珍、李核隆：《浅谈森林公园的旅游解说系统》，《湖南林业科技》2004年第6期。

游客获取自导式解说系统提供的信息没有时间上的限制，他们可以根据自己的爱好、兴趣和体力自由决定获取信息的时间长短和进入深度。但是自导式解说系统容易受到自然和人为的破坏。①

国内景区的自导式解说系统正处于起步阶段。表现在：对于各类解说物的功能认识不清，导致出现解说特色不明、深度不够、服务表面、各自为政等问题。一个完备的自导式解说系统应该包括游客中心（展示）、牌示标志（设施）、印刷品、音像品等四大类组成部分，各部分具有各自清晰的功能、特点及相互关系，以建立一个以人为中心、人景沟通、功能互补、开放型的旅游解说系统。②③

总之，对于某一环境解说目标的完成，既可以使用多种解说媒介来达到，也可以使用多种解说方式来达到。但是解说方式的选择"必须与解说位置、解说对象、背景等因素结合考虑。有研究表明，游客在完成旅游后，记住听到的内容的占10%、读到内容的占30%、看到内容的占50%、参与经历的占90%。所以环境解说的一个重要方式便是让游客参与到解说活动中来，要求解说人员使用一定的设备或设施，如幻灯片、计算机、游戏、图片等，使游客能学乐结合、寓玩于乐，同时也增强游客对其旅游经历的记忆。"④⑤

（3）分类旅游解说系统研究

目前主要涉及文化旅游地（古村落等）解说系统；地区或城市解说系统，如北京、台湾阳明山等；景区解说系统，如森林公园、黄山、西湖、张家界、浏阳道吾山等。

（4）旅游解说系统的比较研究

目前进行研究的主要内容有：美国与北京旅游解说系统的比较研究、香港与北京旅游解说系统比较研究、台湾与北京旅游解说系统的比较研究等。

此外，对旅游解说系统的含义、旅游解说系统规划与构建研究、景区

---

① 韩荔华：《服务语言状况》，《中国语言生活状况报告2006（上编）》。
② 唐鸣镝：《景区旅游解说系统的构建》，《旅游学刊》2006年第7期。
③ 于德珍、李核隆：《浅谈森林公园的旅游解说系统》，《湖南林业科技》2004年第6期。
④ 罗芬、钟永德、付红军：《SMRM模式在环境解说中的应用初探》，《桂林旅游高等专科学校学报》2005年第5期。
⑤ 吴必虎、高向平、邓冰：《国内外环境解说研究综述》，《地理科学进展》2003年第3期。

英译解说系统的规划与管理、景区解说系统服务满意度研究等问题也进行了研究。

综上，环境解说、旅游解说乃至旅游语言文字解说研究在中国大陆尚未得到应有的重视，研究水平与国际上存在相当大的差距，并不能适应大众旅游在国内的快速增长，其研究领域亟须不断拓展和细化，研究方法亟须不断创新和丰富，多学科的参与与相互交流应当成为必然趋势。未来的研究尤其需要在以下几个方面有所突破：研究对象上要加强提供解说服务者和受众两方面的互动研究，建立相应的语言解说沟通和反馈模型；研究内容上要丰富研究的多样性，并加强同类型、不同地区语言文字解说的比较以及同一区域、不同类型语言文字解说的比较等研究；研究主题上要横向拓展，纵向深入，不断扩大研究体系，强化研究深度；研究方法上要将社会科学的相关理论与解说研究相结合，定性分析与定量分析相结合。目前旅游语言文字解说的定性与定量研究都不够，但是借助量化手段的定量研究必然成为今后的研究方向之一。

三 旅游解说牌示语运用与研究等问题

旅游解说牌示语运用方面的不规范问题造成了一些对国家或城市文化形象的负面影响。

（一）我国旅游语言文字解说系统及其研究存在着诸多问题，特别是牌示语研究亟待加强

目前，我国旅游语言文字解说系统及其研究存在着诸多问题。比如：旅游语言文字解说系统研究相当薄弱；旅游语言文字解说研究偏重于解说者角度的研究，缺乏解说接受者角度的研究以及语言文字解说管理系统角度的研究；旅游管理系统与旅游语言文字解说服务系统没有形成一个有机整体；旅游解说系统管理研究队伍及其研究成果未能与旅游语言文字解说系统研究队伍及其研究成果进行有效的学术衔接，互相脱钩；缺乏高质量的旅游语言文字解说服务系统的运作；旅游语言文字解说系统语言选择研究与管理匮乏；旅游解说牌示语言文字运用现状及其系统研究十分薄弱；各大专业旅游院校几乎没有设置解说专业，缺乏解说人才培养、培训的相关研究及其相关措施的有效实施等。

其中，旅游牌示语言文字解说运用现状与旅游牌示语言文字解说系统及其研究亟待改进或加强。实际上，旅游解说文字牌示语特别是景观牌示语系统研究与实际牌示语运用状况研究十分重要。旅游牌示标志是引导游客参观游览最普遍的一种方式，通过文字、图示和标示等手段，以娱乐和教育的方式来与游客交流信息（解释或说明），达到引导游客、增强游客保护意识或管理游客行为。① 旅游牌示大致分为标志形象型、全景地图型、目的引导型、景点说明型、环境教育型、警示型、服务型、文化公益型等八大功能类型。按照解说对象和解说内容，可以将牌示划分为四大类：吸引物解说标识牌（景区、景点、景观）、环境解说标示牌（自然、人文环境解说等）、旅游及服务设施解说标识牌（交通、餐饮、商业、文体娱乐等）、旅游管理解说标识牌（设施、安全、环境等管理）。② 这些类型的牌示实地实景，随游览线路展开，最终形成系统的空间网络体系。以游览步道为例，牌示标志的内容包括专题解说、一般性解说。专题解说主题集中，适用于具有典型主题的景观。一般性解说没有限定的主题，适用于景观多样的游览。③ 相关问卷调查的统计结果表明，游客对于景区内的解说牌示是非常重视的，认为解说牌示很重要，其中服务牌示、景点牌示和指路牌示是最受关注的三类牌示。④

（二）旅游解说牌示语言文字系统研究薄弱的现状导致牌示语运用存在着诸多问题

1. 旅游解说牌示语所用语种类型缺乏语言规划理据

如汉外语言解说选择是汉英两个语种对照还是汉外多语种对照？若同时出现多个语种，各种外语怎样选择又如何排序？怎样改善目前中国各地旅游景区外语解说存在的种种问题？

2. 解说牌示系统不完善

表现在解说牌示语位置不合理、解说牌示内容不完全、牌示文字设计

---

① 钟永德等：《旅游解说牌示规划设计方法与技术探讨》，《中南林学院学报》2006年第1期。
② 徐柯健、郭薇等：《地质公园解说标识牌设计方法研究》，《资源与产业》2010年第6期。
③ 唐鸣镝：《景区旅游解说系统的构建》，《旅游学刊》2006年第7期。
④ 王祖良：《天目山自然保护区旅游解说系统的调查与分析》，《中国农学通报》2011年第21期。

不统一、解说牌示类型杂乱、解说牌示与周围环境不协调、后期管理不到位等方面。这些问题使解说牌示缺乏系统性、规范化、人文性等，有些景区标示牌设计与制作在景点内容介绍、方向指示、标识牌特色及形状等方面几乎不能够给游客有效的导向。①

3. 解说牌示语言内容方面存在种种问题

如解说内容陈旧；解说内容不够清晰明确，甚至出现常识错误；解说语气生硬，缺乏感情；文化因素渗透不足；忽视美育功能等。

4. 旅游解说牌示语言文字规范性差

其规范性差有如下表现：①错别字；②病句；③汉语拼音错误；④陈述方式、表达形式与表达角度有误；⑤公共信息通用符号不规范，缺乏按照国家规定的统一标准进行设计和制作的意识等。

5. 旅游解说牌示外语翻译不规范

其翻译文字在语法、修辞乃至语用逻辑和语用习惯等方面错误频出，存在英文文理不通、内容错误、中式英语等诸多问题。这些问题已经或者正在造成对国家或城市文化形象的负面影响。例如，同是一个景点的英文翻译往往存在着较大的出入。以西湖景区的宝石山为例，在宝石山的一处服务标牌上，两块同是男女厕所的解说标志。一处的男厕所被翻译为"MEN'S"，而旁边的女厕所则被翻译为"Famale"；同样的，两块相距不到五百米的牌示，同是"虎跑问泉"景点的指路牌，一块是"Tiger Spring"，而另一块则是中文的拼音"HuPao WenQuan"。②再如千岛湖森林氧气吧，将"溯溪"译成"Su stream"；将"顺其自然听鸟声"译成"Listen to the bird swith naturlly"等。③

可见，加强对旅游解说牌示的研究是极其必要的。牌示语表达的原则之一就是使解说信息简单化。游客在解说牌示前的停留时间极其短暂，"在较短的时间内，必须促使游客做出继续接受解说的决定，就要求解说信息既短小又不枯燥，否则游客很快便会丧失其兴趣。对于解说信息的设

---

① 苏建军等：《旅游景区解说系统游客满意度的实证研究——以运城州关帝庙为例》，《安徽农业科学》2010年第1期。
② 张建国等：《西湖景区解说标志系统初步研究》，《浙江旅游职业学院学报》2007年第1期。
③ 孟明浩等：《旅游景区环境解说系统设计方案及个案探讨》，《浙江林学院学报》2005年第5期。

计，可遵循 ABCD 设计法则，即吸引（attractive）、简短（brief）、清晰（clear）和生动（dynamic）"①。"旅游解说牌示的规划方法与设计应以人本主义与后现代主义为原则，应用社会学、心理学、经济学、人体功效学、材料科学、环境科学、地理学等相关学科领域的基本原理，构建解说对象与之间的桥梁，从而达到旅游解说牌示传递信息、教育游客、保护资源的目的"②。旅游牌示语运用，"要多使用积极、多样的指令性语言，少使用描述性语言。指令性语言表达的是大部分人对某一问题的看法。……另外指令语言也是劝说游客的有效方式"③。

（三）将旅游文字解说牌示语研究并指导其规范而艺术地运用等问题切换到塑造或完善、重建乃至传播国家或城市特定文化形象的角度来认识

国家形象是近年来的讨论热点。中国期刊网全文数据库（CNKI）1994年——2015年1月的检索结果如下：（1）以"篇名"和"国家形象"为检索项和检索词，检索到论文922篇。（2）以"篇名"和"语言与国家形象"为检索项和检索词，检索到论文0篇。将"检索项"换成"主题"，检索到论文233篇。（3）以"篇名"和"语言传播与国家形象"为检索项和检索词，检索到论文0篇。将"检索项"换成"主题"，检索到论文52篇。相关论文多集中在2000年以后。其中截止到2015年1月，还没有一篇题目中包含有"语言与国家形象"字样的论文，"语言与国家形象"问题在国家形象讨论的热中之冷情况应该引起相关语言学者的重视。

国家形象的内涵可以从认知论和社会交互论两个角度来认识，本文更关注认知论——从国家内部因素的角度来认识。因为一些迹象表明，国内层次因素在国家形象或城市形象形成和传播中的作用被忽略了。这些"国内层次因素"之一就是语言文字规范化运用。"国家形象的问题，不仅是政治性的、经济性的、传播性的，也是语言性的"④。

---

① 罗芬等：《SMRM模式在环境解说中的应用初探》，《桂林旅游高等专科学校学报》2005年第5期。
② 钟永德等：《旅游解说牌示规划设计方法与技术探讨》，《中南林学院学报》2006年第1期。
③ 同③。
④ 胡范铸、薛笙：《作为修辞问题的国家形象传播》，《华东师范大学学报（哲学社会科学版）》2010年第6期。

此外，一般性概括并不是国家形象或城市形象研究的全部和终结。国家形象或者城市形象的塑造以及传播需要"精致化"和理性化的总结、设计、构建，① 而规范化的语言文字运用正是"精致化"中的一个最重要的内容。旅游解说汉外语言文字的规范化是传播文化形象的一个十分"软"的内功，目前我国旅游语言文字解说方面乃至公共传播领域方面语言文字运用的某些混乱状况，损耗的正是一个国家或城市文化形象的"内功"。2003年，日本强调"观光立国"，旨在将旅游业作为其21世纪初的重要产业，以促进经济发展，重塑日本形象。其中一项措施就是在旅游解说方面去除"语言障碍"和"信息不足"等负面影响。结果2003年不断增加的游客不仅为处于低迷期的日本经济带来了新的增长点，而且进一步促进了日本良好形象的传播。② 从这个角度来说，国家或城市形象每一刻每一处都在塑造、完善、传播之中。

综上，对旅游语言文字解说的理解与研究，已经不能仅仅限于运用特定媒介和表达方式传达并沟通特定信息并达到服务和教育等功能的单纯解说角度了，因为旅游语言文字解说的同时也担负着国家或城市特定文化形象的塑造、完善以及传播的使命。

（作者单位：北京第二外国语学院国际传播学院）

---

① 刘明：《当代中国国家形象定位与传播》，外文出版社，2007。
② 潘一禾等：《国家旅游品牌与形象塑造的五国经验比较（上）》，《杭州》（生活品质版）2011年第3期。

国家形象表达与孔子学院使命定位

郭 玲

随着经济全球化的不断深入，各国在经济、政治以及文化等方面的相互依存日益加深。全方位展示自信、开放和成功的国家形象，不仅是中国梦的重要组成部分，更是担当文化交流与传播使命的孔子学院的重要职责。

一

习近平主席在中法建交50周年纪念大会上，面向世界对中国国家形象做了生动形象、极富政治内涵的诠释。他说："拿破仑说过，中国是一头沉睡的狮子，当这头睡狮醒来时，世界都会为之发抖。中国这头狮子已经醒了，但这是一只和平的、可亲的、文明的狮子。"这是迄今中国形象最为权威、精准的阐述，是当代中国国家形象的整体定位。这一定位，不仅是当代中国发展的历史概括，也是对中国形象各种主观附会和曲意解读的匡正，更是对当代中国形象和未来中国发展的国家表达与政治定位。

16世纪前，西方主要通过游记和传说了解"物产丰盈""地大物博"的中国，中国在世界的形象是神秘而富足。16世纪，随着传教士、使团进入中国，特别是1840年殖民者对中国的不断入侵，西方世界关注到中国社会文化中相对落后的部分。中国形象标签有"东亚病夫"的精神形象、"小脚女人"和"猪尾巴"的社会风俗形象、"食不果腹"的民众形象，"一盘散沙"的民族形象、"兵丁羸弱"的国防形象等。近代中国形象逐渐褪去原有光环的同时，仁人志士维新思变，勇于反抗的救亡运动则构建了近代中国没落与抗争交织的不屈形象。新中国成立后，中国形象发生了根本变化。一个自立自强、艰苦创业、努力进行现代化建设、朝气蓬勃、改革开放、积极发展的中国形象树立起来了，特别是2008年北京奥运会更是向世界展示了中国国富民强的大国形象。

2013年中国外文局对外传播研究中心曾牵头，在美国、英国、印度、巴西等7个国家开展了第二次中国国家形象全球调查，访问样本共计3017人，覆盖1855名当地居民。调查显示，中国在国际民众眼中神秘而富有魅力，中国人"幸福、温顺、理性、神秘"。其中，俄罗斯民众认为中国人最神秘，巴西民众认为中国人理性、守旧、有个性，南非民众认为中国人最具创新性，英国民众认为中国人最温顺，印度民众认为中国人最幸福。中国经济进步、社会稳定、山河秀美的东方大国形象对外国民众颇有吸引力，多数海外民众对中国抱有乐观预期并有来华意愿。中国坚持和平发展、共同发展的国际努力得到认可，负责任大国形象正在逐步树立。①

二

文化是一整套渗透于人类活动的外在形式以及思想深处的价值观念。

一个国家的文化，多维度体现在国民的思想道德、理想信念、核心价值观念、文化科学素养、民族文化传统、民族文化遗产以及民族性格、民族心理、风俗习惯等方面。文化的内涵和精神，更渗透在国家意志、国家行为、外交政策之中。在全球化日益加深的今天，文化因素对国际政治的影响作用越来越突出。正如美国社会学家罗兰·罗伯森指出，一切国际政治都是文化性的，我们正处在全球范围的文化政治时期。只有深刻审视文化符号的性质及其转变和影响，才能充分理解这些力量是如何塑造并改变我们对自己生命的象征性的理解。当今世界各国无不重视其文化价值观念的培育和传播，文化传播已成为拓展国家影响和提升国家形象表达、认同的重要手段，是和平时期不同文化价值观念间最为持久激烈的冲撞。譬如，西方当代文化成功地继承了各自文化传统中具有强大活力的因素，推出了自己行销全球的文化时尚品牌并且逐步成为自身文明的时尚象征。风靡世界的美国电影大片、芯片、薯片等，它们不仅为美国带来丰厚的商业

---

① 周庆安：《中国形象的历史演变》，《时事报告》2014年第5期。

利益，而且也成为承载美国文化的有机组成，有效诠释精心美化的美国形象，并透过传输美国的生活方式和价值观念，影响他国的文化空间与价值观念。在第三世界国家，麦当劳、可口可乐提供的不仅是汉堡、饮料，还有美国的文化价值，是美国文化和美国形象突破异质文化的屏障，在另一种文化场域中的柔性表达。

对此，徐稳在《全球化背景下当代中国文化传播的困境与出路》[①]指出，世界上的文化划分为很多类型。不同的文化类型之间在意识形态、价值观、信仰方面均有差异。通常，美国学者把文化差异分为四个层次：第一，没有文化上的差异，两个国家语言也相同，如美国和加拿大。第二，很小的文化差距，国家之间具有相同的语言，如美国与英国、澳大利亚等，比较容易沟通。第三，中等程度的文化距离，国家之间具有相同的文化渊源，不同的语言，如美国与欧洲国家，共享西方文明，但是语言不同，差距较大；又如，中国与日本、越南、韩国，虽然享有共同的儒家式文化，但是语言不同，文化差异仍然很大。第四，大的文化差距，国家之间具有不同的文化渊源，不同的语言，如中国与美国、美国与阿拉伯国家等。不同的文化背景会有不同的价值观，会坚持不同的意识形态。研究各国受众的文化背景，研究中国文化与其他类型文化的差异，寻找不同文化的结合点，选择契合受众的认知心理、情感心理、审美心理，有针对性、有目的地传输本国文化，有助于增进不同文化间的沟通对话，突破文化屏障，克服文化差异带来的文化偏见与国家形象的附会误读。

在具体事例中，不仅要关注文化传播的走向和终极目标，更要关注不同文化类型的差异，避免因文化差异发生对抗冲突。传播者要研究不同文化类型的共性，寻找不同文化类型的共通之处。"文化的共性决定了人类对于真善美的追求一致，对于新鲜事物有强烈的接纳意识。因此在宣传中应以文化共性为基础，逐渐打开通向另一文化的窗口"[②]。譬如，20世纪90年代中后期，韩剧盛行中国，究其原因就在于韩国巧妙地选择了与中国的伦理、道德一致的内容。又如，"花木兰"本是有着浓厚中国元素的经典中国故事，但迪斯尼在拍摄电影《花木兰》时，运用好莱坞的技巧，把

---

① 徐稳：《全球化背景下当代中国文化传播的困境与出路》，《山东大学学报》（哲学社会科学版）2013年第4期。
② 廖华英、鲁强：《基于文化共性的中国文化对外传播策略研究》，《东华理工大学学报》（社会科学版）2010年第2期。

花木兰"变成了一个更容易被不同文化观念接受的,父女间有着双向的爱,以荣耀家庭为责任的女性发现自我的故事,而不再是原来那个只强调单方面付出的孝女的传说"。① 正是这种文化关联性的巧妙连接,为不同文化间的传播提供了可能性与便利性。就共性而言,代表人类共同利益和发展方向的、先进的文化范式是全球人类共同的追求。正是这种共性为不同文化间的对话传播提供了内在基础,即使异质文化间也能突破背景、信仰等差异,增进沟通,和谐共生。因此,只有当一国的文化与价值观念为更多的其他文化接受认同,其一国的文化才能具有持久的世界影响力,才能成为一国重要的软实力。从这个角度讲,立足于文化传播,推广海外汉语教学的孔子学院,不仅是沟通世界的桥梁,更是传播中华文化的有效路径。正如刘延东在第八届孔子学院大会开幕式上(《共同谱写中外人文交流的新篇章》)所言:"孔子学院开办到哪里,就把沟通、了解、和谐、友爱的种子播撒到哪里,落地生根、开花结果;把汉语和中华文化带到世界各国,又把不同国家的语言文化引入中华大地,书写着中外人文交流的绚丽篇章。"

三

孔子学院是中国文化有组织、大规模、成建制走出去的有效形式。自2004年第一所孔子学院在韩国首尔成立以来,现已覆盖五大洲的120多个国家和地区。据统计,目前世界各地已建有孔子学院476所,孔子课堂851个,切实担负起了民间文化交流与传播的功能。不难看出,立足于文化传播,推广海外汉语教学的孔子学院,不仅是沟通世界的桥梁,更是传播中华文化,柔性展示国家形象的有效路径。

众所周知,语言与文化密切相连。语言既是一个民族社会、文化、心理结构的重要载体,也是一个民族文化传播的重要工具。正如都德在小说中所言,只要法兰西语言不亡,法兰西就不会亡。因为人们在学习语言的同时,学习的不只是具体的语言知识,还有该语言记录、承载的文化因子。无数事实说明,语言学习的过程,就是对附着在该语言上的文化因素潜移默化的感知过程。也如费孝通所说:"如果我们有理由认为,中华民

---

① 陈娟、范葳:《全球化语境下现代影视传媒的文化转换》,《文教资料》2006年第3期。

族在新世纪中又将进入一个新的强盛时期,我们就该意识到,生活在新世纪的中国人,正面临一个充分发扬中华文化特色的历史机遇"。① 孔子学院正是在这样的历史背景下成为中国文化外交的重要平台,它有效地创造了信息交流、互信认同的客观条件,极大地提高了传播的效能。作为海外汉语教育权威机构,孔子学院极大地促进了中外高校的相互信任,互相尊重。事实表明,孔子学院加快了中国语言和文化的传播,丰富了中国文化外交的形式,推动了国际软实力的良性竞争,有效表达了中国的国家形象。② 如果日益成长的经济、国防实力是国家形象的刚性展示,那孔子学院则是致力于以语言文化传播,通过文化的方式对国家形象进行柔性表达,软性展示。这不仅是孔子学院的历史定位,也是孔子学院的终极使命。

在非洲,孔子学院具有不可忽视的影响力,对传播中华文化,消除长期形成的负面因素,柔性展示中国当代国家形象起到了很好的作用,形成了不同于欧美等其他地区的独特的区位优势和文化特质。2012年孔子学院共组织各类文化交流活动近600场,参加人数约40万人次。各孔子学院开设了中华文化才艺班,在传授中华才艺的同时,按物质文化、行为文化、精神文化等形态推介中国文化,展示中国形象;并从学生的反应中研究非洲学生对中国文化与中国的态度。牛长松在《孔子学院与中国对非语言文化外交》中介绍了他们在孔子学院所做的问卷调查情况。问卷针对物质文化和行为文化设计了15项具有代表性的中华文化形态,物质文化包括长城、五星红旗、熊猫、长城、中国菜、黄河、兵马俑、毛泽东、中央电视台(CCTV)等8项;行为文化包括中国功夫、中国书法、京剧脸谱、太极拳、中医、中国诗词、舞龙舞狮等7项;针对精神文化及价值观,设计了6种有关中国的制度与理念,包括仁爱、和谐社会、独立自主、和平发展、人民代表大会制度、和而不同等问题。在设计孔子学院学生对中非关系认知时,参考香港学者沙伯力的问卷③,设计了中国发展模式、中国在非洲是否只为寻求自然资源、对中资企业的满意度、对中国商人的看法、中国对非政策的看法、中国对非洲国家的帮助程度等6个问题。调查问卷选择了西非喀麦隆孔子学院、北非埃及开罗孔子学院、苏伊士运河大学孔

---

① 费孝通:《费孝通论文化与文化自觉》,群言出版社,2005,第129页。
② 牛长松:《孔子学院与中国对非语言文化外交》,《西亚非洲》2014年1期。
③ 沙伯力、严海蓉:《非洲人对于中非关系的认知(下)》,《西亚非洲》2010年第11期。

子学院和南非博茨瓦纳大学孔子学院的学生为调查对象,最终收回问卷493份,有效问卷387份。调查表明,71.8%的孔子学院学生认为中国式发展模式对其所在国家来说是正面的发展范式。82.6%学生对在非洲从事大型项目的中国企业表示满意。72.4%的学生认为中国对非洲的政策有很多或较多的益处,同时也有10.1%的学生无法判断中国给非洲国家带来多大的帮助。从调查结果看,非洲学生对中国文化和中国核心价值理念以及社会制度还很陌生,这是因为:第一,非洲国家的人们对中国的了解还不够深入,这与非洲经济不够发达,教育水平不高有关系;第二,文化传播进程受多种因素交叉影响,现有框架内,孔子学院虽在沟通传播方面起到了很好的作用,但由于起步较晚,有一个由浅入深的发展过程;第三,孔子学院学生对中国的认知来源是多重的,西方媒体的负面报道影响短时间内很难消除;第四,从历史角度来看,西方文化在非洲有着广泛而持久的影响,与英国文化委员会、法语联盟、歌德学院、塞万提斯学院等有着多则百年,少则十几年的语言文化推广经验的老牌文化推广机构相比,孔子学院在传播中国文化,表达中国形象方面虽然开了一个好头,但要全面实现我们的定位与目标,还有很长的路要走。

四

中国走和平发展道路,必然需要向世界释放表达亲和友善的国家形象。作为担负国家文化传播重要功能的孔子学院不仅是世界汉语教学推广机构,更是中华文化传播、国家形象表达的重要载体。正如曾任美国北卡罗来纳州立大学孔子学院中方院长的徐克谦在《孔子学院,以"文化方式"与世界沟通》①中所言:孔子这个人,也可以说是世界性的重要人物。在美国国会山后面的最高法院有一个浮雕,浮雕当中站了三个人,左边是孔子,当中是摩西,右边是索伦。这三位都是为人类立法的人,人类基本的法则是由这些思想家奠定的。这说明孔子在世界上也是一个公认的、重要的人类文明精神导师。

从这个意义上讲,创立孔子学院不仅是在世界各地讲授中文,讲授从孔子以来形成的中国历史文化思想,更要透过语言文化的教学传播,以柔

---

① 徐克谦:《孔子学院,以"文化方式"与世界沟通》,《新华日报》2011年6月8日。

婉的形式向世界展示历史的中国、现代的中国,实现中国形象的当代表达。通过语言教学与推广,促进中华文化有效传播,正本清源,匡正各种偏差,准确传输当代中国形象和未来中国发展的国家表达,既是孔子学院的当下目标,也是孔子学院的终极使命。

(作者单位:北京第二外国语学院国际传播学院)

跨文化传播视角下孔子学院传播力提升策略研究

王春枝

一 引言

孔子学院是中国向世界推广汉语教学和传播中华文化的重要平台，2004年11月，首家孔子学院在韩国首尔设立，至今已经有10个年头。10年间，孔子学院快速发展，取得了显著成效。从办学规模来看，根据孔子学院总部国家汉办官方网站数据，截至2014年12月7日，共在全球126个国家（地区）建立475所孔子学院和851个孔子课堂。[①] 与此同时，根据孔子学院总部国家汉办最新消息，目前仍有70多个国家200多所大学正在积极申办孔子学院。[②] 从教学效果来看，孔子学院通过开展汉语教学、开展中外语言文化交流等活动，打开了世界了解中国的一扇窗口，被称为是迄今为止"中国最好最妙的一个出口产品"。[③]

但孔子学院的发展历程也并非一帆风顺，2015年1月，瑞典斯德哥尔摩大学网站发布通告，称大学与孔子学院的合作协议于2014年年底到期后不再续约，孔子学院将于6月30日关闭。斯德哥尔摩大学孔子学院开办于2005年，是欧洲第一所孔子学院，关于关闭孔子学院的原因，斯德哥尔摩大学在网站上说，如今的情况与10年前已不相同，当年对该校而言，与中国展开交流至关重要，"如今我们与中国已拥有完全不同层次的学术交流，

[①] http://www.hanban.edu.cn/confuciousinstitutes/node_10961.htm.
[②] 孔子学院：目前仍有70多个国家200多所大学正在积极申办，http://www.hanban.edu.cn/article/2015-01/13/content_570643.htm。
[③] 陈振凯：《孔子"出国"这五年》，《人民日报·海外版》2009年11月6日第7版。

这样的合作显得多余"。但实质上，这次关闭事件绝对不是孔子在完成学术交流使命之后的正常终结，而是有更深层次的考量。

在此之前，孔子学院的发展已经遭遇了多起类似事件。

2012 年，在洛杉矶哈仙岗学校的孔子学堂就遭到本地某些居民的反对，认为是对学生的"赤化教育"。同年，美国审查孔子学院学术资质，要求部分教师离境。

2014 年 9 月，美国芝加哥大学、宾夕法尼亚州立大学宣布将与中国孔子学院停止合作。

2014 年 10 月，加拿大多伦多市教育局表决通过一项决议，中止与中方合作开办孔子学院的项目。

这些虽然是孔子学院整体发展进程中的个体事件和现象，但其影响及其背后的问题却不容忽视。孔子学院是跨文化传播的机构，一般来说，跨文化传播就是不同文化背景的主体之间的互动，交往主体之间存在陌生感，无论从理论上看，还是从实践中观察，"陌生人"都是跨文化传播的重要组成部分。① 而"陌生人"之间的陌生感，常常会带来跨文化传播过程中的冲突、竞争、紧张不安乃至社会系统的不稳定，这些都是跨文化传播主体必须正视的传播障碍。从这个意义来说，欧美国家近来发生的几起孔子学院关停事件，其本质上就是孔子学院作为跨文化传播机构所面临的深层次障碍的集中体现。

尽管孔子学院海外发展过程中面临着以上诸多障碍，但我们不必为此气馁，因为在跨文化传播中，冲突的另一面是融合，融合与冲突是跨文化传播领域中的一对矛盾并奏的主旋律，融合是冲突的终极目标，冲突是融合的实现方式。② 我们首先要理解冲突存在的必然性及表现方式，然后在此基础上从各方面努力进行调试，在冲突中找到消弭对立因素的力量，积极寻求认同，在冲突和融合的螺旋式上升运动中实现软实力的提升。建立一所孔子学院不易，维护其发展，使其能真正融入所在国的当地社会，成为中外文化交流的桥梁，则更不易。孔子学院要取得真正的传播效果，需要不断消弭文化的隔阂和国际交往中的偏见，与所在地的文化融合共通。本文试从跨文化传播的角度分析孔子学院如何突破传播障碍，进一步提升

---

① 单波：《跨文化传播的问题与可能性》，武汉大学出版社，2010，第 6 页。
② 车英、欧阳云玲：《冲突与融合：全球化语境下跨文化传播的主旋律》，《武汉大学学报》（哲学社会科学版）2004 年第 4 期。

其语言和文化传播能力，增强传播效果。

二 孔子学院跨文化传播的障碍分析

跨文化传播天然存在一些冲突和障碍因素，民族中心主义、刻板印象、偏见、歧视等，共同构成了对跨文化传播的阻碍。① 而对于以国家为主体的跨文化传播来说，这些障碍因素又可以被划分为两个大的类别：国家利益差异和文化价值差异。

在国际传播中，国家利益是难以绕行的刚性因素，传播者的目标是通过传播提升自身国家形象，保持和增加国家利益；而传播对象对信息的接受和理解，也首先要经过对各自国家利益的辨别。在强调竞争的国际环境中，"任何他国的形象在经过国家利益透镜折射之后，都会被丑化和扭曲，呈现出'妖魔化'的特征"②。而文化价值观的差异，也同样在很大程度上决定着一国对另一国的态度。对一国是友好还是敌意的判断，很大程度上取决于两国间文化的相容性和价值观的相近性，相近的文化有助于减少偏见和认识误差，而不同文化体系的国家之间往往面临价值冲突的难题。

孔子学院代表中国的形象，对孔子学院的认识和评价背后，是对中国这个国家的认识和评价。孔子学院在欧美等国家遭遇的跨文化障碍，很大程度上来源于传播对象国对于本国利益的极端维护而产生的民族中心主义心态，以及由于传授双方文化价值观的差异而导致的偏见和误读。

（一）"文化威胁论"忧思

伴随着中国经济的崛起，世界对中国的关注与日俱增，有尊重和赞许，也有憎恨和敌意，其中最典型的就是"中国威胁论"，"冷战余思让中国这个现存最大的社会主义国家仍需不时面对来自资本主义世界体系中的'意识形态外交'"③。而意识形态忧思又常常会投射在文化传播中，形成文化威胁论。美国、加拿大、瑞典等国家部分学者对孔子学院的抵制，其主要原因就是对于中国文化传播背后的政治意图的惧怕。有对《纽约时报》的内容分析发现，在涉及孔子学院的文章中，存在显著的"政治化"解读

---

① 单波：《跨文化传播的问题与可能性》，武汉大学出版社，2010，第112页。
② 匡文波、任天浩：《国家形象分析的模型研究》，《国际新闻界》2013年第2期。
③ 匡文波、任天浩：《国家形象分析的模型研究》，《国际新闻界》2013年第2期。

倾向,这些报道不只把孔子学院看成单纯的教育机构,而是挂上了政治标签,继而又牵涉到经济、外交、军事等诸多领域。①

常规问题的泛政治化解读的一个典型方面,就是对孔子学院经费来源的质疑。根据《孔子学院章程》,孔子学院的办学经费由中外双方共同负责。从实际运作来看,国外合作者往往只投入硬件设施,包括教学办公场地、设备等,而资金大部分由中国政府承担。据媒体统计,作为非营利性教育机构,建立一所孔子学院的费用大约为 50 万美元,此外,国家汉办会为每所孔子学院提供 5 万至 10 万美元资金,作为学院建成后的运营经费。② 此外还要提供免费教材,支付专职教职工和外派志愿者的工资、福利、交通等的费用,如果再算上给孔子学院所在学校各种专项经费资助的话,据不完全统计这些年孔子学院的投入早已超过 5 亿美元。③ 而这些课程所带来的经济收益非常微薄,这种不计成本的做法令孔子学院反对者非常警惕,他们认为中国的这种做法就是以经济换"实力",是目标鲜明的文化"入侵"。

甚至孔子学院的命名,也引发了西方国家的猜疑,有媒体发表文章称,孔子学院之所以以中国古代先哲"孔子"为名,是为了缓解世界上其他国对中国在经济、科技(如卫星)、军事等领域的高速发展所感到的恐慌,孔子学院繁荣的背后,并非是文化软实力所产生的吸引力和感召力,而是基于一些发展中国家对中国经济的依赖④,是中国经济霸权的另一种体现。

(二)"限制学术自由"质疑

孔子学院是语言文化传播推广机构,其运作的主要模式是直接设在其他国家的学校中,并由中国政府提供经费、选派教师和确定教学材料。这种模式成为孔子学院反对者的主要攻击点。斯德哥尔摩大学副校长维丁在谈及关闭该校孔子学院的原因时就表示:"大学里设立的一个机构由另一

---

① 刘毅:《国家文化安全视阈下的涉华舆论研究——以〈纽约时报〉对孔子学院报道的内容为例》,《学术交流》2014 年第 4 期。
② 韩哲、杨溪:《孔子学院这十年》,《北京商报》2015 年 1 月 13 日第 8 版。
③ 陈雪菲、曲翔宇:《瑞典要关欧洲第一所孔子学院》,《环球时报》2015 年 1 月 12 日第 3 版。
④ 吴瑛、石玲玲:《孔子学院传播中国文化十周年效果反思》,《当代世界》2014 年第 7 期。

个国家政府提供经费，确实是有问题的做法。"① 在美国，反对者明确指出，孔子学院是中国政府设在美国大学里的分支机构，目的是宣传中国政府的意识形态，这破坏了美国高等教育的学术自由。2014 年 12 月，美国众议院外交事务委员会成员克里斯·史密斯在国会听证会上表示，由中国政府资助的孔子学院在课堂上禁止讨论敏感话题，例如，西藏问题，他因此要求美国国会下属的政府问责局对此展开调查。在加拿大，一直有社会舆论抨击孔子学院限制学术自由。2014 年，芝加哥、宾夕法尼亚两所大学宣布关闭孔子学院的主要原因，也是受到来自关于孔子学院限制学术自由的意见压力。

（三）意识形态偏见

一方面指责孔子学院在课堂上限制敏感话题，干涉学术自由，另一方面又指责"孔子学院宣传中国政府意识形态"，认为孔子学院是中国政府输出意识形态的工具。一些日常教学中提到关于现代中国的内容，会有意无意地被歪曲为中国输出意识形态的例证。

2007 年，加拿大保安情报局就曾抛出一份解密报告，这份报告对中国充满敌意，称"中国在全球设立孔子学院的目的就是施展'软功'，争取全世界的民心，增加其影响力"，还称孔子学院是中国向外输出意识形态和政策的平台，是向加拿大进行文化渗透的工具、对加拿大人进行"洗脑"的机构。②

而发生在美国的一则典型的案例则是 2012 年洛杉矶哈仙岗学区的孔子课堂风波。当时该学区在中学开办了中文学习班，受到学生欢迎，因此决定申请孔子课堂项目。但在项目筹划阶段，就遭到一些居民抵制，他们担心学生被共产主义洗脑，即使是支持者做出保证，学校老师将对教材进行评估，以确保其适应美国课堂，但反对者不管不顾，直到学区最终不得不取消这个项目。在项目尚未开展，对其运作模式、讲授内容完全不了解的情况下，就断定其必然要输出共产主义，这是典型的意识形态偏见，而此次孔子课堂最终无疾而终的结果也表明，反对共产主义依然是西方国家无

---

① 陈雪菲、曲翔宇：《瑞典要关欧洲第一所孔子学院》，《环球时报》2015 年 1 月 12 日第 3 版。
② 李雨桐：《加拿大监控孔子学院 声称中国进行文化渗透》，转引自新华网 http://news.xinhuanet.com/book/2007-06/07/content_6208652.htm。

可置疑的政治立场。

李开盛等人通过对美国媒体的内容分析发现，促成美国舆论对孔子学院的积极评价的三个重要因素分别是：更多的商业或经济机会，增进理解、交流与合作、时尚与流行；而促成消极评价的三个重要因素则分别是：共产主义，宣传手段或工具，邪恶、威胁、危险。总体来看，美国舆论对孔子学院的心态非常矛盾，一方面从功利主义的角度出发，在中国经济快速增长的背景下，美国社会希望通过获得语言学习的机会进而提升拓展中国市场的能力和机会；另一方面，由于意识形态偏见，对共产主义的恐惧使美国社会又惧怕中国文化的流入。① 意识形态的差异使西方国家对中国有根深蒂固的认知偏见，他们不愿意了解中国社会的现状，而是固执地认为中国既然是一个社会主义国家，就必然会对外输出社会主义与共产主义。当孔子学院被与共产主义联系在一起的时候，其发展必然会遇到很大的阻力。②

（四）文化价值观差异

除了与国家利益相关，带有政治意图的偏见和质疑以外，不同文化体系自身的差异也不可避免地造成传播障碍。孔子学院的一项重要功能是推广中国传统文化，进而提升中国软实力，但研究发现，传统文化对于提升中国的软实力并无明显帮助，"在美国人对孔子学院积极态度的来源中，竟无一项直接与文化有关，而在消极态度来源中，至少有三项（文化交流不对称、等级文化、僵硬的）与文化直接相关"③。另一项调查也显示，虽然中国有非常丰富的文化遗产，但还欠缺非常吸引人的流行文化。④ 由此可见，传统文化不一定能够自动转化为现实文化竞争力，由于文化价值观的差异，传统文化的魅力要在跨文化传播中显现，还有待重新挖掘其鲜活的价值。

总结这些因素，我们可以发现，影响孔子学院跨文化传播效果的负面因素，主要来源于两类因素，一类是客观存在的原因，跨文化传播本身在

---

① 李开盛、戴长征：《孔子学院在美国的舆论环境评估》，《世界经济与政治》2011 年第 7 期。
② 李开盛、戴长征：《孔子学院在美国的舆论环境评估》，《世界经济与政治》2011 年第 7 期。
③ 李开盛、戴长征：《孔子学院在美国的舆论环境评估》，《世界经济与政治》2011 年第 7 期。
④ 姜泓冰：《美国人对中国好感度上升》，《人民日报·海外版》2011 年 1 月 31 日第 4 版。

不同程度上都会由于文化差异而形成冲突；另一类是主观因素，即孔子学院在运作方面确实存在值得提升的空间。无论是哪种因素，作为中华文化的传播主体，孔子学院要达成传播效果，就要正视在传播中华文化的过程中所面临的主客观障碍，并进行有目的的调整。对于主观运作模式不当造成的问题，应及时改进；而对于跨文化传播客观存在的冲突，也不能一味埋怨或指责对方的偏见，应该考虑对象国的接受能力和接受习惯，进行跨文化调整。

三　柔性推广策略：从重扩展速度向重发展质量转变

孔子学院发展速度很快，这当然是中国实力的体现，但从另一个角度看，如此速度的发展，一方面难以保证对国外公众的接受状况进行科学调研从而做出合理决策，很多孔子学院往往在缺乏对市场进行充分培育的前提下仓促上马，效果难以保证；另一方面，也正是这样快速的发展，引起了外界对孔子学院意图的担心，一些人认为这就是中国"文化入侵"的证据，引发了一些国际舆论的恐慌和质疑。因此，在当前的舆论环境下，孔子学院应该转变扩展模式，放慢速度，转而提升发展质量。

（一）提升内涵

孔子学院目前的主要职能还是集中在语言推广，而孔子学院的宏观目标是推广中国文化，因此，孔子学院的内涵还亟待提升，从汉语教学拓展为广泛的文化交流。

（二）提升管理水平

孔子学院在高速发展的这10年间，管理方面的问题也不断暴露。例如2012年美国孔子学院的教师一度被美国政府要求离境，虽然经过协调和沟通，这次风波最终得以化解，但这也暴露了孔子学院在具体运作中还不够完善，对对象国法律的理解和执行还不到位，在签证方面确实有打美国法律擦边球的嫌疑，这是冲突的隐患，随时会成为孔子学院发展的障碍。此外，孔子学院的教师还曾在社交媒体上被曝出插足别人家庭的丑闻，孔子学院在资金管理方面的不透明也饱受国际媒体诟病，凡此种种，虽然尚未影响孔子学院发展的大局，但却不利于孔子学院塑造自身的正面形象。作为文化的使者，国内外公众都对孔子学院有更高的预期，期望孔子学院不仅是在课堂上传播仁义礼智信这样的中国传统和文化，也应该在实践中身体力行。

（三）优化布局

根据《孔子学院章程》，孔子学院为保证海外孔子学院的办学特色和教学质量，孔子学院总部将实行定期教学质量评估，内容包括：办学规模、教学质量、管理机制、经费及办学效益等。如孔子学院在办学过程中违背与总部的约定责任和义务并拒绝改正，总部有权吊销孔子学院准予办学证书，并收回孔子学院铭牌。因此，孔子学院的运作中存在退出机制。应该充分利用这样的机制，激励孔子学院提升质量，淘汰一些运营效果不好的孔子学院，优化孔子学院布局，从而集中资源，进行有效传播。

四　文化调试策略：提升文化适应力

消除文化壁垒，提高孔子学院在不同文化环境中的适应能力，减少跨文化差异带来的传播效果折扣，是亟待解决的问题。

（一）师资培养方向：提升文化智商

文化智商，是学者朱莉娅·米德尔顿（Julia Middleton）提出的概念，她在其著作《文化智商》（Cultural Intelligence）一书中提到，在全球化的世界，文化智商是跨国领导者的竞争力最重要的构成部分。[1] 后来这个概念的内涵也被拓展，"文化智商"不仅是领导者的必备技能，也是每位跨国工作者的必备技能。所谓"文化智商"，就是指当处在陌生文化环境中，个人所体现出的识别能力、适应能力和胜任能力，反映了人们在新的文化背景下收集和处理信息、做出判断并采取有效措施的能力。文化智商有三个基本要素：认知、动力、行动。认知，就是运用自身的感知能力和分析能力认识不同文化的能力；动力，就是融入到其他人或者文化中去的愿望和能力；行动，就是采取与自己认知和动力相一致的有效行为的能力。[2]

---

[1]　Middleton, Julia, *Cultural Intelligence*, A & C Black Publishers Ltd, May, 12th, 2014, p1.
[2]　薛求知，《企业国际化经营中的跨文化管理》，《解放日报》2013年12月8日第6版。

文化智商高的人，能很快适应新的工作环境、新的工作角色和职责，并善于运用自己的一系列知识、技能与个人特征，与来自不同民族文化背景的人进行成功合作，提升工作效率。根据文化智商的差异，可以把外派人员区分为不同层次：最低层次的文化探险者、带成见的观察者、能识别文化差异的文化敏感者、能做到"知己所不知"的文化知情者、能对一些特性进行概括提炼的文化裁判、最高层次的是文化综合者，能超脱双方原来的文化，建立一种新的文化。

对于孔子学院来说，文化智商的最重要承载者就是负责教学和开展文化交流工作的教师。教师是对外汉语教学中跨文化传播的主体，直接决定着跨文化传播的质量。而当前师资力量匮乏、人才素质参差不齐，恰恰是目前孔子学院发展面临的一个重要问题，很多研究者和从业者都曾经提到过这个问题。孔子学院教师的主要来源是国内参与孔院共建的高校的教师，实行轮岗值，以两年左右的时间为周期，主要派出对象为掌握孔子学院所在国语言的外语老师，如果缺乏这样的外语老师，就派出汉语专业教师。这样派出的教师具有很大随机性，他们在语言教授方面本身没有问题，但是跨文化智商却不容乐观。

一部分汉语教师可以归为"文化探险者"，在国外的教学中丝毫不考虑跨文化的问题，照本宣科。有研究者提出了这样的案例，中国功夫是一个在影视作品中经常出现的题材，许多外国人对中国功夫的了解非常少，当他们在影视作品中看到后会觉得非常惊讶，由于电影制作技术已经非常发达，所以很多电影都常常采取特效，因此外国人有时候会怀疑，中国功夫并非真正的存在，这是电影特效展示的效果。但是一些从业者完全没有注意到这一点，生硬地讲授课本知识，吹嘘中国功夫的神奇，不仅没有消解国际受众的疑惑，反而强化了其怀疑态度，对传播起到的是负面效果。

还有一部分教师可以归纳为"文化敏感者"或者"文化知情者"，他们意识到了跨文化传播的必要性，但是由于文化背景知识不够深厚或者工作动力欠缺等因素的制约，他们未能在实践过程中开展有效的跨文化交流，比如，学生问到为什么这个句子在中国和外国差异会这么大时，有教师就会回答，这就是中国的文化，中国的习惯，并不从根本和源头上解释文化起源，丧失了阐释中国文化的绝好机会。

加强孔子学院师资力量建设的问题，已经被很多人重视。但是目前提出的解决方案大多还集中于对语言能力和知识背景的强化。实际上，提升孔子学院的师资力量，目前当务之急是提升教师的跨文化智商，教师首先要有跨文化传播的自觉，具备丰富的文化知识，对中国的历史、地理、人文知识等有比较透彻的了解，同时对中国式思维、名胜古迹、民俗风情等也有一定的见解，此外，对学习者所处国家的文学、历史、地理、习俗和生活习惯也要有所认知，这样才能够在国外的孔子学院课堂中做到游刃有余，适当地运用中外文化比对，消除文化隔阂，提高教学效果。其次，要具备跨文化传播的技能，除了语言能力以外，心理压力应对能力、有效沟通能力、人际交往能力都是非常关键的要素。

（二）授课内容调整：克服单向度思维

习近平同志在十八届中央政治局常委与中外记者见面会上指出："中国需要更多地了解世界，世界也需要更多地了解中国。"这就为中国文化"走出去"工程的正确展开确立了一个基本的行动逻辑：我们需要在更多地了解世界的基础上，才能做到让世界了解中国。

首先是遵循共鸣原则，将中国文化融入当地文化。营销学中有一个重要理论是共鸣策略，指经营者通过引起消费者的共鸣，使消费者获得更大程度的满足，从而提升自身形象和竞争力。比如在广告设计中，要寻找目标对象珍贵的、难以忘怀的生活经历、人生体验和感受，以唤起并激发其内心深处的情感，建立目标对象的移情联想，通过广告与生活经历的共鸣作用而产生沟通的效果和震撼的力量。共鸣策略对于跨文化传播具有重要意义。由于跨文化传播的传受双方有着不同的文化背景、价值观念、思维方式与利益关切，传播必须跨越诸多障碍，实现传播者与受众之间的共鸣，才能产生理想的传播效果。

对于孔子学院来说，遵循共鸣原则，需要寻找中国文化与孔子学院所在国的文化结合点，即使国别不同、民族不同，但人类有很多东西是相通的，如《刮痧》是一部讲述文化差异与文化冲突的著名华语电影，导演郑晓龙在谈及文化差异的话题时提到"各种文化在浅层次上虽然千差万别，但当涉及人本身、人本性，比如亲情、家庭层面时，则是相通的"。[1] 对于孔子学院来说，传播中国文化，要善于寻找开掘不同文化背景都能理解的文化资源。孔子学院在传播内容选择方面侧重传统文化，但是其文化传播

---

[1] 唐卫华：《论电影的跨文化传播与字幕翻译》，《佳木斯教育学院学报》2012年第11期。

效果并不好,前文提到,学者李开盛等人的研究发现,文化并不是构成美国舆论对孔子学院正面评价的因素。[①]

由此可见,孔子学院强调传统文化的效果并不理想,传播中国文化的内容还需要调整,使国际公众更能理解中国文化的核心理念和现代价值。武术、书法、传统手工艺等有形的内容能吸引国际公众的兴趣,但是这些兴趣往往只停留在猎奇的层面上,无法构建深层次的文化认同。文化传播需要向内发掘中国文化的价值,跨文化传播理论认为,跨文化传播的价值取向之共同点大都存在于人民之中,觅其共同点并发扬光大,可极大地促进跨文化传播的速度和广度。[②] 孔子学院需要在实践中研究对象国民众,促进民众之间的交流,展示中国文化关于人生、社会、世界等方面的核心理念,引发国际公众的共鸣。南京师范大学教授徐克谦曾经担任美国北卡罗来纳州立大学孔子学院中方院长,总结他的孔子学院工作经验,他提出在讲述中国文化时,不要总是提那些老古董的传统剪纸、服装之类的,因为除了这些元素,中国文化也有非常现代的元素,比如手机文化、网络文化、选秀文化等,这些文化元素更能适应现代受众,特别是年轻人的审美观,应该多用这些时尚元素来展示中国文化,为中国文化增魅[③]。

其次还要遵循互惠原则,促进本国文化和他国文化的双向沟通。文化是一种互动性的存在,遵守"互惠性理解"(reciprocal understanding)原则,即在对话与合作中超越文化偏向,超越把他者文化当作知识理解与兴趣满足的局限,才能构建健康、良性的跨文化传播关系的可能性。[④]

客观存在的事实是,不同国家、不同文化有各自的价值标准、意识形态和价值取向,也有各自的审美观、价值观及其方法论,强调这些差异是产生文化冲突的根本原因。比如冷战时期,东西方对立,双方互相"妖魔化"对方,造成了世界局势高度紧张。当前的世界环境已经有所改变,在全球化进程不断加速的今天,各国各民族的文化都在相互影响和渗透,文

---

① 李开盛、戴长征:《孔子学院在美国的舆论环境评估》,《世界经济与政治》2011 年第 7 期。
② 车英、欧阳云玲:《冲突与融合:全球化语境下跨文化传播的主旋律》,《武汉大学学报》(哲学社会科学版)2004 年第 4 期。
③ 徐克谦:《孔子学院,以"文化方式"与世界沟通》,《新华日报》2011 年 6 月 8 日第 B7 版。
④ 童兵:《对我国跨文化传播的思考与展望》,《中国地质大学学报》(社会科学版)2013 年第 4 期。

化全球共享、交流交融已经成为时代大势。跨文化传播的前提之一是克服单向度，坚持多元化。因此，孔子学院也需要顺应这个趋势，不能单一地表述中国文化，还要纳入当地文化元素，吐故纳新，在文化互动互惠中形成中华文化的影响力。

然而从孔子学院目前的文化传播形式与内容看，还比较缺乏与他国文化的互动和沟通。目前孔子学院的主要文化传播方式包括：①开设中华文化特色课程。各孔子学院都在校内外开设了形式多样的中华文化特色课程，全方位地介绍中国政治、经济、外交、教育、体育、艺术、中医、风俗、习惯等。②举办文化活动。利用中国的传统节日，特别是春节、元宵节、端午节及中秋节，开展系列专题讲座和食物制作品尝活动，并与文艺演出相结合。③开展学术研讨会，借助学术活动扩大影响，主题有"全球化时代中国的崛起""儒学与中国文化"等。这些活动大都强调中华文化，是关于中国问题的单一表述，很少强调与他国文化的互动。

德国歌德学院是与孔子学院类似的文化交流机构，是德国对外文化政策的重要执行者。但歌德学院非常强调其作为"文化中介"的角色定位，其重要使命除了传播德语，就是促进国际文化合作，一方面传播德国文化，同时也在德国传播外国文化，与国外文化组织进行合作和交流。

中华文化的精髓之一是"和而不同"，传播中华文化从来不以消灭别人文化为目标，而是要寻找"多样性的统一"，习近平主席在给孔子学院10周年的贺信中说，"孔子学院属于中国，也属于世界"，从这个意义上，孔子学院在传播中华文化的同时，也要开放性地接纳他国文化，用外国文化丰富中华文化，保持中华文化发展的动力。美国教授大卫·鲍威尔（David Bordwell）在论述华语电影的国际传播时指出："电影作为一种强有力的跨文化媒介，不仅需要依靠本国的文化，同时也需要吸收更加广泛的人类文明，尤其是分享其他文化的成果。只有具备了吸收不同文化的能力，中国电影才能真正冲出国界并为全世界所接受。"① 孔子学院的跨文化传播也是如此，唯有积极参与跨文化交流，秉持"和而不同"的文化传播策略，才能走得更远、更稳。

---

① 邵培仁、潘祥辉：《论全球化语境下中国电影的跨文化传播策略》，《浙江大学学报》（人文社会科学版）2006年第1期。

五 去政治化策略：提升国际认同

造成欧美发达国家对孔子学院的泛政治化误读及发展中国家对孔子学院文化入侵的恐慌心理背后的一个重要原因，是孔子学院的政治色彩太强，在批评者看来，孔子学院总部是中国官方控制的机构，它在国外开办孔子学院也必然受中国的影响甚至控制。

对此，有从业者提出，德国歌德学院、西班牙的塞万提斯学院也是由政府创建的官方机构，中国的孔子学院为什么不能强调官方背景？但对于中国的孔子学院来说，对待这个问题不能任性，这些学术机构之间虽然有共同之处，但也存在显著差异：一是孔子学院是中外合办，并通过合办方进入东道国的教育体系，这使得东道国特别是自由主义色彩特别浓厚的欧美国家对孔子学院的官方色彩更加敏感；二是一些批评者所真正担心的其实还不是孔子学院的政府主导色彩，而是中国政府的性质本身，由于意识形态与政治制度的不同，国际社会担心中国可能会通过孔子学院这样的文化机构来影响其他国家的政治。因此，尽管孔子学院是由国家扶持的文化交流机构，但在实际运作中，要尽量去政治化，减少国际公众的误读和误解。

（一）资金来源多元化

资金是开展文化交流活动的基本保障，而资金来源也决定着文化机构的立场。比如德国的歌德学院，资金来源有三种主要渠道：政府拨款、社会捐赠和盈利性收入，具体资金来源和使用范围主要有《联邦与各州共同资助科学研究框架协议》及其执行协议、《高等院校建设促进法》等法律法规来加以规范。多样化的资金来源既确保歌德学院能很好地履行文化外交的使命，同时又最大限度地保证了机构的独立性和公共性。

与歌德学院相比，孔子学院目前的资金来源主要是政府拨款。多方筹集资金的问题已经在孔子学院的发展中提上日程，十八届三中全会通过的决议鼓励社会组织、中资机构参与孔子学院的建设，首次放松了对孔子学院多渠道筹资的管制。[①] 中国国务院副总理、孔子学院总部理事会主席刘

---

① 韩哲、杨溪：《孔子学院这十年》，《北京商报》2015年1月13日第8版。

延东在第九届孔子学院大会上提出，未来孔子学院的发展需要创新办学模式，促进可持续发展。希望各国继续加大扶持力度，同时鼓励更多的社会力量积极参与，推动各国孔子学院建立校友会（联谊会）、基金会等，探索建立多渠道筹措资金的良性机制，为孔子学院持续发展提供强大保障。① 这次也讨论了创建孔子学院校友会和基金会的问题。未来需要进一步强化这些措施，特别是要在一定程度上引入市场机制，遵循商业操作规则，使孔子学院能有一定的独立运营空间，营造良好的生存环境。

（二）组织机构民间化

孔子学院官方色彩的重要来源之一，是组织机构的政府化。在孔子学院理事会的组成上，强调官员的直接主导，由国务委员亲任理事长；在对外宣传方面，也把国家领导人的视察、讲话、指示放在最突出的位置，比如《孔子学院院刊》，作为展示孔子学院形象的刊物，每期用几乎一半的版面展示国家领导人对孔子学院的指示，研究者查阅了2014年的刊物，几乎每期都有来自习近平、李克强的高层指示，甚至在这些内容中毫不避讳地声称孔子学院是中国对外宣传战略的一部分，这成为中国政府对孔子学院进行直接控制的证据。特别是在自由主义色彩浓厚的欧美国家，民众和媒体对待政府有一种天然的不信任态度，对孔子学院后面的外国政府色彩自然更加敏感。

因此，如果能够在孔子学院总部领导构成上更加突出民间色彩，在性质上逐渐向非政府组织转型，对于缓解国际社会的怀疑情绪极其重要。

另外，孔子学院在组织方式上探索出了与歌德学院、塞万提斯学院不一样的路径，也就是中外大学合作的模式，这是一种创新，有利于优质资源共享，但同时也需要考虑东道国的文化习惯，考虑多样化的办学模式。

（三）对外传播温和化

孔子学院作为官方成立的机构，总结其政绩是必要的，但是要重视宣传方面的内外有别，在内部工作总结中可以多谈成绩，但是在对外传播方

---

① 杨伏山、陈悦：《刘延东就孔子学院未来发展提四点希望》，2014年12月7日，转引自人民网 http://culture.people.com.cn/n/2014/1207/c172318-26163369.html。

面要温和化，避免过于强势。

2014年9月芝加哥大学关闭该校的孔子学院，对于关闭原因，该校声明称："自2009年起与中方合作开办的孔子学院对本校的中国研究很有益处，几个月以来，学校与汉办之间一直在进行努力协商，希望能达成双方都能接受的第二期合作续约，但在最近发表的一篇文章中，汉办负责人对芝加哥大学的评价与双方平等合作的方式非常不吻合，因此决定中止续约商谈，芝加哥大学将一如既往支持本校师生与中国学生、学者及机构的合作，但在学术重要问题上将坚持由本校学者牵头并遵守自己的核心价值观。"由此可见，芝加哥校方本来是协商的态度，但是最后由于一篇文章而使双方的协商努力泡汤。有人通过检索发现，这篇文章就是之前上海《解放日报》独家采访孔子学院总干事许琳后发表的一篇文章《文化的困境，在于不知不觉》，在该文的最后写道："今年4月下旬，美国芝加哥大学百名退休教授联名要求停办孔子学院，许琳直接一封信写给芝加哥大学校长、一个电话打给其驻京代表，只有一句话，'只要你们学校做决定退出，我就同意'。她的态度，让对方着了急，很快答复，校方决定继续办好孔子学院。"这段叙述显然与芝大声明中提到的"一直在努力协商"之间有不小的出入。芝加哥大学之前就有108位名教授联名促停孔子学院，他们提出的主要原因是，芝大孔子学院的教师在聘用、教学以及研究计划资金等方面主要由汉办掌控，而汉办是一个中国政府机构，形同是由外国政府来决定芝大校内的课程，这对一个精英级别的美国高等学府来说，"完全不合理，更不符合学术自由的原则"。而正在这个敏感关头，公开报道声称汉办主任"一个电话就能改变芝加哥大学做法"，正是当初芝大教授联署所担心的局面，在这种情况下，显然芝大校董只剩下叫停孔子学院这一条路了。①

这起事件事发偶然，但加以反思，就会发现这是中国式宣传常见的例子，展现领导人的魅力和魄力，根据中国受众的接受习惯，人们会认为这是一位很有执行力和影响力的领导，而对于他国公众来说，这种执行力和影响力并不能转化为敬畏，而是转化为恐惧。因此，在对外展示孔子学院的形象方面，也应该研究国际受众思维，避免过于强势。

---

① 《美国再度叫停孔子学院风波的背后》，引自网易教育频道，http://edu.163.com/14/0930/09/A7CM8FHO00294MPA.html，2014年9月30日。

（四）政治话题脱敏化

美国大学教授抵制孔子学院的一个重要原因是孔子学院拒绝接受一些有关中国历史负面内容的篇章，干涉学术自由。虽然中国官方否认了干涉学术自由的主观故意，但是平心而论，孔子学院确实设立了一些敏感话题禁区，比如台湾问题、西藏问题是不能在孔子学院讨论的，这些做法也确实违背了美国崇尚的学术自由。学术研究没有禁忌，各种观点都是并存共生的。正因为正、负面的交融、激荡，这才孕育、内生着思想、理论的创新、嬗变、繁荣。

美国心理学家约瑟夫·勒夫特（Joseph Luft）和哈里顿·英格拉姆（Harry Ingram）提出了约哈里窗口（Johari Window）理论，该理论根据传播双方对传播内容的熟悉程度，将所传播信息划分为四个区：开放区、盲区、隐蔽区和未知区。①

开放区（The Open Area）是指传播双方都熟悉的内容，这是交流的起点和基础。盲区（The Blind Spot）特指"那些对方知道而自己不知道的信息"，这是跨文化传播中容易被忽略的一部分，其结果是交流一方往往根据自己的认识和立场去揣摩对方的意图，但是揣摩结果跟对方实际意图存在较大差异，因此造成误读，很多偏见由此产生。隐蔽区（The Hidden Facade）则是指那些自己知道，而对方不知道的信息。这部分信息的内容也有两种类别，有些信息具有公开性或常识性，但是对方不知道；还有一些信息是不愿意告人的隐私或者涉及组织、国家等的机密信息，这部分传播内容是由交流者双方自己掌握的，对于可公开传播的信息，每个传播者都可以自主决定其透明开放的"度"。未知区（The Unknown Area）指的就是双方都不知道的信息。

由四个区的区隔可以看出，在跨文化传播中，开放区越大，积极的传播效果越明显，反之亦反。因此，在孔子学院的教学内容设计方面上，要主动扩大自己的开放区，比如加大信息曝光程度、不回避敏感话题、主动寻求反馈意见，确保信息的真实性。

孔子学院的章程规定，要坚持一个中国的原则，这是中国的核心国家利益所在，不容置疑。在这个前提下，要正视孔子学院作为一个文化而非

---

① 唐红：《对外汉语教学中的"约哈里窗口理论"》，《语文学刊》2011年第23期。

政治机构的现实，在具体的规定和实践中做法可以更灵活一些，例如在敏感话题方面，在当前的新媒体时代，很多信息是无法屏蔽的，在国外的文化环境中并不是敏感话题，而我们如果将其设为讨论禁区，从孔子学院所在国来说就构成了对学术自由的威胁，而对于我们自己来说，由于盲区和隐蔽区的人为扩大而造成传播无效甚至负效果，因此这并不是理性的做法。结合当下的传播环境，对于这些孔子学院授课内容的更合理的态度是不回避敏感话题，但在讨论中应坚持中国的基本理论和主张，向国外公众说明中国的立场，从而收到更好的传播效果。

六　结语

人类文化是多元的，丰富多彩的，各种文化和谐共存，是未来世界格局的一种理想局面，而这种理想局面的达成，需要各种文化的交流和碰撞。中国文化应该积极参与全球化时代的文化互动与交流，提升自身影响力，同时也更好地融入世界文化。孔子学院是一种有益的尝试，在 10 年的探索中，已经积累了中国文化进行跨文化传播的丰富经验，也集中体验了跨文化传播过程中可能遭遇的各种问题和障碍。在未来的发展中，孔子学院应该正视这些问题和障碍，有针对性地提出解决方案，真正成为促进国内外文化交流的窗口和学术组织，实现跨文化传播的效果。

（作者单位：北京第二外国语学院国际传播学院）

比较视域下国际汉语教育专业文化嵌入教学研究

马宝民

时至今日，文化教学在国际汉语教育中的地位越来越重要，国际汉语教育必须重视文化教学已经成为共识。对于国际汉语教育专业的本科生而言，熟悉和掌握中国文化，了解外国文化，认识中外文化的差异已经成为他们专业必需的知识文化储备。鉴于此点，很多学校的国际汉语教育专业开设了中国文化、世界文化、中外文化交流等课程，以期帮助学生更好地掌握文化基础知识，并将其运用于未来的工作中。国际汉语教育专业的教学对象大多数是中国学生，似乎与普通中文学生没有什么差别，然而他们将来面对的学生，或者说对他们而言，文化传播的接受者是非中国本土对象，是异质文化的接受者。这些人既对中国文化怀有新奇感和异质文化的想象，同时又缺乏对中国文化的认同感。我们培养的学生要面对这些既渴求中国文化，又在接受过程中会遇到很多障碍的学习者，单纯地掌握文化知识显然是不够的。长期的国际汉语教育实践过程中，很多学者和教师已经意识到了这个问题，正在试图探索中国文化教学的新模式。本文认为国际汉语教育领域文化教学出现这样的问题，与我们长期文化教学的模式和教学方法有关，本文将针对国际汉语教育专业的文化课程教学的特点，探索针对这一专业文化教学的模式和教学方法。

一　国际汉语教育专业的文化教学的特点

国际汉语教育专业的专业特点和工作对象的特殊性决定了该专业的学生对文化的需求与普通中文专业有很大差异，同时国际汉语教育专业的学生与普通中文专业的学生将要面对的文化传播对象也有很大的不同，以上两方面决定了国际汉语教育专业与普通中文专业文化课的教学应该有所差异，这样才能既突出国际汉语教育专业学生的专业特点，又适应未来工作的需要。

（一）文化教学具有全方位性

所谓文化教学的全方位性是指国际汉语教育专业的文化教学是渗透于教学活动的全过程。与中文等其他专业的文化教学不同的是，国际汉语教育专业的文化教学不是单靠几节文化课就能完成，而要将文化教学的理念贯穿于整个教学活动中，也就是说不能仅仅只靠文化课、文学课来传播中国文化，语言课、教学法等课程也同样在进行文化的传播。虽然在教学活动中，文学、文化课比语言类的课程在文化传播上显得更直接，但两者的传播效果是相同的，甚至有些语言学课程上所涉及的文化内容学生可能更需要。比如，汉语中常说的"下厨房"和"上厕所"这两个短语，是现代汉语课中常用的例子，这是一个汉语语法的问题，然而为什么我们的文化中要说"下"厨房，"上"厕所？这就是一个社会语言学的问题，或者更直接说这涉及了文化的问题。中国传统的建筑中，厕所一般建在院子的西南角，厨房建在院子的东北方。依据中国传统的五行说，金木水火土五行分别对应五个方位——东方属木，西方属金，南方属火，北方属水，中方属土。南方属火为上，北方属水为下。所以叫"上厕所""下厨房"。同样这也可以解释汉语中为何有"北上""南下"之说。这些知识并不是文化课的教学内容，但这样的问题却经常被外国的汉语学习者提出，它确实是国际汉语教育专业的本科生应该掌握的知识，这些文化知识可能出现在古代汉语的课堂教学中，也可能出现在社会语言学的课堂上，因而我们可以说国际汉语教育专业的文化教学是全方位的教学，是不能局限于一门、两门课程的教学。

（二）文化教学更注重操作性

相对于普通的中文专业，国际汉语教育的专业文化教学的操作性更强，或者更直接地说，对于该专业的学生来讲，教会他们传播中国文化的方法比让他们尽可能多地掌握中外文化知识更为重要，因为该专业的学生肩负着传播中国文化的艰巨任务。作为一个文化传播者，尽可能多地了解与掌握中国文化知识固然重要，选择合适的方式方法将自己的文化传播出去，让不同文化的人更容易接受并喜爱它，似乎更为重要。中国传统文化是典型的东方文化，与西方文化存在着很大的差异。即便是同为东方文化圈的韩日，与中国文化也有很大的不同，因而作为异质文化的中华传统文化想要被接纳，必须找到适应这种文化传播的合适的方式方法。

目前世界上学习汉语和中国文化的人越来越多了，然而数量上的增加并不代表文化影响力的加大。很多外国人对中国文化的接纳还只是浅层次的了解，单纯地停留在对中国的剪纸、饮食、服饰等这些形式上的喜爱，对于这些文化形式背后所蕴含的中国文化精神却所知甚少，甚至一些外国学习者认为中国五千年的文化也就是这些东西，没有什么特异之处。之所以出现这种情况，究其原因是我们的文化传播者的传播失误，或者说他们未能将文化的内涵很好地负载在这些文化形式上，从而只传播了形式，而失去了内涵。而更深层次的原因在于我们的文化传播者未能找到一种更合适的传播模式和方法，从而导致文化传播的失败。基于此种原因，我认为在文化的教学过程中文化传播的模式与方法的教学更为重要，既要"授之以鱼"，更要"授之以渔"，所以在文化教学的过程中文化教学的实践教学的地位要突出。

（三）文化教学应更具典型性

所谓典型性，就是在中国文化中选取最具典型意义的文化进行教学活动。众所周知，中国文化博大精深，浩如烟海，一门文化课程不可能将中国文化全部内容都涵盖进去，因而对于国际汉语教育专业的学生而言，针对他们所进行的文化教学不可能面面俱到，应有所取舍。当然取舍要有标准，要选取最具代表性的中国文化知识纳入教学活动中，比如，中国文化最具代表性的儒家文化；中国的考试制度——科举制度；中国的家族制度；中国的艺术等，这些方面既对中国社会产生了深远的影响，也与西方的诸多制度有显著的区别，可以凸显中国文化独特之处。当然，任何一种文化现象都不是孤立的，它与其他的文化样态存在着千丝万缕的联系，比如中国的儒家文化与家族文化、婚姻文化之间存在着密切的联系，彼此映带，形成清晰的中国文化线索。如果中国传统文化是一棵树的话，那么我们的文化教学要抓住树的主干，而不能被旁逸斜出的末枝所干扰。

二 国际汉语教育专业文化嵌入教学模式的理论依据

国际汉语教育专业的文化课有自身特点，它的教学活动不能等同于中文专业的文化教学，也不是简单教学法的教学，它应该将文化嵌入于整个教学活动过程中。哥廷根大学教授卡尔-海因茨·弗莱克西格（Karl-Heinz Flechsig）在《文化传播、教学、组织学习——文化嵌入活动》中曾给出目前国际流行的文化教学模式。由此认为，教学文化模式就是在一定的教学环境中学习者和帮助者通过一些必要的教学活动完成教学任务的过程。在这一过程中，确立教学核心是首要的任务。确立了教学核心之后就要选取相应的教学模式进行教学，这一过程中需要考虑的问题非常多，包括时间结构、空间结构、目标、符号、手势、身体语言、活动、交流方式、角色样式、知识、价值等，在这诸多因素中，知识所占的比重并不大，而运用什么方式传播知识则显得更为重要。因而，卡尔-海因茨·弗莱克西格认为："文化教学设计不仅仅是教育技术的同义词或者变种，它在以下方面超越了教育场景中工业化生产这个层次。①它不局限于一种学习文化，而是从许多种教学法和科学那里获得借鉴。②它超越了通过全面分析这些单元所嵌入的（文化的、人物的、社会形态学的，等等）境脉来开发相对孤立的'文化无涉的'项目（如学习单元）的狭小范围，而形成所谓境脉性的特点。③它促成了任一生产方式的整合，通过这样一种生产方式生产的产品具有开放的结构，所以给终端用户——学习者和帮促者留下自我定向学习的空间。"[①] 这里他提出了"境脉性"的概念并在后文对该概念进行了解释："境脉指与某一模式相应的教学实践发生和经常运用于其中的历史、文化、机构、学科领域以及职业的情境脉络。"[②] 也就是说在进行教学活动的设计过程中要考虑到与学习者相关的历史、文化、学科领域等问题。而就国际汉语教育专业的学生而言，在对他们进行文化教学的时候，则更多地应该将文化现象放在历史与现实的坐标中，纵向考察文化现象的

---

① 卡尔-海因茨·弗莱克西格：《文化传播·教学·组织学习——文化嵌入的活动》，罗伯特·D·坦尼森、诺波特·M·西尔《教学设计的国际观论研究模型》，教育科学出版社，2005，第31~32页。

② 卡尔-海因茨·弗莱克西格：《文化传播·教学·组织学习——文化嵌入的活动》，罗伯特·D·坦尼森、诺波特·M·西尔《教学设计的国际观论研究模型》，第35页。

历史发展，横向考察其同时代处于不同文化背景下的文化样态的多样性，从而从多个视角去认知该种文化现象，而不是单一地评述该种现象。

具体而言，在文化教学的过程中，尤其是在进行中国传统文化知识点的教学中，应该考虑建立一种文化教学的境脉模式，即一种文化现象在什么样的历史情境中产生，这种文化现象影响到了哪些人，在历时的背景下如何发生演变的，在共时的背景下与异质文化又有何不同，更为重要的是还要考虑以何种方式传播这些文化知识让学生接受，并成为他们知识体系中的一部分。当然，设计一种教学模式去解决方方面面的问题是非常困难的，因为教学内容是不断更新的，教学任务也千差万别。在教学实践过程中，笔者发现文化教学通过比较的方式，将上述问题涵盖于教学过程中，能起到良好的教学效果。

三 对比教学方法在文化嵌入模式中的方式

从前人的研究可见，文化嵌入的方式多种多样，境脉模式的构成也需根据教学活动和教学对象的要求不断调整。针对国际汉语教育专业本科生的文化教学，我认为将对比教学法引入教学活动，并贯穿于教学活动的全过程，能够达到很好的教学效果。比较分析法是教师在进行中国文化教学的过程中，让学生关注到不同文化之间的差异，在课堂上将这种文化差异提出来，使学生一方面加强对中国文化的认知，另一方面让他们意识到在同一时期出现的异质文化的样态，拓宽他们的视野。比较分析法可以提升学生的文化认知能力，加深他们对不同文化的认识和了解，同时学会将这种方法应用于自己未来的教学活动中，既获得知识，又学到方法。卡尔-海因茨·弗莱克西格认为一个好的教学设计应该注重如下方面：（1）形式上的精制。（2）可变性。（3）以学习者为中心的结构。（4）能满足多感官和本体感受（视觉、听觉、触觉）的环境。（5）意义丰富和复杂的学习任务。（6）学习者的多重角色。（7）持续性。[①] 要考虑到以上诸多因素，比较分析教学法就不可能是单纯的两个事件的比较，而应该是以学习者为中心的、多层次的、立体的对比和复合的教学模式。

---

① 卡尔-海因茨·弗莱克西格：《文化传播·教学·组织学习——文化嵌入的活动》，罗伯特·D·坦尼森、诺波特·M·西尔：《教学设计的国际观论研究模型》，第33~34页。

(一) 形式上的精制

在教学设计过程中,形式上的精制不仅仅指外在形式,而应更多地考虑内在的形式。内在的形式主要是指教学设计所能达到的详细度。由于在设计中将对比因素纳入其中,因而更应该考虑到有哪些可以与之相对比的文化要素,这些文化要素和与之相对比的文化要素之间是否具有可比性,相同的要素有哪些,相异的要素有哪些,哪些是文化差异的决定性要素,哪些是非决定性要素,同时也要将诸多环境、背景因素纳入其中,从而形成一条明晰的线索链,用这条链条串联起各种文化要素。比如谈中国神话这一文化问题,可以将希腊神话引入进行对比研究。它们都是人类早期文化的产物,成为各民族文化的母题,很多母题在结构形式上有相似之处,这表明在早期人类形成过程中具有相似性。但是中国神话于希腊神话更多的是差异性,其表现为神的个性不同,神话的体系不同等,而由这些差异性可以追溯其产生的文化背景,那就是中国农耕文化与希腊海洋文化的不同,在这两种不同文化背景下形成的文化思想不同,进而影响到了中希神话。在教学设计过程中,设计者要将这些内容融入教学中去,从多个角度让学生理解两种文化现象的不同,并进而突出中国神话的独特性。

(二) 可变性

教学设计不应只针对某一个问题的设计,应该是涵盖教学模式及其变化的广泛谱系,而且是可以适应不同条件的,是可变的。相关的文化教学内容可以根据教学活动、教学时间以及教学对象的不同进行调整,比如,课程的重点在文化比较上,那么两种文化要素可以丰富些,比较细致些,注意到一些更为具体的细节;如果课程的重点在中国文化上,那么就应侧重于中国文化的内容,外国文化的内容适当减少,可以只关注重点,不及其余。同样如果课程时间较多,那么文化比较的内容可以更为丰富些,如果时间有限,则比较的内容可以侧重某一方面。

(三) 以学习者为中心的结构

传统的教学设计是以知识为中心,很少是以学生为中心来设计课程,而在新的教学理念中,学生应该是课堂的主体,尤其是对国际汉语教学专业的学生而言,他们在课堂上不仅要学到知识,更要学到传授知识的方法。为了帮助学生能够更好地适应未来的工作，在学习的过程中就要让他们意识到以学习者为中心的重要性。因而，在文化课的教学设计中必须考虑到学习者，努力以学习者为中心来设计教学的模式。在对比教学的过程中，要积极发挥学生的主体作用，让他们主动发现两种文化的不同，找出不同的文化要素，并对其进行分析和比较，从而使他们能够自主地学习，并试图让学生自己找到更为适合的传播文化知识的方法，从而为他们未来的教学打下基础。

（四）能满足多感官和本体感受的环境

现代化的教学方式应该是多角度、立体的教学方式，需要将学生视觉、听觉、触觉等感官充分调动起来，全神贯注地、积极地参与到教学活动中来。就文化教学而言，为教学活动设计出多感官和本体感受的环境并不困难，图片、多媒体甚至是实物都可以为教学所用。尤其在对比教学的过程中，很多图片、视频、实物都非常具有说服力，将它们放在一起进行对比就很能说明问题。而在阐释较复杂的问题过程中，为学生设置身临其境的环境，让他们通过自身的参与去认知文化，这也是非常好的办法。

（五）意义丰富的、复杂的学习任务

文化的含蕴非常丰富，文化教学也不能停留在实物和图片的教学上，它可能会涉及更为丰富和深邃的内容，这些内容，传统的教学方式是依靠讲授来实现的，然而教学效果并不好。真正好的教学方法是学生参与度高的教学活动，因而在教学设计中设置丰富的教学任务就显得更为必要。运用对比教学法设置复杂的任务，让学生自己进行对比，自己发现不同文化之间的不同之处，这样他们会学得更快，更有兴趣。

（六）学习者的多重角色

从上面的分析可以看到，文化对比教学模式中学生的角色发生了巨大的转变，由一个被动学习者转变成主动的探索者、教育者、发现者，在此过程中，学生的主动性会越来越强，他们在学习的过程中会越来越意识到知识的丰富性，激发起他们学习和探索的热情，尤其是通过不同文化的对比，使他们对文化的差异性有更深入的认识，同时也能够让他们自己去发现问题，发现文化之间的差异，从而提升他们的学习能力和教学能力。

四　对比视域下文化嵌入的实例教学

文化对比嵌入教学活动中不应该是简单的比较研究，而要根据教学内容的要求，在教学活动中自觉地融入文化对比，同时又通过文化对比，将文化的特色清晰明确地标示出来，从而达到通过对比学习文化，通过文化理解生活，通过认识生活来学会方法，将学到的方法运用到自己的工作和学习实践中，从而达到更好地传播文化的目的。下面就以中国的绘画为例进行实例教学。

中国的绘画是最具中国文化特色的艺术形式，最早可以追溯到新石器时代的岩画，先秦时期中国绘画有了很大的发展，秦汉时期保留下来的壁画、画像砖、帛画等，说明了这一时期中国绘画的发展。魏晋南北朝时期，中国艺术有了较大的发展，尤其受佛教的影响，人物画、走兽画得以发展，出现了很多著名的画家，顾恺之、戴逵、陆探微、张僧繇等，其中顾恺之的传世名作《洛神赋图》将人物画与山水画结合起来，成为这一时期的代表作。隋唐是中国绘画全面发展的时期，青绿山水和水墨山水先后成熟，李昭道、吴道子、张璪、曹霸、韩干、韩晃、王维都是当时著名的画家，从流传下来的画作可以看出当时的绘画水平。五代十国是中国绘画承前启后的时代，山水画有了进一步的发展，北方山水画派以荆浩为代表，南方的山水画派则以董源为代表。北宋继承了南唐旧制，这时是中国历史上宫廷绘画最为兴盛的时期。宫廷设立了"翰林书画院"，宫廷画院也日趋完备，"画学"被正式列入科举考试，画家可以通过科举考试获得官职和地位。这时的山水画以李成和范宽为代表，花鸟画以黄筌和崔白为代表。这一时期出现了文人画的概念，许多文士成为著名画家，苏轼、黄庭坚、文同、米芾都是活跃在画坛的文学家，苏轼直接提出了"文人画"的概念。南宋的山水画继续发展，出现了"南宋四家"，李唐、刘松年、马远、夏圭是当时的杰出画家，他们各自在继承前代的基础上有所创造。文人画在理论和实践上取得了令人瞩目的成就，米友仁的"云山墨戏"、扬补之的墨梅、赵孟坚的水仙兰花都为世所重。被称为"四君子"，时至今日仍被画家看重的梅、兰、竹、菊，在南宋时已基本成为文人画的固定题材。明代是古代艺术史上的重要时期，元四家的影响犹存，流派纷繁，各成体系，以戴进为代表的浙派，以沈周、文徵明为首的吴门画派等,他们的创作题材广泛,山水、花鸟的成就最为显著,表现手法有所创新。清代画坛继承明代艺术进一步发展,文人画日益占据画坛主流,山水画的创作以及水墨写意画盛行。从流派来讲,宗教画、山水画、花鸟画、人物画成为中国绘画的主要内容。从创作技法上讲,中国绘画主要以水墨画为主,是与西方绘画截然不同的艺术形式。所以与西方绘画进行比较非常有必要。本章的教学内容就是让学生对中国绘画有比较深入和全面的认识。

教学目的:通过中西绘画的比较,使学生掌握中国绘画的特点,了解中国绘画的发展脉络,认识到中国绘画的独特之处。

教学重点:中国水墨画与西方油画的比较。

教学方法:任务教学法、比较教学法。

教学内容:(1)中国绘画与发展脉络与流派。(2)中国山水画与西方油画之比较。(3)中国绘画所体现的艺术精神。

教学设计:

1. 放映视频《西方艺术与东方文化的碰撞》片段,引出本章的内容,从比较文化的角度看中国绘画。

2. 为学生设置任务:

2.1 中国绘画产生与西方绘画产生的时间比较。

2.2 中国早期绘画与西方早期绘画内容比较。

2.3 中国山水画与西方山水画有何不同。

2.4 中国人物画与西方人物画的不同。

2.5 中国文人画与文艺复兴时期的绘画相比较。

2.6 中国绘画的工具与西方绘画的工具不同之处,为何不同。

3. 为学生完成任务提供条件:

3.1 为了让学生能够在有限的时间内完成任务,对学生进行分组,根据学生的人数、设置的任务和任务的难度,5人为一组,共30人。

3.2 为了让学生完成2.1任务,为学生准备相应的资料,中国绘画发展脉络、西方绘画发展脉络及图片。

3.3 为了让学生完成2.2任务,为学生提供大量的中西方早期绘画的图片及画家图片,《洛神赋图》《女史箴图》《韩熙载夜宴图》《圣母登宝座》《犹大之吻》。

3.4 为了让学生完成2.3任务,为学生准备大量的中国山水画和西方山水画的图片,王维的《山阴图》、马远的《踏歌图》、莫奈的风景画等。

3.5 为了让学生完成 2.4 任务,为学生准备大量的中国人物画和西方人物画的图片。

3.6 为了让学生完成 2.5 任务,为学生准备文人画,王维、苏轼、徐渭等人的画以及达·芬奇、拉斐尔的画。

3.7 为了让学生完成 2.6 任务,为学生准备中国水墨画工具笔、墨、纸、砚,同时也准备油画工具画板、画笔和油彩。

4. 分组讨论,由每组学生提供他们的讨论结果,教师对学生讨论结果进行总结。

5. 进一步提出问题,为什么中国绘画与西方绘画有如此大的不同?

这就涉及了艺术理论和艺术思想方面的问题。学生可能一时难以发现结论,教师可以进行启发,提出如下问题让学生思考。第一,绘画在东西方画家的生活中扮演何种不同的角色?第二,绘画在人们的社会生活中的地位怎样?第三,东方人和西方人看待世界的方法有何不同?第四,其他的艺术形式是否会影响到绘画创作?第五,东西方的艺术观念有何不同?

对于这些问题学生可能一时难以回答,教师可以给学生一些材料或者例子,让他们发现问题的结论,比如针对第一个问题,可以为学生提供苏轼、王维、唐寅、达·芬奇、梵·高等艺术家的生活例子,从中可以看出,在西方绘画多为职业性的,画家以此为生,即使达·芬奇这样的艺术大家也受雇于教会,创作了大量的宗教画。而对于中国的画家而言,他们大多把绘画作为副业,即使像唐寅这样以卖画为生的人,也并未将绘画作为自己的事业,这是中西方画家的不同。其他的几个问题也可以通过一些类似的例子让学生们自己找到答案,有的问题学生可能回答得不够完善,教师可以在总结时进行详细的补充说明。

6. 对上面的问题进行总结,尤其详述中西方艺术观念不同的问题,因为学生可能很难马上将实际的案例和图片上升到理论高度,需要教师在这方面帮助他们认识和提升。

7. 要求学生根据上面的分析总结出与西方绘画相比,中国绘画的独特之处。学生的总结可能不够完善,可以要求其他学生进行补充,最后教师进行总结,将中国绘画的特点逐条清晰地列出来,作为本次课程的总结。

课程的评估:本次课程是结合任务教学法,通过中西绘画比较逐层深入地将中国绘画的特点及其产生的根源进行了研究和探讨。在课程教学的过程中，为了充分调动学生的学习兴趣，采用视频、图片等方法，给学生感官上的认识，同时又通过任务设置，让学生自发地寻找问题的答案，从而实现自主学习的目的。本次课程在进行过程中完全按照课程设置执行，取得了较为理想的效果。当然，在课程进行过程中也出现了一些突发问题，比如有时学生对某些观点提出不同的看法等，这些问题的出现可以理解为学生开动脑筋，自主学习带来的结果，应该鼓励，促动他们积极思考。同时也说明我们在课堂教学的准备过程中应该更为充分，考虑得更加仔细，各种细节都不能错过，从而获得更好的教学效果。

从上面的分析可以看出，国际汉语教育专业的文化教学是一项有其自身独特性和专业性的教学活动，有自身的教学规律和教学方法。本文提出以文化比较为特色的文化嵌入教学模式也是我们在教学过程中的一种探索，还需要通过一些教学实践和研究活动来丰富和完善。我相信经过师生的共同努力，能够摸索出一条适应本专业特点的教学模式，从而使我们的文化教学更上一层楼。

（作者单位：北京第二外国语学院国际传播学院）

明喻的使用原则与导游话语信息的传播[*]

王红斌

一 引言

导游话语是指导游使用的职业语言，导游话语质量的优劣是直接影响旅游业可持续发展的一个因素，优秀的导游和导游话语可以使游客更深层地领略到祖国山河的壮美和历史文化的博大精深并使游客游兴盎然。因此，导游从业人员素质的提高和优秀导游话语的创作就显得尤为重要。为了规范导游从业人员，国家实行了导游资格考试。为了参加考试，备考人员往往会事先背诵一些现成的书面导游话语，然后再把书面的导游话语转换为口语式的导游话语临场加以发挥。导游给游客讲解的工作环节也与此类似。我们知道，书面语和口语既有联系又有区别，因此书面导游话语的创作和实地的导游讲解既是独立分离的两个阶段，又是相互联系的统一体，这一过程如下图所示：

导游话语（书面语）—导游—导游话语（口语）—游客

在这一过程中，导游话语书面形式的创作是第一个阶段，而导游话语从书面语转换成口语形式是第二个阶段。在这两个阶段中，导游话语的优劣直接与话语传播的效果有关，拙文以导游话语中的比喻之一明喻作为本文的研究对象。

比喻中的明喻是导游话语中常见的一种语言表达方式，本文从信息量

---

[*] 本文以《导游词中明喻的使用原则》为题曾发表于《现代语文：语言研究版》2007年第3期，收入本书时对原文略加修改。

的角度来讨论导游话语中明喻的使用，信息量是指导游在组织导游话语时应该根据什么样的信息量原则把自己想要传递给游客的信息有效地传递给游客。关于"信息量"的原则，本文借鉴了"会话原则"中的"量"原则。关于"量"原则，有古典的和新的"量"原则之分，格赖斯古典的"会话原则"中的"量"原则（Maxim of Quantity）是古典的"量"原则。古典的"量"原则是："（1）所说之话应包含交谈目的所需的信息。（2）所说之话不应包含超出需要的信息。"① 荷恩和列文森的"会话原则"是在格赖斯古典的"会话原则"基础上改进的新的"会话原则"。其中，荷恩的"量"原则是："要使你的话语充分；能说多少就尽量说多少（以关系准则为条件）。"② 他所说的关系准则是："要使你的话只是必需的；不说多于所要求的话（以'量'原则为条件）。"③ 列文森的新格赖斯"会话原则"中的"量"原则的"说话人准则"是："不要让你的陈述在信息上弱于你的认识允许的程度，除非较强的陈述同信息原则抵触。"④ 导游和游客的交际不同于日常会话，日常会话是一种一对一的交际模式，而导游和游客的交际模式通常是一对多的交际模式，游客的话语信息反馈少，因此导游话语应具有自己所应具有的语用规则，而这一原则又不应与一般的会话原则相背离。

本文所使用的语料是在互联网上搜索到的约40万字的导游话语。文章主要讨论两个问题：

（1）导游话语中明喻的结构和功能；
（2）导游话语中明喻的喻体使用应遵循的原则。

二 导游话语中明喻的结构和功能

明喻包括本体、喻体和喻词三个语言单位，按照传统修辞学的分类，

---

① 陈融：《格赖斯的会话含义学说》，载束定芳主编《中国语用学研究论文精选》，上海外语教育出版社，2001，第152页。
② 徐盛桓：《新格赖斯的会话含意理论和含语用推理》，载束定芳主编《中国语用学研究论文精选》，第178页。
③ 徐盛桓：《新格赖斯的会话含意理论和含语用推理》，载束定芳主编《中国语用学研究论文精选》，第178页。
④ 徐盛桓：《新格赖斯的会话含意理论和含语用推理》，载束定芳主编《中国语用学研究论文精选》，第178页。

比喻可分为明喻、暗喻、借喻等，这里讨论的明喻可以码化为：S 像 P（其中的喻词还有"好像、好似"等），在现代汉语中，根据语义特点，比喻有下列四个格式（王红斌 2004，2009）（其中，"S"表示"本体"，"P"表示"喻体"）：

S_1：S（具象语义）、P（具象语义）（像）
S_2：S（具象语义）、P（抽象语义）（像）
S_3：S（抽象语义）、P（抽象语义）（像）
S_4：S（抽象语义）、P（具象语义）（像）

在现代汉语中，"S_1"和"S_4"比较常见，而导游话语中，"S_1"是最常见的，占所收集例子的 95%，其余的三个格式仅占收集到的例子的 5%。如：

 1. 小天池山对面还有一怪石，远望似一雄鹰伸颈欲鸣。（www.51766.com）
 2. 长江似一条白色缎带，飘忽在天际。山脚是深谷，形如一把打开的剪刀，名剪刀峡。（http：//www.lushan.org.cn）
 3. 船在水上漂，如在镜中游。乌篷船就像水乡精灵，悄然无声却穿梭不息。（www.265ks.com）

从结构上看，例 1 和例 2 中的本体"怪石""长江""深谷"和喻体"一雄鹰伸颈欲鸣""一条白色缎带""一把打开的剪刀"构成比喻的格式是"S_1"。例 3 是"S_2"。关于明喻的构成和语义机理，王红斌（2004）曾从词汇语义的角度出发讨论了明喻的编码和解码过程，认为"明喻的编码过程是一个基于本体所表示的语义空位，是以喻体所表示的语义对本体意义空位加以填补的过程；解码的过程是一个根据本体的语义空位从喻体所表示语义中提取典型语义填补空位的过程"[①]。导游话语是现代汉语在导游话语中的表现形式，自然也具有现代汉语明喻的特点和机理。明喻不仅是一种修辞手法，更重要的是，它是一种与人类认知相关的语言的表述方式。正是因为明喻具有了这样的功能，在导游话语中才被广泛地使用并把它作为一种引入话题的语言手段，这一点从包含比喻的山水风景导游话语的篇章模式

[①] 王红斌：《语义图式　语义空位　语义提取》，《南开语言学刊》2004 年第 3 期。

中就可以看出来。在收集到的讲解山水风景点的导游话语语料中，包含比喻的导游话语的基本篇章模式是：首先使用比喻告诉游客看到的山水风景像什么，然后结合一些科学知识或传说来讲解这些山水风景。如：

4. 这里的瀑布柔美轻盈，如月笼轻纱，又像洁白无瑕的垂帘，瀑布落下的地方成为一清潭，水花飞溅，水声潺潺，像一幅十分优美的山水画，这个景点就是"叠瀑洞天"。<u>由于岩层产状近乎水平，其中又发育了多组垂直裂隙，同时受风化作用的影响，岩性的差异，沿垂直节理与层面剥落，在流水的长期作用下形成阶梯状陡坎，每当雨季，流水沿陡坎形成"跌岩为瀑，流连为潭"的景观</u>。（http：//www.yspo.com）

例4中加点的句子使用比喻的方式引入话题，画线的部分是用浅显的科学语言叙述了该景点形成的原因。在导游话语中既然把比喻作为一种重要的语言形式来引入主题，那么就需要了解比喻这一语言手段的功能以期达到良好的交际效果，这样才能使游客和导游在认知上产生共鸣，如很多风景点的名称就表明了人们对于该风景点的认知，像下面的例子：

5. 在月亮门内有一巨石突兀，形如蟾蜍，名"蟾蜍石"。
（http：//www.china-lushan.com）
6. 长江似一条白色缎带，飘忽在天际。山脚是深谷，形如一把打开的剪刀，名剪刀峡。（http：//www.china-lushan.com）

我们知道，在游览山水风景景点时，当游客看到一块石头，大多数情况下，游客很难一眼就看出这块石头像什么及其寓意，但是经导游一解说，游客就会马上认同，像例5、6使用的比喻，可以使游客在认知上和导游产生共鸣，使游客看到的景物具象化，使游客对"深谷"和"巨石"的形状有更清楚的了解。既然比喻在风景山水导游话语中有如此重要的作用，那么我们应该如何使用比喻呢？结合明喻的结构来说，在导游话语中，本体是由导游需讲解的山水风景的名词和名词性词组充任的，而喻体选用的情况则是由导游话语创作者和导游来决定的，因此，本体基本上是确定的，而喻体是不确定的，使用好明喻在很大程度上是使用好喻体。关于导游话语中比喻的喻体选用的原则，应结合比喻的语义特点和认知模式来加以讨论，上面我们说到导游话语中明喻的功能上的特点可以让游客在认知上与导游产生共鸣。因此，导游话语中喻体选择的情况的不同就会产生不同的导游效果。我们认为导游话语中的明喻喻体的创作和使用应遵循这么几个原则：(1) 交际中最高量的原则；(2) 通俗性原则；(3) 优势联想义素选择原则；(4) 喻体的具象性原则。下面依次来讨论这四个原则。

三 导游话语中比喻的喻体使用的原则

（一）交际中最高量的原则

导游在使用导游话语时，应考虑游客的接受程度。游客群体呈多样性，如果能根据游客不同的文化程度、心理和认知程度的差别而设计不同的导游话语，那是最理想的，但是由于处于同一个旅游团队中的游客具有多样化的特点，如果根据游客的不同设计不同的导游话语，那么需要的投入是很大的，因此目前比较可行的办法是遵循最高量的原则，即设想以游客的最低的文化程度、心理和认知程度的导游话语为准。其次是关系准则，关系准则是用来降低冗余信息的原则。所以上文例⑤、⑥是我们提倡的导游话语中比喻的典范。

（二）通俗性原则

结合导游话语的功能以及比喻的语义特点，我们认为喻体的选择在语义理解上的难度至少应低于本体，即通俗性原则，就是说喻体选择的词语应是在词汇语义系统中属于基本范畴的词，所谓的基本范畴的词是指在词汇语义的层级系统中把某一语义场中的词从语义层级上分为"高范畴—基本范畴—低范畴"三级，与之相对应的例子是"家具—椅子/桌子/床—扶手椅、折叠椅/饭桌、课桌/单人床、双人床①"，这里之所以选择基本范畴的词是由人们对基本范畴词组的认知所决定的。"认知人类学家 Berlin et al.（1974，见 Taylor 1995）对民俗学分类法（folk taxonomy）的研究表明不同层次的范畴享有不同的认知重要性，最重要的一个范畴是处于中间位置的基本范畴。Berlin 发现处于这个基本的范畴相对于较高层次和较低层

---

① 蓝纯：《认知语言学与隐喻研究》，外语教学与研究出版社，2005，第33页。

次的范畴，更易被人感知、认识、命名、习得和记忆。①"因此，比喻中的充任喻体词语的选择应是那些属于基本词范畴的词语。那么，什么样的范畴算是基本范畴呢？蓝纯（2005）指出："这与人类或个人的生活经验有关②。"因此，我们选择作为基本范畴的词又应以交际中的最大量为基础，即人的最低认知水平为基础。如：

7. 现在我们看到的是藤榻，也可以称之为"罗汉床"，它就像现在人们家里的沙发，可以在上面喝茶、下棋、聊天、抽烟等等，你看它还配有床几。（http://www.dyy.net.cn/dycj）

8. 五指山是海南岛规模最大的一组山地，分布在岛中部偏东南一带，主体部分在琼中黎族苗族自治县西南与通什市东北交界地带。主峰呈锯齿状，形似人的五指。（http://www.itsqq.com）

例7中的喻体"沙发"就是一个常见的家具，而且在家具语义场中属于"基本范畴"，因此，人们在理解"罗汉床"的功能和形状方面就容易和导游产生认知上的共鸣。而不常见的词语以及比较抽象的词语在人的认知处理上就比较费力。如：

9. 下面这块大石，平坦如矶，可坐几十人，因为古人曾在这里对弈，所以称它为"棋盘石"。（http://www.tonglu-tour.com）

10. 铜陵凤凰山铁石宕边，耸立一奇石，石高数米，状如立笋。（同上）

11. 可能大家已看到了，在蛟龙窟宅下面的青石上，布满了像肠子一样的纹理，我们叫它"羊肠石"。（http://yygfsz.com）

例9中的"矶"在现代汉语词典中的解释是："水边突出的岩石或石滩。"③ 在这个句子中，我们可以根据语境理解为"平坦而且大"的意思，但是"矶"这样通俗性程度较低的词需要的认知处理时间长，关联性弱，并不适合在导游话语中用作喻体。同样的道理，例10、11中的"仙气出

---

① 蓝纯：《认知语言学与隐喻研究》，第32页。
② 蓝纯：《认知语言学与隐喻研究》，第33页。
③ 中国社会科学院语言研究所词典室编《现代汉语词典》，商务印书馆，1996，第583页。

洞""立笋""肠子一样的纹理"都是在人们认知上处理费力的词语，例10的喻体用了"立笋"，作为普通的北方人来说"笋"就比较少见了，况且又加上了它的形状"立"；例11"肠子一样的纹理"对于普通人来说可能大概知道"肠子"应该是弯弯曲曲的，更多的也只能结合所看到的那块石头上的纹理来认识了，因此这些在认知处理上比较费力的词语作为比喻中的喻体其传递信息的功能就比较逊色了。

（三）优势联想义素选择原则

上文已说过选择基本范畴词语充任比喻中的喻体，即使选用了基本范畴中的词语，还应注意选用那些在认知上易于与所要表达思想相联系的词语所表示的语素，这样才能做到"准确性"，做到了"准确性"是提高讲解效果的一个重要的保证。如：

12. 山葡萄绿的如翡翠、红的如玛瑙、紫的如烟雾。（http://www.66china.com.cn）

13. 杜鹃花着在未萌叶的干枝之上，一朵花六个花瓣，花瓣薄如蝉翼，花朵只有纽扣般大。这么小的花儿却映红了大兴安岭，在白雪的映衬下如霞似火，花儿托着白雪，就像雪在燃烧。该有亿万花蕾竞相绽放呢，也许杜鹃花是地球上最大的花汛了吧？（http://www.66china.com.cn）

我们常见到的"翡翠"是绿色的，"玛瑙"是红色的，因此，"绿色"和"红色"是"翡翠"和"玛瑙"色泽上的优势联想语义，黄国营（2004）曾经通过使用统计和调查相结合的原则讨论过词语的联想义，如："像水一样中的'水'的联想义优势序列是：流动（77）>清澈（21）>淡（17）>柔（15）>凉（5）[①]"，因此，如果要用一个喻体来表示"流动"的语义时，就可以用"水"来表示。这样才可以使选择的喻体具有易于游客认知的特点。而例12和13中的"紫的如烟雾""雪在燃烧"是很有创意的，但偏离一般人对该类事物的理解，"烟雾"的优势认知义是"灰蒙蒙"，而非"紫色"。"雪"是非可燃物，如果没有"雪在燃烧"这一句前面的表述，我们很难

[①] 黄国营：《基于大规模真实语料汉语词汇联想意义网络的构建》，《清华大学学报》（哲学社会科学版）2004年第5期。

理解"雪在燃烧"是想让游客产生"红色的花儿衬托着白雪"这样的意象。

（四）喻体的具象性原则

除了上面所谈到的通俗性原则外，还应该选用具有"具象意义"的词语作为喻体，如：

14. 石上刻"纵览云飞""豁然贯通"摩崖大字，石下乱云飞渡，如入仙境。（www.sxoutdoor.net）

15. 前边就是冷风口，大家已经感觉到了，站在这里冷风刺骨。在炎热的夏天，有这神奇的冷风，消除大家登山的疲劳以及酷暑的高温，可说是猿人谷里的奇景，它的地温常年0～3度，每逢阴雨天气，这里云雾缭绕，好似仙气出洞，俗称"仙气洞"。（www.96898.cn）

16. 湖水如镜，似发光的碧玉镶嵌在林荫秀谷之中，在缥缈的云烟衬托下，犹如天上神湖。（http://www.china-lushan.com）

例14～16中的喻体"如入仙境""仙气出洞""天上神湖"都使用了具有抽象意义的词组，什么是"仙境""仙气""神湖"？它们到底应该是什么样子？我们很难确定，只能任人去想象了。由于人们在理解表示抽象意义的词语时具有不确定性，因此我们认为导游话语中的比喻应使用表示具象意义的词语来充任喻体。

四　结语

本文讨论了导游话语中比喻的使用情况，认为如果希望有效地使用这一语言形式为游客服务，那么导游话语中明喻的使用应遵循交际中的最大量原则，明喻中喻体在选词时应遵循从表达同一语义范畴的词语中选用基本范畴的词，在基本范畴词中应选用游客和导游容易产生认知共鸣的优势联想义素，这样才能使导游话语中的明喻具有大众性、通俗性和生动性，在信息传输中具有关联性强的特征。

（作者单位：北京第二外国语学院国际传播学院）

从文化和谐论的视角看英语对汉语的渗透及规范化问题

党静鹏

英语作为国际通用语为不同民族和文化的人们进行交往提供了便利，与此同时，英语以强势语言的姿态对其他语言产生了极大的影响。宏观层面上，英语在全球的普及将其他语言推向边缘化，使得众多民族语言或本土语言濒危乃至灭亡，这一状况引发了很多学者的担忧，在第十五届世界语言学家大会上，"濒危语言问题"是大会的两大主题之一，此后掀起了全球性研究濒危语言的热潮①。微观层面上，英语的广泛应用和英语教育的普及增加了其他语言与英语的接触，英语得以以各种方式渗透到他国语言文字系统和语言文字生活中，这一情况也引起了各国普遍关注，有强烈抵制、极力反对的，也有持容忍宽松态度的。

随着中国越来越多地参与国际政治经济事务，英语教育不断普及，汉语与英语的接触越来越密切，使用英语的场合越来越多，英语以一种强势语言的姿态渗透到汉语语言系统和我国的语言生活中来。这是当今我国语言文字生活中一个鲜明的特点，值得重视。语言是与特定民族文化相关联的，也是民族认同感的体现，因此英语对汉语的渗透引发了维护语言纯洁性的运动，而另一方面，由于客观上英语确已成为全球性通用语言，在政治、经济、文化、科技等领域的国际交往中发挥着重要的作用，因此，必须采取正确、科学的态度对待英语对汉语的渗透。苏金智（2010）提出文化和谐论，为处理好各种语言关系提供了

---

① 刘海涛：《国外濒危语言研究概述》，《长江学术》2006年第3期。

理论指导，本文拟从文化和谐论的视角讨论英语对汉语的渗透及规范化问题。

一 英语对汉语的渗透

英语对汉语的渗透是两种语言接触的结果，因为语言接触必然导致语言借用，借用的模式通常是弱势语言更多地向强势语言进行输入性借用，强势语言便借此渗透到弱势语言中去。英语对汉语的渗透首先表现在词汇层面，我国近代历史上就出现过大量借用英语外来词，改革开放以后英语外来词的数量不断增加。近年来，除传统意义上的音译外来词和意译外来词外，外来词又有了新的特点，出现了大量以英语为主体的字母词和英语原形词。商务印书馆出版的《中国语言生活状况报告》在大规模真实文本中专门对字母词语使用状况进行了考察，"结果显示：现代使用字母词已经不是语言生活中的偶发现象，字母构成的词语已成为汉语词汇的一部分，如'VS、NBA、GDP、AC、IT、MP3、QQ、AMD、DVD、CEO'等已经进入前 5000 个汉语高频词语的行列"[1]。《现代汉语词典》从 1996 年第三版开始收录西文字母开头的字母词，共 39 条，其后几版收录字母词数量递增，2002 年第四版 142 条，2005 年第五版 182 条，2006 年第六版增至 239 条，由此可以看出我国语言生活中字母词使用的总体趋势。

传统外来词一般用汉字译写，语音也受到汉语语音系统的改造，从而在字形和语音上都不同于外语源词，但近年来，使用外语源词的情况越来越多，尤其是英语词，英语以更加明显的形式渗透到汉语中来。这种情况不仅发生在中国。以前，"俄语中的外来词通常被转换成西里尔字母，然后加上俄语的词形变化，发音也按照俄语的书写规则。但是，20 世纪 90 年代大量的美国英语连同罗马字母一起进入了俄语。今天的状况更是如此，未加改造的外来词（主要来自美国英语）以前所未有的速度和数量涌入俄语"[2]。

语言借用如果程度较深，会出现语法和音系层面的借用。汉语向英语的借用在音系层面尚未出现，但语法层面的借用早在 19 世纪末 20 世纪初

---

[1] 王铁琨：《语言使用实态考察研究与语言规划——发布年度语言生活状况报告的思考》，《语言文字应用》2008 年第 1 期。

[2] 左秀兰：《面对英语渗透的语言规划》，《语言文字应用》2006 年第 2 期。

便已发生,在现代白话文形成的过程中出现的欧化句式便是语法借用的结果。一些研究显示,当代汉语句法结构在一定范围内进一步受到英语句法结构的影响而显现出英化的痕迹,这种情况在英汉双语者身上体现得更为突出。

汉语是非形态语言,因此语法形态的借用往往不容易发生,但在语言表达自由度较大的网络交际中,我们看到网民十分乐于将英语形态成分嫁接到汉语词上,最常见的是表示进行体和过去时的形态成分,比如,"考虑ing"(正考虑着呢),"吃饭ed?"(吃饭了吗?)等。这种借用目前只局限于网络交际,且由于汉语词和英语形态成分嫁接后在语音层面上难以融合,因此可以预见在日常口语交际中不大可能使用这种形式。

以上所述涉及英语在词汇和语法方面对汉语语言文字系统的渗透,而在动态的语言交际活动中,英语对汉语的渗透也表现得十分突出,尤其在一些特定领域、特定人群中。

中英双语者在语言交际中常出现语码混用现象,说话者在汉语句内夹杂使用英语字母、单词、词组或短句。这种情况主要出现在某些特定群体的话语中,如在校学生、外企员工以及频繁接触英语的人士等。中英语码混用现象在网络交际中也形成鲜明特征。网络交际者常在话语中直接使用英语单词、词组,有时干脆直接使用英语短句,比如一些缩写形式的短句OMG(Oh my god),IC(I see),How a u(How are you),AFAIC(as far as I'm concerned),使用频率很高,形成中英语码混用的情况。

如今,在国人的生活中英语的身影无处不在,走在大街上,随处可见的路牌、商店都有英文标识。以店铺招牌用字为例,陈原在20世纪80年代对王府井商业步行街的招牌用字统计中指出,在77个店铺招牌中,只有13%加注了英文[1]。而今我们再次对同一条街道上的店铺进行考察,发现在步行街上53家店铺中,招牌用字只有中文的有8家,有3家只有英文,另有42家店铺招牌中英文都有,后两种情况占比85%。一些老字号店铺也加注了英文,盛锡福是在一块匾额上中文加注英文,吴裕泰则使用两块匾额,一块中文书写,一块英文书写。可见,和20世纪80年代相比,店铺招牌用字英文的使用比重大幅上升。

---

[1] 陈原:《陈原语言学论著》,辽宁教育出版社,1998,第528页。

二 对英语渗透的抵制

面对英语的渗透，很多国家都采取了相应措施，包括：颁布法令法规禁止在某些语境中英语的泛滥使用，成立语言协会和术语委员会监管语言的使用或创造新术语，在借贷过程中对外来词进行同化，尽量减少外来特征，如用意译词或仿译词去替代外来词等①。

我国政府和有关部门也通过颁布行政法令规范英语等外来语的使用。2010年4月国家广电总局对各广播影视机构下发了通知，提示各个部门要规范使用广播语言，在非外语频道，播音员主持人在口播新闻、采访、影视记录、字幕等方面，不要使用外语以及外语缩写词。国家新闻出版总署在2010年11月23日下发了《关于进一步规范出版物文字使用的通知》，禁止在报纸、期刊、图书、音像制品和电子书、互联网等各类出版物中，在汉语言中随意夹杂英语等外来语，直接使用英文单词或字母缩写，生造一些非中非外、含义不清的词语等。

对《现代汉语词典》收录西文字母开头的字母词，一些学者持反对态度。2012年8月百余名学者向国家新闻出版总署和国家语言文字委员会联合举报，称第6版《现代汉语词典》收录"NBA"等239个西文字母开头的词语，并将其由原来"附录"的位置移置正文末尾，违反了《中华人民共和国国家通用语言文字法》、国务院《出版管理条例》等法规。联合签名之一的社科院研究员李敏生认为："汉语词典对于语言文字来说一般具有标准、规范的意义和作用。在《现代汉语词典》中把英文词汇作为'正文'，用英文替代汉字，从现实的作用和长远的影响来看，是汉字拉丁化百年以来对汉字最严重的破坏。"②。很多学者认为应将字母词和外语源词汉化，用意译或仿译的方法进行替代。

抵制英语渗透的行动从未间断，而效果往往不尽如人意，比如"法国和德国的语言纯洁主义抵制策略在现实面前都遭遇了不同程度的挫折，比较严厉的法令法规并没有提高这些语言在世界上的使用地位，也不一定能削弱英语的渗透程度；相反，英语在这些语言社群中的使用地位有时反倒

---

① 左秀兰：《面对英语渗透的语言规划》，《语言文字应用》2006年第2期。
② 见《新京报》2012年8月29日。

日渐高升,作用越来越大,渗透力也越来越强"①。我国也存在同样的情况,《现代汉语词典》收录的字母词不断增加反映了我国语言生活的实态,中国社会科学院前副院长蓝江生在回应举报质疑时说:"我们选择的标准是根据使用的频率和与人民群众生活的相关度。"②前文提到《中国语言生活状况报告》有关字母词的数据显示出字母词的使用正在逐年增加,有些字母词已经进入了高频词语的行列。英语在我国社会生活中的作用不断提升。

正如苏金智先生所说,"外来词的大量使用对汉语语言文字都产生了冲击,这种冲击有推动汉语发展的有利的一面,也有造成语言文字使用不和谐的一面"③。英语在国际社会交往中的地位短期内是不会改变的,英语对汉语的渗透不是一朝一夕形成的,有些甚至在国人的语言文字生活中已经扎下了较深的根基,要将英语完全逐出汉语是不可行的,必须正确对待英语与汉语的关系,对英语在汉语中的渗透进行科学的规范。

三 从文化和谐论的视角看英语的渗透及规范化问题

文化和谐论由苏金智先生在《文化和谐论与跨文化交际》一文中首次提出,在《文化和谐论与国家语言发展战略》一文中进一步阐发并将其作为国家语言发展战略的理论基础。该理论内涵是:世界的文化是多样性的,文化不应该只有一个中心;避免以我为中心,各种文化应该相互尊重,和谐共处;文化既有普遍性也有独特性,为了和谐相处,应该特别注意各种文化的独特性。文化和谐论的核心是"功能互补,和谐共存,各就各位,不错位不越位",即在多元共存的前提下和谐发展,功能互补观是和谐发展的重要思想基础。文化和谐论的功能互补观对处理好国家通用语言文字与少数民族语言文字、国家通用语言与汉语方言、繁体字与简化字、母语与外语等各种语言文字间的关系具有重要的理论指导意义④。

文化和谐论首先承认语言生活中的语言多样性,进而指出多样化的语

---

① 左秀兰:《面对英语渗透的语言规划》,《语言文字应用》2006 年第 2 期。
② 见新华网 http://news.xinhuanet.com/yuqing/2012 - 08/30/c_ 123651567. htm。
③ 苏金智:《论当前汉语外来词规范的原则》,《辞书研究》2002 年第 3 期。
④ 苏金智:《文化和谐论与国家语言发展战略》,《云南师范大学学报》(哲学社会科学版) 2012 年第 3 期。

言在语言生活中具有不同的功能,各种不同功能的语言各就各位,不错位、不越位,才能和谐共处。语言功能是指语言在社会生活中所发挥的功能。李宇明(2008)把语言功能划分为国语、官方工作语言、教育、大众传媒、公共服务、公众交际、文化、日常交际等8个层次,各种语言现象(包括国家通用语言文字、少数民族语言、汉语方言、外国语文、繁体字等5种)在这8个功能层次上具有各自的价值与作用[①]。

《中华人民共和国宪法》和《中华人民共和国国家通用语言文字法》确立了普通话作为全国通用语言文字的法定地位,在每一个功能层次上都发挥作用。英语作为国际通用语在我国不具有国语和官方语言的功能,也基本不用于公众交际和日常交际,但在某些层次某些特定领域具有重要功能,其功能主要体现在教育、大众传媒、公共服务和文化传播层次,比如"国家重要的记者招待会常有外语翻译,国家的重要文件有不少译成了外文;外语是中国高考的必考课程,中国学习外语的人数为世界之首;广播电视有外语的频道和节目"[②]。在公共服务领域如机场广播、路名标牌、商品说明书、博物馆解说词等,除使用国家通用语言文字外,必要时也使用外国语文,尤其是英语。在公众交际、科学技术、文化传播等领域,由于我国越来越广泛地参与国际事务,与外国人的接触越来越多,使用英语的场合也越来越多,英语在我国与他国的国际化交流中具有重要功能。比如,在外交领域与他国进行交往时需要使用外国语言,尤其是英语;在一些跨国企业中,员工的工作语言是英语,即使在说汉语时也常常夹杂英语单词或词组,形成中英语码混用现象;在科学技术领域进行国际学术交流时也常常需要使用英语作为会议工作语言或工作语言之一;在文化传播与推广领域往往需要借助英语这一媒介语对中国文化进行宣传与推广;中国企业在参与国际化竞争中也离不开英语,品牌名称的英文翻译是企业国际化战略的一项重要内容,比如前文提到王府井商业街上的老字号店铺增加英文名称,借以进入国际市场参与国际竞争。可见,在我国的语言生活中,英语具有重要的价值与作用,可与我国使用的其他语言文字包括国家通用语言文字功能互补,和谐共存。

文化和谐论强调各种语言文化应各就各位,不越位、不错位。如果语

[①] 李宇明:《语言功能规划刍议》,《语言文字应用》2008年第1期。
[②] 李宇明:《语言功能规划刍议》,《语言文字应用》2008年第1期。

言使用出现错位越位现象，就会导致语言不和谐状态，需要加以纠正和规范。前文提到广电总局和新闻出版总署下发的政令主要是针对目前社会上存在的滥用英语的现象，英语的使用超越了其应属的功能层次，出现功能错位现象。其中英语字母词、英语原形外来词的滥用情况较为严重，例如某电视节目中明明可以说"老板"，主持人却非要说"boss"，连嘉宾中的外国 boss 都说"老板"，中国主持人却坚持说"boss"。某些报纸新闻报道中汉语语句里夹杂英语原形词，如"奥巴马要让伊拉克'伊拉克化'，保证自己当选后 16 个月内从伊拉克撤出全部作战部队，有点将 change 落实到行动上的意思"。在这两例中，英语单词都有相应的汉语词，完全可以而且应该使用汉语词。前文谈到王府井商业步行街店铺招牌用字问题，我们发现有 3 家店铺招牌用字单独使用英语，没有标明中文名称：Beijing apm（新东安市场，作者注，下同）、Metersbonwe（中国本土的民族品牌美特斯·邦威）、ME&CITY（美特斯·邦威旗下品牌之一），42 家中英文都有的店铺招牌中有些存在中外文并用时未以规范汉字为主、外国文字为辅，英文字大、中文字小等非规范用字现象，比如森马、中国联通等招牌上英文在前中文在后，鸿星尔克的招牌上更是以英文为主体，中文出现在左下角。

发生在 2003 年的"机票文字案"是一起由于英语功能错位导致公民语言权受到侵害的案例。2003 年 3 月 19 日，上海市徐汇区人民法院开庭审理了一起国内罕见的航空乘运"机票文字案"：航空公司没有在机票上用中文标明登机机场名称，只用英文缩写注明登机地点为"PVG"（浦东国际机场），致使在上海虹桥机场候机的杨小姐耽误了浦东机场的航班。为维护自己的合法权益，杨小姐将航空公司告上法庭。法院判决认为，机票是客运合同的凭证，航空公司应该使用我国的通用文字，清晰明白地在机票上标明登机机场的名称，或以其他方式进行明确说明。被告航空公司没有尽到法定义务，应承担责任[①]。此案涉及公民语言权的保护问题。我国历来重视保护公民的语言权，每个人都有学习和使用任何一种语言或方言的自由，但自由是有边界的，自由的边界是不能侵犯他人的权利，汉语中大量夹杂使用英语，无限制地使用外来词，滥用英语，就是对不懂英语

---

① 冯修文：《中文报新闻报道中的英语词研究》，《中国出版》2009 年 11 月下、12 月下合刊。

的人的语言权的侵犯。

苏金智先生指出,"人们有学习、使用和传播外语的权利,但这种权利应该建立在充分尊重多数人学习、使用和传播国家通用语言文字的权利,不影响人们对国家通用语言文字的学习、使用和传播的基础上。我们的大众媒体如果不考虑多数群体的语言文字使用情况,过多地使用外来语,无形中就会影响多数人对国家通用语言文字的学习和使用。报纸文章中过多使用外来词语或字母词,实际上是一种剥夺不懂外语的读者的语言权。中国境内有些公共场所的道路指示牌,有些宾馆的服务用语,只用外语不用汉语,这明显是剥夺汉语使用者语言权的错误做法"[①]。因此,必须对这种侵犯他人语言权的现象进行纠正和规范。

对英语功能错位现象进行规范应以"政策性"为统领,以"必要性""层次性"为指导原则。以"政策性"为统领,是指规范时应以我国相关法律法规对语言文字应用所做出的有关规定作为统领,作为依据。"必要性",是指在必要时可借用英语外来词、使用英语,如前文提到的机场英语广播、道路标志牌上的英文标注等,而非必要的情况则应使用我国通用语言文字,上文提到的电视、报刊中汉语语句夹杂使用英语原形词,就非必要,实属滥用。确定"必要性"时要结合"层次性",即规范英语的使用应区分不同层次确定不同标准,不能一刀切。如前文所述,英语在某些功能层次上或某些领域中发挥着重要作用,不应对其进行限制,而对超越其应在的功能层次、错位使用的情况则应进行纠正和规范。比如对外来词中的科学术语应分层次进行规范,"有些科学术语是国际通用的,对这些术语要有较大的容忍度,特别是那些只用于专业人员之间的外来术语。但那些用于非专业人员和大众百姓之间的普通术语,则最好翻译成本族语"[②]。传统媒体和网络媒体的语言使用也应按两个层次分别对待,以报刊、广播、电视为主的传统媒体一直以来对语言文字应用具有引导功能,对其规范化程度要求很高,而新兴的网络媒体因其特殊的网络承载方式,语言表达自由度较高,其规范化程度一般较低。在英语的使用方面,网络媒体呈现出与传统媒体不同的特点,可以概括为数量大、频率高、类型多。本文第一部分提到的英语形态借用("考虑 ing"(正考虑着呢),"吃

[①] 苏金智:《论语言权》,载《语言与法律研究的新视野——语言与法律首届学术研讨会论文集》,法律出版社,2002。

[②] 左秀兰:《面对英语渗透的语言规划》,《语言文字应用》2006 年第 2 期。

饭 ed?"（吃饭了吗？））仅在网络中出现，不在其他媒体形式中使用。网络交际中语码混用的情况也明显多于非网络交际，例如：

（1）这么复杂的问题都能解决，真不愧是个 nerd 啊！
（2）A：把这份资料拷贝一下，明儿个我要用。
　　　B：OMG! 你的 avatar 换得可真勤啊！

对网络媒体中英语的使用应如何规范还需进一步研究。言语交际的正式程度也是规范英语使用时应考虑的层次性问题，交际行为的正式程度越高，其规范标准应越严格。比如前文提到的广电总局和新闻出版总署的有关规定针对的就是正式程度较高的广播电视媒体和正式出版物。

四　结语

语言不仅是信息和文化的载体，是思维和交际的工具，更是一种重要的资源[①]。语言资源的多元化有利于语言的发展。既不应采取极端的纯洁主义的态度，也不能毫无控制、不加区分地任由外来成分涌进。在全球化背景下，作为国际通用语的英语在许多社会部门中起着至关重要的作用，将汉语和英语对立起来，隔绝汉语与英语的交流使其不受英语的影响是不可能的。依据文化和谐论的功能互补观科学地对待汉语与英语的关系，使两种语言功能互补，各就各位，和谐共存，才能构建出既与全球化背景相适应，同时保持对本民族语言文化充分尊重与认同的和谐语言生活。

（作者单位：北京第二外国语学院国际传播学院）

[①] 王铁琨：《语言使用实态考察研究与语言规划——发布年度语言生活状况报告的思考》，《语言文字应用》2008 年第 1 期。

少儿汉语教材中趣味性原则的实现途径
——以《汉语乐园》为例

王 巍

一 引言

少儿汉语教学是汉语国际推广的基石，而目前少儿汉语教材的编写却处于相对滞后状态。兴趣是少儿学习汉语的原动力，我们的教材究竟如何编写才能充分调动学生的兴趣？本文从少儿汉语教材《汉语乐园》的编写实践出发，从教材内容到形式详细探讨了少儿汉语教材趣味性原则的实现途径，并且指明教材的立体化开发对于建立趣味型少儿汉语课堂具有重要意义。

少儿汉语教学[①]因其教学对象的特殊性，在很多方面区别于成人的汉语教学，如学习目的、自控力、认知心理等。成年人学习汉语常常是为了生存和就业，而少儿学习汉语的出发点则往往是对中国文化和汉语充满好奇心；成人在学习过程中有很强的自觉性，能够面对枯燥的学习；而少儿常因学习乏味而失去注意力；成年对于抽象事物有较成熟的认知能力，而少儿还处在由知觉能力——具体思维——抽象能力的过渡过程中，如果教师不能以具体、形象的手段来吸引学生的兴趣，教学将难以进行。

---

① 本文所谓少儿汉语教学，即指未成年人汉语教学，具体指在幼儿园、小学及初中阶段的汉语教学。关于少儿汉语的界定参见李润新《谈谈少儿汉语教学的定位和分期》，《世界少儿汉语教学与研究》，北京语言大学出版社，2006，第2页。

"教人未见其趣,必不乐学",对于儿童而言,更是如此。(李宇明 2003)① 我们关于少儿汉语教学的实践②也充分证明:兴趣才是中小学生学习汉语的原动力。由此可见,少儿汉语教学的趣味性问题关系到教学的成败,应该得到教材编写者们足够的重视。

《汉语乐园》是一套以"寓教于乐"为基本编写理念的少儿汉语教材。其成书背景是:鉴于海外中小学汉语教材严重匮乏的局面,2004年国家汉办将编写海外少儿汉语教材列为"国家汉办重点规划教材"之一,属"十一五"期间国家重点图书出版计划项目,由我们项目组四人负责完成编写一系列"海外英语国家中小学汉语教材"。项目组经过两年的努力完成了该套教材的编写,并将其定名为《汉语乐园》。2005年面向零起点儿童的初级汉语教材《汉语乐园》系列由北京语言大学出版社正式出版,2009年又以纸质教材为基础,开发出了《汉语乐园》的多媒体光盘。

《汉语乐园》针对儿童的认知心理特点,集语言与文化学习、技能训练、智力发展为一体,融合视、听、说、唱、游戏等多种学习方式,使儿童眼、耳、口、脑、体并用,在轻松愉快的氛围中循序渐进地感知汉语、提高汉语运用能力。

《汉语乐园》自出版以来,获得诸多殊荣,如:2010年12月在第五届孔子学院大会上被评为"优秀国际汉语教材";在2011年1月《汉语乐园》多媒体汉语教材荣获"第二届中国政府出版奖优秀电子出版物奖"。《汉语乐园》同时也获得了海内外汉语教师和学习者的广泛好评,有鉴于此,目前已被译为45个语种,畅销世界各地。

以往的成人教材过分强调语言知识的传授,而忽略学生的兴趣和特点,教和学的内容与形式都过于刻板,不利于调动少儿的学习积极性。根据少年儿童活泼好动、喜爱游戏、好奇心强的特点,《汉语乐园》力求以实用有趣的教学内容、多元化的教学方法、立体化的教学手段来吸引学生,充分调动学生参与的热情,自始至终在每个细节上努力做到"寓教于乐"。下面我们就以《汉语乐园》的编写实践为例谈谈如何实现少儿汉语教材的趣味性原则。

---

① 黄荣荣:《试论游戏在少儿汉语教学中的运用》,《世界少儿汉语教学与研究》,第133页。
② 笔者曾受国家汉办委派赴澳大利亚任新南威尔士州中文教学助理,在澳洲10所中小学开展汉语教学和教材编写工作。

二 实用有趣的教学内容

(一) 语言、游戏、文化三结合的编写理念

我们的调查表明,为了调动学生们的学习热情,在国外很多中小学老师常以语言、游戏、文化三结合的方式来进行授课,而非单一地进行语言教学。控制语言讲解的难度,以语言学习帮助学生加深对异域文化的理解成为少儿汉语教学的首要原则。针对海外中小学汉语教学这一现状,《汉语乐园》确定每课的内容由语言、游戏和文化三个板块组成,游戏部分包括语言游戏活动和手工制作活动两个部分。三个板块都为同一个主题,内容上也环环相扣,同时特别注意在游戏和文化部分中有意识地引导学生学习语言。

我们以《汉语乐园》第二册第十课《山上有树》为例来看一看。《山上有树》一课的话题是大自然,词语是山、河、猴子、熊猫等。课文是"山上有树,山下有河"。游戏活动是学生们以户外活动的方式操练此句型(参见教材),文化常识是教师播放一段介绍大熊猫的视频,并且展开关于熊猫生存环境和保护问题的讨论。用来练读拼音的歌谣为《鹅》,练写的汉字为"山",手工活动为制作一个熊猫面具。每个环节之间内容上都各自独立,又不偏离主题。即使是在文化教学中,我们也要求学生尽量用本课所学句型和词语进行文化讨论,如用汉语问学生"熊猫住在哪儿?""在山上?在河里?"也要让学生在做好面具后,在面具背面用汉字或拼音写上"我喜欢熊猫"等句子,真正做到在学中玩,玩中学。

(二) 学生喜闻乐见的话题

教材应选取中小学生们喜欢的话题,《汉语乐园》中的话题如动物、运动、食物、旅行、节日、朋友等都是为少年儿童所熟知和喜爱的。当然语言课上有些必要的交际话题也不可缺少,如国籍、天气等。这样的题材一般就内容本身来说,略显单调,学生不十分爱学,此时我们就以有趣的课堂游戏活动来弥补。(关于课堂活动,参见本文第三部分)

（三）内容与形式的巧妙配合

传统的语言教材之所以会让学生觉得学起来很厌烦，是因为过于注重知识的内容，而不注意知识传授的形式。如果想让学生对任何学习内容都产生兴趣，必须在教学的形式上进行巧妙的包装。《汉语乐园》在这方面有很多创新之处，如复习的方式：每单元后面都有一个只用几句话编写出来的幽默故事作为单元复习。如：1A 第 4 课后边只用了几个数字配几幅卡通画讲述了一队松鼠的故事，很有趣。此外，书中还以练唱儿歌、做不干胶贴画等多种方式来复习句型。

三 动静结合的编排体例

少儿汉语教材在体例编排上应讲求动静结合，少儿学习的特点是有效的注意力时间较短，研究表明，9 岁儿童保持注意力的时间一般不会超出 20 分钟，所以长时间的安静会使学生疲劳，但长时间的活动嬉戏又会很容易导致课堂秩序混乱。动静结合的教学方式可使学生集中注意力，产生愉悦感，同时也易于教师掌控课堂纪律，从而获得比较理想的教学效果。所以在教材设计中我们充分考虑了这个因素，在内容编排上注重动静结合。每课的安排是：生词、课文讲解（静）——课堂活动（动）——学习文化、看视频（静）——文化讨论（动）——学拼音（静）——朗诵、表演童谣（动）——写汉字（静）——手工活动（动）。教师也可根据学生的实际情况选择其中一个环节先做。

四 多元化的教学方法

不管是成人还是少儿汉语教学，一成不变的教学模式都会让学生失去兴趣。汉语教师在教学方法上要讲求一个"变"字，才能让学生保持长久的热情。《汉语乐园》在教学方法上力求实现多元化，以便给教师和学习者提供更多的选择。

（一）生动活泼的课堂活动

对于少儿汉语教学来讲，能够体现"寓教于乐""寓教于动"的课堂活动是教师组织教学的最有效方法。《汉语乐园》中每课的生词、课文后，都有一个语言游戏活动来操练词语或句型（具体内容参见教材）。每课的最后一个环节是和本课内容相关的手工活动，比如针对第一部分中提到的枯燥的话题——"国籍"，我们就在此课设计了一个做国旗小帽的手工活动等。又如"天气"，手工活动是自制"天气指示牌儿"，学生在活动的过程中既练习了词语和句子，又活跃了课堂气氛，同时缓解了学习压力。

（二）丰富多彩的操练形式

在操练上，《汉语乐园》每一课的练习设计都有听、说、读、写的分类训练与综合训练。此外，在某种单向训练上也采取多种不同的操练形式，如汉字练写是少儿汉语教学的难点，一味地让学生抄写汉字，他们觉得既辛苦又无聊。所以我们在《汉语乐园》中研发了多种汉字操练的技巧，如将笔画按笔顺拆解、给某个字或某种笔画涂色、找出笔画相同的字、将部件重新拼字、将笔画剪下来重新贴到空心字中、将缺失的笔画补充上，还有连点成字、互助写汉字比赛等多种游戏形式。

（三）灵活创新的学习任务

关于学习任务（作业）的问题，我们可以从数量、内容、形式三个方面来谈谈。数量上应该有一定弹性的空间。有一部分作业是大家都应该完成的，有一部分是具有更大难度和挑战性的，引导有兴趣进一步学习的学生得到更多知识。如《汉语乐园》中"动物"一课的课后作业，除了让学生回家做课后练习外，我们还充分考虑了小学生喜爱大自然与动物的心理，鼓励学生上网查查关于"中国熊猫"的生活和保护工作，下次课给大家讲一讲。但这不是要求每个学生必须完成的，而是学生可以凭兴趣来选择的。

内容上不能只局限于书本上的练习或机械性的操练，还应给学生更广阔的发挥空间。能引导学生发挥出主观能动性的作业是最有价值的，如《汉语乐园》中有的作业是让学生制作食品店的海报、旅行手册以及语言调查实践报告等，学生的想象力和创造力在完成这些作业的过程中会得到极大的发挥。

形式上也可充分发挥少儿喜爱高科技的特点，利用多媒体等辅助手段,《汉语乐园》中有一些作业是让学生拍摄图片,制作文档,在网上搜索材料来完成的。而且在布置作业时也不要总是让学生单独完成,可偶尔设计成一个需要集体合作完成的小组活动。这些新鲜的作业形式对学生很有吸引力,他们不会再一味抱怨学习的枯燥,都会很认真地想办法去分担任务,同时共享集体劳动的成果。

(四) 新颖独特的奖励彩贴

奖励机制是课堂教学组织中必不可少的调节手段,奖励的办法有很多种,如加分、实物奖励等。教师应重视奖励机制对教学效果的促进作用。《汉语乐园》在教师用书中为教师们赠送了两版面不同造型和颜色的熊猫奖励小彩贴,供教师上课时奖励学生使用。当学生将这些小彩贴积累到一定数量时,可换取更高一级的奖励,这样可极大地鼓舞学生学习的积极性。

五 独具匠心的插图设计

一套教材的特色是其立于不败之地的决定性因素。《汉语乐园》除了寓教于乐的编写方式外,其独具匠心的插图设计风格也是其趣味性的一种重要体现。

《汉语乐园》在插图上也有很多富有创意的设计,处处注重吸引学生的兴趣,并启发他们的想象力。对于练习题,我们一般都设计出生动的背景图来辅助学生表达,如让学生练习"对不起"和"没关系"这个句型时,设计了一个蚂蚁偷蜂蜜的场景,蚂蚁偷蜂蜜后很惭愧地说"对不起",蜜蜂一边摆手一边回答"没关系",让学生看图来填入对话。再如在练习说家居物品名称的练习中,设计了两只瓢虫从窗外往屋里看,一只说"他家有什么"?另一只说"有桌子、椅子、电视……"。学生在生动有趣的情境中,自然地充当起画中的主角,会非常投入地去完成交际表达任务。

此外插图的整体风格凸显中国水墨画的特点,人物造型活泼明快。这些精益求精的设计都会令学生感到耳目一新。形式服务于内容,在此方面,比较只重知识传授,不重视媒介形式的传统教材,《汉语乐园》显然更胜一筹。

六 立体化的教学模式

（一）立体化教学模式的构建

"现代汉语教材决不能仅仅是一本教科书再加上几盘磁带，而必须是调动一切现代化手段，由文字、图片、录音、录像、电脑软盘组成的立体化的教材。"① 教材的立体化开发是一种充分利用现代教育技术来完善教材建设工作的新观念。这个观念打破了以往以纸介质为载体、线性结构知识传播的局限，而是综合运用各种媒体并发挥其各自优势，形成媒体间的互动，进行立体化的教学设计，注重激发学生的学习兴趣，这个观念也给对外汉语教材建设带来了新的气象，成为对外汉语教材建设的一个新趋势。北京语言大学出版社在 2008~2009 年对《汉语乐园》进行了多媒体开发，这为《汉语乐园》立体化教学模式的建构提供了必要的教学资源。如图1：

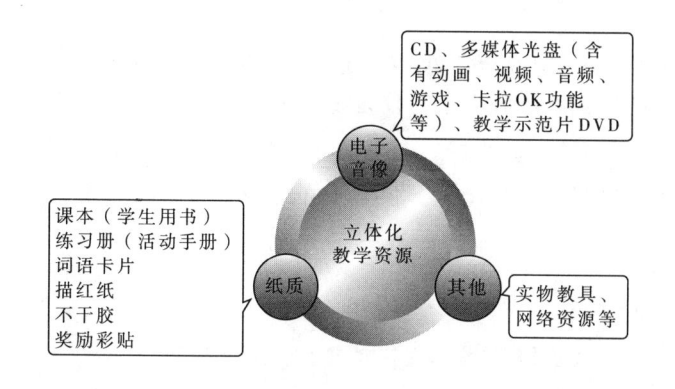

图1

其中，全套多媒体光盘包括以下这些要素：146 个 Flash 动画短片、68 个高清视频短片、192 个人机互动练习、108 个挑战性游戏、18 首 MTV 歌曲。②

有了这些资源，教师就可以构建立体化的教学模式，即指教师可以通

---

① 刘珣：《对外汉语教学概论》，北京语言大学出版社，1997，357 页。
② 此统计资料由北京语言大学出版社提供。

过纸质图书、多媒体光盘、远程网络教学（正在构建中）来进行教学。立体化的教学模式脱离传统的单一纸质教学方式，使教学的空间和时间得到极大拓展，也使授课方式、教学内容、教学手段、操练形式和复习形式都发生了前所未有的改变。

（二）立体化教学模式的实施

下面，我们具体来谈谈立体化教学模式是如何应用于课堂教学的。《汉语乐园》多媒体的每一课都由三个部分组成，即：（课本）TEXT、（练习）EXERCISES、（游戏）GAMES。TEXT 是每课的主界面，其中每个小熊猫图标及英文标题代表一个个教学环节，教师可以根据教学需要，随时点击某个即进入一个教学环节，点击不同的熊猫图标后，学生就可看到动画演绎的课文和故事（情景与录音）；动画展示的汉字笔画笔顺、动态书写过程以及人机互动练写；动画演绎的拼音认读和儿歌朗读；实景视频展示的中国文化、游戏、手工活动；在卡拉 OK 环节，学生可自行跟唱并录音。

在（练习）EXERCISES 界面，学生将看到每课的练习题，学生可以以人机互动的形式在电脑上进行反复操练。

在（游戏）GAMES 界面，每课有 3~4 个互动游戏，内容为对本课或本单元知识的复习，强化操练，供学生在游戏中巩固已学知识。如图 2：

图 2

教师可以根据课堂教学的实际情况选择若干练习和游戏，以集体、个体或小组为单位组织学生进行操练。

（三）立体化教学模式的趣味性

《汉语乐园》立体化的教学模式对于教师而言，丰富的情景对话、文化、手工、儿歌等视频内容能为教师提供宝贵的教学资源，利用多媒体展示的各种课堂活动和游戏更可以使教师自由地选择合适的教学内容，轻松愉快地组织课堂教学。这种变革是传统的教学模式所无法实现的。

对于学生而言，立体化教学模式能够使文字和音像结合，采用图片、视频、动画等现代化手段使所有的教学内容从平面化转为立体化，课文的情境展示由静态变为动态，充分调动了少儿的感官神经，有利于帮助学生加强记忆，同时增强趣味性。尤其是人机互动游戏的练习形式的设计，极大地调动了学生们的参与热情。

立体化教学使课上和课下教学紧密结合，学生可利用多媒体光盘回放教学内容，便于学生课后复习和自学，也有利于学生学习自主性的培养。

立体化教学模式还能使获取知识的渠道得以延伸，使不同学习风格的学习者都能通过选择自己喜欢的方式来学习汉语。

综上所述，一套少儿汉语教材要做到"寓教于乐"，其对于趣味性的思考应该是全方位的，从教学内容到教学形式，从编写理念到插图风格，从纸质图书到立体化教学模式，我们在每个细节上都应把"趣味性"作为一个非常重要的原则加以体现，同时也要保证这种"趣味性"绝不孤立于语言学习之外。这样的教材才能真正受到学生们的喜爱，并将对汉语教学产生极为有益的推动作用。

（作者单位：北京第二外国语学院国际传播学院）

谈谈国际汉语教师"域外视角"的建构
——以白乐桑先生的汉语教育经历为例

王 巍

一 引言

笔者近几年来从事国际汉语师资人才培养的工作,主要负责汉语国际教育本科及硕士研究生的培养。在工作中我们会经常通过教学及实习等相关活动与海外同行互动交流。我们发现,目前国内培养的汉语教师与海外本土教师之间除了知识结构方面有差异外,最大的差异在于跨文化交际的背景以及由此产生的教学理念的巨大差异。我们培养出来的本科生或研究生被派往国外后,往往需要花很长时间来适应当地的语言和文化,并且去学习如何在这种环境下开展汉语教学。由于适应得过于缓慢,常常导致外方认为我们的人才培养针对性不强。

随着全球化时代的到来,汉语国际教育在全世界蓬勃发展。语言是文化的载体,正如 Nelson Brooks 所言:"如果我们在教语言的同时不教文化,那么我们就在教没有意义的符号,或者说被学生误读的符号。"① 由此可见,语言传播的效果直接与我们对多元文化的理解程度紧密相关。作为一名合格的汉语教师必然需要具有跨文化的视野,不仅要熟知自己的文化,也要充分理解对方的文化。从宏观角度来讲,我们目前已明确认识到教师的跨文化交际能力的重要性。那么从微观层面来看,一个优秀的国际汉语教师是如何在语言传播的过程中成功实现两种文化的对接呢?又如何在两

---

① 吕俞辉:《国际汉语教师的跨文化视野》,《中国教师》2010年第12期,第10页。

种文化中引导学生的学习兴趣，更为有效地教授汉语呢？

由此我们想到了一个视角的问题，国内培养的汉语国际教育专业的学生因为缺乏在教学对象国生活、学习或工作的经历，很难以一种"域外视角"来观察汉语，思考两种文化以及以此为背景的最佳语言传播策略。这种"域外"的含义既指教师自身以外的对象国语言特点及文化背景，也指在海外非汉语母语环境下的语言教学的方式与特点。教学是以学习者的学习服务为目标，那么教师本身就应该具备从学习者及学习者所处的语言文化环境的角度来考察教学并开展工作的能力。"域外视角"的建构当然是以教师本身和汉语为出发点的，同时又要求教师跳出自己的语言，跳出自己的文化，思考在跨文化的教学环境下进行汉语教学及文化传播的途径。这种"域外视角"是教师在以中外两种语言、文化及教学方式对比的基础上，对汉语教学进行观察、思考与决策的一种思维方式。这种视角的建构将有效帮助汉语国际教育专业的学生在跨文化交际的背景下迅速寻找到汉语教学的方向和出路。

2013年，我校聘请白乐桑教授为客座教授，并在他的大力支持下，和法国巴黎学区签订了赴法汉语教师实习项目。在此过程中，笔者得以近距离观察白先生的汉语教学思想及行为，并结合自身的工作，进行了诸多反思。在世界汉语教学界，毋庸置疑，法国汉学家白乐桑先生是汉语教学方面的成功者，为汉语在法国及世界范围的传播都做出了卓越的贡献。下面拟就结合白乐桑先生的汉语教学经历，谈谈一名优秀的汉语教师究竟如何建构这种"域外视角"。

二 白乐桑先生的汉语教育经历与成就

白乐桑，法语名字为"Joel Bellassen"，1973年至1975年先后在北京语言学院和北京大学学习。三十多年来致力于汉语国际教育及中国文化的传播。在法国的小学、中学和大学都长期担任过汉语教师。巴黎第七大学汉语言文化博士，现任巴黎东方语言文化学院教授、全球首位汉语教学法博士生导师、法国汉语教师协会创始人及首任会长、法国国民教育部汉语总督学、世界汉语教学学会副会长、欧洲汉语教学学会会长中国孔子学院总部专家、法国专业汉语教师合格会考评委员会主席、法国教育部汉语学习大纲编写小组主编及中国多所大学的客座教授。2003年获中国语言文化友谊奖和法国教育部骑士勋章。著有《说文解词》《全国高中外语学习大纲——汉语学习大纲》《汉语语言文字启蒙》《中文之道》《通用汉字》等著作。

除了编写和出版上述教学用书外，2002年，白乐桑先生开始担纲主编法国中学的汉语教学大纲，从此法国的汉语教学进入了由大纲统领的时代。在教学实践与教材编写的基础上，白乐桑于2005年开始组织大规模的汉语教师培训工作。经过白先生的不懈努力，短短数年内，在中等教育阶段，中文从全法外语教学的第9位上升至第5位。中文教学的质量也大大地提高了。越来越多的法国人开始对汉语学习产生兴趣，从2004年起，基础教育的汉语学生人数更是增长迅猛。截止到2014年，初、高中将汉语作为正规课程学习的学生已达到37270名，2004年才9327名。2014年全法本土26个学区及海外属地均提供中文教学。目前，法国在欧洲基础教育中开设的中文教育始终处于领先地位，并为欧洲其他国家提供汉语教学的纲领性文件。法国业已成为世界上汉语教学迅猛发展的国家之一。[①]

白先生可谓当代对汉语国际教育做出伟大贡献的教育家。通过对白先生汉语教育思想和行为的全方位考察，我们发现其之所以在汉语国际教育领域能取得如此瞩目的成就，其自身有一个突出的特点，就是具备极其敏锐的"域外视角"，能从教师自身以外的语言、文化、环境等角度来观察、思考并制定汉语教学及文化传播的策略。

我们目前汉语国际教育专业所培养的汉语师资应当构建自己在跨文化背景下的"域外视角"。即使在国内本土环境下，我们也要努力引导学生建立这种跨文化的汉语教学意识。这的确是一个需要深思的课题。

三 国际汉语教师"域外视角"的建构

通过研究白乐桑先生的汉语国际教育经历，我们发现，汉语教师"域外视角"的建构急需我们按照以下途径去培养并引导学生。

（一）对探索异域文化的强烈好奇心和兴趣

对即将赴海外从事汉语教学的中国学生来讲，汉语教师不只是一种职

---

① 统计资料来源于白乐桑先生提供的《法国最新汉语教学现状报告》。

业选择,更体现为一种对异域文化研究的向往与追求。白乐桑先生在《印迹》一文中提到:"'你为什么学习汉语?'这是我40年来经常被问及的问题,直到近些年我才找到答案。我学习汉语就是为了将来有一天别人问我,你为什么学习汉语。"他在文中进一步解释为:"如果一滴水能够反映太阳的光辉,也许可以使我们跨越文化异质的表层,跨过平常感觉到的并不真实的显示,隐约看到另外一种语言和书写系统留下的印迹,它告诉我们应该怎样去理解这个世界。"[①]白先生在这里说出自己学习汉语并且一生致力于汉语教学的出发点在于对于异域文化的向往,透过与西方完全不同的语言和文化,来使自己对世界的理解变得深刻。他对于一种语言的兴趣是以文化为基础的,所有生活中的细节折射出一种思维及传统。所以说,一名优秀的汉语教师应该从对异域文化感兴趣的角度去思考汉语教学这份工作本身的意义。以自己的母语文化为基础,对异域文化产生强烈的好奇心和兴趣,进而进行研究分析,才有可能产生最好的教学理念和方法。

(二)在语言、文化、思维对比方面的高敏感度

在对异域文化好奇心和兴趣的引导下,一名优秀的汉语教师应该多方位、多角度地观察教学对象国的语言、文化及思维方式,时刻进行对比、思考、总结。纵观白先生汉语教育的经历,他对中法语言、文化和思维方式方面的对比有着极高的敏感度。白先生从70年代一接触汉语,就对汉字、书法、音乐、饮食、习俗、中国哲学等各方面做了大量的调查、访问与研究,甚至不辞辛苦,去农村体会"大跃进"时代的生活。通过这些活动来思考中西方文化在这些方面的具体差异。对这些差异的捕捉、感知和梳理,最终用于指导其具体的汉语教学方法与实践。比如通过对中国人语言和思维的观察,白先生得出以下推断:"汉语除了是中国人表达思想的工具外,还对中国人的思维方式有很深的影响。西方语言注重分析,而汉语训练的是记忆力(视觉、听觉、运动觉)、语音辨别能力以及对空间的掌控能力。"有了这种对比分析的思考后,白先生并没有停留在表面,而是结合安东尼奥·德拉加朗德里在心理教育学方面的成果以及脑神经科学方面的理论,在儿童实验班做实验,来验证汉语对于儿童智力启蒙的重要作用,证实了上述的假设。因此,对外汉语教学的第一步就是要捕捉这种

---

① 白乐桑:《我的"七〇"印迹》,大象出版社,2014,第72页。

差异性，文化的差异、思维习惯的差异、语言学习及教学的差异。有了对差异的理解，才能发现教学中的重点与难点。

（三）从域外视角观察汉语本体知识的思维方式

汉语教师，尤其是母语是汉语的老师，更应该学习从汉外语言对比的角度来把握汉语的特点。比如白先生针对汉字教学提出著名的"法式字本位"教学法。半个世纪以来，世界范围内对外汉语教学基本上走的都是"词本位"的路子，"词本位"教学法一直是对外汉语教学的主流。20世纪80年代末，白乐桑和张朋朋合编的初级汉语教材《汉语语言文字启蒙》提出"法式字本位"理念，即遵循"汉语教学以尊重汉语特性为前提"，强调汉语教学中存在"字"和"词"两个单位。它从语言"教学论"出发，融合了法国的汉语教学传统。白乐桑先生自身的汉语教学实践经验，以及其对汉语本体研究领域的"字本位"理论的运用，主要针对的是法国初级水平的汉语教学。概括起来，它首先强调按照字频和字的构词能力选字，并在此基础之上层层构词，选字在先，构词在后，这也是经济原则在对外汉语教学中的运用；其次，从尊重汉语表意型语言的特点以及方便学生记忆和激发学生兴趣点的角度出发，注重分析汉字的笔画、笔顺及拆分部件，为部件命名等。"法式字本位"理论是在白先生对比了汉语和欧洲语言的差异后，发现了汉字表意和构词的独特性，认为以"词本位"的教学法适合欧洲的屈折语语系，而不适合汉语这种孤立语。对于汉语特点的把握，以汉语为母语的教师往往习而不察，只有从域外的视角才能看得如此明晰。因此，白先生常说"当局者迷，旁观者清，对于汉语我是位旁观者"。这种"旁观者"的视角是最宝贵的，最合理的教学模式往往由此产生。

（四）根据学习者特点来设计教学的基本理念

"法式字本位"理念的提出，不仅以语言对比和对汉语独特性的把握为依据，同时也包含了对西方学习者的学习心理与特点的深刻理解。"西方学生对汉字的表意性和图画性特征有浓厚兴趣，同时也将学写汉字视为极具挑战性"。"法式字本位"教学法不仅能够让学生有效地掌握汉字和词语，也能够通过系统的讲授与训练激励学生的热情，使其掌握的汉字数量逐渐积累，获得满足感与成就感。同时，白乐桑先生通过科学严谨的实验向法国人证明：汉字以字形和语义的结合为基础，能调动学生对笔画顺序和方向的记忆能力，以及通过田字格掌控潜在空间的能力。这些对于少儿思维方式培养的积极意义，使得法国学生及家长对汉字学习更加重视。此外，白先生还根据法国学生学习汉语的特点，在法国高中汉语大纲中为学生制订出"汉字门槛"的分步走目标，如表1。

表1　法国高中汉语大纲中的汉字门槛

单位：个

汉字门槛	一外	二外	三外
基础汉字	805	505	405
主动字	505	355	255

"一外学生要掌握的基础汉字为805个，其中主动字为505个，被动字为300个。'汉字门槛'中很明确地区分了主动字和被动字。对于主动字，大纲要求学生既能听懂，又能主动表达，包括书写；对于被动字，学生在书面表达时可以用拼音代替。除了汉字学习外，教师在教学的过程中要明确区分对于学生而言的主动知识和被动知识，包括主动汉字与被动汉字、主动词汇与被动词汇、主动语法与被动语法、主动文化点与被动文化点等。主动知识与被动知识的区别在于，主动知识是学生熟练掌握并能主动运用的知识；而被动知识是只要求学生能够听懂、理解的知识。主动与被动之间的分寸需要教师来掌控。这一划分对于教学而言是科学而富有成效的，它不仅能减轻学生的负担，也能让学生每一阶段的学习任务变得更加明确。教学大纲里明确区分主动汉字与被动汉字就是一个典型的例子。当然，学习是一个循序渐进的过程，在这个过程中，以往的被动知识也会随着时间的推移而逐渐转变成主动知识"[1]。此外，白先生还根据法国中小学生的特点，提出以颜色做比拟的声调教学法、隐形语法讲解的教学建议等，并于2008年创设中文国际班，为优秀的学生提供更高层次的汉语教学。从学习者的角度思考汉语教学究竟能给学生带来哪些益处，以何种方式进行教学才能取得最佳效果，白先生的这种"以学习者为中心"的视角也可视为是汉语教学的基本原则。

---

[1]　参见法国高中汉语教学大纲一外、二外、三外汉字门槛表。

（五）对跨文化交际活动中深入调查的高度重视

对外汉语教学就是在两种文化背景下以汉语为媒介进行的各种思想与文化交流的活动。从汉语教师的角度思考两种文化的差异，并追寻隐藏在这种差异下思维方式的不同，一定会将语言教学与文化传播紧密结合起来。纵观白先生的汉语教育经历，他经常有意识地找出两种文化交融、碰撞的焦点进行调查与分析。比如他刚来中国的时候，给中国同学听交响乐，然后问大家的感受；当他发现中国人形容法国喜欢用"浪漫"这个词语时，他就会进一步询问中国人心目中对"浪漫"究竟是如何理解的，然后去对比分析法国人对"浪漫"的理解；当他去参观书法展时，就会向中国人请教中国人对书法的独特理解。诸如此类的调查一直是伴随着白先生汉语传播的。由于多一些提问，多一些思考，使得他对汉语及中外两种文化的差异有了极为深刻的理解，并在他的著作中进行阐释。于是，这个过程一方面使一个汉语教师加强了对语言的理解，另一方面也会使其渐渐变成一个文化传播的使者，推动两种文明的互动与交流。反之，观察我们现在的诸多观摩及考察活动，大部分老师和学生只是拍照并感慨文化之差异，并未进行深入的调查与思考，流于表面的观察最终难以形成有价值的思想。

（六）积极开展语言实践活动的意识

语言教学的终极目标是语言实践。白先生在汉语教学中是极为重视各种实践活动的开展。他总能使学生书本上学的知识与各种实习或实践活动紧密结合。回想起他 1983 年第一次带学生来中国实习时，白先生自己说是"第一个吃螃蟹"的人。其中，他对学生语言实践活动的安排也给了我们很大的启发。为了达到最佳效果，他先让学生在巴黎市中心地铁站做问卷调查，问卷内容为"世界上说得最多的语言是什么？""为什么人们对于很难的事情会说'这是汉语'？""中国让你联想到什么"等，通过调查激发学生来中国实习的热情，培养学生的好奇心。去中国之前，白先生让每个学生根据自己的兴趣确定到中国以后的主要采访对象，比如排球、中国的摇滚乐情况等。通过此类案例，我们能体会到白先生总是在引导学生结合自己的知识与兴趣，去进行语言实践与社会调查。

（七）通过新型科技媒体推广汉语的创新精神

法国的 Cap33 Web TV/航向法国网络电视曾采访过白乐桑先生，当问及互联网和数码技术可以为法国人带来什么时，白先生回答说法国的基础教育中汉语教学已经跟上了数字化时代的步伐，使用所谓的"播客教学法"，也就是利用移动 MP3 的录音教学法，并在课堂上广泛使用多媒体。同时特别指出现代科技革命最大的一场变革，不在英语和西班牙语方面，而在汉语方面。汉语拼音输入使得学习者只需要认识汉字，不再需要书写汉字了。网络学习也会增强学习者的学习动力。白先生呼吁所有汉语教师尽早接受和学会这些现代科技提供的有利条件。为此，白先生还专门著文《播客教学在对外汉语教学改革中的重大突破》（《汉语学习》2012 第 6 期）来阐释新媒体技术对于汉语教学的具体做法及重要意义。数字化时代的到来使得利用多媒体进行汉语教学与教材研发势必成为一种潮流与趋势，如何使汉语教学与多媒体、网络更有效地结合是每位汉语教师都必须学习并思考的。

（八）推动汉语教学与国际接轨的前瞻性眼光

《欧洲语言共同参考框架》于 2001 年正式出版，2003 年再版发行。《欧洲语言框架》是欧洲语言教学与评估的统一性纲领，为全欧洲的语言教学计划的设定、课程设置、语言测验及教科书编写等提供了一个共同的理论基础。主要内容涵盖语言学习、教学及评估三大部分。在语言能力分级方面，《框架》分为依次递升的三阶段六等级，并建立了总体分级标准。《框架》为欧洲语言教学提供了统一的标准，作为政策纲领，《框架》体现了欧洲现代语言教学及学习的新理念，指出了 21 世纪语言教学的新方向。针对这个《框架》与汉语不衔接之处，白先生提出了"汉字门槛"，对应具体的语言等级。《欧洲语言参考框架》与汉语这样特殊的语言文字如何兼容的问题是一个大的挑战。目前，白先生和其他欧洲汉语教学专家组成的团队正在逐步解决这一问题。白先生力图利用"欧洲语言框架"这一契机，建立汉语和其他语言相对应的统一评估标准，使汉语教学的发展更具科学性与规范性。

这个案例给我们的启示是：汉语国际推广离不开一个国家或区域社会环境的支持，汉语教师应积极地在所在社区、华人社团、城市或国家方面寻求各种可能获得的社会资源，才能使汉语国际推广事业拥有坚实的社会传播基础，保持长期可持续发展的可能性。

综上所述，我们发现，白乐桑先生从事汉语国际教育三十多年来，从未止步并从未满足于只做一名汉语知识的传授者，他一直以一贯独特的"域外视角"来审视两种语言、两种文化，积极地进行思考，并以此为基础，采取更为有针对性的教学策略。他所具有的这种视角，是教师自身以外的"视角"，是从教师发出，指向汉语学习者、语言对比、跨文化交际、实践活动、社会环境、科技发展等多种方向的一种外放型思维模式，是对语言及语言以外所有传播因素的综合考量。在全球化时代，我们的汉语国际传播事业若要取得更快更好的发展，汉语教师们势必应以这种"域外视角"作为一切行动的出发点。

（作者单位：北京第二外国语学院国际传播学院）

"修辞立其诚"——当前中国语言生活之圭臬

刘光婷

一 引言

语言——人类陌生的熟识。因其存在，我们可以如此便捷地表情达意；同时，虽与我们形影不离，但对它的了解却是冰山一角，在学理层面对纷繁复杂的语言现象做出解释已成为众多语言研究者孜孜以求的目标。在快速发展的市场经济的带动下，我们的生活方式也正发生着潜移默化的改变，表现之一便是人际交往的需求大大增强，方式渐趋多样化——现实世界的、虚拟空间的，面对面的、隔空喊话的等，我们的交际行为呈现出一种多层次的复杂局面。与之相应，语言生活已构成人类社会生活的一个重要组成部分，关注鲜活的社会语言现象也已成为广大语言研究者的一种学术自觉。以中国知网（CNKI）为例，输入关键词"语言生活"，可以看到2005年之前每年相关文章为5篇左右，之后的10年间，文章数量有了大幅增长，平均每年为30篇左右。我们认为，语言与思维息息相关，关注语言生活，亦是关注国家、社会以及老百姓的所思所想；语言背后有文化，关注语言生活，亦是关注语言现象中所隐含的文化元素，传统的、现代的，需要传承的抑或必须摒弃的。语言生活状况已成为构建和谐社会、传播中华文化过程中的一个风向标。

有人说，这是一个娱乐至上的时代，在这样一个特殊的"语境"下，我们看到了语言这一工具的推波助澜，有时我们看到的甚至是语言的自我娱乐。本文拟撷取当前中国多彩语言生活中的一些实例，不做学理层面的深入剖析，只想通过初步解读，思考这样两个问题：作为微观语言生活的主角，我们在言语交际、信息传播的过程中应该秉持怎样的语言观？当下的语言工作者可以为我们的语言生活做些什么？

二 当前中国语言生活现象例析

首先来说说"语言生活"那些事儿。"语言生活"指"运用和应用语言文字的各种社会活动和个人活动"，包括"说话、作文、命名、看书、听广播、做报告、语言教学等等"。① 李宇明进一步将语言生活划分为宏观、中观和微观三个层面。其中，宏观语言生活指的是与国家直接相关、需要国家直接规划的语言生活；中观语言生活主要是各行业、各地区的语言生活；个人和社会的终端组织处在社会的微观层面，微观层面的语言生活同个人的生存、发展息息相关，同社会基本细胞组织的正常运作息息相关。②

自 2006 年起，国家语言文字工作委员会每年向全社会公开发布中国语言生活绿皮书《中国语言生活状况报告》，截至 2014 年 5 月，国家语委已是第九次发布此类报告。2010 年 10 月，"首届中国语言生活学术研讨会"在京召开，表明学界对当前中国语言生活问题的高度关注。现有文献来看，主要成果如李宇明（2012）《当代中国语言生活中的问题》和《论语言生活的层级》，周庆生（2010）《语言规划发展及微观语言规划》，张挺、魏晖（2011）《互联网环境下语言文字舆情监测与实证研究》以及李君（2015）《构建和谐语言生活应处理好四对关系》等。其他一些探讨语言国情、语言政策规划的文章也都谈到了语言生活相关问题。

参照绿皮书，语言生活可分为行政法律领域、教育领域、新闻出版领域、广播电视领域、服务行业和公共设施等领域，我们将举例分析当前各领域中存在的一些社会语言现象。

（一）行政、法律领域

21 世纪，发展是世界的主流，中国正以前所未有的步伐走向世界，这一领域当前的主要问题之一是探讨语言在塑造、传播国家、城市、机构形

---

① 李宇明：《中国语言规划概论》，东北师范大学出版社，2005，第 46 页。
② 李宇明：《论语言生活的层级》，《语言教学与研究》2012 年第 5 期。

象中不容忽视的作用,这也是当下修辞学界关注的一个新课题。"国家形象的有效修辞不但可以增加国家自身的话语效力,也将极大增加国家内各种机构的话语效力"①。

我们是否还记得发生在 2011 年的"7.23"甬温线动车追尾事故,铁道部召开的新闻发布会上:

记　者:为何救援宣告结束后仍发现一名生还儿童?
王勇平:这只能说是生命的奇迹。
记　者:为何要掩埋车头?
王勇平:关于掩埋,后来他们(接机的同志)做这样的解释。因为当时在现场抢险的情况,环境非常复杂,下面是一个泥潭,施展开来很不方便,所以把那个车头埋在下面盖上土,主要是便于抢险。目前他的解释理由是这样,至于你信不信,我反正信了。

随后,"至于你信不信,我反正信了"迅速成为网络上流行一时的"高铁体"。调侃之余,我们感到的是一种无奈,机构没了话语效力,也就辜负了老百姓的那份信任。类似的如中国红十字会在"郭美美事件"中的语无伦次,受损的不仅是中国红十字会,还有中国慈善事业乃至整个中国的国家形象。

再说法律领域,有学者认为"法学本质上就是语言学",中国正处于推进法制现代化、依法治国的关键时刻,法律语言的研究无疑具有深刻的现实意义。陈金钊教授也曾强调坚持法治思维应以语言学、修辞学研究为基础,坚持制度自信应当用修法方法代替不断的改革。当下,语言学、修辞学能否为中国的法制建设提供语言分析上的支持,已成为学界讨论的热点问题之一。

(二) 广播、电视领域

广播电视除了具有宣传、监督功能之外,还肩负着一定的教育功能,担当着向受众传递知识、提高全民文化素质的重任,影响力巨大。但是,

---

① 胡范铸等:《"海量接受"下国家和机构形象修辞研究的方法设计》,《当代修辞学》2013 年第 4 期。

近年来我们发现,广电节目中用语不规范的现象愈演愈烈,甚至某些主持人的语言中词语误用、中英文混杂等情况也早已屡见不鲜,如"这个礼物我笑纳了""帮你 hold 住面子"等表述常常令人不知该做何评价。在广告中,随意篡改成语似乎被奉为一种时尚,山西旅游宣传片中将"尽善尽美"改为"晋善晋美",某冰箱广告将"领先一步"改为"领鲜一步"等,其危害是毋庸多言的。因此,2014 年底,国家新闻出版广电总局发出《关于广播电视节目和广告中规范使用国家通用语言文字的通知》,指出广播电视作为大众传媒,担负着引领和示范的职责,必须带头规范使用语言文字,做全社会的表率。

有时,某些商家竟然利用广播电视平台打起了擂台,相信我们对以下两则广告已是耳熟能详:

> 过吉祥年,喝加多宝,全国销量领先的红罐凉茶,改名加多宝。还是原来的配方,还是熟悉的味道。怕上火,就喝加多宝!中国每卖出 10 罐凉茶,7 罐是加多宝。
>
> 过吉祥年,喝王老吉,180 余年正宗秘方,王老吉从未更名,购买时请认准正宗王老吉凉茶。怕上火,就喝王老吉!

商家为了自身利益乐此不疲,可谁更值得信赖,受众只能"雾里看花"了。

(三) 新闻领域

有学者指出,新的时代是传媒革命的时代,如何促进中国新闻语言的现代性是学界应该思考的问题之一。如今在新闻领域,"标题党"只为"吸睛",一些无良记者不愿还事实以真相,这些现象都让我们烦恼不已。但新闻领域在树立国家、机构形象方面也不乏很多成功的例子,相信"非典""汶川地震"时来自各方媒体积极、公正的报道带给我们的不仅仅是感动。刚刚过去的 2014 年,埃博拉出血热疫情逐渐从非洲部分国家向周边蔓延,中国政府除第一时间向其提供防控救治物资之外,还向疫情国家派出公共卫生专家组、提供抗击疫情的紧急人道主义医疗物资。针对这一举措,各家媒体亦纷纷报道,一则题为《埃博拉医疗援助彰显中国大国责任》的新闻写到:

患难之中见真情。在西非人民最需要帮助之际，中国及时提供医疗援助，不仅使中国与西非国家的相互了解和信任进一步加深，也为中国对外交往提供了有力支撑。塞拉利昂外交部副部长斯特拉瑟·金就曾表示，中国政府此次雪中送炭，塞拉利昂政府和人民铭记在心。可以说，在经济快速发展的同时，中国从来没有忘记那些曾经"同呼吸、共命运、心连心"的非洲兄弟。中国政府和人民曾"勒紧自己的裤腰带"，在铁路、公路、机场、港口、学校、医院等方面向非洲提供了大量无私的经济援助。……中国此次援助西非国家抗击埃博拉病毒，必将进一步促进中非传统友谊，并再一次彰显了中国作为一个负责任大国的风范。①（记者：杨飞）

本例中，"患难之中见真情""雪中送炭""同呼吸、共命运、心连心""非洲兄弟"这些词语的选用，传递出的的确是一个颇具亲和力、负责任的大国形象。

（四）服务行业和公共设施领域

近几年，医患矛盾时有激化，其中存在复杂的社会诱因，但每个具体事件的导火索却均是语言纠纷。有专家指出，部分医生缺乏一种人文技能，生硬的诊断言语让患者病情雪上加霜，"不会说话"加剧了医患矛盾。"良言一句三冬暖"，在言语交际中，我们能否自觉遵守合作原则和礼貌原则，多一分诚心与耐心，多一分理解与宽容，做一个善于沟通的人。

去商场购物，满眼洋品牌，认得的却没几个，其实很多都是地道中国货，却非要起一个英文名字，是和国际接轨，还是本土品牌的不自信？

发展市场经济、建设世界城市，到处都是国际化的节奏，很多公共场所的标示语也都换成了中英文对照。但是，我们的翻译真的科学、精准，确信老外能看懂吗？来看看遭网友吐槽的神翻译，东航提示语"请在一米线外等候"被译作"Please wait out side rice-flour noodle"；西安某景区将药王孙思邈译作"drug king（毒枭）"，不禁让人大跌眼镜。

---

① http://gb.cri.cn/42071/2014/08/14/2165s4653651.htm，2015 年 1 月 20 日百度搜索。

(五) 网络流行语

本部分标题与前三部分标题并不处在同一层次上，而是有所交叉，之所以要将其单独列出，是因为，如今网络流行语充斥着我们的语言生活，是我们绕不过去的话题。继传统媒体之后发展起来的网络媒体、手机媒体等新媒体瞬间绑架了我们。究其原因，其表达、娱乐的交互性，传播信息的即时、海量与共享性等，迎合了我们碎片化时间的需求，赢得了大家的青睐。网络流行语正是产生于这样一个平台之上，或源于新闻事件、或出自文艺作品、或只是网友的自我调侃，在网络语境下迅速得到了病毒式传播。我们发现，有时腹黑、自黑的语言似乎更能引起大家的围观。例如，2013年央视春晚小品《想跳就跳》播出后，蔡明式"腹黑"语言就迅速在网络走红：

都是千年的狐狸，你跟我玩什么聊斋啊？
你觉得像你这种站起来就像没站起来的人都站起来了，我还有什么理由坐着啊！
我艺名叫小陀螺。怪不得我那么想抽你呢？
恶心他妈给我开门，恶心到家了。

这些"金句"虽然至今仍有活力，时而会在需要时被我们想起，但这些语句折射出的是一种尖酸、刻薄的心态，折射出的是言语者心灵的狭隘，这种表达不应大肆传播。我们的语言环境应该充满"小清新"之风，不应以"毒舌"为美，动辄就什么腹黑、傲娇、任性。诚信缺失、语言扭曲其实是道德滑坡的一个体现，说得严重一点儿，也可称之为语言的腐败。

其实，今日言语交际中"真、善、美"的缺失，不是一日之力，原因很多，一直为大家诟病的中小学语文教学似乎也真的没起到太积极的作用。以作文为例，除了抒发真情实感的，谎话连篇的也不在少数，扶老太太过马路、妈妈半夜背我去医院之类一直是小学生作文的高频素材，可是其可信度又有几何？在小学作文中，为了树立正确的榜样，突显"旧我"的"小"以及接受教育后灵魂反思的深刻性，往往自己的思想并没有那么不堪，自己的行为并没有那么过分，但还是要使文章满满的都是愧疚、自责,这种教育是否为今天的"自黑"精神埋下了伏笔?

还有类似"十动然拒""人艰不拆"等各种让人不知所云的所谓新语新词,我们看到的是汉语的自我娱乐,痛心之余不禁想问,我们优秀的传统文化中那些个美美的语言都去哪儿了?

我们认为,当今社会中,老百姓言说的意识、表达的愿望空前增强,网络平台正好为大家的表达提供了畅通的渠道,谁都有冒泡吐槽的权利,但是网络语言的确良莠不齐,需要我们仔细甄别、慎重使用。

三 "修辞立其诚"在当代言语交际中的价值

美辞是中华民族的一大瑰宝,但老子曾云"信言不美,美言不信",仿佛告诫我们辞之"形美"与"质真"之间存有不可调和的矛盾。其实,老子是希图说明事物的表象会相背于实质,因此他老人家追求"返璞归真",要回到没有受到伪诈、智巧、争斗等世俗污染的事物之本性。我们认为,社会现象复杂多样,人生的最高境界是将真、善、美统一于自身,而其中"真"是第一位的,也是核心。语言表达也应该而且能够实现其"诚"与"美"的和谐统一。在当前纷繁复杂的语言生活中,指导我们言语行为的准则应是什么?我们认为是"修辞立其诚",这一古老命题在当代言语交际中仍然具有重要的现实价值。

汉语中最早用到"修辞"二字的是《易经》:"君子进德修业。忠信,所以进德也。修辞立其诚,所以居业也。"其中"修辞立其诚"到底该做何种理解,后世学者意见尚不统一。近几年,比较具有代表性的是发生在王希杰和霍四通之间的论战。王希杰认为所谓"修辞立其诚"即为"说老实话,做老实人",而霍四通认为道德教化是修辞学不能承受之重,"修辞"和"立其诚"实则不是因果关系,而是一种并列关系,意为"做一个会说话的老实人"。学界目前反对"修辞"与"立其诚"之间具有因果关系的呼声也日渐增多。我们同意霍四通的观点,"修辞"与"立其诚"讲的是一个人内外两方面的修养,即外会表达,内讲诚信。如此说来,从专业角度看,这里的"诚"与语言表达就没有什么直接的关联了,但我们仍然希望借用大众较为熟悉的这一命题来呼吁语言表达之真、之诚。中国的修辞自古以来一直较为关注道德与诚信。道德与诚信的基础是实事求是,说真话就是最好的修辞表达。①

笛卡尔认为，人类与动物或机器之间最大的差别是所有的人都能够用一种富有创造性的方式自由地表达他们的思想。② 因此，我们强调"修辞立其诚"，即通过辞之"诚"实现思想之诚、品质之诚，只有这样，我们的创造性表达、自由表达才会为塑造良好的个人修养、促进社会的和谐起到积极作用。

"修辞立其诚"这一准则明确下来之后，我们又将面临新的问题：这句话说起来容易，做起来却并不容易。邹立志曾从言语行为的全过程去追问"修辞"为何难以"立其诚"，她主要探讨了影响修辞之诚的种种言语行为要素构成的形义扭曲关系，包括言语形式本身构成的形义扭曲关系；发话主体的交际意图构成的形义扭曲关系；接受主体的解码心理构成的形义扭曲关系；不同语境系联构成的形义扭曲关系。她同时指出，通晓修辞的种种言语行为限制，才有可能从一切或真或假的言语行为中拨开重重迷雾，无限地接近甚或洞察出修辞后面的"诚"来。③ 因此，以"修辞立其诚"作为我们言语行为的准则，实则是一个不低的追求。

四　结语

海德格尔说，语言是存在的家园。一句看似简单的话语，它的产生会受到民族文化的影响，也会受到社会以及个人的思维习惯的制约。语言虽不完全是道德教化的工具，但道德教化是语言实现的任务之一。因此，语言对社会、个人有着不可忽视的作用，尤其表现在协调行动、调整心态等方面。在社会发生深刻变革的今天，我们呼吁大家怀着一颗"真、善、美"之心，去真诚地、和善地表达自己的美辞，言为心声，诚善的美辞同时对于塑造诚善的心灵具有潜移默化的作用。修辞立其诚，无论理解为修辞要实事求是，还是理解为要外会说话、内讲诚信，都可以作为指导我们当前语言生活的圭臬，关键在"诚"字。

同时，科学研究应学会反哺社会生活，语言研究也要提倡接地气。作

---

① 周昕：《道德与诚信：中国的修辞精神与世界修辞的潮流》，《华北电力大学学报》2008年第5期。
② 转引自乔姆斯基《如何看待今天的生物语言学方案》，《语言科学》2010年第9期。
③ 邹立志：《"修辞立其诚"的言语行为限制》，《首都师范大学学报》2014年第3期。

为语言研究者，我们应更多地关注现实语言生活，以社会生活中出现的语言问题为研究对象，为解决好这些问题并更好地指导国家、社会以及老百姓的语言生活贡献自己的才智。

关注语言生活，构建和谐社会，传承和弘扬中华语言文化是语言工作者应该关心的问题。

（作者单位：北京第二外国语学院国际传播学院）

对外汉语修辞教学内容及策略探究*

刘光婷

一 对外汉语修辞教学现状

吕必松（1995）、徐子亮（2000）、王志刚（2004）等都曾就外国留学生学习汉语的目的做过调查，结果显示，约70%的留学生其学习目的主要是工具性的。因此，对外汉语教学应注重两种能力的转化：把语言要素转化为言语技能，再把言语技能转化为言语交际技能。前者主要指留学生在教师的指导下，借助语音、词汇、语法等课程训练听、说、读、写等能力；后者主要指留学生根据课堂理论学习所得，针对不同的交际环境、交际对象、交际目的、交际主题等得体地选择交际方式的能力。目前以语言要素为纲的教学模式对后者的培养明显有些力不从心。如何解决这一问题？我们认为，途径之一就是将"与语境相结合的语言习得"理念贯穿于语言教学的始终，给予修辞教学足够的重视。

其实，吕必松早在1987年就曾指出"修辞是对外汉语教学的内容之一"，①遗憾的是，时至今日，无论是教材编写、课程设置还是教学实践等，"对外汉语修辞教学离它所应有的状态，距离还相当远"。②就教材编写来看，明确体现修辞习得理念的少之又少；在课程设置方面，鲜有学校

---

* "对外汉语教学"目前已统称为"汉语国际教育"，为了行文的方便，这里仍沿用旧称。文章主要内容已在《汉字文化》2014年第4期上刊发，此次发表略有修改。
① 吕必松：《对外汉语教学探索》，华语教学出版社，1987，第75页。
② 陈汝东：《简论以修辞为纲的对外汉语教学理念》，《云南师范大学学报》（对外汉语教学与研究版）2004年第2期。

开设"汉语修辞"这样的课程；在教学实践环节，修辞教学只是随意地渗透在相关的教学层面中，缺乏系统性。新 HSK 考试大纲也未明确规定相应水平等级应具体掌握的修辞知识点，但这并未阻碍其在考题中高频出现。教与用、考的矛盾日渐突出。

这一问题已引起大家的广泛关注，现有成果主要集中在以下三个方面。(1) 修辞教学在对外汉语教学中的地位和作用。这一问题，学者已基本达成共识，代表成果如陈汝东（2004）提出了"建立以修辞为纲的对外汉语教学理念"。(2) 关于教学内容及策略问题。如陈汝东（2004）、冯晓鸿（2005）、程光磊（2006）等都指出，初级阶段就开始灌输语境、语体等观念，或潜移默化、或有意识地把修辞导入教学内容中去。同时，初级阶段以消极修辞为主，内容主要涉及词语、句式的选用问题，高级阶段可重点讲授积极修辞及修辞理论等问题。但至今仍未研制出具体的修辞教学大纲，此环节是深入对外汉语修辞教学的关键一环，也是研究中的薄弱一环。(3) 谭汝为（2004）、侯友兰（2005）等学者还探讨了修辞教学与文化教学的密切关系，以期从文化教学层面开辟修辞教学的新途径。综上可知，修辞教学在 21 世纪初受到学界的重视，其症结所在不言而喻，但仍未找到解决之法。近年来的研究也大多着眼于宏观层面，少有突破性进展。

本文以《发展汉语》（第二版）① 以及《高级汉语精读教程Ⅱ》②（以下简称《教程Ⅱ》）为出发点，拟从微观视角探寻对外汉语修辞教学的具体内容，在此基础上，进一步探索对外汉语修辞的教学策略，为对外汉语教学以及汉语修辞研究贡献绵薄之力。

二 部分教材修辞教学内容分析

（一）《发展汉语》

1. 初、中、高级听力教材

语言习得一般是先有输入、后有输出，修辞学习亦应遵循这一规律，采取先理解、后表达的教学顺序。准确解读包含有修辞技巧的词句是有效

---

① 李泉主编《发展汉语》（第二版），北京语言大学出版社，2011、2012。
② 邓小宁主编《高级汉语精读教程Ⅱ》，北京大学出版社，2007。

交际的基本前提,对听读者具有强制性。而对说写者来说,修辞技巧的运用与否则较为主动,有时甚至表达别扭、交际效果大打折扣,但不至于造成沟通障碍。因此,我们首先以《发展汉语》初、中、高级的听力教材为考察对象,通过纵向比较,管窥一下其中隐含的修辞知识,以期对我们初步明确对外汉语修辞教学的具体内容提供思路。

统计发现,《发展汉语》称"重视语言要素的语用教学、语言项目的功能教学",这一理念在教材编写过程中是有所体现的。

《初级听力Ⅰ、Ⅱ》涉及的语用修辞知识点有:(1)日常用语:如你好、您好、早上好、请坐、贵姓以及吃饭、购物等日常行为中的一些习惯用语;(2)消极修辞知识:如反义词、"把"字句、"被"字句以及几种关联词(又……又、一边……一边、不是……就是、就算……也);(3)修辞格:排比2例。如:

裤子都挺肥的。这儿有瘦的。(Ⅰ,22课)

我坐在椅子上听他们唱歌,看他们跳舞,把照相机放在了椅子上。(Ⅰ,21课)

下午下班走在路上,遇上了大雨,没带雨伞,衣服叫大雨淋湿了。(Ⅱ,13课)

我的电子词典被人拿走了。(Ⅱ,13课)

晚上,我喜欢喝咖啡,喜欢看书,喜欢学习汉语。(Ⅰ,11课)

《中级听力Ⅰ、Ⅱ》除了继续出现"把"字句、"被"字句等之外,涉及的语用修辞知识点有:(1)称呼问题(10课:怎么称呼陌生人);(2)关联词(新出现:只要……就、一……就、要么……要么、连……都、不仅……还、再……就);(3)修辞格:比喻7例、引用5例、反问2例、拈连1例。如:

他有困难,我们怎么能不帮他?(Ⅰ,1课)

失败是成功之母,建立失败产品博物馆,目的就是让人们关注失败、研究失败,明天取得成功。(Ⅰ,21课)

我看见母亲的眼睛红了,我的心也湿润了。(Ⅰ,30课)

就在狗到达终点的一刹那,主人像一片羽毛似的落向了地狱的方

向。(Ⅱ,30课)

《高级听力Ⅰ、Ⅱ》涉及的语用修辞知识点有:(1)关联词(新出现:不是……而是、一……便、不仅……也);(2)修辞格:引用18例、比喻17例、比拟11例、反问5例、设问4例、排比4例、夸张2例、仿拟2例、顶针2例、借代1例、拈连1例、同语1例、对偶1例;(3)特殊搭配。如:

《论语》里不是说嘛,"吾日三省吾身"。(Ⅰ,7课)
我觉得演员就是一汪水,放在壶里和碗里的形状是不一样的,应该去适应各种不同的角色。(Ⅱ,19课)
我们柳树不光漂亮,也很时尚,我们都有长长的头发,随风摇动,很酷的!(Ⅰ,17课)
为什么不以同样的热情鼓励已婚男职工退出工作岗位,退回家中相妻教子?(Ⅱ,14课)
它侵占了道路,侵占了牧场,侵占了农田,无论多么干旱的地方,无论多么贫瘠的土壤,它都能长得很壮。(Ⅰ,10课)
看来,日本人就是日本人。(Ⅰ,21课)
提起中国,人们自然会想到古都北京;提起北京,人们自然会想到故宫,故宫就是中国的文化符号。(Ⅰ,26课)
有没有人凑这个热闹呢?还真有。(Ⅱ,7课)
这头一位呢,是女儿上一年级的老师小莉,特青春阳光的一女孩。(Ⅱ,23课)
黄老师总不忘秀一下他的美声,特别是下课,经常从厕所里传来黄老师的歌声。(Ⅱ,23课)

可以看出,从初级到高级,听力教材涉及的语用修辞知识基本包括言语交际中的基本功能用语、特殊句式、话语衔接手段、修辞格以及词语的一些变异搭配等。初级阶段较为注重消极修辞方法的输入;中级阶段消极与积极修辞方法并重;高级阶段,无论从种类上还是数量上来看,修辞格都占有重要的地位。

2. 中级听力、阅读教材

考虑到语体差异对修辞方法的运用会产生影响，我们拟对听力与阅读教材中相关的修辞知识点展开横向比较。《发展汉语》全套教材分为初、中、高级三个层次，中级教材在教学内容的编排上具有承上启下的作用，因此，篇幅所限，这里只就中级听力与阅读教材展开分析。除去"把"字句、"被"字句等特殊句式以及部分关联词在两类共四册教材中重复出现外，这两类横向配套教材的主要区别在于修辞格的种类数量以及对新兴表达方式的引入方面。

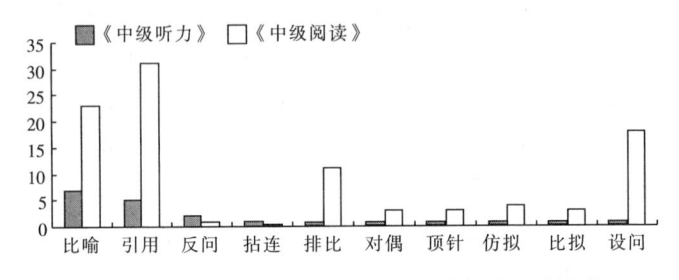

图1 《发展汉语》中级听力、阅读教材中的修辞格

我们发现，同为中级教材，均针对较好地掌握了2000～2500个常用词的汉语学习者，听力教材与阅读教材在修辞格的输入方面存在较大差异。就课文选材来看，听力课文多由大量的对话以及口语化色彩较浓的故事构成，而阅读教材课文选材广泛，包括反映当代中国社会现实的各类文章以及一些文学色彩较重的名家名篇。这说明，书面语表达的确因有足够的时间来斟字酌句而更容易运用到一些修辞方法；同时，文体的不同对修辞手法的自由使用也有影响。另一方面，具体辞格的输入也呈现一个渐进的趋势。例如比喻，一般先出现明喻，接下来才是暗喻、借喻等；作为高频使用的引用辞格，听力教材中所引内容以成语、俗语居多，而在阅读教材中引用内容则丰富多样，包括不少古诗词以及典籍中的经典语句等。如：

> 唐代还有一位诗人叫元稹，他有一句诗，"曾经沧海难为水"，意思是见过大海的人，再看见一般小的河流时，就不把它放在眼里了。（Ⅰ，7课）
>
> 老子说：祸兮福所倚，福兮祸所伏，说的就是这个意思。（Ⅰ，7课）

《中级阅读》选文还注重引入一些变异表达。例如：

他说："中国，最美最母亲的国度。"（Ⅱ，6课）
秀水街"秀"给你看。（Ⅱ，10课）

而这个"秀"的特殊用法在听力教材中也出现过，两部教材互相照应。更有甚者，《中级阅读Ⅱ》中第13课《警察的"凡客体"安全防范宣传单》还专门介绍了"凡客体"这种目前较为流行的表达方式，可见其选材还是比较贴近语言生活的。

结合前文对《高级听力》的考察，我们发现，《高级听力》在修辞方法的输入方面远远要比《中级阅读》丰富得多，因此，抛开听力与阅读教材的横向差异，从纵向上来看，教材编写者还是贯彻了一种从初级到中、高级由易到难、循序渐进的教学策略。

（二）高级汉语精读教程Ⅱ

大多数教材在编写理念中都提到了注重能力的培养，但具体怎样做才能切实提高汉语交际能力，很多时候我们认识并不统一，于是大多数教材索性只是通过课文将修辞知识点感性地呈现给我们，从而导致现行教法缺乏系统性。在众多教材中，笔者认为《教程Ⅱ》的做法值得借鉴。这一教材适用于掌握4500~5000个词汇的外国人，它在前言中明确指出："注重训练学习者的语段表达能力。高级阶段的语言学习者……还应该在修辞、篇章的衔接手段上有进一步的提高。"因此，《教程Ⅱ》一共14课，不仅在生词、注释部分均列出了大多词语的近义词或反义词，而且每课都会介绍一至两种辞格或一种修辞基础知识，同时附有相应的课后练习以巩固所学知识点。从词语辨析、句式选择到修辞格的讲解，《教程Ⅱ》的编写体例是系统讲解修辞知识的一个有益尝试。全书涉及的辞格有：比拟、双关、反语、比喻、夸张、设问、反问、排比、反复、对比、婉曲；修辞基础知识包括："把"字句的运用、声音的锤炼、主动句和被动句、长句和短句、肯定句和否定句。

对于辞格往往是先定义，然后结合实例分析效果，注重简洁性。以比拟为例，注释指出：根据想象把物当做人或把人当做物写，或把甲物当乙物来写，这种修辞方式叫比拟。比拟可分为拟人和拟物两大类。被比拟的事物称为"本体",用来比拟的事物称为"拟体"。在练习环节设计了一道习题:说出以下句子运用了拟人还是拟物的修辞方式,本体和拟体分别是什么?给出的句子有:

> 星星倦了,睡在大海的绵软的被上。
> 春风放胆来梳柳,夜雨瞒人去润花。
> 我到了自家的房外,我的母亲早已迎着出来了,接着便飞出了8岁的侄儿宏儿。

可以看出,练习对知识点的考察以辨别、认知为主,暂不要求运用,是首先服务于语言理解的。同时,例句有的出于经典现代白话文,有的来自古典诗词,语言水平要求并不低。

《教程Ⅱ》对修辞基础知识的讲解则较为详细,甚至会运用一些术语,例如讲到"把"字句,反复提及它具有"处置性",并结合语例详细分析了其在不同语境下的具体运用情况。

通过多角度比较,我们对现行部分教材编排的修辞知识点有了一个大致的了解。不足之处是,所考察听力与阅读教材均属语言输入方向,没能对关涉语言输出的口语和写作教材甚至是留学生作文做一详尽分析。这里借鉴彭云(2009)的研究,其对24名中级水平留学生的期中、期末命题作文统计得出,比喻、反问、反复为使用最多的辞格,虽然样本数量不是足够大,但也能看出一些问题。对照我们的数据,比喻的输入与输出成正比,但引用为高频输入辞格,为何却是零输出呢?实际上,在中级阶段表达时引用的内容多为成语、惯用语、俗语、格言等熟语,受词汇量以及怕出错心理的影响,当然是能少用就少用了。因此,词汇教学中的熟语教学也与修辞教学密切相关,不容忽视。

三 对外汉语修辞教学内容及策略

我们认为,通过对外汉语修辞教学,要实现语言表达的规范性与艺术性两个目的,使留学生不仅会用汉语,而且要用好汉语。因此,修辞教学内容要明确兼顾此双重目的,修辞教学策略的制定也要服务于此双重目的。

（一）对外汉语修辞教学内容

通过九年义务教育，我国中小学生需要累积识字 3500 个左右，教育部 2011 年制定的义务教育语文课程标准中对 7~9 年级的阅读要求是"了解常用的修辞方法，体会它们在课文中的表达效果"，同时指出常见修辞格为"比喻、拟人、夸张、排比、对偶、反复、设问、反问"。对比上文分析结果，我们认为，对外汉语修辞教学内容的确定不妨以我国义务教育阶段 7~9 年级的阅读要求为基准，结合留学生的具体特点以及修辞教学的规律来初步确定。如表 1 所示：

表 1　对外汉语修辞教学内容

级别（词汇量） 内容	一、二级 （150~300）	三、四级 （600~1200）	五、六级 （2500~5000 以上）
日常用语	问候、称呼、吃饭、购物	看病、其他	无
关联词	表并列、承接关系的	表因果、选择、递进关系的	表转折、假设、条件等关系的
特殊句式	"把"字句、否定句	被动句	长句等
修辞格	无	比喻、比拟、反问、引用	设问、夸张、反复、排比、借代、婉曲、双关、拈连、仿拟、对偶、顶针等
新兴表达	无	词法、句式	词法、句式

其中，日常用语教学应结合语境，突出实用。特殊句式学习结合语法点教学，但应侧重对其表达效果的体会，初级阶段会辨识、能简单运用即可，中高级阶段辅以适当讲解，引导学生体会其特殊的语用效果并准确使用。关联词的学习主要为了增强学生语言表达的连贯性和逻辑性，应分阶段引入不同难度的词语，前一阶段出现的可在后一阶段重复出现以至熟练掌握。辞格教学结合使用频率和辞格自身的特点亦应分层次逐步展开。同时，初级阶段以规范用法为主，中高级阶段可适当介绍新兴表达法，以使语言教学贴近生活，突出实用。至于词语的选择搭配问题则应在词汇教学中有意识地渗透修辞角度的分析。另外，语音也是重要的修辞手段，但此处汉语作为第二语言，对汉语音乐性的感悟需要建立在一定的基础之上，

所以我们建议初、中级阶段主要完成正音的任务，以消除洋腔、正确把握四声及语调为目的，至高级阶段再适当引入语音修辞内容。表中所列内容未必全面，但我们认为大致涵盖了修辞教学的基本点，随着研究的不断深入，可不断调整完善。

（二）对外汉语修辞教学策略

1. 宏观层面——推进全面、渐进式教学

修辞教学既不是独立于其他语言要素教学之外的，也不是凌驾于其他语言要素教学之上的，一切言语活动都是修辞活动，修辞教学应该贯穿于语言教学的始终。目前或者彻底忽视修辞教学，或者认为只有中高级阶段才有必要开展修辞教学的认识都是值得商榷的。例如，对于一位刚接触汉语的学习者而言，他学习了问候语"你好"之后，发现有时中国人也用"您好"，这时老师就应明确告诉他二者的适用对象有何区别，这就是修辞教学。再如，在我们的教材中，留学生学到的是这样的语句："您好，我买两张去北京的火车票。"而在生活中，他听到的却是："北京，两张。"这些问题，都不可能等到高级阶段再解决。

因此，所谓全面，即从教材编写开始，我们就选用那些实用的、具有鲜活生命力的"活"语言作为范本；在教学活动中，从初级到高级，注重系统性，在讲授语言点基本语法功能的同时，要将其语用法一并交给学生，这样他们每积累一个知识点，就不仅是可以表达，而且是能够得体表达，可以大大降低偏误率。

所谓渐进，如上表所列，结合学生的语言水平、学习目的、HSK 的要求以及汉语修辞自身的特点，划定修辞教学的基本范围，然后将其细化为具体知识点，分配到汉语学习的各个阶段中，由简单到复杂，由理解、模仿到自如运用，逐步增强学生的汉语交际能力。

同时，针对学生学习时间长短的差异，也可灵活安排教学内容。对于中长期留学生而言，可采取初级阶段注重消极修辞，中级阶段消极修辞与积极修辞并重，高级阶段以积极修辞为主的策略。对于短期留学生来说，以消极修辞为重，同时结合其学习目的，创设语境进行针对性操练，灌输修辞意识，为其以后的深入学习打下基础。

2. 微观层面——基于汉外修辞对比研究的成果，趋"同"辨"异"

语言与思维、文化关系密切。源于认知模式的相似性，不同的语言中存在相似的辞格，如所有的语言中都有比喻，这是因为，在认知过程中，从一个认知域可以投射到另一个认知域，这是人类基本的思维方式之一。另一方面，源于民族文化的差异性，不同语言中辞格的具体表现也会存在差异。如，汉语说"胆小如鼠"，而英语则说"as timid as rabbit"。因此，在修辞教学的具体过程中，我们可借鉴汉外修辞对比研究的成果，教师准确把握汉语与留学生母语之间辞格的同与异，相同的地方利用"正迁移"提高学习效果，相异的地方作为重点操练对象以杜绝"负迁移"，也可适当穿插讲解造成差异的自然与社会文化知识。这与当前提倡的开展国别化的汉语国际教育理念也是一致的。在这方面，石慧敏（1997）就曾对中、英、日三种语言中比喻的差异做过研究，对我们具有一定的启发意义。

四 结语

对外汉语教学以培养学生的言语交际能力为主要目的。事实证明，仅习得一定的语言手段以及结构规则还无法论及交际的实效以及表达的美感。我们必须考虑具体语境中的表达问题，这就是修辞。当前，学界已逐渐认识到修辞教学的重要性。接下来，应深入探索对外汉语修辞特殊的学习与教学规律、明晰对外汉语修辞教学的具体内容，并寻找恰切的模式落实到教学实践中，这是提高留学生汉语学习效率的有效途径之一。同时，对外汉语修辞作为一门新的分支学科，其自身的学科建设也任重道远。

（作者单位：北京第二外国语学院国际传播学院）

汉语使令句致使用法研究
——兼谈兼语句的致使用法

王世利

一 致使用法定义

致使现象是人类普遍存在的一种现象。一件事情可以是某人主动去做的，可以是别人命令或要求去做的，也可以是客观条件促使下不得不做的。某人主动去做某事我们称为主动，反映在句式上就是主动句式；有外因导致去做某事，我们称为致使，反映在句式上就是致使句式。当然主动做某事有时也是因为客观的原因导致的，比如"吃饭"这件事，人一天不吃饭会感到饥饿，如果连续4到6周不吃饭的话就会饿死。缓解饥饿是人的本能，所以看似主动的"吃饭"这件事，其实也是由客观原因导致的。但本文所指的致使不是客观事理上的，而是反映在语言形式上的致使。还就吃饭来说，如果说："我吃饭了。"这个句子从意义上来说是"我"主观去做的；从形式上来看也没有特殊的标记，我们认为这样的句式就是主动句。而如果说："妈妈让我吃饭。"这个句子从意义上说，"我吃饭"不是我主动去吃的，而是"妈妈"命令或要求我吃的；从句式上看，句子里有"让"这个表达"致使"义的语言标记，这样的句式我们就认为是致使句。当然，致使句式并不都这么明显地具有致使标记。古汉语中有一种句式跟主动句的句式一样，但意义不能按照主动句的意思去理解，如《左传·宣公二年》里的句子："晋侯饮赵盾酒。"这个句子不能简单理解为：晋侯饮（喝）赵盾的酒。其实际的意思应该为：晋侯让赵盾饮（喝）酒。这个句式之所以会产生致使句的意思，问题在动词"饮"上。"饮"现有两读：

ien²¹⁴和 ien⁵¹，分别用于主动和致使。主动用如：牛饮水；致使用如：饮牛、饮马。这是古汉语致使形态在现代汉语里的存留。按照金理新（2006）① 的拟音，主动态"饮"的读音为：* ɦ-krem-ɦ，致使态"饮"的读音为 * ɦ-krem-s，又根据吴安其（1996）② 的研究，中古的去声来自上古的 * -s 尾，且具有使动功能。我们把这种用形态表达致使的句式也看做致使句的一种。由于篇幅的原因，本文只研究汉语使令句的致使用法。这种使令句，吕叔湘（1942/2002）③ 称为"致使"，认为"致使"是使令动词［如"使""令""叫（教）"］使宾语有所动作或变化，宾语后往往还有一个表示宾语发生动作或变化的动词。

　　国外的学者偏重从句法的角度给致使下定义。第一，认为致使是个语义的范畴，表现为一个事件，这是前提。第二，认为致使句是致使事件在句法上的投射，是原因事件和结果事件的套合。第三，在套合的认识上学者们的观点有所不同。如：柴谷方良（Shibatani 2002）认为是结果事件紧接着原因事件发生，而且结果事件完全依赖于原因事件才能出现。科姆里（Comrie 1976）④ 从致使用法的表层结构出发，认为一个致使结构包括两个成分：主体部分（a matrix）和一个嵌入这个主体的句子（an embedded sentence）。主体部分作主语（MS），对应于原因，被嵌入的句子的主语（ES）对应于结果的主体（the causee），谓语部分（EVP）对应于在原因的作用下出现的动作或状态。迪克森（Dixon 2000）则认为致使结构是原因 MS 附加到了一个基础的结构——结果之上构成的。

　　本文采用科姆里的理论来研究使令用法。科姆里（Comrie 2010：213）认为，致使用法是致使事件在句法上的投射，致使事件是由两个事件组成的宏观事件，其中一个是主使事件，一个是被使事件。主使事件表现为致使原因，被使事件表现为致使结果。如果想发现全部相关的因素，那就必须把形式和语义结合起来观察，我们同意他的看法。为了把句子形式化的方便，我们称致使原因的主体为主使者，因其经常做致使句的主语，所以

---

① 金理新：《上古汉语形态研究》，黄山书社，2006，第 350～351 页。
② 吴安其：《与亲属语相近的上古汉语的使动形态》，《民族语文》1996 年第 6 期。
③ 吕叔湘：《中国文法要略》，载《吕叔湘全集》第一卷，辽宁教育出版社，2002。
④ Comrie: "The Syntax of Causative Construction". *In The Grammar of Causative Constructions*, Academic Press. 1976。

我们用 AS① 表示；致使原因的动作往往表现为一个动词，我们用 AV 表示，有时 AV 省略，只出现专门表达致使义的词，如"使、令"，我们称为致使标记，用 CAU 表示。被使事件里的主体经常做致使事件的宾语，我们用 IS 来表示，被使结果表现为一个动词短语，我们用 IVP 来表示。于是一个使令致使事件我们可以形式化为：AS + AV/CAU + IS + IVP。

二　使令句的句法特征

本节的使令句包括具有致使义的"使、叫、让、令"以及含有"使"字的几个合成词"致使、促使、迫使、使得"等。"使、叫、让"三个词在《现代汉语八百词》里都有"致使"的义项，并都有"必带兼语"的说明，"让"的"致使"义项里还注明有"容许，听任"的意思。《现代汉语八百词》没有收录"令"这个词，但是《现代汉语词典（第 5 版）》收录的"令"的词条下有"使"的义项，并举例为"令人兴奋/令人肃然起敬"。从《现代汉语八百词》及《现代汉语词典》收录的以上几个词的解释看，这两部有影响的词典都把含有致使词的句式看成是兼语式，李临定（1986）② 亦做此处理。有人认为使令句和兼语式是不同的，区别在于兼语式的第一个动词是有实在意义的，而使令句的"使"没有实在意义。持这种观点的人是更关注了动词的意义，实际上在句式上是没有什么不同的。本文把使令句归为兼语式。下面看看使令句式上的特点。

使令句的句式中，AS 为主使者，"使"是致使词的代表，IS 为被使者，IVP 为致使结果。下面先举几例说明，如：

1. 朱德生在这样一个家庭，使他从小就开始干力所能及的劳动。
2. 这种宠辱不惊的性格实在叫人佩服。
3. 这个感觉真让我舒服。
4. 那舞美设计的的确令我耳目一新。
5. 由于经营管理混乱，致使啤酒城连年亏损。
6. 地中海式气候使得这些地区降水补给的河流冬涨夏枯。

---

① 下文如不加特殊说明，形式化里的英文字母 A = active, S = subject, V = verb, I = invative, CAU = cause, P = phrase.
② 李临定：《现代汉语句型》，商务印书馆，1986。

7. 好奇心促使他去有意实验。
8. 五四运动迫使北洋政府不敢贸然在巴黎和约上做屈辱的签字。

(一) 主使者

充当主使者 AS 的，从形式上看可以是词，如例 8；也可以是词组。就词组来说，可以是体词性的，如例 2、3、6、7，也可以是谓词性的，如：

9. 大办钢铁，使国家直接损失几百亿元。
10. 滥捕乱猎，使虎的数量从 50 年前的 10 万只，猛减到目前的 3 千多只。
11. 怎样才能使中华腾飞？
12. 长期在野外跋山涉水，风餐露宿，致使他身染多种疾病。
13. 图省事、赶进度和侥幸心理促使他们有意无意地走进了"三违"者的行列。

还可以是主谓短语，如例 4，还可以是介词短语，如例 5，再如：

14. 由于英国的坚决反对，致使这一议题没能取得结果。
15. 通过短期和中期的培训，使他们迅速适应新的工作。
16. 通过搞股份制，让企业生长出一种新的机制来。
17. 在节约能源政策下，使得石油产品滞销。
18. 从同志们的热情招待与上级的关心中，使我们这些人觉得就如到了自己家庭一样，毫无一点生疏。（此例引自《语法修辞讲话》P109）

介词短语充当 AS 的情况，有些是当病句处理的，吕叔湘、朱德熙（1979）① 认为这种情况讲得通，但"使"字并非必要。他们之所以这么认为，是因为他们认为"'使'字是个动词，一般是有主语的，或是一个词，或是一个短语；形式上没有主语的时候，我们的了解是它拿前面的分

---

① 朱德熙：《谈"使"字的连词用法》，《南京师院学报》1979 年第 1 期。

句做意念上的主语"。而介词短语很显然不能满足充当主语或意念主语的条件,去掉了"使",也就消解了"使"的使用限制。也有学者认为介词短语充当 AS 是合法的,如邢福义(1979)[1]就认为不管从事实上、作用上、理论上,这种句子都是合法的。邢先生认为,在介词短语充当 NP1 的使字句里,主语就是介词所介引的部分,他称为逻辑主语"潜入"现象。几位语法学家是从不同的角度对这种句式进行了合法化的解释,显然从他们的论述看,虽然觉得这种句式是对的,但是还不是很自然的句子。我们认为这类句子是合法的,之所以觉得有点别扭,问题在于语用。用介词短语形式可以把复杂的句式浓缩成一个成分,使本来是复句形式的致使句的原因部分变成了结果部分的一个成分,这样就把一个复句变成一个单句了,因而也就更紧凑些,表现在句法上传递致使力的词也就可以省去了。但从语言表达要求精确性上考虑,加上致使词的表达其实更为精确。所以致使词在这里只是羡余成分,并不影响句式的合法性。

使令句也可以没有主语,这种主语缺省的使令句一般表现为祈使或容让句,表现在所用的致使词上,一般不用"使",而是用"叫、让",如:

19. 让暴风雨来得更猛烈些吧!
20. 让青春在哨位上闪光。
21. 让他接电话吧!
22. 叫人哭笑不得。
23. 有人恐吓他:"叫你脑袋搬家。"

AS 有时表现为一个分句,做使令句意念上的主语,如例 1,再如:

24. 这少妇长得很丰满、很漂亮,让我看得走了神。
25. 晚上我就给他们打电话告密,让他们去地下室抓你去!
26. 辛亥革命的涛声影响了贺龙,使他产生出追求真理的思想。
27. 揭露张国焘的真面目,促使受蒙蔽的干部战士觉悟。
28. 阿喀琉斯为争夺女奴发生争端,致使希腊军屡屡失利。

---

[1] 邢福义:《论意会主语"使"字句》,《江汉语言学丛刊》1979 年第 1 期。

(二)"使"的词性

关于"使"的词性,有三种看法,第一种认为"使"是动词,吕叔湘、朱德熙(1979)、吕叔湘(1980)①、《现代汉语词典(第5版)》都把"使"注明为动词。第二种认为"使"为介词,张静(1982)②、宛新政(2005)③等持此观点。第三种看法认为"使"为兼类词,朱林清(1979)④认为是动词和连词的兼类,在单句中是动词,在复句中是连词;陈昌来(2002)⑤认为是动词和介词的兼类,认为在使字句中,使类词的动介词性纠葛不清。

关于兼类,我们认为不妥,因为兼类是词类的引申用法,必须是这个词的两个类在意义上有引申关系,并且如文炼(1995)⑥所说"不同时具备两种功能"。我们同意连词和介词跟动词有引申关系,很多连词和介词都是从动词引申而来,但是就使类词来说,它们用在致使句这一种句式中,把他们看成兼类,就很成问题了。

关于介词说,我们认为也不妥。持此观点的人一般用验证典型动词的方法来确定"使"的词性不是动词。如:它不能独立,只能跟后面的名词性成分合起来充当句子成分;不能用肯定否定并列形式提问,也不能独立回答问题;没有体标记,不能重叠,不能带动态助词"着、了、过";不能带宾语做谓语;一般不能重读等。我们认为以上的判定标准只是判定典型动词的标准,动词是有很多类的,不是所有动词都适合这些标准,也就是说不适合这些标准的不一定不是动词,并且也并不是使类词都不符合这些标准。比如"让",我们可以设定这样一个对话:甲:"你还让不让人睡觉了?"乙:"就不让。"这个对话我想没人会认为是不合格的表达,如果是这样的话,那么我们可以看到"让"起码能用于肯定否定提问,能独立回答问题。所以确定使类词是介词也就不妥当了。我们认为,介词只是介引其后的名词性成分,不具有力的传递作用。而"使"类词对后面的成分

---

① 吕叔湘:《现代汉语八百词》,商务印书馆,1980。
② 张静:《"使"和"使动句"》,《语文学习》1982第9期。
③ 宛新政:《现代汉语致使句研究》,浙江大学出版社,2005。
④ 朱林清:《谈"使"字的连词用法》,《南京师院学报》1979年第1期。
⑤ 陈昌来:《介词与介引功能》,安徽教育出版社,2002。
⑥ 文炼:《关于分类的依据和标准》,《中国语文》1995第4期。

有致使力的传递。在使字句中，IVP 是 IS 受了 AS 的作用而产生的结果，其主体是 IS，也就是说 IVP 是表述 IS 的，而不是"使＋IS"来修饰 IVP。

因此，我们认为把使类词看成动词比较好，其作用是传达致使力，把主使事件产生的致使力传达到 IS 上，使其产生 IVP 的结果。由于充当 AS 成分的多样性，使类致使句可以是单句，可以是复句，如果按照传统的划分句子成分的方法不便处理使字句，而把"使"类动词处理成致使力的传递者，就把单句复句的问题都解决了，也不存在像朱林清所说的"使"在单句中是动词，在复句中是连词的问题了。

（三）被使者

作为被使者的 IS，以体词性词语较多，也可以是谓词性短语或主谓短语。体词性词语中，可以是名词，如例 2、5、8、9、11、16、19、20、22、28；可以是代词，如例 1、3、4、7、12、13、15、21、24、25、26；可以是名词性短语，如例 6、10、13、14、18、23、27 等。谓词性词语也可以充当 IS，这时，谓词性词语由于位置的关系也具有体词性了，如：

29. 长时间的写作会使写作职业化。
30. 如果损益表能采取预测的形式，将会使控制更有效。
31. 只图牟利，不顾环保，使污染进一步恶化。
32. 鼓励人们与书结伴，同书交友，使读书成为启示人生、开发智慧的原动力。
33. 这个委员会批评布什政府不积极配合调查，未及时提交相关文件，致使调查进展缓慢，不可能在原定调查期限前结束工作。

有时，主谓短语也能充当 IS，这时主谓短语往往被看成是一个体词性词组，如：

34. 加快工业结构的转换，使工业开发成为重建和振兴海南经济最有效最活跃的一个部门。
35. 有一定潜力和竞争力的区域市场，令商贸交流成为切实需要。
36. 充分合理地利用自然资源和经济资源，保持生态平衡，促使农业生产取得最大的经济效益和社会效益。

37. 18 年后，中央再次把"三农"问题作为中央一号文件下发，让农民增收成为文件的主题。

38. 有关"不准"的规定有了弹性，致使个体经营木材已成为事实。

（四）结果

IVP 作为致使的结果，可以是词，可以是词组，也可以是小句甚至是复句。做 IVP 的词，可以是动词，也可以是形容词。动词的例子，如例 2、11、17、23、27 等；形容词的例子，如例 3，再如：

39. 只有劳动才能使舞蹈美丽。
40. 门框和球门线上的后卫没有让他们得意。
41. 这个故事令人忧伤。
42. 创作艺术的最高目的乃是使人善良。
43. 这些 royalties（王族）真叫人糊涂。

词组充当 IVP 的例子，如例 5、7、8、9、10、13、14、15 等。小句充当 IVP 的例子，如例 12，再如：

44. 极度的欢欣使我全身舒展。
45. 长期不能动弹的结果让他浑身酸痛。
46. 一个雪亮的大灯，亮得叫人眼睛发胀。
47. 根据儿童的特点制定相应的教育措施，促使他们德、智、体、美全面发展。
48. 小妹讲话一向拐弯抹角，常常令人一头雾水。

复句充当 IVP 的例子，如例 6、33 等，再如：

49. 我不是吹的，咱们总哨刘爷大喝一声，准叫他浑身打战，抱不住马鞍桥。
50. 资源的先天不足，迫使马耳他不得不依靠国际市场，走外向型经济发展之路。

三 使令句的语义表达

根据科姆里（Comrie 2010）的观点，每一个致使事件都是由两个微观情景组合成的，其中一个为原因情景，一个为结果情景。先发生的事件对后发生的事件都有某种控制，或者原因情景具有导致结果实现的能力，或者原因情景具有阻止结果实现的能力。使字句是典型的致使句，其语义表达符合科姆里的观点。

（一）AS 的语义表达

从上文知道，充当 AS 的形式是多样的，但不管是哪种形式，它都代表了一个事件，这点科姆里论述得很清楚，他是从类型学角度，对世界上多种语言考察后得出的具有普遍性的观点。汉语也符合这一普遍特点。国内较早注意这一特点的是李临定，他在分析使字句"你使我为难"时指出："这里的'你'是指人名施。可是如果我们仔细体会一下，便会觉得这里一定是'你'做了某件事情，因而'使我很为难'（比较：你这样做使我很为难）。从这里可以看出动词'使'造句的特点，它一般要求前边是表事件的词语。"（P142）袁毓林（2002）[①] 对此也很赞成，他认为名词性成分充当使字句的主语语义上是不自足的，而李先生的观点可以很好地解释这种不自足现象。张斌（2002）[②] 则用替换的方法来证明使字句的主语是事件，认为"虚心使人进步"中的"虚心"可用"怎么样"替换，而不能用"什么"替换。

以上学者的论述都给了我们很大启发，下面我们来具体分析一下各种形式的 AS 是如何表达致使事件的。首先就体词性成分充当的 AS 来说，其表达事件意义的情况是很复杂的，有的省略了述谓部分，如例3，"这个感觉"表达的事件可能是"这个感觉跟我心里某个想法正好契合"，从而导致了"我舒服"；有的本身包含了一个事件，如例1，"朱德生在这样一个家庭"，包含的事件可能是"这个家庭很贫困并且老是遭到地主的欺压"，

[①] 袁毓林：《汉语句子的文意不足和结构省略》，《汉语学习》2002 年第 3 期。
[②] 张斌：《新编现代汉语》，复旦大学出版社，2002。

这种成长环境迫使朱德从小不得不分担家里繁重的劳动；有的还可以根据后面的结果推知 AS 省略的东西，如例 6，通过后面的结果"河流冬涨夏枯"，我们可以推知"地中海式气候"后面一定省略了"冬天降水很多，夏天降水很少"；有的则是这个体词性成分是由一个事件变成的，如例 2，"这种宠辱不惊的性格"是由"（某人/某些人的）性格宠辱不惊"这个主谓句式变来的。总之，为了表达的需要，人们可以用各种方法把事件整合起来，以使表达简洁、凝练，更好地达到使用的要求。

谓词性词语以及主谓短语充当 AS。表面上看，其性质已经发生了变化，也就是说从谓词性成分变成了可被指称的对象。朱德熙（1982：101）[①]曾对这一现象做过精辟论述，他说："充任主语的谓词性成分本身仍能表示动作、行为、性质等，可是跟谓语联系起来看，这些动作、行为、性质、状态等等已经事物化了，即变成了可以指称的对象。"但是我们从上面的论述知道，虽然谓词性成分相对于"使"动词来说，已经名物化了，但是它仍旧表达一个事件。致使句式跟普通的主谓句式还是有区别的，虽然谓词性词语具有主语的形式，但是它作为一个事件还是相对独立的。作为 AS 的主谓短语表达事件就不用说了。总之，谓词性成分仍然表达动作、行为、性质等能引起其他事物发生变化的致使力。

介宾短语充当 AS，介词后的部分也就是致使事件，从例 5、14～18 中我们可以看出，介词后的宾语跟非介词短语充当 AS 的形式基本没什么不同，也是各种形式都有，成为汉语中一种独特的语法现象。具体致使义的表达同上述各种形式的表达相同，此不赘述。

（二）IS 的语义表达

IS 是致使句式中的被使者，同时又是后半部分结果情景的主题。从句法上看，它既是"使"动词的宾语，又是后半部分的主语，这双重角色限制了被使者的性质，即不论它由哪类词或词组充当，其性质都是体词性的。这跟致使句的主使者恰好相反。作为谓词性词语或主谓短语充当的被使者，跟主使者明显不同的是，它已经完全名物化了，已经由表示动作、行为、性质、状态等，完全变成了可以指称的对象。如例 29～33，如果对被使者进行提问，都只能用"什么"，而不能用"怎么样"。

---

① 朱德熙：《语法讲义》，商务印书馆，1982。

（三）结果的语义表达

结果是被使者在主使者的作用下所产生的行动或发生的变化。其语义的表达跟被使者的生命度有很大的关系。科姆里（Comrie 2010）曾把生命度列了一个等级：人类 > 动物 > 无生命物。张伯江（1994）① 根据科姆里的观点，进一步列出了一个语言学概念的生命度等级序列：说者/听者 > 第三人称代词 > 指人专有名词 > 指人普通名词 > 其他有生名词 > 无生名词。

结果表达由于被使者的不同，有不同的语义表达。如果被使者是人或动物，结果可以表达被使者的心理感受，如例2、3、4、22等；可以表达被使者的思想行为的变化，如例15、18、24、26、27；可以表达被使者产生的新的动作行为，如例7、21、25；也可以表达被使者身体上发生的某种变化，如例12、13、23等。再举几个被使者为动物的例子：

51. 这突如其来的反抗行动使老虎不觉一愣。
52. 两个基因使动物从卵生进化为胎生。
53. 这次手术采用了"保定"麻醉法，使大象保持站立式半麻醉状态。

如果被使者是非生物，结果基本表达被使者发生的变化，如例5、6、10、11、14、16、17、19、20等；少数表示被使者职责的履行，如例8等。

四 使令句的语用特征

从上文中我们知道，致使句中的典型致使词有"使、让、叫、令"等，它们虽然都表示致使意义，但用法上并不完全相同。李临定（1986）区分了"使"和"叫、让"用法的不同：首先，"叫、让"的施动者常是指人的名词，而"使"的施动者几乎不用指人的名词，而是用表示某种事件的语句；"叫、让"经常表示某人致使了某种动作，"使"则总是表示由于某个事件而引起了什么结果；"叫、让"常和人的主观意志相联系，

---

① 张伯江：《词类活用的功能解释》，《中国语文》1994年第5期。

"使"则不和人的主观意志相联系。李大忠（1996）① 也认识到了这一点，他认为凡不表示"致使"、没有结果意义的，就不能用"使"，而只能用表示使令意义的"叫、让、请、派"等动词。

我们认为，典型使动词"使、叫、让、令"在表达致使义时，用法是相同的，表现是可以互相替换，如例1、2、3、4，四个使动词都可以出现在这些位置上，意思没有什么不同，只是在语体上，让人感觉"令、让"比较正式一些，"使"比较中性一些，而"叫"更加口语化一些。除了致使外，"叫、让"还有"容许、听任"的意思，在这个意义上，"叫、让"跟"使"的用法就不同了，原因是表达"容许、听任"虽然也可以广义地用致使义来理解，但是这个意义上的"叫、让"不强调结果，而"使"是强调结果的出现的。这也就是为什么能出现在祈使句里的无主句可以用"叫、让"而不能用"使"的原因。我们再用一组句子来比较说明一下。如：

54a. 我觉得他给我很好的一个启示，他使我变成了一个勇敢的人。

b. 中场休息时我们去了更衣室，他让我模仿鲁迪说出对每个人的印象。

a 句的"他"不单纯是指称代词，而是指称"他"对我来说是个"很好的启示"，这个"他"跟前面的话是有密切关系的，是重复前面的信息，去掉"他"，句子也可以成立。b 句"他"则是一个纯粹的第三人称代词，跟前面的背景话语没什么关系，去掉"他"，句子就很别扭，甚至不成立。a 句中的"使"可以换成"让"，表示致使的意思不变；b 句中的"让"则不能换成"使"，因为 b 句没有结果，只是表达一个"命令"或"容许"的动作。这也是二者的区别所在。

在否定用法上，"使、令"跟"叫、让"也有不同，我们通过对北京大学中国语言学研究中心现代汉语语料库做的粗略统计，使动词前出现"不"来否定的用法由少到多的顺序是：令（595）＜使（1664）＜让（8111）。这大概跟其语义表达有关系，即从左至右，强制的语义越来越轻，而容让的语义越来越强。对于强制的语义来说，其理想模型应该是肯

---

① 李大忠：《"使"字兼语句偏误分析》，《世界汉语教学》1996 第 1 期。

定的，随着语义越来越舒缓，可用于否定的就越来越多。

跟使令句有相同句法表现的还有其他一些形式，李临定（1986）先生列出了9种，统称为兼语句。这9种分别是：

（1）［名施］+动1+名+动2（动1为"使、叫、让、要"）

（2）名施+动1+名+动2（动1为催迫类、鼓舞类、请求类、嘱托类、培养类、其他类①）

（3）名施+动1+［……来/去］+名+动2（动1为派遣类：派、打发、送、放、赶、分配、推举；找、拉、约、叫。请求类：请、邀请；动员、组织、逼等）

（4）名施+动1+［在……］+名+动2（动1为：留）

（5）名施+动1补+名+动2

（6）名施+动1给+名1+名2+动2

（7）名施+动1+名2+给+名1+动2

（8）名施+动1+名+动2/形/名（动1为：买、雇、娶、领、需、缺、剩；起、生、送）

（9）名施+动1+名+动2/主谓（动1为：恨、讨厌、可怜、怪、爱、喜欢、原谅）

这9种兼语句中，第8、9两类不具有致使义，就第8类来说，"名"后部分是对"名"的补充说明和表述，而不是结果或目的。例：他买了张桌子三条腿。李先生认为，类似的句子都可以把"名"后部分变成"名"的定语，因而"名"后部分有点像追补性的定语。就第9类来说，动1均为心理动词，其宾语一般认为应该是后面所有的部分。例：我恨我早没有知道你！句中"恨"的应该是"我早没有知道你"这个事情，而不是单纯的"我"。李临定认为第9类"名"后部分可以分析为句子的原因，如本句应该分析为"我恨我，因为我早没有知道你"。这样分析也可以看出它跟第1~7类是不同的，第1~7类是都可以分析为"名施+动1+名，（目的/结果）使/让+名+动2"。

表示致使义的1~7类兼语句又可分为两大类，一大类是第1类，动词

---

① 关于动1的分类，我们根据李先生的举例作了这个大致的分类，李先生列举的词有催迫类：强迫、逼、催、督促、责成、纵容、惹、招；鼓舞类：鼓舞、鼓励、支持、逗；请求类：求、要求、请求、央求；嘱托类：劝、嘱咐、吩咐、告诉、指示、托；分配类：提拔、提升、分配、收、培养；其他类：介绍、吸收、养、服侍、营救、指定等。

1 由"使、令、叫、让"等充当,单纯表示致使义,李临定认为可以把此类叫做"单纯使令义形式";第二大类包括第 2~7 类,均有致使义,动 1 除了表示致使义外,还有自己的词汇意义。又可分为两小类,一小类包括第 2~5 类,都可以理解为"动 1(补)+名,让名+动 2",分别举一例说明,如:

　　55. 我曾催促他写一本回忆录。
　　55′. 我曾催促他,让他写一本回忆录。
　　56. 襄王打发使者去请晋文公护送他回朝。
　　56′. 襄王打发使者,让使者去请晋文公护送他回朝。
　　57. 留一部分兵力在三河坝监视梅县方面敌军。
　　57′. 留一部分兵力,让(这)一部分兵力在三河坝监视梅县方面敌军。
　　58. 为了唤醒更多的伊拉克人反抗美英占领,萨德尔还创办了自己的报纸。
　　58′. 为了唤醒更多的伊拉克人,使更多的伊拉克人反抗英美占领,萨德尔还创办了自己的报纸。

另一小类包括 6、7 类,都可以理解为"动 1+给+名 1+名 2/动 1+名 1+给+名 2,让名 1+动 2+名 2",如:

　　59. 王掌柜,捧捧唐铁嘴吧!送给我碗茶喝。
　　59′. 王掌柜,捧捧唐铁嘴吧!送给我碗茶,让我喝(茶)。
　　60. 那您写一个什么角色给我演呢?
　　60′. 那您写一个什么角色给我,让我演(那个角色)呢?

为了清楚起见,我们把致使兼语句列表如下:

$$\begin{cases} [名施]+动1+名+动2(动1为"使、叫、让、要")\\ 名施+动1+名+动2(动1为催迫类、鼓舞类、请求类、嘱托类、培养类、其他类等)\\ 名施+动1+给+名1+名2+动2或名施+动1+名2+给+名1+动2 \end{cases}$$

五 使字句的历史沿革

王力（1990）[①]认为，递系式（即兼语式）是汉语中最稳固的一种结构形式，现在动词虽然多样化了，但它的结构形式仍然是和三千年前是一样的。事实的确如此。致使用法先秦就已经存在，根据张玉金（2001）[②]，甲骨文中就已经有了分析形式的致使用法兼语句，并且其作为致使词的"令"和"使"一直沿用到现在。由于使令动词历代都有发展和变化，只要语义允许都可以组成使令句，所以这里不作为论述重点。本节我们对常用的几个致使词"使、令、叫、让"，梳理一下其发展脉络，借此解释一下其用法存在差异的原因。

（一）致使词"令"的发展

"令"作为致使词，产生得较早。最初作为兼语句的第一个动词，是有实在意义的，根据张玉金（2001），发出"令"的人是"王"或"帝"。说明这时的"令"是具有"命令"这一实在意义的。与之经常出现的"呼"，其发出者则既可以是"王"，又可以是其他人，并且同样是"王"发出的"令"和"呼"，"令"一般比较正式，而"呼"则是一般的命令。这进一步说明了"令"在甲骨文里作为兼语式的第一个动词是一个实义词，例（均采自张玉金）：

61. 癸亥贞：王令多尹壅田于西，受禾？
62. 癸未贞：王令子画卣。
63. 癸丑卜：王令介田于京。

从张玉金的研究，我们知道，"令"在甲骨文中是使用频率最高的使令动词。由于其使用频率高，所以就有语法化的可能，所以在使用中，"令"还发展出致动用法，但是由于是刚开始语法化，甲骨文中的例子并不是很多，只有一例：

[①] 王力：《汉语语法史》，《王力文集》第十一卷，山东教育出版社，1990。
[②] 张玉金：《甲骨文语法学》，学林出版社，2001。

64. 癸巳贞：其令小臣陷。

西周金文致使词中，根据管燮初（1981）① 的统计，在 15 个致使词共 163 词次中，"令"占了 77 次，其频次是最高的。

在先秦文献中，"令"致动用法的例子不鲜见，如：

65. 勿令水潦能入门中。（《墨子·备突》）
66. 吾令凤鸟飞腾兮，继之以日夜。（《离骚》）
67. 吾令羲和弭节兮，望崦嵫而勿迫。（《离骚》）

所以至少在春秋末年，"令"就发展出了致动的用法，并且沿用至今。下面是一些各个时期"令"做致动用法的例子：

68. 欲令魏先事秦，而诸侯效之。（《史记·张仪列传》）
69. 宣武与简文、太宰共载，密令人在舆前后鸣鼓大叫。（《世说新语·雅量》）
70. 能令公子白重生，巧使王孙千迴死。（张鷟《游仙窟》）
71. 岂不欲令吾与他人俱往乎？（《神仙传·卫叔卿》）
72. 令母在后设斋供佛。（《大目乾连冥间救母变文》）

（二）致使词"使"的发展

《说文解字》："使，伶也。"本意应该是供使唤的人，后来产生出"命令、派遣"的动词义。"使"的兼语用法在甲骨文里也出现了，但不常见，例（采自张玉金）：

73. 贞：使人往于唐？

西周金文中"使"也还不是一个常用的致使词，根据管燮初（1981）的统计，在西周金文的 15 个致使词 163 频次中，"使"（在金文中写作

---

① 管燮初：《西周金文语法研究》，商务印书馆，1981。

"事")共有10次,比"令"的77次少很多,也少于"乎(呼)"的40次的频率,说明那时"使"还不是一个常用的致使词。但由于其语义的适切性,"使"用在兼语句中的频次逐渐多起来,到了今文《尚书》,它的使用频次虽然仍比不上最高频的"命",但已经和"呼"的使用频次差不多了,下面是今文《尚书》中例子:

74. 人之有能有为,使羞其行,而邦其昌。(《周书·洪范》)
75. 凡厥正人,既富方谷,汝弗能使有好于而家,时人斯其辜。(《周书·洪范》)

对于"使"为什么在西周不高频使用,我们认为这时的致使句还多是使令形式,并且与"使"同义的有"令、呼、伻、俾"等几个高频词,所以虽然"使"的语义也很适切,但是由于前几个在文献中已经占有优势地位,所以"使"只是偶尔使用。后来的发展也正是由于以上的原因,所以"使"发展得快,而逐渐替代了以上几个高频词,而成为现代汉语中虚化得最彻底的致使词。而上面几个高频词则由于或是求新、或是方言、或是使用习惯等的影响,而在现代汉语中或是消失,或变为低频词了,如甲骨文、金文中的高频致使词"令"在今文《尚书》中被"命"替代,甲骨文、金文中的高频致使词"呼"为今文《尚书》中的"吁"替代等。下面再举几个"使"在不同时代使用的例子:

76. 使民老死而不远徙。(老子《小国寡民》)
77. 晋侯使吕相绝秦。(《左传·成公十三年》)
78. 孔子闻之,使子贡往侍事焉。(《庄子·大宗师》)
79. 是使群臣百姓皆以制度行。(《荀子·王制》)
80. 始皇乃使将军蒙恬发兵三十万人,北击胡,略取河南地。(《史记·秦始皇本纪》)
81. 石勒不知书,使人读《汉书》。(《世说新语·识鉴》)
82. 出师未捷身先死,长使英雄泪满襟。(杜甫《蜀相》)

通过上例我们可以看到,至少在春秋时代,"使"的传递致使力的用法已经产生了,但是其使令用法还继续存在,说明了语言使用惯性的作用是很大的。

(三) 致使词"叫"的发展

《说文解字》:"叫,呼也。"原意是喊叫、号叫的意思,是个不及物动词,这个意思上的"叫"没有发展成为致使词,现代汉语里,"叫"也还保留这个意思。作为致使用法的"叫"出现得比较晚,根据王力(1990),"叫"直到宋代才发展成为使令动词。"叫"作为使令用法其语义必须是"叫某人,使之从事某种活动"。这个意义上的用法在甲骨文和金文中为"呼(乎)",如:

83. 呼多马逐鹿,获。(采自张玉金)
84. 勿呼寇伐邛。(采自张玉金)
85. 王乎尹氏册令师嫠。[师嫠簋,采自管燮初(1981)]

在今文《尚书》中,表示这个意义和用法的是"吁",如:

86. 民不适有居,率吁众戚出,矢言。(《商书·盘庚上》)
87. 予若吁怀兹新邑,亦惟汝故,以丕从厥志?(《商书·盘庚中》)

大约到东汉时期,"叫"发展出使令的意义和用法,例(采自《古代汉语词典》):

88. 叫帝阍使辟扉兮,觌天皇于琼宫。(张衡《思玄赋》)

从此例我们可以看出,"叫"已经具有"呼唤人"的意思了,这时它还不具备使令用法,因为后面还需要用"使"来做补充。但这为其进一步发展成为致使词做好了准备。又根据牛顺心(2004)[①],直到宋代,"叫"才真正具有了使令用法,下面是她举的一个例子:

---

① 牛顺心:《汉语中致使范畴的结构类型研究》,上海师范大学博士论文,2004年。

尝暑月会坐，有秦兵曹者瞌睡，徐厉声斥之起曰："某在此说话，公却瞌睡，岂以某言为不足听耶！未论某是公长官，只论乡曲，亦是公丈人行，安得如此！"叫客将掇取秦兵曹坐椅子去。（《朱子语类卷第一百二十一》）

"叫"作为致使词，还常写作"教"，这大概是因为二者读音相近，中古音中"叫"和"教"都属见母效摄去声，只是"叫"为四等字，"教"为二等字。二者读音差别很小，可以认为是同音字。"教"在先秦是"传授知识技能"的意思，这一意思沿用至今，我们举几个先秦的例子，如：

89. 毋教猱升木，如涂涂附。（《诗经·小雅·角弓》）
90. 所怨甚多，而不备大难，以是教王，王能久乎？（《国语·周语上》）
91. 客将何以教寡人？（《列子·黄帝第二》）

从我们查到的资料看，"教"的致使用法，起码早在汉代就已经出现了，我们从《战国策》中找到了很多例子，如：

92. 今使人而不能，则谓之肖；教人而不能，则谓之拙。（《战国策·齐策》）
93. 乃遗之美男，教之恶宫之奇。（《战国策·秦策》）
94. 子教文无受象床，甚善。（《战国策·齐策》）
95. 魏因富丁且合于秦，赵恐，请效地于魏而听薛公。教子欬谓李兑曰。（《战国策·赵策》）
96. 父教子倍，亦非君之所喜也。（《战国策·魏策》）
97. 锜宣之教韩王取秦。（《战国策·韩策》）
98. 公叔使冯君于秦，恐留，教阳向说秦王曰。（《战国策·韩策》）

其他文献的例子比较少，如：

99. 张武教智伯夺韩魏之地而禽于晋阳；申叔时教庄王封陈氏之

后而霸天下。(《淮南子》)

从第 92 例我们可以看出,"教"出现在了跟"使"相同的句法环境里,意思跟"使"是一样的,是为了行文的重复而改用的字,这也许是"教"发展成致使用法的一个原因。从汉以后的文献来看,"教"的这种致使用法是逐渐增多的,到了宋代,因为跟"叫"的音近关系以及用法上的相同而可以互换了。

(四) 致使词"让"的发展

《说文解字》:"让,相责让。"本义是用言辞批评、责备的意思,后来假借为谦让的让。上古的"让"的意思都是表达这两个意思的,以表谦让义的为多。表达批评、责让时,后面直接加"让"的对象;表达谦让的意思时,可以直接加"让"的对象,也可以在"让"后加"于"再加对象,如:

100. 鲁人有因子墨子。而学其子者。其子战而死。其父让子墨子。(《墨子·鲁问》)
101. 夷吾诉之。公使让之。(《左传·僖公五年》)
102. 秦军数却,二世使人让章邯。(《史记·项羽本纪》)
103. 推贤让能,庶官乃和,不和政庞。(《尚书·周官》)
104. 大夫非不能也,让父兄也。(《国语·晋语》)
105. 禹拜稽首,让于稷、契暨皋陶。(《尚书·舜典》)
106. 舜让于德,弗嗣。(《尚书·舜典》)

例 100~102 中的"让"表批评、责备,后直接加宾语。例 103~106 中的"让"是谦让的意思,例 103、104 直接加宾语,例 105、106 后有介词"于"。例 103、105、106 出自一本书,说明后加宾语跟后加介词"于"再加宾语是可以自由转换的。从先秦的文献看,西汉以前"让"还没出现在致使句的兼语式典型环境中,意思也还以批评、责让和谦让为主。在西汉末的文献中,"让"才出现在典型的兼语式致使句中,例:

107. 君何不以此时归相印,让贤者授之,必有伯夷之廉。(《战国

策·秦策》)

我们在北京大学中国语言学研究中心的CCL语料库中只发现这一个例子,但是从出现的句式到意义,"让"已经具备致使词的资格了。我们推测这可能是因为文言文具有较强的稳定性决定的,实际情况可能是"让"在口语里的致使用法已经形成,这有待我们对这个时期偏重口语文献的研究确认。在六朝的文献中,"让"的致使用法逐渐多起来,如:

108. 菩萨行道路有二事:若天热、若雨时,见有树木屋舍,当让人先坐;若见井水泉水,若见人持水当让人饮,若见大溪水极自饮。(《佛说菩萨内戒经》)

109. 菩萨得人饮食时有三事:视上下皆令等,若不等得当分令等、饭已得水饮当让上座先饮、若饭已不得先起去,当与众人俱起。(《佛说菩萨内戒经》)

110. 臣等伏以让皇帝追尊位号,恩出一时,别立庙祠,不涉正统。(《唐会要卷十九》)

111. 无别路者,唯有一心之法,让大师化导如此也。(《祖堂集》)

112. 让大师於六祖身边得传心印。(《祖堂集》)

113. 让大师传法弟子六人。(《祖堂集》)

114. 马和尚在一处坐,让和尚将砖去面前石上磨。(《祖堂集》)

从以上的文献中我们可以看出,"让"做致使用多出现在佛经中,佛教是向大众传播的,所以口语性更强,说明"让"字致使句在六朝时期已经成为比较普通的句式了。

六 小结

使令句是汉语致使用法句法特征最明显的一类,也可以说是汉语致使用法的原型类。通过以上的分析,我们可以知道,致使用法是致使情景在句法上的投射。致使情景又由原因事件和结果事件构成,原因事件导致了结果事件的出现,中间有致使力的传递。由于原因事件和结果事件都要浓缩在一个单句中来表达，而结果又是人们要着重关注的新信息，所以在句式表达经济性的要求下，原因事件往往比较俭省。原因事件一般会以一个体词性的词或词组的形式出现，以充当整个致使句的主语，所以尽管充当 AS 的成分形态各异，但是形式上都是名物化了的。而这名物化了的 AS 都表达了一个完整的事件，在理解的时候要还原为一个完整的事件理解。作为结果事件里主语的 IS，也有多种形式，但是它只能作为一个体词性成分存在，而不能表示一个事件。这是 AS 跟 IS 的不同所在。就句法形式来说，我们认为使令句跟表达致使义的一般兼语式是同类的，但是仔细推敲，二者还是存在一些不同。使令句中的使令词只表达致使力的传递，原因事件中的动词是独立的，只是有的隐去了，有的跟原因事件的主语凝固成一个体词性成分了而已。表达了致使义的一般兼语句，也就是上述兼语句的第二大类，其中原因事件部分的动词包含了致使力，我们在理解的时候要从原因事件的动词中分出传达致使力的使令词，才能明确原因事件跟结果事件的致使关系。总之，使令句跟兼语句给我们提供了致使句式的原型，对其他形式的致使句的研究起到一个提纲挈领的作用。

（作者单位：北京第二外国语学院国际传播学院）

导游话语句中语气词"呢"的功能[*]

王红斌

一 引言

"呢"是现代汉语中常用的一个语气词且功能复杂，传统上认为句中语气词"呢"用在主谓之间，是主语或话题的标志。方梅用北京口语的语料讨论了"北京话句中语气词"，认为"句中语气词在前人的论著里或者当做主语标记或者当做话题标记，实际上，句中语气词所标示的成分有时既不是主语也不是话题，甚至也不是直接句法成分。而句中的语气词实际上是句子的次要信息和重要信息划分的'主位－述位'结构的标志"，认为"'呢'一般不用于始发句里。在一段较长的叙述语段里，'呢'常常出现在后续小句或后续句中。而且往往是转换一个新的话题，或新的谈话角度"。[①] 如：

（1）他说他能拿着那儿的签证儿了，可是咱们国家吧又没有去那儿的飞机，别的国家呢又不让持那种签证的人过境。

（2）什么都没变，老师还是从前的老师，连错字都跟从前错的是同一个字。……学生呢，也是一点没学聪明。

例（1）中的"别的国家"是一个新话题，其功能是转换话题；例

---

[*] 本文曾发表于《重庆文理学院学报》（社会科学版）2013年第2期，收入本书时对原文错误之处做了修改。

[①] 张伯江、方梅：《汉语功能语法研究》，江西教育出版社，1996，第129页。

(2) 从第一个话题"老师"转换成第二个话题"学生",成为一个新话题。语言的发展和演变与语言使用者的社会变项有关,本文将在前人对"呢"的研究基础上以导游话语为例来讨论导游话语句中语气词"呢"的分布情况及其功能、与之相关的社会变项,通过感知测试提出"呢"规范的标准和建议。

导游话语从狭义上理解指的是导游的职业语言,从广义上理解指的是与旅游业相关的语言表达和图文载体。本文采用的是狭义上的导游话语,而且专指汉语的导游话语。导游话语是一种有准备的(Planned)介于书面语和口语的一种混杂语体。为了调查北京导游话语使用的情况,我们于2006年1月到2007年9月间实地录制了53名导游在讲解故宫和颐和园两个景点时的实况,转写文字共计60余万字,建成了一个小型的北京导游语言语料库。本文讨论其中19名导游20余万字导游话语句中语气词"呢"的分布特征和语义功能与导游的社会变项之间的关系。

二 导游话语句中语气词"呢"的分布特征及其功能

"把句子分为主位和述位的方法最早由布拉格学派的马泰修斯(Mathesius)提出。主位和述位的基本涵义是表述的出发点(即在该语境中已知的或至少容易知的东西,说话人由此出发)和表述核心(即说话人关于表述出发点所叙说的内容),这种切分法是从'信息传递功能着眼的'。主位可分为话题主位、人际主位和篇章主位,话题主位是句中作为陈述对象的实体性行为参与成分。它是有定的,充当话题主位的成分有:一般名词性成分(包括时间成分和处所成分)、介词短语、事物化的动词性短语等;篇章主位最常见的是那些在篇章中连接句和句之间语义转承关系的词语和分句;人际主位是说话人把话语单元作为一个交际单位时表明态度的部分。从语义上看,也表明说话人的能愿、评议、情态等方面的态度。"[①] 导游话语句中的语气词"呢"在20万导游话语中共有861个,根据"呢"之前主位类型的不同,"呢"的分布特征如表1。

---

① 牟宜武:《主位述位理论浅议》,《科技信息》(学术版)2007年第10期,第25页。

表 1　导游话语"呢"之前主位类型差异

单位：个

主位类型	篇章主位	人际主位	话题主位
分布数量	273	15	573

根据"呢"在导游话语中话语片段前后的成分及其信息关系，"呢"有以下四个分布特征。

（一）标示话题

1. 后续句新引话题之后

正如方梅所观察到的"呢"及"呢"出现在后续小句或后续句中一样，它常常出现在后一小句的新话题之后标记该话题。如：

（3）中和殿是皇帝举行仪式前休息的地方，因为呢，你要提前来，来了呢在中和殿里先休息。保和殿呢是更换礼服的地方，各种仪式穿的礼服都不一样，这个相当于皇帝的更衣室。

（4）古代的天文学家把天上的星象分为三垣四象二十八星宿，三垣呢是紫微垣，太微垣，还有天室垣，其中紫微垣是天帝，就是玉皇大帝住的地方。皇帝呢，自诩为天帝的儿子，于是就把自己住的地方也取了一个紫字。

2. 重引前一言语片段的句末焦点信息之后

从信息结构的角度来看，汉语句子的信息结构排列的序列是从旧到新，"越靠近句末，信息内容就越新，句末成分通常被称为句末焦点"。（张伯江，方梅 1996：73）当两个小句相连出现时，第一个小句的句末焦点信息在后续小句中以次要信息出现，并且这个次要信息后加"呢"起到了补充说明前一句末焦点信息的作用，因此这个"呢"出现在补充说明前一句末焦点信息之后，如：

（5）在这个太和殿之中还有很多的这个工艺品，那这些工艺品呢全部属于北京的工艺品之首，叫做景泰蓝。

3. 重引的前一话题之后

前续句以一个话题为中心展开叙述，当前续句叙述完一层意思时，后续句句首会重复前一句话题，再叙述与本句话题相关的另一层次的意思，这一旧话题之后会使用"呢"，如：

（6）为什么叫太和殿呢？咱们中国人最讲究什么啊，以和为贵，对不对，里面的大殿叫和，外面的街，长安街，安，是吧，平安街，安字，里面是和，外面是安，内和而外安，里面，家庭，国家里面，和谐统一，外部，安定团结。太呢，就是比大还要大，非常大的意思，<u>这个太和殿呢</u>，等级非常高，高到一个什么程度呢？……

（二）始发句之后

在导游话语中发现"呢"可以用在始发句之后，如下例：

（7）同学们，<u>在这个乾清门面前呢</u>，也有两个狮子，但这两个狮子在这个底座儿上摆放的位置是不同的。

下面我们把19名导游的20余万语料库中的"呢"在话语功能上的差别列表2。

表 2 导游话语中"呢"在功能上的差别

单位：个

"呢"的功能	补充说明前一句末焦点的标记	后续句新引话题之后	重引的前一话题之后	始发句之后
分布数量	193	569	70	19

三 相关因素分析

在导游话语中，表示次要信息和主要信息的分界标志词"呢"的分布特征与导游的社会变项有关。根据19个导游讲解故宫的导游话语句中语气词"呢"出现的频率分为"高""中""低"三组,分别列为下面的"表3""表4""表5"三组,"表3"至"表5"中分别列出"呢"在导游话语中使用的次数(单位:个),并依据每个导游的话语语篇的总字数算出"呢"在各位导游的导游话语中出现的频率(单位:%)。按照"呢"的使用频率的间隔分为"高""中""低"三等,同时还列出与"呢"的频率高低相应的导游的社会变项。

表3 导游话语句中语气词"呢"高频使用导游的社会变项

录音编号	年龄	性别	工龄	获得几级导游证书	籍贯	文化程度	"呢"的总数(个)	频率(%)
Ⅰ-4	25	男	3	初级	北京	专科	129	0.95
Ⅰ-5	28	男	4	无	北京	初中	90	0.94
Ⅲ-4	26	男	2	初级	河北	专科	77	0.82
Ⅰ-2	21	男	1	初级	北京	中专	48	0.81
Ⅲ-3	24	男	3	中级	北京	本科	58	0.67
Ⅵ-1	27	女	3	无	北京	本科	62	0.66
Ⅳ-2	26	男	3	初级	黑龙江	高中	38	0.66

表4 导游话语句中语气词"呢"中频使用导游的社会变项

录音编号	年龄	性别	工龄	获得几级导游证书	籍贯	文化程度	"呢"的总数(个)	频率(%)
Ⅳ-4	28	女	7	初级	北京	大专	35	0.6
Ⅰ-3	24	女	2	初级	北京	本科	79	0.58
Ⅲ-5	32	男	10	初级	北京	专科	51	0.55
Ⅱ-5	32	女	7	初级	北京	中专	22	0.4
Ⅴ-3	30	男	1	初级	北京	专科	33	0.36
Ⅱ-2	32	男	10	中级	北京	专科	39	0.3

表5　导游话语句中语气词"呢"低频使用导游的社会变项

录音编号	年龄	性别	工龄	获得几级导游证书	籍贯	文化程度	"呢"的总数（个）	频率（%）
Ⅰ-6	35	女	5	无	北京	专科	38	0.25
Ⅴ-4	45	女	3	无	北京	专科	37	0.19
Ⅱ-1	32	男	10	中级	北京	专科	8	0.13
Ⅲ-1	27	女	4	初级	四川	专科	13	0.1
Ⅵ-4	36	男	4	初级	安徽	高中	2	0.003
Ⅰ-1	24	男	3	初级	北京	本科	2	0.002

上面"表3"和"表5"中的"0.95""0.002"分别是"呢"最高和"最低"的分布频率，由"（0.95＋0.002）÷3≈0.32"得出"0.32"是"呢"分布频率的"高、中、低"之间的间隔数据。"表3"至"表5"显示出下面一些倾向：

（1）从导游话语句中语气词"呢"的使用频率与导游的性别之间的关系来看，在"表3"中，男性6人，占男性总数的50%；女性1人，占女性总数的0.14%。在"表4"中，男性3人，占男性总数的25%；女性3人，占女性总数的43%。在"表5"中，男性3人，占男性总数的25%；女性3人，占女性总数的43%。由此可知，在性别这一社会变项与导游话语句中语气词"呢"的使用频率的关系上，男性的导游话语句中语气词"呢"的使用频率高于女性。

（2）从导游话语句中语气词"呢"的使用频率与导游的文化程度之间的关系来看，"表3"中具有本科学历的导游2人，占导游具有本科学历总数的50%；专科2人，占导游具有专科学历总数的20%；专科以下4人，占导游具有专科以下学历总数的80%。"表4"中本科1人，占导游具有本科学历总数的25%；专科4人，占导游具有专科学历总数的40%；专科以下1人，占导游具有专科以下学历总数的20%。"表5"中本科1人，占导游具有本科学历总数的25%；专科4人，占导游具有专科学历总数的40%；专科以下1人，占导游具有专科以下学历总数的20%。在学历这一社会变项与导游话语句中语气词"呢"的使用频率的关系上，学历越高，"呢"的使用频率越高。

(3) 从导游话语句中语气词"呢"的使用频率与从事导游职业的时间长短来看,"表3"中的导游平均从业时间为2.71年,"表4"中的导游平均从业时间为6.17年,"表5"中的导游平均从业时间为6.5年。由此可知,在导游人均从业时间这一社会变项与导游话语句中语气词"呢"的使用频率的关系上,从业年限越长,话语标记词"呢"的使用频率越低。

(4) 从话语标记词"呢"的使用频率与导游的年龄来看,"表3"中导游的人均年龄是25.3岁,"表4"中导游的人均年龄是29.67岁,"表5"中导游的人均年龄是33.17岁。由此可知,在导游人均年龄这一社会变项与导游话语句中语气词"呢"的使用频率的关系上,人均年龄越小,"呢"的使用频率越高。

(5) 从导游话语句中语气词"呢"的使用频率与导游获得导游证书的等级来看,表3中获中级证书者1人,占所有获得中级证书总数的33.3%;初级证书者4人,占所有获得中级证书总数的33.3%;无导游证书者2人,占无证书总数的50%。"表4"中获中级证书者1人,占所有获得中级证书总数的33.3%;初级证书者5人,占所有获得初级证书总数的42%;无导游证书者"无"。"表5"中获中级证书者1人,占所有获得中级证书总数的33.3%;初级证书者3人,占所有获得初级证书总数的25%;无导游证书者2人,占无证书总数的50%。由此可知,在导游资格证书的级别这一社会变项与导游话语句中语气词"呢"的使用频率的关系上,导游话语句中语气词"呢"的使用频率与导游具有导游资格证书的等级关系不大。

(6) 从导游话语句中语气词"呢"的使用频率在北京籍导游中的分布来看,导游话语句中语气词"呢"的使用频率高的5人是北京籍导游,占北京籍导游的33.3%;导游话语句中语气词"呢"的使用频率"中"的6人是北京籍导游,占北京籍导游的40%;导游话语句中语气词"呢"的使用频率"低"中有4人是北京籍导游,占北京籍导游的27%。

上面的分析表明:导游的性别、文化程度、从业年限和年龄是导游话语句中语气词"呢"的使用频率高、中、低的制约因素。

四 导游话语句中语气词"呢"的感知测试和规划建议

"句中语气词的使用实际上是说话人划分句子重要信息跟次要信息的

心理过程的外部表现,语气词前的内容是说话人认为不那么重要的内容,语气词之后的才是说话人刻意突出的重要信息,是需要听话人特别留意的。"(张伯江,方梅1996:131)作为次要信息和主要信息划分标志的"呢"的使用频率及次要信息和主要信息的划分依导游的不同而不同。我们知道,在一个导游话语篇章中主要信息过多或过少都会影响到导游的效果。受众对新信息的接受有一个最大值,超过这个值,人就会感到厌倦。但若主要信息设置太少,又不能激发听者的热情。所以,我们把新信息的最大量和最小量称为新信息域。为了考察这个域值,我们做了"呢"的感知测试。测试材料节选自"Ⅰ-4"号导游2638字的故宫"午门"介绍和"Ⅰ-3"号导游2308字故宫"金銮殿"介绍的录音材料。在"Ⅰ-4"号导游的录音材料中有36个句子用到"呢",其中,16个"呢"用作篇章主位之后,15个"呢"用在话题主位之后,"5"个呢用在人际主位之后,"呢"的出现频率是1.36%。在"Ⅰ-3"号导游的录音材料中有27个句子在主位之后用了"呢",其中,13个"呢"用作篇章主位之后;14个"呢"用在话题主位之后,"呢"的出现频率是1.17%。测试对象是北京第二外国语学院中文系的25名三年级学生。我们发放了根据录音材料转写的书面材料,并在书面材料上将所要测试的"呢"都加上了背景色。在播放录音材料之前,我们告诉测试对象,当你听录音时,如果你认为导游所说的"呢"不合规范或感到太啰唆,就在书面材料的"呢"旁边划上"×"。在测试完并收回25份材料后,我们发现25名被试者对所谓的"不合格"的"呢"的判断五花八门。为了在表面的无序数据中找到有序的规律,我们对测试结果做了两项指标的统计。一是每位被试者认为合格的"呢"和删除"呢"之间有几个"呢"。我们认为第一项统计是建立在被试在潜意识中是按照各自的信息域来判断"呢"的使用的合格度的。这样可以算出新信息的最佳域值。二是观察被删除的"呢"的分布特征和功能(见表6)。这一统计可以观察导游话语中"呢"的规范对象。第一项的统计结果如下:

Ⅰ-4:1(76);2(41);3(30);4(17);5(11);6(8);7(2);8(2);9(1);10(1);14(1)。

Ⅲ-1:1(32);2(41);3(28);4(13);5(18);6(9);7(3);8(1);9(1);10(1)。

上面括号外的数字表示合格的"呢"和删除的"呢"之间的间隔数,

括号中的数字表示统计的人次数。从上面的统计可以发现，最小的新信息域值是"1"，最大的是"14"，人的认知热情度可以标示为一个像马鞍形状的曲线。由上面的数据可知，当合格的"呢"和删除的"呢"之间的间隔数是"1"时，新信息的热情刺激度处于最高峰，而当间隔数在"4～6"之间时，热情刺激度处于平稳状态，因此，比较恰当的最大新信息域值是4～6之间。由此，我们认为，在导游话语中，作为主要信息提示词的"呢"出现的间隔数应在4～6个主位结构之间，如果小于这个数，则会使人感到厌倦；如果超过这个数，则会分散游客的注意力。

下面是第二项的统计结果，即被测试者删除掉的不合格的或过于啰唆的"呢"。

表 6

	篇章主位		人际主位		话题主位		补充说明前一句末焦点的标记		后续句新引话题之后		重引的句话题之后		始发句之后
Ⅲ-1	113	4.5	1	0.04	116	4.6	41	1.6	205	8.2	2	0.08	—
Ⅰ-4	144	4.6	59	2.4	135	5.4	27	1.1	287	11.5	24	0.96	—

"表 6"中没有背景色的数据是统计的 25 名被试者删除表示某一语义功能的"呢"的总数，有背景色的数据是平均数，如："113"是 25 名被试者删除"Ⅲ-1"中在篇章主位后的"呢"的总数，113÷25=4.5，4.5是平均数。从分布特征上看，25 名被试者删除"Ⅲ-1"测试材料中认为应删除的"呢"平均为 9.14 个，删除率为 33.3%；"Ⅰ-4"测试材料中认为应删除的"呢"平均为 12.4 个，删除率为 34.4%。

从"呢"所表示的语义上看，"Ⅲ-1"测试材料的删除的"呢"所标示的话题和始发句小类的降级序列是：后续句新引话题＞补充说明前一句末焦点＞重引句话题；"Ⅰ-4"测试材料的删除的"呢"所标示的话题和始发句小类的降级序列也是：后续句新引话题＞补充说明前一句末焦点＞重引句话题。由此我们认为在导游话语句中语气词"呢"的使用中，新信息的最佳感知值是："4～5"；按照"呢"的功能，导游话语句中语气词"呢"的规范序列是下列"呢"所标示的话题和始发句小类之后的"呢"，后续句新引话题＞补充说明前一句末焦点＞重引句话题。

从"呢"的分布特征上,"Ⅲ-1"测试材料的删除的"呢"所在的句法位置的降级序列是:话题主位>篇章主位>人际主位。"Ⅰ-4"测试材料的删除的"呢"所在的句法位置的降级序列也是:话题主位>篇章主位>人际主位。由此我们认为在导游话语句中语气词"呢"的使用中,按照"呢"所处的句法位置,导游话语句中语气词"呢"的句法位置的降级序列是:话题主位>篇章主位>人际主位。

五 结语

本文讨论作为导游话语句中次要信息和主要信息分界标记的"呢",观察了"呢"在导游话语句中的分布差异和不同话语功能。文章根据19名导游话语句中的"呢"的分布特征,并结合这19名导游的社会变项,分析了导游话语中"呢"出现的频率差异的因素。通过被测试者对导游语的新信息域的感知测试,笔者认为作为主要信息提示词的"呢"在导游话语中理想的出现间隔应在4~6个主位结构之间。通过对被测试者的语感测试,本文确定了对导游话语句中"呢"的语义功能和"呢"所处的句法位置的规范化序列。

(作者单位:北京第二外国语学院国际传播学院)

中国内地"韩流"传播现象研究
——兼论对中国文化传播的启示

刘俐莉

1992年中韩建交,中韩文化交流随之进入新时期,至今已经二十年有余。90年代末期,韩国以韩剧、音乐等流行文化为前锋加快了文化传播的步伐,起初,不管是中国政府、媒体、学界还是民间都感受了这股强劲的风,但并没有给予太多的重视,更没有意识到韩国文化会在中国乃至亚洲刮起了一股旋风,成为一个文化神话,甚至最终成为具有悠久文化传统的中国学习的对象。2006年,曾有人断言这个神话已经"破灭"[①],但这个论断显然为时过早。

轰轰烈烈送来《继承者们》和《来自星星的你》,CCTV春晚里来了李敏镐,据说又将迎来金秀贤。在"韩流"持续制造一个个话题之际,本文试图回望中国"韩流"的形成过程,梳理中韩建交以来大陆的"韩流"类型,回顾中国二十年的"韩流"研究历程,对大陆的"韩流"文化政策及各界的态度进行探析,希望对当今中华文化的构建与对外传播有所启示,提高民族文化自信。

一 引言

在全球化语境下,跨文化传播呈现出繁荣的景象,经济与政治的博弈促使跨文化传播在不断的融合与冲突中行进。跨文化传播不是一个单向的

---

① 欧阳晓璇:《"韩流"神话正趋向"破灭"》,《中国经贸》2007年第7期。

全球一体化的文化运动，它包含着全球化与地域性、同质化与异质化两种文化力量的对峙与互动。自改革开放以来，外来文化尤其是流行文化涌入中国大陆，中国文化面对着巨大的挑战，同时也在挑战中获得发展。

从 20 世纪 80 年代起，欧美、日本流行文化都曾经在中国风行一时，无论是西方的歌剧、好莱坞大片、俄罗斯的芭蕾、马戏，抑或是东方的歌舞、晚会与小说，都让城市的文化消费者目不暇接。但无论是具有巨大吸引力的好莱坞电影，还是曾经红火的日剧与村上春树，都没有促发"美流""日流"词汇的生成。而以影视、音乐为先机的韩国流行文化大肆进入大陆，并逐渐取代了港台、日本及美国流行文化，成为最具大众号召力的外来文化，由此产生了"韩流"一词。1999 年末，中国汉语词典中正式添加了"韩流"这个单词，2004 年由中国大百科全书出版社出版的《当代汉语新词词典》中也出现了"韩流"的标注。"韩流"一举占领了中国文化娱乐市场，以低廉的投资获得了惊人的回报。2005 年，因为《大长今》在大陆的收视高潮引发了韩国文化的爆炸式效应，从韩国影视到韩国明星、流行音乐到韩国旅游、饮食、服装、汽车甚至整容，"韩流"成为无法规避的客观存在，成为流行文化的时尚标签。

在进入本文的进一步研究前，首先要厘清本研究的三点前提。

首先，"韩流"这个概念是一种耸人听闻吸引眼球的媒体假设，还是一种真实存在？到底是谁最先使用这一概念？如果是真实存在，它究竟指的是什么？

"韩流"到底发源于何时？这个词汇到底在何处第一次被使用？至今仍没有共识，而且也很难追踪。有学者指出"韩流"发端于 1993 年中国引进韩剧《嫉妒》；而有学者提出"韩流"刮进中国是从 1997 年中国中央电视台每星期播放一次的《爱情是什么》开始；亦有人认为"韩流"肇始事件是 1998 年韩国组合 HOT 在中国的一场演出。更多学者在讨论"韩流"时则回避准确数字，使用"近年来"等模糊时间。这个概念到底由谁最先使用更无定论。有学者认为是韩国的大众媒体率先使用[①]，如果观看韩国电视节目，会发现韩国综艺节目中对"韩流"的使用率远远高于中国，似乎可以作为佐证，以至于韩国翰林大学金信同教授曾经批判"韩流"现象

[①] 李英武：《"韩流"与"汉潮"——漫谈近年来迅猛发展的中韩文化交流》，《唐都学刊》2004 年第 1 期。

是韩国人具有盲目的民族自豪心理的一种表现①。有学者则提出这个词最早出现并使用于中国的媒体，时间大致是 1999 年 7、8 月间②，但大多数学者在使用"韩流"一词时，对"韩流"概念的最初使用避而不谈，以至于无从考察。以中国期刊网上收录文章为例，出现最早的是 1999 年 12 月《音乐世界》上的一篇《强劲"韩"流袭击内陆》的文章，介绍了韩国的音乐组合 BABY VOX，同期《棋艺》上有一篇介绍韩国围棋风格的文章《汹涌韩流正当时》。2000 年，"韩流"一词出现率明显增高，出现了 7 篇关于"韩流"的文章，3 篇是关于韩国流行音乐的，其他涉及的领域是电脑及围棋。2001 年，关于"韩流"的文章已经增至 19 篇，从音乐、明星、电脑、医学、服饰都进入了"韩流"的行列，但多限于个别现象的讨论，并没有给"韩流"下整体的定义。而在 2005 至 2006 年两年间，由于韩剧的热播，文章迅猛达到 131 篇，关于"韩流"的报道和讨论更多关注的是韩剧。可见，不管承认与否，"韩流"现象确实已经成为不能否认的客观存在。

关于"韩流"的具体内涵，学界没有太多争议，基本上有以下观点。一是"广义说"，即"韩流"是在亚洲范围内掀起的一股流行韩国大众文化现象的简称③。更详细的解释是指以中国、日本和东南亚青少年为中心，对韩国的音乐、舞蹈、电影、电视剧、游戏等大众文化和对韩国演艺界明星的追逐、效仿的文化现象，以及随之而来的对韩国旅游、购物、时装、美容以及其他韩国品牌的崇尚。这股"韩流"已经波及文化、商品以及教育等多个领域，故其内涵也在扩大，泛指浸透着韩国气息的文化产品和生活方式所掀起的流行风潮。"韩流"是以通俗、时尚为特征的大众文化④。二是限定在中国的讨论，认为"韩流"是在中国文化领域中所涉及的一切韩国相关现象，如韩国的经济国际文化等对周边国家和地域，特别是在中国广泛范围内的影响。三是"狭义说"，即"韩流"仅仅指韩国电视剧，但这种说法多是在特定的环境中使用。还有一部分学者采用了社会学家的观点，认为"韩流"就是浸透着韩国特有的文化气息的纯粹的韩国式生活

---

① 郑成宏：《"韩流"和"汉潮"学术研讨会综述》，《韩国研究论丛》2003 年第 10 辑。
② 朴光海：《"韩流"在中国的波及与影响》，《当代韩国》2003 年第 1 期。
③ 郑贞淑：《"韩流"的影响与展望》，《当代韩国》2005 年第 3 期。
④ 孙雪岩：《"韩流"探源——解读韩国的融合文化》，《聊城大学学报》（社会科学版）2009 年第 1 期。

方式在国内掀起的新的流行风潮①。总体来说,"韩流"既有其文化内涵,又包括种种文化类型及生活方式,本文正是在这一范畴中使用"韩流"一词。

其次,本研究是在对前期研究成果总结和反思的基础上进行。民众是流行文化的主要承受者,但不具备良好的分辨力和批判性,往往是不加分析的接受。媒体关注的多是"韩流"现象本身的热度及"韩流"引发的市场效应,如自"韩流"出现之始,中国民间影响较大的《环球时报》和《南方周末》都对当时的韩风热潮进行过直观报道,促发了"韩流"走向大众。学界曾经对"韩流"的各种现象进行过细致的考察,对"韩流"产生的原因也进行过多方面的探寻,对"韩流"的利弊都有过思考和批判。近年来,由于政府对文化产业的强调,学者界更多集中于"韩流"对于中国文学产业及文化对外传播的启示,试图借鉴韩国经验,期望推动中国本土文化的新发展和对外传播。纵观研究之历程,我们也发现,或许某些时候,学术研究也成为媒体的共谋者,缺乏独立思考的能力。本文有对前期研究之研究,希望通过对"韩流"研究历程的追寻再次回望"韩流"之发展,试图发现研究中出现的问题。

最后,通过研究本文想得到的结论是什么?近 20 年来,"韩流"以发达的经济为背景渐呈强势,实现了中、韩之间文化的竞争性输出与反馈,处于全球化漩涡中的中国感受到作为韩国强势文化代表的流行文化的热力。作为具有深厚文化传统的大国,中国的经济在高速发展,但如何发展本土文化,并使中国文化在全球文化中具有巨大竞争力是一个重要问题,也是一个难题。本文研究的目的不是要单纯地得出结论,而是要提供一份翔实的资料,把"韩流"20 年的发展历程及传播策略展示出来,对"韩流"研究做一梳理,以期发现问题,提出问题。

本研究在上述三个前提下展开对大陆"韩流"现象的审视。

二 研究对象与研究方法

本文把中国内地的"韩流"现象和对"韩流"的研究作为主体考察对象,对其在中国的发展和研究做一整体观察,参考对象是中文期刊网上收录

---

① 仰滢:《"韩流"现象探析》,《青年探索》2002 年第 6 期。

的讨论"韩流"的各类文章，共 512 篇。因为中国"韩流"研究涉及面非常广，从影视、音乐，到数码、汽车、服饰、武术、医学、教育等，本文从中筛选了数篇偏重于影视、音乐等艺术范畴研究的文章作为重心，研究成果以中国学者的论文为主，包括少量发表在中国学术期刊中的韩国学者的论文。

研究方法既有对"韩流"这一现象的本体研究，亦有对大陆"韩流"研究之研究。首先通过对大陆"韩流"现象进行分析，追寻其研究历程，以寻找现有"韩流"的传播策略，继而集中关注媒体、学界、民间及政府对"韩流"的态度与反应变化，在此过程中对"韩流"现象进行反思，最终试图寻求中韩两国文化相互交流及共同发展的新的生长点。

三 "韩流"研究史

由于"韩流"是流行文化，出于中国大陆流行文化研究本身的边缘性，"韩流"研究的学术性并不是特别强，那些所谓的学术期刊（更毋论核心期刊）没有太多关于"韩流"的研究。2002 年《文艺理论与批评》、2007 年《文艺争鸣》曾经分别刊登过一篇介绍"韩流"的文章，一些重要的学术期刊《当代韩国》《中国青年研究》《韩国研究论丛》《电影评介》《音乐世界》等发表过系统集中的"韩流"研究，但大多数研究都散见于各学科——电脑、数字、医学、服装、针织、汽车、体育、教育等期刊中，这正好可以反证出"韩流"的范围之广。根据研究内容，大陆的"韩流"研究基本划分为四类：现象研究、影响研究、批判研究、对策研究。

现象研究是指对"韩流"本体、内涵和类型的研究。韩国文化集结亮相大陆后，媒体很快把其称为"韩流"，不同学科都使用这个概念，对"韩流"中的影视、音乐、明星制度、动画、街舞、服饰、旅游、饮食、电子游戏、整容等类型进行分别具体的追寻，对"韩流"的概念加以辨析，根据其涉猎的范畴对"韩流"做了分类，并试图预测"韩流"的未来。

对于"韩流"的具体内涵的诠释没有太多观点的碰撞，只是考察角度的差异。如有的"从批判的视角来看，'韩流'可以说成是美国文化的支流"[①]；有的则从青少年的接受性上，提出"'韩流'就是浸透着韩国特有

---

① 李相勋：《作为一种融合文化的"韩流"及其人文学研究的可能性》，《当代韩国》2004 年第 1 期。

文化气息的纯粹的韩国式生活方式在国内青少年中掀起的新的流行风潮。'韩流'作为社会、经济变革时期的独特文化现象,是对青少年流行文化的一次重新注释"①;而有人从亚洲的共同发展角度认为"'韩流'是亚洲人之间共享的、自产的、可以输出的亚洲文化商品。换句话说,'韩流'是亚洲自我观察、自我理解,从中将能寻求亚洲整体性动机的事件"②;有人则更具体地从其产品内容上提出"所谓'韩流'是指,韩国的大众文化商品在以中国、日本等东亚地区被部分阶层所接受并成为一股流行的现象"③。

从一开始,对"韩流"的乐观展望和悲观预想就交织在一起。在21世纪初,"韩流"方兴未艾之际,很多学者都曾以流行文化的特性宣告"韩流"即将终结:"韩流毕竟是潮流,悲剧也好,喜剧也好,它和港台电视剧一样,就像数学中的抛物线,达到了顶峰就走向下坡。"④ 然而,2005年韩剧异军突起,随之"韩流"越演越烈,开始出现了不同的声音,乐观论者大多是韩国的学者,如韩国西江大学中国文化系副教授提出"在东亚文化市场中,像日流一样,'韩流'完全消亡的可能性很小。东亚文化在韩流、日流、汉风等互相竞争、混合的过程中,将快速形成东亚文化圈,互相复制和借鉴彼此的文化资源而长久地保存下去。正是'韩流'提供了多种文化共存的东亚文化形成的契机,这一点是不容置疑的"⑤。韩国文化观光政策研究院责任研究员郑贞淑认为"韩流"现象提供了一种良好的交流契机,提出建立"东亚文化共同体"的设想⑥。大陆的学者也不再简单地做出"韩流"将没落的论断,而是多转向研究其存在的问题,以及对中国文化发展与传播的启示,还扩展了研究视野,开始关注其他国家中的"韩流"研究,如《浅析阿拉伯世界的"韩流"》,关注到"韩流"的新发展,再如《网络中的"韩流"》敏锐地发现通过网络媒体,"韩流"的生命力再次得到延续。

---

① 仰滢:《"韩流":又一种追星的新范式》,《中国青年研究》2004年第1期。
② 郑贞淑:《"韩流"的影响与展望》,《当代韩国》2005年第3期。
③ 朱芹:《"韩流"与文化软实力——以〈大长今〉等韩剧为中心》,《韩国研究论丛》2006年第13辑。
④ 詹海玉:《韩流来袭:从〈天国的阶梯〉的审美多元化说起》,《电影评介》2007年第15期。
⑤ 李旭渊:《中国大众文化流变中的"韩流"》,《当代韩国》2007年第3期。
⑥ 郑贞淑:《"韩流"的影响与展望》,《当代韩国》2005年第3期。

影响研究是对"韩流"在大陆影响力的研究。伴随着"韩流"在各个层面的扩展，学界业已承认"韩流"在社会学、经济学、心理学、政治学、艺术学、教育学等人文学科上都对中国当代社会产生了一定的影响。核心内容有两个，一是讨论韩流作为流行文化的社会影响，如对日常生活方式、思维方式、消费方式的影响，其影响人群主要集中在青少年与大学生中，这种影响的前提是承认"韩流"对中国青少年的人生价值观、伦理道德观、理想成才观及生活方式确实产生广泛而深刻的影响。[①] 影响具有积极和负面的两面性，积极的方面集中在"韩流"对传统文化的传播及现代观念的表达，这种表达带来青少年对传统文化的关注以及文化观念的更新；而负面的影响则是对其视觉享受、世俗性和功利性、对中国本土文化的冲击及韩剧里太过强调政治性的内容等方面表示了忧虑，怕其对青少年有所误导。[②] 另一核心则是"韩流"中的各种类型对中国相应的文化类型的行业发展的影响，如对当代中国流行音乐的推动、影视剧的冲击，对旅游文化、服饰文化、武术文化的影响等。学界普遍认为在韩流的影响下，中国滋生了偶像剧创作、载歌载舞的音乐流行形态及精致化的服饰追求。

批判研究不是指简单地批评，而是指对"韩流"产生的原因进行探源，对"韩流"的冷静思考和批判，以及由"韩流"得到的启示。透过现象，关注影响之后，留给研究者更重要的任务是在"韩流"的巨大影响中冷静思考，虽然无法拒绝，但也不能全盘接受，而是需要借鉴韩国经验，对"韩流"批判地接受并获得启示，推动中国本土文化的发展，提高中国文化对外传播的竞争力。几乎所有探讨"韩流"的文章都多少对"韩流"形成的原因有所探寻，切入角度有历史、文化产业、社会背景、心理等。总结的原因如下：（1）文化全球性的影响；（2）两国文化的同质性；（3）中国文化的包容性；（4）中韩两国的历史渊源及地域优势；（5）韩国文化的杂柔性及独特民族性；（6）"韩流"涉及娱乐手段的相对丰富性和表现方式的连贯性；（7）当代中国对时尚的需求；（8）强势经济带来强势文化；（9）韩国政府、民间及企业对文化产业的积极扶持，等等。

既然"韩流"的发展有其必然性，那么就蕴含着值得学习的经验，对中国文化发展应当有启示性。这一研究主要集中在三个方面。一是对影视

---

① 何新：《论"韩流"对当代中国社会文化发展的影响》，《作家杂志》2010 年第 24 期。
② 王文雅：《"韩流"对中国青少年影响研究综述》，《北京教育》2010 年第 3 期。

剧和娱乐业发展的启示。关注此问题的学者大多认可"韩国影视剧情感表达真实，表演风格细致，画面唯美，蕴含深厚的东方文化的底蕴"[1]，崇尚"韩流"是"中国传统文化以一种特殊的方式重新回归中国社会的侧面反映，是中国人对自己传统文化的一种深深的致意"[2]。而中国电视剧的内容则"不是帝王将相就是权场博弈，不是商战风云就是警匪拼杀，不是婚恋变故就是多角恋情，中国的传统文化与美德在中国人自己的影视里看不到"[3]；而且商品化程度低，国际市场化不明显；浪费大、雷同多、"拿来主义"不绝；中国传统文化挖掘不充分，创作低俗；政府、企业、传媒机构措施不完善，重视不够[4]，所以需要学习的不是其形式，而要"生产带着人间烟火的让人哭让人笑的情感产品，需要对市场的尊重"[5]，"需要找到能够宣扬民族精神的坐标，把文化与影视良好结合在一起"[6]，具体来说需要"（1）回归现实，矫正文化失根现象；（2）充分重视观众的深层次需求，满足观众；（3）处理好电视剧文本长度与节奏的关系，加强美感效果；（4）相关的政策扶持"[7]，等等，这些启示都来自于韩剧的创作经验。

二是对发展文化产业及跨文化传播的启示。关注这一问题的学者认识到韩国政府支持、企业投资、民间运作，官商民协力为韩国文化产业打造了有利的国内和国际环境，从而将韩国文化和价值观不知不觉地渗透到受众的心里，构成了不可估量的文化软实力[8]。中国的文化虽然源远流长，但文化产业刚刚起步，对外影响力亟待提高。依据"韩流"经验，中国学者提出了一些较有可行性的提议，如充分发掘利用传统文化资源，打造中国文化精品；加强中国传媒事业发展，促进文化对外输出；融合东西方文化，掀起建设性文化清风；采取有力措施保护文化产业的发展；文化输出的政

---

[1] 任天华：《"韩流"飒飒，切莫等闲看冷暖——韩剧在中国"走红"带来的思考》，《理论与创作》2005年第4期。
[2] 周琰：《从影视"韩流"中看中国传统文化的回归》，《美与时代》2006年第6期。
[3] 晋爱荣：《在沉潜的反思中勃发——由"韩流"现象反观国产影视》，《电影评介》2007年第18期。
[4] 汪莹、毛永亮：《浅析"韩流"涌动下的中国影视》，《甘肃农业》2006年第3期。
[5] 李超：《关于国产电影：在"韩流"中的思考》，《枣庄学院学报》2006年第1期。
[6] 宋婧：《影视传播与文化输出的辩证思考——以"韩流"在我国的风行为例》，《陕西教育》2010年第Z1期。
[7] 潘宁：《"韩流"之下，中国电视剧路在何方》，《传媒观察》2009年第6期。
[8] 朱芹：《"韩流"与文化软实力——以〈大长今〉等韩剧为中心》，《韩国研究论丛》2006年第13期。

策支持与保护，适度包装，等等。

"韩流"势不可挡，媒体喧哗一片，大众坦然接受，警醒者开始面对"韩流"进行更深层面的思考，也出现了抵制"韩流"的声音。有学者认识到"任何文化在消闲娱乐、排愁遣闷的背后都是一种推行意识形态的工具"，从某些韩剧中挖掘出暗地里歪曲历史的事实，产生了"韩流"是精神侵略还是文化融合的疑问①，有学者提出警惕因文化侵略导致经济侵略的忧虑②，呼吁"有关部门应该高瞻远瞩，控制韩剧的引进和播放。如果毫无危机意识继续大肆引进韩剧，有可能会损害到国家利益"③。这种论断似乎显得耸人听闻，但在强势的外来文化面前，抵制固然不可取，但盲目学习同样不可行。我们不仅要反思中国当下的文化发展存在什么问题，而且也要有能力认识到"韩流"里面存在什么问题，我们既要学习"韩流"经验的精华，又要弃其糟粕。

对策研究则是从理论层面转向实践层面，制定切实可行的应对策略。由于各界警醒者的呼吁，从 2005 年开始，中国政府开始对"韩流"进行了一些"限制"，以中国中央电视台为首的中国许多电视台减少了韩剧播放时间，但仅仅依靠政府显然远远不够。学界在实践层面的对策研究尚处于探索阶段，并没有太多有益的建议，要么是直接照搬韩国经验，要求政府制定相当有效的文化政策，鼓励、扶持原创艺术的发展，进而增强文化产业发展的后劲，进一步完善进口影视剧配额制度，严格限制外来影视产品进口的比例④；要么以呼吁和口号为主，代表性的语言是"借鉴韩国文化产业发展的成功经验，对包括'韩流'在内的各种亚文化进行正确引导和有效整合"，"大力开拓、改造和创新主导文化，促进我国文化产业的发展"⑤，等等，并不具有可实践性和可行性。

四　"韩流"类型及传播策略

"韩流"的出现与世界范围内伴随着现代工业社会乃至后工业社会而

---

① 张东良：《韩流来袭，是精神侵略还是文化融合？》，《精武》2007 年第 4 期。
② 陆高峰：《警惕"韩流"文化入侵》，《声屏世界》2007 年第 6 期。
③ 贾小霞：《浅谈韩流的文化侵略》，《科学之友》2010 年第 21 期。
④ 刘艳红：《韩国影视剧对中国文化传播的影响》，《新闻爱好者》2006 年第 4 期。
⑤ 郑小红：《"韩流"成因及对我国青少年的影响》，《中国青年研究》2008 年第 2 期。

生的大众文化、实用哲学、享乐主义与消费主义的文化潮流不无关联。但韩国文化的崛起，亦在于它对自身文化很好的整合更新，对传统文化取其精华弃其糟粕的处理，并且善于运用现代手段，丰富韩国文化类型，使其发展成产业，从而使得文化的生命力得以体现和延展。我们承认"韩流"在中国无处不在，并意识到"韩流"成为一种深入大众日常生活的消费，那么"韩流"到底有哪些类型被我们日常所消费？哪些类型只能流行一时？哪些类型可能一直流行下去？对"韩流"类型的研究亦是对"韩流"发展历程的回顾和传播策略的观察。

（一）电视剧

不管"韩流"是不是发源于韩剧，我们都得承认首先进入大陆的韩流文化载体是电视剧。从1993年没有任何反响的《嫉妒》，到1997年终于勾勒出"韩风"特色的《爱情是什么》，再到2005年引起大陆影视圈喧哗的《大长今》，时至今日，从电视台到网络，韩剧时时刻刻充斥着我们的生活，是"韩流"的中坚力量。家庭剧和青春偶像剧是在中国影响最大的两类剧种，家庭剧《澡堂家的男人们》《看了又看》《人鱼小姐》《妻子的诱惑》在中央电视台影视频道多次播放，都是不得不提及的经典；而青春偶像剧《浪漫满屋》《我的名字叫金三顺》《花样男子》《我的女孩》，历史剧《大长今》都曾经占据各个电视台的黄金时段，湖南卫视的金鹰独播剧场凭借韩剧多次荣获收视冠军。由于韩剧的影响力，中国甚至翻拍了多部韩国偶像剧，如根据韩剧《悲伤恋歌》拍摄的《像风一样的日子》，根据《情定大饭店》拍摄的《偏偏爱上你》等。

2006年，电视台减少了韩剧播放时段后，韩剧并没有因此没落，它搭乘网络媒体之强势，甚至能够和韩国电视剧同步播出。某种程度上，韩剧成为各类视频网站点击率的保障之一，而海外网络点击率也成为韩国本土考察韩剧的重要指标之一。如2011年的韩剧《恶作剧之吻》在韩国本土的收视率很低，但因为在海外的高点击率，金贤重成为韩国最炙手可热的艺人，李敏镐也凭借网络收视冠军《城市猎人》一跃进入一流韩星行列。《原来是美男啊》《成均馆绯闻》《城市猎人》《树大根深》《月亮抱着太阳》都是中国视频网站票房冠军，这正是"韩流"至今不退的重要原因。

（二）流行音乐

流行音乐是韩剧之外最受关注的"韩流"类型之一。韩国流行音乐有力地助推了"韩流"的涌动，不仅仅因为引发"韩流"的最早样式可能是音乐，而且目前由韩国带来的热歌劲舞的音乐方式，已经成为一个新的流行坐标。1999 年，中国中央电视台（CCTV）和韩国广播公司（KBS）推出中韩歌会，至今已经举办 16 届，由于中央电视台在中国的影响力，中韩歌会成为推动"韩流"流行音乐热潮的主力。韩方的当红艺人和最新的音乐形式都被中韩歌会带到中国，中韩歌会上出现的艺人，如安在旭、神话、HOT、蔡妍、安七炫、李贞贤、FINKL、赵成模、宝儿、李承哲、金桢勋、东方神起、少女时代、2PM、SJ-M、kara、SHINee、f（x）、C. N. Blue、T-ara、2NE1、U-Kiss、sistar 等，都是韩国当年崛起的歌坛新势力的展示，同时有力地推动了韩国的明星效应。近年来，韩国当红组合如神话、东方神起、SHINee 都在中国举办过成功的演唱会，从人数和场面可以看出韩国音乐在中国的影响之大。

湖南卫视的综艺节目则是另一个推动"韩流"的主力。在全国有较高收视率的综艺节目《快乐大本营》《天天向上》《舞动奇迹》等节目数次邀请韩国艺人来中国出演，蔡妍、简美妍、Super junior 一度成为节目的固定嘉宾，近期最当红的李敏镐、张根锡等都被邀请到中国。网络是另一个推动韩国音乐的重要通道。HOT、Super junior、Rain、东方神起等在中国都拥有粉丝网站，甚至较少在中国媒体出现的 Bigbang、C. N. Blue、少女时代等都有众多中国粉丝。

（三）电影

近年来，韩国电影在世界上的地位有了很大提高，其大众影响力虽然比不上韩剧，但已经紧随美国电影大片在中国占据了一定位置。2001 年，《我的野蛮女友》和《我的老婆是大佬》开启了韩国电影的中国征途，使得从未主演韩剧的全智贤在中国家喻户晓，这两部电影的女性角色颠覆了韩剧中温柔贤淑的传统形象，刮起了一股轻松调皮的"野蛮"之风。2004 年的《太极旗飘扬》则让中国观众见识了韩国电影的厚重，同年的电影《那小子真帅》《狼的诱惑》则以青春的感伤与情感的真挚征服了中国观众。2005 年，《王的男人》刷新了韩国本土的观影记录，也在中国红了李俊基。总体来说，中国电影院中的韩国电影份额不算多，但网络上"日韩电影"成为和华语电影、欧美电影并列的三大种类之一，打开日韩电影的界面，在推荐电影中，韩国电影又占据了绝对的优势。

相对来说，韩国电影节奏缓慢但人情味十足，和韩剧一样，多关注爱情、亲情和友情，在中国影响较大的电影大多以此风格见长。如《八月照相馆》《蹦极》《恋风恋歌》《触不到的恋人》《爱有天意》等以其轻灵、稍带感伤的独特韵味吸引着中国观众。

（四）明星

伴随着韩国影视剧、韩国流行音乐的热度，韩国明星也成为一种重要而且独立的文化产品。根据韩国某经济研究院调查，裴勇俊及其主演的电视剧《冬季恋歌》的热潮效应带动了韩国旅游15%的增长，为韩国和日本带来的经济效益超过了2.3万亿韩元。虽然在市场巨大的大陆没有一个韩国明星能够达到这样的效应，但"韩星"的标签也使得明星消费成为一种重要的"韩流"。对于稍有"韩流"经验的中国观众来说，每个人的心目中都会有几张熟悉的韩国明星面孔。在韩国颇有号召力的明星如张东健、金喜善、全智贤、宋慧乔、金素妍等都曾经在中国主演或参演电影，或接拍广告。张娜拉在韩国综艺节目中那句"只要没钱了，就到中国去"的惊人之语，引发了中国一些青年人对她的抵制，但她却是一语道破了韩国影视明星的心声，中国已经成为韩国文化倾销的一个重要目标。韩国人以在海外影响大的"韩流"明星为荣，"韩流"明星本身又有强烈的民族意识，海外市场的拓宽在某种程度上要依托韩国的明星加大宣传力度，所以，韩国的明星宣传策略不遗余力。

韩国的演艺圈生存现状非常残酷，这从近年来韩国娱乐圈不断出现的自杀事件、性丑闻可以看出，并且由于韩国市场的局限性，韩国明星生存空间小，生存时段短，出道年龄小，江山代有才人出，向外发展显然是明星自身发展的重要出路之一。安在旭、车仁表、张娜拉、蔡妍、简美妍等都选择在韩国演艺事业下降的时候来到大陆拍电视剧或出演综艺节目，然后再次转战韩国。韩国的一些二流、三流明星已经把中国大陆当成了演艺生涯的主战场，比如多次在中国大陆主演电视剧的秋瓷炫、李承铉，在韩国本土并没有太高人气。针对富有潜力的中国市场，韩国娱乐公司开始吸纳中国歌手加入，发行中文歌曲，比如韩国最大的娱乐公司SM公司专门面对中国市场成立组合 Super junior-M，里面有三个华裔成员，一时在中国势不可挡。虽然这个组合因为中国成员之一韩庚的退出而解体，但韩庚回到中国发展仍然借助的是曾经作为"韩流"明星的余热。

（五）服饰

借助韩国影视（主要是韩国现代都市剧）的影响及"韩流"明星的展示，服饰成为"韩流"的另一主力军，"韩版"已经成为当前服饰时尚的风尚标。现代时装剧把韩国最新的时尚带入中国，通过剧中人物的装扮、环境和场景的描写，服饰成为时装剧的主要看点之一，如《浪漫满屋》中宋慧乔的服饰以衬衫、运动短裙为主，但她的衬衫少了中规中矩，一个随意系在腰间的蝴蝶结，一串叮叮当当响个不停的珠链，呈现出俏皮可爱的风格。韩剧《宫》则走淑女路线，从尹恩惠的发饰到服装都精致优雅。

韩国女性服饰注重整体简单流畅合体的线条，但又特别重视细节的装饰和颜色的搭配，或"可爱"，或"淑女"，或"熟女"，自成风格；配合着韩国"花美男"概念的推出，韩国男性服饰一反呆板单调的色彩和过于硬朗的样式，加入更多的色彩元素，整体设计也更符合人体的美感，强调男性的刚柔并济。如今中国商场已经入驻很多韩国品牌的衣服，即使中国本土品牌也有很多需要依托韩式风格。

（六）旅游

韩国面积只有 9.96 万平方公里，可开发的旅游资源并不雄厚，但韩国善于利用文化资源，一部韩剧的热播就能促生一些热门景点。以韩国影视剧为依托，影视旅游成为韩国旅游的热点和一大特色。据韩国官方统计，在《大长今》的效应下，到韩国旅游的外国游客增加了 15%。另一方面，旅游和购物相生相长，服饰、化妆品、美容都成为促发韩国旅游的重要吸引元素。

（七）饮食

客观来说，韩国饮食种类并不丰富，借助《大长今》中以药膳和营养为主的饮食观念，韩餐厅在中国铺天盖地。韩国泡菜、韩国烤肉、韩式酱汤能在中国这个泱泱饮食大国占据一定地位，似乎应该是一件奇怪的事情，但韩餐厅以其民族特色，以及借助于"韩流"的力度，能够保持相当高的上座率。

（八）其他类型

汽车、洗衣机、电视机、手机等电子产品的消费，三星、现代都已经成为在中国销量很高的品牌；化妆品和整容业消费等，韩国视整容为正常，媒体经常披露韩国明星多是人造明星，正好宣传了其化妆和整容事业。

通过对各种"韩流"类型的研究，我们可以从中总结出韩国文化形成"韩流"，并较成功开展对外传播的策略。

（1）通过韩剧、电影及音乐等直观视听觉快感的带动，把韩国的生活方式、服饰、饮食甚至价值观念带入中国，潜移默化地渗透到中国人的生活中。

（2）利用较成熟的演艺制度，通过完美的包装和宣传，用不同的演艺方式介入中国市场，推出"韩流"明星，带动"韩流"的市场占有率。

（3）培植中国艺人进入韩国演艺圈，曲线影响中国市场。

（4）充分利用各种传媒手段进行宣传，先占据中国的电视台、平面媒体，继而把网络作为保持"韩流"的主要阵地，资源多方整合。

（5）在华投资本土化，去韩国品牌的民族性，增强其国际化色彩。

（6）政府和各界的通力合作。"韩流显然是闪现着经济影子，而不光是文化时尚的变迁"①。韩国政府、企业和民间群策群力，把"韩流"的广义概念扩大到了韩国流行品牌和所有带有文化烙印的商品，使"韩流"成为一种文化产业。

五　中国对"韩流"的态度与策略

通过"韩流"，韩国试图塑造正面的国家形象。与欧美文化相比，韩国文化与中国文化有更多同质性；与日本文化相比，韩国和中国的历史渊源使得韩国正面形象更容易确立。但各国抵制"韩流"的声音却一直存在，如日本民间曾发起抵制"韩流"的强风，2003 年出版《嫌"韩流"》的漫画，2011 年日本民众自发举行抵制"韩流"的游行示威，产生了较大

---

① 马相武、田园：《韩流的背后是什么》，《中国社会导刊》2001 年第 7 期。

的影响。对于"韩流",中国官方、媒体、民间及学界的态度都很复杂。韩国面积远远小于中国,且与中国文化同根,但在现代文化交流中占据了强势一方,不得不引起中国各界的关注、警醒及思考,甚至抵制——这种抵制可能是深入思考后的反弹,也可能是不自信的结果。

中国对"韩流"抵制的声音在民间一直存在,但反响并不大。较早而且颇有影响的应该是2001年传入大陆的台湾音乐人张震岳创作的《韩流来袭》,反思台湾的韩国音乐与"韩流",语言相当激进:"奇怪!为什么韩国音乐你会买,还不是一样是那个听不懂的屎,我最近动不动就感冒流鼻涕,因为三不五时就有韩流来袭。"之后,发生了2002年世界杯、端午节事件、长白山领土问题等历史问题和文化纠纷,韩国泡菜被验出寄生虫等贸易纠纷,《朱蒙》《渊盖苏文》《大祚荣》《太王四神记》等韩国古装剧和《该隐与亚伯》《花样男子》等现代剧对中国的不实描写,及媒体上出现的一些韩国学者把中国发明或者地域归于韩国的假新闻,中国民间越来越多的年轻人对韩国表现出厌恶和蔑视情绪,如天涯等大论坛集结了一些抵制"韩流"的发帖者。2005年,大陆演员张国立批评"韩流"使中国大陆演艺界受到冲击,建议政府以强硬手段击退"韩流",被中国各大媒体所报道,抵制"韩流"才被更多人关注。官方开始重新制定外来文化政策,学者也发出了警惕"韩流"文化侵略的声音。本章节主要以影视剧为例,探讨近年来中国官方、媒体、学界及民间对"韩流"的态度及对策。

(一)政府

在中国,广电总局负责对引进境外影视剧的总量、题材和产地进行调控和规划,对韩剧的播出时间近年来有所调整。2004年6月15日,广电总局出台《境外电视节目引进、播出管理规定》,要求各电视频道每天播出的境外影视剧不得超过该频道当天影视剧总播出时间的25%,每天播出的其他境外电视节目不得超过该频道当天总播出时间的15%。而且未经广电总局批准,不得在黄金时段(19时至22时)播出境外影视剧,韩剧的播出受到限制。2006年初公布了缩减韩国电视剧播出次数的政策。2012年2月9日,广电总局下发《关于进一步加强和改进境外影视剧引进和播出管理的通知》,把境外影视剧的播出不能超过黄金时间(18时至22时)的15%改为不得播出。近几年,中国中央电视台已经较少播放韩剧。

引进数量也进行了控制。2005年,中宣部、文化部、广电总局、新闻出版总署、商务部、海关总署等六部门联合下发了《关于加强文化产品进口管理的办法》,提出加强和改进文化产品进口的管理,切实保护知识产权,提高对外开放水平,维护国家文化安全。《办法》加强了引进电视剧、动画片及电视节目的内容审查和总量控制,严禁非法引进、盗版播放和网上非法传播。国家广电总局在网站上公布2005~2006年前三个季度的引进剧发行许可证情况的通告,引进的韩剧仅为上年度同期的46%。官方对电视台的严格控制、网络的严格管理,以及韩剧自身引进价格的高涨导致近几年中国一直减少对韩剧的引进。

(二) 媒体

媒体作为传播信息的媒介,在引领大众时尚上承担着重要角色。中国和韩国媒体共同促发并推进了中国"韩流"的盛行。

在"韩流"崭露头角之时,媒体就敏锐地关注到这一事件,进行了大篇幅的报道。当时中国民间影响最大的北京的《环球时报》和广州的《南方周末》,都对当时的韩风热潮做了大篇幅报道。"韩流"席卷中国后,在中国很快就出现了专门播放韩国音乐及介绍韩国文化、风情和传统习俗的广播电视节目。1999年,"汉城音乐厅"由韩国公演企划公司"Media Plus"和中方共同制作推出,专门介绍韩国流行音乐,这是在中国播出的唯一的正式由外方制作的节目,一直延续到2005年12月。2001年7月22日,中央人民广播电台推出"聆听韩国",不仅推介韩国最新流行音乐节目,还对韩国著名歌星、韩国十佳流行歌曲排行榜、韩国文化、最新韩国动态等进行全面介绍。2006年,纸质媒体中出现《哈韩 girl》《韩日风尚》等以"韩流"为卖点的杂志,回顾近几年来的中国杂志史,还没有为一个国家的文化现象这样集中地出过专门杂志。网络媒体大多设立了韩娱专栏,如"四大门户"网站之一的搜狐首页上就有韩娱专栏,介绍韩国最新的电影、电视、音乐及明星信息,PPTV也设有韩娱专栏。专门性网站则有网络韩国、韩流来袭、韩流频道、感受韩流、韩流在线等。

媒体作为关注社会及文化现象的主要载体,也关注到不同的声音,亦发出了不同的声音。2002年6月12日,《解放日报》曾就当前的这种"哈"现象刊登过批评文章,指出作为肩挑文化熏陶、舆论导向重任的大众传播媒体应负起用健康文化对青少年进行正确引导的责任,不能跟着

"哈"来"哈"去地做媚俗文章。2005年10月10日,《沈阳今报》发文《我们需要抵抗"韩流"吗?》,刊载了存在于影视界、民间及学界的不同声音,力图客观看"韩流",但从"支持国产电视剧当然没错,但我们需要抵抗'韩流'吗?"的质问,可以看出它对抵制"韩流"仍然不以为然。2005年10月11日,《南方都市报》发表香港媒体人梁文道的文章《抵制韩流与消费型民族主义》,批评大陆影视圈对"韩流"的抵制风,认为这只不过是中国商人们促销的借口,把其称为"消费型民族主义"。2006年《新民周刊》有过《〈X-Man〉贬低了中国人》等持续批评韩国与"韩流"的时事报道,但这种声音很快都被媒体的追新和追热之风所掩盖。

总体来看,媒体是推动中国"韩流"热潮的主力,虽然传达了大量信息,但显然缺乏对"韩流"的反思。

(三) 学界

学界的力量集中于各大学或科研机构之中,体现在学者发表的学术文章中。

1992年中韩建交之际,很多高校和科研机构就成立了韩国研究中心。如当年10月成立的复旦大学韩国研究中心,之后发展成为以复旦大学历史、经济、哲学、政治、新闻、社会学、国际关系等学科的研究人员为主,兼有上海社会科学院、上海档案馆、上海国际问题研究所、上海和平与发展研究所、华东师范大学、上海外国语大学、上海行政学院等单位的研究人员参加的研究基地。同年浙江省社会科学院成立了韩国研究中心,山东大学成立韩国研究中心。1993年5月,中国社会科学院韩国研究中心成立,9月,"北京大学朝鲜历史文化研究所"更名为"韩国学研究中心",等等。韩国历史、文化、政治、经济和语言文学等方面都纳入学术研究之中。

学界对"韩流"的态度有一个发展过程。最初,对其出现不能理解,认为"其文化传统不如中国深厚,其经济实力逊于日本。在影视方面对世界的影响曾经落后中国的台湾、香港地区很多年"[1],所以提出这种流行文化很快会消亡。但随着韩国影视异军突起,电影赢得世界关注,电视剧渗透亚洲每一个国家,终于承认"韩国经济创造了'亚洲奇迹',打造了韩

---

[1] 刘原:《在"韩流"的背后——解读韩国电视剧》,《当代电视》2004年第5期。

剧、韩国烧烤、三星手机、现代汽车等一个个世界驰名的品牌"①,"韩流"现象纳入学界的研究视野。以韩剧为例,学界对于韩剧的制作、播出方式,韩剧的内容和形式,韩剧宣扬的价值观念都进行了肯定,对韩剧创作模式化、情节空洞化、结局团圆化、人物理想化等缺陷也予以揭示,进一步提出对韩国文化要"理智地对待,做批判性的扬弃,才能在韩风日劲的今天,守住中国民族传统文化的根"②。

总体来说,学界能够较冷静和辩证地看待"韩流",既对其精华进行肯定,也有适当地反思和批判。

(四)民间

"韩流"的受众多集中在青少年群体,相对于前三者来说,这一群体的态度形成了两个极端。拥"韩流"者大有人在,形成"哈韩"集中营,有众多"韩流"的疯狂拥护者;而反"韩流"者主要集结在互联网上的各大论坛和 BLOG 中,态度激烈。本文特意引证了一些网友的帖子作为例证。

2005 年,天涯论坛上发表帖子《中国严正拒绝"韩流"》,质问"韩国有中国的谋略大典吗?有《孙子兵法》,有'上兵伐谋'的伟大思想吗?没有,有也是从古代中国进口的。韩国有《吴子》《太公兵法》、六韬三略吗?韩国有老子、庄子、孔、孟等人物吗?韩国有毛泽东、周恩来、邓小平这些能屈能伸、大起大落、臻化于谋略和全才的伟人吗?韩国没有。韩国有的是政党政治的倾轧和由此造就的领导人"③。以此为根据,强烈反对"韩流"。

湖南师范大学新闻与传播学院的曾锐、唐运贵在中财论坛上发文《致广大家长、广大作者与广大青少年读者书》,批评"'韩流'小说都有一个固定的模式,即使稍有变化,也是百变不离其宗,生活的残酷在'韩流'小说当中绝无体现,可以说'韩流'小说归属于'鸳鸯蝴蝶派',尽是风花雪月场景,使得大多数读者不再懂得居安思危,以为现实跟小说当中描写的一般美好,然而当读者猛然遭遇到现实生活的残酷的时候,他们就会不堪一击,于是意志便开始消沉,对生活失去信心,成日如同在梦里一

---

① 蒋晓鸥:《在韩国感受"韩流"》,《江淮》2008 年第 1 期。
② 郑媛媛:《探析韩流来袭——以中韩历史渊源为视角》,《才智》2011 年第 24 期。
③ 天涯社区 > 天涯论坛 > 国际观察 > 亚洲论坛, http://www.tianya.cn/publicforum/Content/worldlook/1/60362.shtml。

般。因此，迷恋低俗韩流文化就如同吸食鸦片，产生的严重后果简直令人毛骨悚然"①。但这种批评显然有点偏激，因为这是所有通俗小说的通病，而非"韩流"小说独具的特色。

"韩流"反对者不仅仅批判"韩流"，也对中国媒体盲目追风进行批判："到目前来看，这一切恐怕都是敏感的韩国人自己在编导的一幕'韩流'和'反韩流'冲突吧？什么'寒流征服中国'云云，不过是有心人炒起，全国的媒体跟风瞎起哄而已……我只看见棒子们那无知自大的嘴脸，现在又说中国反'韩流'，不过是换一种方式给自己脸上贴金做广告的伎俩。不过，我国传媒没有自我、盲目跟风的现状，真是令人担忧啊！"②

有网友则因为韩国文化发源于中国传统文化，批判"韩国人是靠中华文化的国家，可是竟还不知羞耻地冒充中华文化，从中国取得的文化都说成是他们的，并对中华原汁原味的文化篡改，在韩国影视中，乱编乱造篡改历史的比比皆是！韩国人是靠中国从经济危机中解脱出来的，而韩国反过来对中国进行商品倾销与文化侵略，妄图使中国青年一代对他们产生好感，放松维护国家利益和民族利益的警惕性，这是如此险恶的阴谋"③。

虽然说民间的声音不无偏激，又有一时的义气之争之嫌，但反"韩流"者同样是文化传播的受众，甚至可能成为未来"韩流"发展的重要影响元素之一。吸纳民间批判的声音，并转化不利的因素，不同文化之间的交流才能更进一步发展。

六　对中国文化传播的启示

20世纪90年代以来，全球化成为风行世界的潮流名词，发达国家以市场为先导、以媒介为通道，从单纯的经济传播逐渐成为一种大范围、深层次的文化传播活动，把生活方式、价值观念灌输给传播对象。进入21世纪，文化传播更呈现出单向度特征：发达国家和发达地区是传播的中心源，不仅占据着文化传播的主要位置，而且在传播信息流量上，也占据着绝对优势。

---

① http：//bbs.zhongcai.com/thread-83850-1-1.html.
② http：//lt.cjdby.net/thread-212853-1-1.html.
③ 摘自军方首席发言人博客，http：//blog.sina.com.cn/s/blog_4849c60401000311.html.

建交初期，中国与韩国交流以政府为主导，官民并举，以官为主。随着官方的文化交流计划顺利实行，交流的人数和内容不断增加，现已形成了以政府为主导，多层次、多渠道、形式多样的文化交流关系。但由于韩国对中国文化输入的较多限制，也因为中国文化存在的种种问题，中韩文化呈现出单向度的传播趋势。虽然跨文化传播的双方并不总是战场上绝对的敌手，文化双方在彼此影响中能够互相提升和促进，但强势文化相对的强势地位给弱势文化带来了严重挑战。人们普遍认识到把握文化的话语权是一个国家丰富和发展民族文化的根本，关于文化保护的呼声也在国际领域内不断高涨[1]。

面对来势汹汹的"韩流"，我们既要学习"韩流"经验，又要辩证地看待"韩流"，既不能把"韩流"视为洪水猛兽断然反对，又不能盲目地一味让其送来，关键还是要充分整合本土的文化资源，并加以创新转化，扭转我们在跨文化传播中的不利形势。

（作者单位：北京第二外国语学院国际传播学院）

---

[1] 姜飞：《试析跨文化传播中的几个基本问题——兼与童兵先生商榷》，《新闻大学》2006年第1期。

日本传统文化艺术形式的保护给中国的启示*
——以歌舞伎为例

孙 庚

传统文化与新兴文化，本土文化与外来文化，亨廷顿在《文明的冲突》一书中预言的不同文化间的冲突在当下中国得到了印证。[①] 传统文化所面临的融合与丧失的压力以及不均衡发展等问题受到越来越广泛的关注。从我国传统戏剧当前的困境来看，传统艺术院团的边缘化、传统戏剧形式的传承和发展步履维艰等现状令人心忧。

与此形成鲜明对比的是，已经存在四百多年、作为日本传统文化象征的歌舞伎却依然展现着鲜活的生命力。在日本的现代化进程中，这种传统戏剧形式也曾遭遇过来自社会转型的危机，面对过西方文化的挑战，甚至有过消亡的危险。但是，日本政府及其社会各界经过努力，极力保护传统艺术形式，使得在今天歌舞伎文化依然活跃在舞台上。

歌舞伎的兴衰对于当前我国传统艺术的发展无疑具有颇多借鉴意义。有鉴于此，本文在通过考察现代舞台环境中的歌舞伎现状以及日本对于这种传统戏剧形式保护的基础上，剖析了我国传统艺术院团的现实困境并得到相关启示，以期对我国传统艺术院团的发展提供可资借鉴的经验。

---

* 本文亦为李小牧主持国家社科基金艺术学重大项目"国有表演艺术院团体制改革现状调查与发展路径研究"（批准号为13ZD05）的阶段性成果。
① 〔美〕亨廷顿著《文明的冲突》，周琪等译，新华出版社，2013，第29页。

一 现代舞台环境中的歌舞伎现状

反观日本的传统艺术形式歌舞伎,却呈现另外一番风景。歌舞伎是日本引以为傲的传统戏剧形式,距今已有四百年的历史。直到今天,这种体现了古典艺术之美的日本戏剧形式仍然保持着鲜活的生命力,在日本拥有一定规模且稳定的受众群体。而且,据资料显示(2008),歌舞伎不仅在日本很受欢迎,在中国、美国以及欧洲的许多国家,每年都有例行的歌舞伎表演。[①] 这种盛况的形成,与日本长期以来坚持对歌舞伎文化的推广与保护密不可分。具体来说,歌舞伎作为一种有代表性的日本传统艺术形式,它的推广和保护具有如下几个特色。

(一) 丰富的剧目

日本的歌舞伎剧目有上万种之多,大多已经散佚,目前上演的剧目有200个左右,但每个剧目又包含了数目不一的很多场,全部演出则耗时颇多,所以每次演出时很少演出全本戏,经常是从作品中抽出一个主要场面(即一折子)来演出——歌舞伎座的每场演出共上演三四个折子戏。一折子戏演出一至两个小时,一场演出时间是四至五个小时,日场和夜场的剧目也不同。因此,一天两场要演出六至八部作品。但是,像《假名手本忠臣藏》那样的戏,各场有不同的戏剧内容,现在仍然演出全本。全本的《假名手本忠臣藏》有十一幕,日夜分两场才能演完。由此可见,如此丰富的演出剧目可供众多的歌舞伎爱好者根据自身不同的审美需求进行选择,往往使人有应接不暇的感觉。

(二) 严苛的艺术传承

日本歌舞伎演员极为重视家学渊源,健在的歌舞伎大师无一不是梨园世家。一个年轻演员一旦成名,便有资格承袭他们祖辈的艺名,即自己的本名搁置不用,而以第几代某某的艺名通行于世。如现在的市川团十郎是1673年成名的市川团十郎的第十一代继承人,从江户时代他们世代相袭到

---

① 潘捷:《感悟传统之美》,《日语知识》2008年第7期。

现在已三百多年。① 以演旦角著名的中村歌右卫门，第一代成名于1791年，至今已有二百多年的历史。现在的第六代中村歌右卫门生于1917年，从1932年登台，是当代歌舞伎演员中演技最佳的旦角，在日本是类似于我国的京剧大师梅兰芳的国宝级人物，他1968年被推选为日本徘优协会会长。这些优秀的表演艺术家珍视家族荣誉，对艺术精益求精，在日本成为德艺双馨的典范。无疑，这些歌舞伎世家是日本歌舞伎文化得以传承与发展的灵魂，既把握着歌舞伎的艺术核心，又随着时代的发展使其精益求精。

（三）庞大稳定的受众

当代歌舞伎仍有着庞大的受众群体。例如，歌舞伎大师坂东藤十郎的剧团一个月有25天在演出，每天演出2场，全月50场，累计下来一年观众超过100万人次。虽然歌舞伎演出票价昂贵，但是仅一个剧团一年就可以招揽1万以上人次的观众数目。而每一个歌舞伎世家都是一个艺术院团，② 加之其他的重要演出团体，歌舞伎的国内受众人群可观。再加之很多歌舞伎座都坐落于著名的旅游景点，每天都吸引了众多的国外游客来观看，因此歌舞伎的演出从来都不缺少观众。

（四）演出剧场的完善

歌舞伎文化的长盛不衰与艺术院团拥有完善的演出剧场也不无关系。在东京、京都、名古屋、大阪等大都市中都有专门的歌舞伎座，每年进行常规的歌舞伎演出。现在，东京的歌舞伎座剧场每年演出歌舞伎10个月左右，1966年创建的东京国立剧场每年演出时间也基本一样。在名古屋、京都、大阪等大城市，每年举行一两期公演活动，一期连续演出25天。③ 加上其他比较著名的剧院，如大阪松竹座、京都四条南座等，在日本演出歌舞伎的剧院总共有上千座之多。这些剧场，大都品质优良，演出设施完备。以东京歌舞伎座为例，剧场共设1957个观众席，舞台布置瑰丽华美，

---

① 申非：《日本的歌舞伎》，《日语学习与研究》1981年第1期。
② 姚继中、李洁明：《感悟日本传统之美 华叶之中，宁静之境——歌舞伎》，《日语知识》2009年第7期。
③ 原一平、丛林春：《日本古典剧的现状：在北京中国戏曲学院的演讲》，《戏曲艺术》1999年第4期。

灯光等照明系统是按照话剧、歌剧的高标准设计，里边还有餐厅、咖啡厅，四周陈列着著名画家的作品，剧场周边还有各色美食，各种具有传统意味的珍玩店铺，就像一个主题公园一样。① 这些设施完善的演出剧场不仅充分考虑到了观众的各种需求，并且其本身就有很高的审美价值，为歌舞剧的演出烘托出了高雅脱俗的艺术氛围，使歌舞伎这朵日本艺术之花能以绚丽多彩的方式绽放在舞台之上。

二 日本对歌舞伎文化的保护

日本歌舞伎在面对现代大众文化，如电影、电视剧、流行音乐等艺术形式的冲击时并没有丧失生命力，而是作为日本传统文化的瑰宝保存下来，究其原因，复杂多样。本文总结归纳为以下几个方面。

（一）政府的文化保护政策

日本在保护文化遗产的制度建设方面走在世界前列，具有较高水平。自明治时期建立文物保护制度以来，经过多次的修改和完善，逐步形成了国家、地方公共团体、文物所有者和国民共同保护的良性格局。各方对于文化遗产的保护达成共识，责任明确。

1. 立法保护

日本政府在《文化财产保护法》（1950）中，首次以法律的形式规定了无形文化遗产的范畴，提出了"人间国宝"的理念和认定办法。一经认定后，国家就会拨出可观的专项资金，录制《人间国宝》的艺术资料，保存其作品，资助他（她）传习技艺、培养传人，改善生活和从艺条件。日本文化厅统计指出，迄今艺能方面的"人间国宝"有57名，工艺技术方面有57名，共计114名。② 据了解，日本文化厅年度预算超过1000亿日元，其中10%被用来保护国内重要有形文化财产和重要无形文化财产，而每年为每位"人间国宝"提供的经济补助为200万日元。日本政府不但对"人间国宝"在经济上给予必要的补助，在税收等制度上也给予优惠，同

---

① 张犇：《东京歌舞伎座剧场》，《演艺设备与科技》2008年第3期。
② 人间国宝是指被个别认定的重要无形文化财产的保持者，他们都是在工艺技术上或表演艺术上有绝技、绝艺、绝活儿的老艺人，其精湛技艺受到日本政府的正式肯定，列为传承保护的对象，成为各相关方面的名人、名手。

时赋予他们相当高的社会地位,以激励他们在艺术方面的创新和技艺方面的提高。在歌舞伎大师中有超过十位被认定为"人间国宝",这对于歌舞伎的保护起到了积极的作用。① 这种方式,不仅保护了歌舞伎的现状,而且有益于歌舞伎的传承。

2. 财政支持

在文化遗产的保护方面,政府从财政上给予大力支持,文化厅的预算资金向文化保护倾斜明显,将文化遗产的保护作为行政部门最重要的工作。为对歌舞伎等传统艺术形式的表演进行合理地资助,日本政府实施了新世纪艺术计划和文化振兴基金计划,后该项计划的资助范围又扩大到文化普及读物的出版,建立良好的艺术家培养体制,建设剧场、完善文化基础设施等多项文化事业。这样,提高了文物研究所和大学等研究机构的科研水平,充分调动了地方公共团体、NPO(民间非营利组织)和NGO(非政府组织)的积极性。②

(二) 多渠道的受众培养

1965年,歌舞伎被认定为重要无形文化遗产。与此同时,歌舞伎演员们自发成立了传统歌舞伎保存会。1966年,国立剧场竣工,剧场内设立专门机构培养训练歌舞伎的青年演员。从一开始,他们就不仅进行演员的培训,还把对观众的培养也放在了重要位置。为了培养年轻的受众群体,歌舞伎剧院在中学生中设立了"孩子们的歌舞伎教室",每年夏天在国立剧院为学生们举办"歌舞伎教室"等活动。素养深厚的歌舞伎名演员来到"教室"里为孩子们讲授歌舞伎艺术课程,并演出优秀剧目。③ 这对提升受众群体的审美品位起到了重要作用,稳定的受众群体得以延续。

为了培养青年观众,从80年代开始,艺术院团常常在剧场举办歌舞伎讲座式的演出。在开演前先对剧情、道具和服装等进行解说,甚至在观众面前化妆,这种场合大多上演一些片断或小戏,类似于我国的折子戏。这些不懈的努力提升了观众的兴趣,并且逐步引导观众欣赏到歌舞伎的"门道"。

---

① 古成:《日本非物质文化遗产保护的特色和经验》,http://www.ihchina.cn/inc/detail.jsp?info_id=730。
② 陈俐:《现代化进程中日本对于传统文化的保护政策》,《中国电力教育》2008年第2期。
③ 倪玉:《谈歌舞伎》,《外国问题研究》1984年第1期。

(三) 教育的潜移默化

从基础教育直到高等教育阶段，在人才培养的不同层次均安排有包括歌舞伎在内的传统文化艺术的知识普及课程，使受教育者从小在潜移默化中形成对传统戏剧艺术的文化认同，培养审美品位。当然，这与日本整个社会对于传统文化价值的高度认同密切相关。正是这种对于歌舞伎文化的传承与认同，使艺术院团的观众得以代代传承，这种线性的文化熏陶以家庭为单位。

(四) 大胆的改革创新

歌舞伎从诞生之日起，就注重学习其他艺术门类的精华，并且把其吸收到自己的艺术形式中。加之院团资本化，各艺术院团充分引入市场竞争机制，其中虽有大势所趋的无奈，但结果却形成了良性的竞争机制，优胜劣汰的法则使得各艺术院团都不遗余力地致力于给观众提供最想看的表演，"超级歌舞伎"的诞生就是一个很好的例子。所谓超级歌舞伎，它由日本歌舞伎大师市川猿之助一手促成，把古典歌舞伎的表现手法和富有现代意识的内容融合在一起，速度（Speed）、情节（Story）、视觉性（Speeteale）的"3S"并重，最大限度使观众感受到欣赏戏剧表演的乐趣。具体来说，它是把歌舞伎既有的，诸如悬空术、旋转舞台、机关布景、大场面等表现手法，重新予以审视并融入现代元素，大胆"拿来"，为我所用，为观众绘声绘色地讲述一个个节奏轻快而有趣的故事。它的台词采用通俗易懂的现代日语，但表演、化妆等关键环节又不脱离歌舞伎形式。[①] 现在，它已经完全融入当地的日常生活中，为大家普遍接受。

(五) 全民的保护格局

另外，基金会、民间保护协会等组织为行业保护和振兴做了很多具体工作。就歌舞伎而言，包括前面提到的传统歌舞伎保存会，这些协会接受政府和企业的资助，在全国成立分会、发展会员，并进行演出、宣传、授徒等活动。同时，这些协会也被指定为国家重要无形文化财产保存机构，从而受到保护。例如，其中一个名为"艺术文化振兴会"的团体，以"艺

---

① 夏岚：《古木新枝：超级歌舞伎》，《上海戏剧》2006 年第 2 期。

术文化振兴基金"的方式资助传统文化。1970年该项目初启时，只限于培养歌舞伎演员，后逐渐扩大到能乐和文乐，1970年受培养的94位歌舞伎演员中有64人结业后从事舞台演出，占歌舞伎演员总数（254人）的25.2%。① 这些民间组织与各式各样的基金组织一道与政府通力合作，共同成功保护了歌舞伎这一古老的戏剧艺术形式。

三　我国传统艺术院团的举步维艰

与日本歌舞伎艺术剧团相比，我国传统艺术剧团面临诸多生存和发展困境。

（一）文化的断层

当前，传统艺术的演出市场呈现受众大量流失，市场份额萎缩的局面。出现这种尴尬局面的原因主要来自两个方面。一是受众对于传统文化价值的认同感缺失，由于新中国成立后众所周知的历史原因，在频繁的政治运动中，传统艺术形式被打压，被改造，致使艺术传承、文化认同出现了断裂。改革开放以后，面对国民经济落后的局面，国家优先进行经济建设，传统文化的价值并没有得到充分的认识。传统文化资源缺乏现代化视角下的转化和开发，其自身的文化价值和商业价值被严重低估，很大程度上导致了今天传统艺术院团生存艰难。

另一方面，20世纪80年代以来，随着文化氛围的相对开放和宽松，外来文化迅速进入中国，似一剂猛药，在国人长期处于文化消费严重不足的饥渴心态下，这种以影视作品、流行音乐为代表的大众文化迅速成为人们文化消费的主流形式，使得在我国戏剧市场上西方的舞台剧、音乐剧的社会效益和经济效益都要优于传统戏剧。传统艺术剧团被迫让位，受众不断流失，加之对传统戏剧文化的普及缺位，特别是对年轻受众群体的培养和保护不力，造成受众对艺术形式求新求奇，缺乏对传统戏剧形式的欣赏能力，并在这种线性的文化惯性下，传统艺术院团的市场境遇每况愈下，危机四伏。

---

① 康宝成：《日本的文化遗产保护体制、保护意识及文化遗产学学科化问题》，《文化遗产》2011年第2期。

(二)"孤独"的表演

应该承认,传统戏剧本身从理论研究到舞台实践等各个方面也的确缺乏创新,甚至保守僵化。其原因不一而论,既有8个样板戏等的历史茧缚,院团本身也"恪守"着老祖宗不可改祖制的表演规矩,今人古人一个"菜"。面对文化市场的竞争局面,传统艺术院团不具备自我革新的能力,在市场化的潮流中,茫然地站在十字路口,危机远大于机遇。艺术院团单纯依靠政府有限的财政拨款难以为继,致使优秀的表演、创作人才老化、流失,在剧目、音乐、表演等方面落于窠臼,戏剧创作、演出与市场脱节,难以得到受众的认可,艺术本身的生命力日趋衰微。

(三)体制的不完善

在20世纪50年代开始的戏改运动中改人、改戏、改制,把原来的戏班形式改为院团形式,行政干预过多,导致剧团原有的流动性、自主性、经营自负盈亏性等优势被大大削弱。成为事业单位后,剧团的营业效益与演员的劳动付出联系不紧密,丧失了市场经济竞争的基础。剧团变得不再紧贴受众的需求,剧团的体制陷入僵化困境。

四 对我国传统戏剧艺术的启示

综上,笔者针对中国传统艺术院团所面临的困境,试提出以下几点建议。

(一)立法保护,财政支持

首先,需要肯定的是《中国非物质文化遗产法》(2011)出台是一个具有里程碑意义的事件,它标志着中国非物质文化遗产的保护真正进入了有法可依的时代。这个法案强调了立法保护的重要性,可以预期随着在实践中的不断完善,保护传统文化的理念深入民心,文化遗产将得到妥善保护,文化精神将发扬光大。另一方面也应该看到,《中国非物质文化遗产法》出台时间不长,尚未经过长期实践的检验,有必要进一步借鉴日本及其他发达国家的经验,完善法律,以求有的放矢地保护与弘扬传统文化。

鉴于中国传统艺术院团当前的严峻处境，大刀阔斧势在必行。日本经验的启示之一就是国家的财政支持对于传统文化保护具有立竿见影的效果，且政府加强财政支持可以起到促进民间团体和个人保护行为的辐射作用，这是一种自上而下，层级增加效果的保护方式。因此，政府需要在尽快完善法律保护的同时加强财政投入，使中国的传统艺术之花不仅开在书本上，更要绽放在剧场演出中。

（二）勇于创新，与时俱进

传统艺术形式从理论研究、剧目创作到表演风格都应做到与时俱进，不能因循守旧。对传统文化的保护意义在于激发自身不断发展的原动力，吐故纳新地延续其生命力。从歌舞伎的革新历史中可以看到，从世阿弥一改格调低下、表演粗俗的风格，确立其正统戏剧的地位，到市川猿之助开创"超级歌舞伎"取得成功，直至今天瑰丽华美、受人喜爱的歌舞伎形式，呈现在世人面前的早已不是400年前的歌舞伎。中国传统艺术本身的发展轨迹也验证了勇于革新，借鉴其他优秀艺术形式，并将其融入自己的艺术特色中，才是生存发展之道。艺术形式、艺术院团的生命力取决于顺应所处时代的文化需求、社会需求。

（三）改革体制，重塑体系

以歌舞伎为例，一个歌舞伎家族剧团包含了从理论研究、艺术创作，到剧场实践的几乎所有元素，紧密的线性联系让歌舞伎艺术本身随时关注受众需求，在社会转型、时代变化中可持续性地提供切合受众需求的文化产品。传统戏剧艺术在理论研究、艺术创作、剧场实践等各个环节不能出现割裂，避免理论研究不能为艺术创作提供切实的指导意义，新的艺术创作不能高效率地推广到剧场演出中等问题。在政府主导的戏剧博物馆、戏剧研究所，在学校的传统戏剧教育以及大型剧团的剧场演出之间建立一种交互的联系机制至关重要。这种机制的运作遵循现代企业的先进管理模式，打破闭门造车般的自上而下的艺术体系，更多地探索自下而上的改革路径，真正地使其精神层面离开政府的救济"帐篷"，把握市场规律、受众需求。在今天的大数据时代，利用众多的资源渠道，建立数据模型，把握观众的精神需求和消费动机，然后以此为基点，建构艺术创作—剧场实践—理论研究的新型艺术体系。

（四）教育先行，立体推广

学校教育应注重培养学生们对于传统艺术的文化认同感和审美品位。国家需制定长远的、合理的、可持续性的美育教育方针。教育部曾于2008年2月发布实施"京剧进中小学课堂"的试点工作，旨在把京剧纳入中小学音乐课程体系中，计划在试点成功后推广到全国，这种在基础教育中推广传统艺术的做法无疑是好的。但是，针对这项工作推广后所做的调查结果显示，效果并未达到既定目标。反思原因，很大程度上在于没有把京剧的推广与传统文化的推广有机结合起来，京剧作为一种戏剧形式，集音乐、舞蹈、说唱、武术、美术等于一身，在文学样式上集诗歌、小说于一炉，而且在题材上也各式各样，承载了中国从传统儒教直至现代的厚重民族文化精神。因此，传统戏剧形式的推广需要与中国传统舞蹈、美术、音乐、武术等艺术门类的普及和推广工作紧密结合。

（五）官民结合，共同保护

中央、地方、民间一起投入，由政府牵头，创办基金会、保护协会，并聘请专家学者作为顾问，从专业的角度为保护工作提供建议，进而整合社会资源，并使之得到最大程度的利用。此外，借鉴日本经验，中央的行政部门、地方政府的保护组织、民间团体的基金会等建立合理的联动机制，杜绝各自为政，壁垒重重。

五 结语

曾经，传统艺术院团有过辉煌的岁月，甚至有井水之处，即有唱者，是中国传统文化最好的见证者与传承者。但是在今天，昔日的荣光正在褪色，整个行业处于彷徨、徘徊之中。在文化全球化席卷着整个世界的现实语境中，中国传统艺术院团用舞台戏曲的方式，展现传统文化精神和内涵，它的重生更显得意义深远。由此，在中国社会转型的重要历史时期，笔者认为传统艺术院团需要抓住机遇，充分认识到艺术的生命在于创新，院团的束缚在于体制，勇于打破故步自封的壁垒，在传统艺术形式中注入时代元素，以求重新焕发生命力。政府的立法保护、财政支持与保护协会、学校教育等资源多层次、多渠道地保护和弘扬传统艺术形式势在必行。借鉴日本和其他先进国家的成功经验，改革剧团体制，把受众的实际需求作为创新基础，在理论研究、剧目创作、剧场实践中建立新型联动机制，引入市场竞争机制，顺应时代，才可能使传统戏剧形式焕发出更强大的生命力。一个强大中国的崛起，意味着中国文化、中国精神、中国价值影响世界。

（作者单位：北京第二外国语学院国际传播学院、国际新闻与媒体研究中心）

日本艺术院团的成功典范

——解析日本四季剧团的经营之道*

孙　庚

在人类精神文化生活中，制作精良的戏剧能够使人们在赏心悦目的同时，感受声光影交织的艺术，进行人生与哲学的思考。因此，高水平院团的发展，是一个国家文化产业中不可忽视的一部分。

在注重戏剧文化的日本，欣赏专业剧团的演出已经成为人民生活中最普遍的休闲方式。日本全国约有600个专业剧团从事传统、现代艺术的演出，均采取自负盈亏的经营方式。日本政府除对少数文化演出活动进行适当补助外，不负担剧团的经费支出。如此多的剧团是如何妥善经营并发展的呢？本文以日本著名的四季剧团为例，探索其颇有成效的经营模式。

一　对剧团内部的有效管理

（一）管理分工明确，形成体系化运营

四季剧团[①]成立于1953年，由10个爱好戏剧的年轻人创办，至今已有演职人员约800名，每年演出3000多场。建团几十年来，靠自筹资金建

---

* 本文发表于 PROCEEDINGS OF THE THIRD CAMOT INTERNATIONAL CONFERENCE 2011，2011年，第369页，此次发表略有修改。全璟璟：《"四季"描红之美日本四季剧团观剧之行有感》，《上海戏剧》2010年第3期。

① 费元洪：《日本四季剧团》，《歌剧》2010年第6期。

起排练基地、演出剧场，在东京中心地区就拥有 3 个专用剧场，被称为"日本超优良企业"。

如何经营好这个庞大的剧团，是个重要的课题。四季剧团从企业经营的角度经营剧团和戏剧演出，从内部体系管理到配置人力资源，从提升演出质量到创造规模效应，从开发流通系统到市场开拓等，均打破了日本戏剧界的传统，最先成为一个"经营开发型"的职业剧团。

良好的内部体系架构和管理模式是一个企业得以健全发展的基础，四季剧团在内部管理上分工明确，人力资源调配方面亦有独特的方法。

四季剧团不仅是一个艺术团体，同时它也是一家企业，由经济实体（即企业）和剧团（即艺术）两个部分组成。

从领导体制看，四季剧团采取"三权分立"。公司的主要业务是组织剧团一年的演出，它仅拥有与演员们签订合同的权限。而剧团的大政方针由"正剧团员会"决定，关系到演员们的福利、医疗等问题，也由其全权处理。也就是说，在会议上决定的方针要由企业来实现，艺术活动将按照企业的做法，推动计划顺利完成。

从企业的角度，其对外名称为"四季股份公司"，下设 5 个部：总务部（负责一般事物和人事）、经理部（负责会计、收支）、计划部（负责规划和国际业务）、事业总部（统管各种公演和经营活动）和营业总部（负责票务、广告和宣传）。另外同时经营着四季演剧音乐出版社、四季土地建物会社、日本通用出版社、舞台艺术中心、四季映画放送、企业计划管理、日本通用艺术会社等公司。

作为艺术团体，其艺术方针由"正剧团员会"决定。剧团里有"正剧团员"近 60 人，他们的地位和待遇与其他演员不同。正剧团员的资格需要在剧团工作 10 年以上，他们拥有剧团的股份，对经营有一定的发言权，其身份也得到保障。比如一般的演员可以被公司单方面解雇，而如果要解雇"正剧团员"，则需要向董事长提出申请，获批后才可以。①

对于内部的管理权责，四季剧团实行委员会方式。演员中设有活动委员会、排练管理委员会和公演委员会。活动委员会主要负责安排演员去教授有意愿进行戏剧演出的人一些基础的表演技能；排练管理委员会负责协调演员的日常排练；公演委员会负责诸如住宿、交通、财务等后勤安排。

---

① 陈立：《四季——记日本四季剧团》，《人民音乐》2003 年 6 期。

由于这些委员会的成员和负责人都是演员，这样既锻炼了年轻演员，也节约了人力资源。

（二）实行分类合同制，保障演员利益

四季剧团中的演员来自于世界各国，各种专业。其中既有歌唱演员，也有话剧演员和舞蹈演员。四季剧团艺术总监兼董事长浅利庆太强调要尊重每一个演员，注重集体的力量。尽管在四季剧团工作的近500名演员中有许多明星大腕，但浅利庆太认为："在四季剧团里，我们不把任何一个人看作明星，无论是担纲主角的演员还是得过奖的演员，当然也包括我。"

正是由于对演员的重视，四季剧团实行了独特的合同制。剧团根据演员的经历和对剧团的贡献程度，与不同类型的演员签署三种不同类型的合同。对于青年演员，其合同规定演员收入为一场演出费乘以演出场次的计件方式；而老年演员尽管演出场次并不多，但是仍然给予稳定的年薪；作为剧团中坚力量的中年演员，其报酬标准是根据前一年的演出情况计算出大致年薪，然后将年薪的80%按照一年12个月给付，即使完不成预计场次，其年薪的80%也仍然按照合同支付，这只是一个基数，如果另外演出场次比预计增加，则再改换成计件方式。

这样的分类合同制，不仅保障了演员的利益，也大大调动了演员的积极性。年轻演员多劳多得，努力演出，演出的场次越多，收入就越多，收入逐年增加。老演员为剧团服务时间长，固定的报酬标准是对他们的尊重，他们自然也会感念剧团，而且这样的老年演员人数并不多，剧团足以负担他们的开销。中年演员作为剧团的顶梁柱，既有固定薪资，也有按照出场次数给予的提成，这样既有基础报酬保障，也有机动的额外收益，对他们来说最合适不过。

因人而异的分类合同制避免了"大锅饭"的体制，使青年演员无法得过且过地"混日子"，因为收入与付出成正比，而演出不努力就有可能被取代；老年演员也不会由于年龄大、演出少而薪资微薄。而且，剧团会与演职人员每年签约，表现出色的演员签新约时可以跳级，而今年的演出多报酬多，也会带动下一年自己的基础工资标准。

演员凭借自己的能力获得更高的报酬，凭借自己的资历和付出获得尊重，是四季剧团在内部管理上的优势之一。

二 对剧目演出水准的重视

作为内容生产商，四季剧团在演出内容的形式、质量和品质上投入了最多的关注。

（一）节目内容形式多样

四季剧团形式、体裁多样的剧目类型为其赢得了各个年龄段和领域的观众的青睐。

音乐剧是四季剧团最为得意的剧种。四季剧团的信念是"好的戏剧一定会赢得观众"，主打剧目多是欧美音乐剧市场的经典作品，例如《猫》《狮子王》《歌剧院的幽灵》《美女与野兽》等。重金购买欧美经典剧目，再请国内一流的编剧修改以适合本土观众的口味，使得四季剧团演绎的音乐剧轰动日本。

与很多中国的父母一样，日本的父母们也希望孩子能够观看到有益的儿童节目，一方面他们希望孩子能够通过儿童节目感受到快乐与艺术，另一方面他们却担心一些节目的导向会使孩子学到不好的习惯。四季剧团专门为儿童制作的剧目刚好解决了这一担忧。早在1964年，四季剧团就同日本的保险公司联合，提供专供儿童观赏的演出，以此作为学生们的课外活动之一，受到了孩子们的欢迎。而在四季剧团举办的全国各地的演出中，儿童剧目所占比例非常大。曾有评论家指出，四季剧团的儿童剧使得800万日本儿童知道了儿童剧。四季剧团对于儿童剧目的重视，不仅受到家长们的欢迎和孩子们的喜爱，也以独慧的眼光开发了有着无限潜力与生机的未来市场，并以前瞻性的发展战略获得了市场长线的利益回报，在其悠久的营业生涯中影响了一代又一代的观众。曾经坐在剧场里观看的孩子，逐渐成长为父母，再带着自己的孩子来观看这些有乐趣且有益的剧目，成为了四季剧团观众中的重要组成部分。

艺术的作用之一是用来反映现实社会，四季剧团自然也将这样的艺术表现融入剧目中，将现代社会问题假托某一事物或某一特定的动物，以戏剧表演的形式表达出来。比如四季剧团重金购买的剧本《马》，其内容就是通过一位16岁少年不平凡的生活经历，来说明社会的异常对人们的影响，企图给观众带来哲理和启示。该剧不仅深受观众喜爱，长期公演，场场爆满,还获得了日本艺术节大奖。

(二) 剧目引进与本土化相结合

四季剧团成立的前30年,基本上是以引进为主,目的是获得观众,以维持剧团的生存和成功。对于引进剧目,四季剧团也是有选择和侧重的。他们倾向于引进表现人类共同关注的博爱主题,而非带有浓郁的地域色彩和文化特征的晦涩剧目。如《狮子王》《猫》,以及具有现实意义的《妈妈咪呀》《接触》等,这些剧目引起了观众的共鸣,吸引了广泛的受众群体。而本土化的台词和演员使得观众更加容易接受和理解,全身心地投入戏剧所表现的氛围中。

剧团先通过引进学习西方戏剧,然后不断地充实自己。此后,四季剧团也逐渐有了不少原创音乐剧,包括《李香兰》《梦中醒来的梦》《冒险者》等剧目,题材多样,都蕴含着深刻的教育意义。由于在操作的时候注重了自身的艺术品质与商业化的结合,因此这些剧目都成为了四季剧团常年公演的保留剧目。

(三) 低票价、多场次演出降低投资压力

由于使用本土演员,整体成本下降了很多,票价也就可以相应地降低,使得更多人能够近距离欣赏到戏剧的艺术。目前在日本,观看一场诸如《狮子王》的大型音乐剧,平均门票售价仅是一个刚毕业大学生初期工资的5%。由此可见,以低廉的票价欣赏高水平的演出,是支持长线公演和维持观众上座率的最好保证。

低票价使得演出场次大幅增加,带动成本直线下降。任何演出都少不了初期投资。四季剧团1995年演出《美女与野兽》时,初期投资约10亿日元,演出12个月以后实现赢利,共演出28个月。显然,演出场次越多,初期投资压力越小,效益越好。四季剧团在18年里演出了5000场《猫》,在4年多时间里演出了3000场《狮子王》,演出市场大有潜力。在1983年首演《猫》时,剧团投资20亿日元,当年门票销售达到了22亿日元。

目前,四季剧团在日本各地的演出场次每年达到3200场以上,每天约有8至10个剧组在全国各地巡回演出,每年的现场观众约为300余万人,

每年的票房收入达到 20 多亿人民币①，这些惊人的数字使得四季剧团成为日本国内唯一不靠政府拨款，同时位于演艺界前 10 位纳税大户之一的演出团体。

三 外部营销的多重技巧

在内容和品质得到保障之后，正确的市场经营和推广理念也是四季剧团得以广受欢迎的重要原因。

（一）多平台宣传动员观众

四季剧团在演出剧目之前会进行大规模、多平台的宣传活动，进行造势。

电视广告是最为有效的宣传方式，观众可以通过声音和画面了解到剧目的吸引人之处；报纸广告也是行之有效的宣传途径，读者可以了解到包括时间、地点、主演等信息，还可以看到知名人士和评论家关于戏剧的评论；在繁华地段的建筑物和各种交通工具上投放广告，也使得更多的人能够看到新剧上演的信息，不错过最佳的购票时间。

（二）会员制把握固定受众

四季剧团对于观众的组织工作也是非常重视。从 1966 年起，四季剧团就在全国 30 多个城市组建了名为"四季之会"的俱乐部，会员约 15 万人。会员购票可以享受 9 折优惠，每场演出会员观众约占 30%。

会员制实际上起着后援会的作用，因为"四季之会"的会员是剧团的忠实观众和义务宣传员，他们既支撑了票房，宣传了戏剧，也能将观众的反馈带给剧团，帮助剧团成长和提升。对于剧团来说，稳定的三成观众就是稳定的营业收入。②

（三）销售渠道多样化方便观众

从 1984 年开始，四季剧团最先在日本戏剧界采用了电子计算机的联机

---

① http://www.shiki.jp.
② 全璟璟：《"四季"描红之美：日本四季剧团观剧之行有感》，《上海戏剧》2010 年第 3 期。

售票方式。过去四季剧团的演出门票销售主要靠全团总动员，层层制定承包目标，但仍不尽如人意。电脑售票一改人工售票的老方法，实行电脑系统管理，剧团和观众都能随时把握门票销售状况，观众可以在网上选座付款，使得观众购票更加便利，票务销售更加快捷有效。

为了方便观众购票，四季剧团专门开设了 24 条有专人接听的免费订购电话，219 条全自动的语言服务订购电话。日本电信业的普及也为售票带来便利，剧团开通电话售票业务以后，即使是在偏僻的町村，也可以通过打电话预约到剧团的入场券。

票务预售中心还开展综合业务，如新干线售票处经营演出入场券业务，甚至旅行社也开展剧票预售业务。

如今，打电话、上网订票，在便利店取票，比过去更方便，上网购票已占票房总数的近 50%。

（四）企业合作形成品牌效益

演出成本通过演出收入可以实现平衡，但广告宣传尤其是电视广告的投资，是剧团的沉重负担，所以虽然票务销售是四季剧团最重要的收益来源，但是与广告商的合作也是剧团不可忽视的收入之一，只有取得赞助商的支持，才能使剧团得到更多的资金以发展壮大。四季剧团靠长期在地方演出，与企业建立了良好的合作关系，使其逐渐成为剧团的广告赞助商。

对于一些冠名的企业和广告商，由他们提供大笔的赞助费用，而剧团除了履行合同进行冠名演出、在布景上印制企业商标等宣传方式以外，作为答谢，剧团还会为企业提供入场券或者专场演出。这样，企业就可以将入场券作为关系票赠送给合作伙伴，或者作为员工福利，为剧团带来更多的观众和合作商。

作为日本近邻的中国，虽然很多致力于戏剧发展的业内人士也做出过不少的努力，但是十几年来仍然无法形成一定的规模和态势，收效甚微。其中既有艺术创作上的问题，也有剧团体制上的问题。四季剧团多次来到中国演出和交流，作为一家成功的剧团，四季剧团的经营模式给中国的剧团带来了一些启示。

首先，人才和管理是组织运营的核心。无论是企业化运营，还是政府赞助，剧团都应该有明确的内部体系分工。剧团运营和节目管理需要分别成立分工明确的部门，人员可以重复，但是职能不要互相影响。内容和行政相互独立,这样既可以确保节目的引进、排练、演员训练和戏剧质量,也方便戏剧的宣传推广、票务销售、商业合作。同时对于戏剧人才应该给予充分的重视,这体现在薪资与福利的合理配置,四季剧团因人而异的合同制就是最好的范例。

其次,内容是文化产业的根本。中国的剧团每年也会引进不少国外的剧目,但是其本土化手段往往不足,使得艺术高端化,远离大众。而本国原创的剧目也走向两个极端:一些剧目过于概念化、抽象化,强调哲理的同时忽视了贴近生活的艺术表现;另一些则恰好相反,过于生活市井而流于通俗甚至低俗。内容上的极端使得欣赏戏剧的人群分为了两类,一类是高雅艺术的拥趸,他们多是知识水平、美学水平较高的受众,另一类则是底层和市井的大众,他们欣赏戏剧更加注重娱乐性而不是深刻的意义和艺术表现形式。票价的设置使得这样的分化更加明显,优秀的剧目定价过高,其低价位的票往往一票难求,高价位的票反而总有剩余。观看戏剧对于观众来说,无法像进入电影院一样大众和普遍,反而产生类似欣赏音乐会的奢侈感。因此,对国外剧目进行本土化改造,创作本土剧目需贴近生活并有一定的艺术内涵,票价要符合工薪阶层的休闲支出水平,这是中国戏剧业需要重视的地方。

最后,规模化的营销手段也往往被中国的剧团经营者们忽视。我们常常可以看到,一部新上映的电影,其宣传铺天盖地,宣传片、海报、影评、讨论见诸电视、报端和车站的广告牌。但是戏剧的上映虽然周期不短,却很少为人所知,仅有一些固定频道的固定节目会提到上映的时间地点,其故事的内容、场景的布设,基本无从得知。在电视产业发达的今天,如何把观众从家中吸引到剧院,是需要剧团经营者们深思的课题。四季剧团的推广手段,值得中国剧团考虑和效仿。

(作者单位:北京第二外国语学院国际传播学院、国际新闻与媒体研究中心)

图书在版编目(CIP)数据

中国文化与艺术传统的多元反思及传播策略/裴登峰
主编.—北京：社会科学文献出版社，2015.12
ISBN 978-7-5097-8067-1

Ⅰ.①中… Ⅱ.①裴… Ⅲ.①中华文化-文化传播-研究 Ⅳ.①G122

中国版本图书馆 CIP 数据核字（2015）第 225690 号

中国文化与艺术传统的多元反思及传播策略

主　　编 / 裴登峰

出 版 人 / 谢寿光
项目统筹 / 宋月华　李建廷
责任编辑 / 宋淑洁　杨兰珊

出　　版 / 社会科学文献出版社·人文分社（010）59367215
　　　　　　地址：北京市北三环中路甲29号院华龙大厦　邮编：100029
　　　　　　网址：www.ssap.com.cn
发　　行 / 市场营销中心（010）59367081　59367090
　　　　　　读者服务中心（010）59367028
印　　装 / 三河市尚艺印装有限公司
规　　格 / 开　本：787mm×1092mm　1/16
　　　　　　印　张：24　字　数：405千字
版　　次 / 2015年12月第1版　2015年12月第1次印刷
书　　号 / ISBN 978-7-5097-8067-1
定　　价 / 98.00元

本书如有破损、缺页、装订错误，请与本社读者服务中心联系更换

▲ 版权所有 翻印必究